普通高等院校"十一五"规划教材

航空客运实用教程

（第2版）

石丽娜　周慧艳　景崇毅　主编

国防工業出版社

·北京·

图书在版编目(CIP)数据

航空客运实用教程/石丽娜,周慧艳,景崇毅主编.—2版.—北京:国防工业出版社,2017.5重印
普通高等院校“十一五”规划教材
ISBN 978-7-118-05717-1

Ⅰ.航... Ⅱ.①石...②周...③景... Ⅲ.航空运输:旅客运输—高等学校—教材 Ⅳ.F560.83

中国版本图书馆CIP数据核字(2008)第064961号

※

国防工業出版社出版发行
(北京市海淀区紫竹院南路23号 邮政编码100048)
天利华印刷装订有限公司印刷
新华书店经售
*
开本 787×1092 1/16 印张 23 字数 490 千字
2017年5月第2版第6次印刷 印数 10500—12500 册 定价 35.00 元

(本书如有印装错误,我社负责调换)

国防书店:(010)88540777 发行邮购:(010)88540776
发行传真:(010)88540755 发行业务:(010)88540717

前　言

航空旅客运输是航空运输生产组织的一个重要组成部分，从事旅客运输工作的部门是相对比较复杂的一个生产部门。当今社会需要能够迅速在工作岗位上应对工作的人才。因此，这就需要目前的高校教学要与实际工作紧密结合，在大学校园里就能够掌握部分工作内容。对于一个针对性非常强的专业，更是如此，这样才能使他们走出高校之后，能够立即满足市场的需要。

本书共7章。第1章为民航组织介绍，对国际和国内的民航运输组织的发展历史以及职责进行详细介绍；第2章为计算机订座系统，主要对计算机订座系统的基本概念和订座系统的简单操作指令进行介绍；第3章为旅客运输凭证，阐述了纸质客票和电子客票的含义、内容、使用；第4章为行李运输，对行李的概念、行李运费的规定、一般行李的运输规定和不正常行李运输的规定，以及行李赔偿进行详细阐述；第5章为值机和引导，主要介绍旅客的运送流程、值机工作、引导工作、旅客的不正常运输以及特殊旅客的服务；第6章为计算机离港系统，主要介绍计算机离港系统的基本概念、值机控制操作、配载平衡操作；第7章为配载平衡，详细阐述了航段配载方法、飞机重心的确定，以及载重表和平衡图的制法。

本次《航空客运实用教程》(第2版)在第1版的基础上进行了非常大的调整，特别是前5章的内容。其中，第3章的调整幅度最大，为了反映航空客运市场最新的发展状况，增加了大量的电子客票的内容；第5章的内容在结构上进行了重新调整，增加了特殊旅客服务内容。同时，在第1版的基础上，增加了更多的图片，以便使教材在使用的过程中更加形象化。

在此次编写过程中，依旧力求理论联系实际，并严格遵照国际航协的规定，同时也充分结合我国民航在实际工作中的特定要求。

本教材编写时参考了中国航协出版的培训资料和中国民航信息中心的培训资料，以及部分航空公司，特别是上海航空公司的各类规章及培训教材。因此，在本教材出版之际，我们谨向参与组织、编写工作的有关人员和部分提供资料的单位和个人表示诚挚的谢意。

本次修订版由上海工程技术大学石丽娜、周慧艳，中国民航飞行学院景崇毅负责主编，上海工程技术大学航空运输学院的魏建院长(教授)给予了极大的支持，上海工程技术大学民航运输系主任张旭副教授在本次再版过程中提供了许多建议和意见。同时，在此次修订过程中再次得到了南京航空航天大学民航学院航空客运领域的专家徐月芳副教授、中国民航大学谢泗薪教授，以及上海航空公司培训中心专职航空客运培训工作的老师支持，他们均对本书提出了宝贵的意见和建议，为本书的最后出版做出了巨大贡献。在此，向他们表示诚挚的谢意。

由于我们水平有限，教材中难免存在缺点及错误，我们真诚地希望使用本教材的师生及其他读者再次给予批评指正。

目　录

第 1 章　民航组织介绍

1.1　国际组织介绍

1.1.1　国际民航组织

国际民航组织(ICAO:International Civil Aviation Organization,www.icao.org)是协调各国有关民航经济和法律义务,并制定各种民航技术标准和航行规则的国际组织。其会徽如图 1.1 所示。

1. ICAO 的成立

国际民航组织前身为根据 1919 年《巴黎公约》成立的空中航行国际委员会(ICAN)。第二次世界大战后,为解决战后民用航空发展中的国际性问题,1944 年 11 月 1 日 ~ 12 月 7 日,52 个国家在芝加哥签订了《国际民用航空公约(芝加哥公约)》,按照公约规定成立了临时国际民航组织(PICAO)。1947 年 4 月 4 日,《国际民用航空公约》正式生效,国际民航组织也因此正式成立,总部设在加拿大魁北克省的蒙特利尔市(Montreal)。同年 5 月,国际民航组织正式成为联合国的一个专门机构。该组织的主要活动是研究国际民用航空的问题,制定民用航空的国际标准和规章,鼓励使用安全措施、统一业务规章和简化国际边界手续。国际民航组织现有 190 个缔约国,共 36 个理事国,分为一类、二类和三类。一类理事国为在航空运输方面占主要地位的国家,共 11 个;二类理事国为在为国际民用航空的空中航行提供设施方面贡献最大的国家,共 12 个;三类理事国为可确保世界上各主要地域在理事会中均有代表的国家,共 13 个。

图 1.1　ICAO 会徽

2. ICAO 的宗旨和目的

ICAO 的宗旨是保障《国际民用航空公约》的实施,开发国际航行原则和技术,促进国际航空运输的规划和发展。

根据芝加哥公约第 44 条规定,国际民航组织的宗旨和目的主要有以下几点:

(1) 保证全世界国际民用航空安全、有效、有秩序地发展。

(2) 鼓励发展用于世界和平目的的航空器设计技术和驾驶技能。

(3) 鼓励发展用于国际民用航空的航路、机场和航行设施。

(4) 发展安全、正常、有效和经济的民用航空运输,满足世界人民的要求。

(5) 防止不合理的竞争,避免经济浪费。

(6) 充分尊重缔约国的权利,保证享有公平经营国际航空运输业务的机会。

(7) 避免各缔约国之间的歧视。

(8) 促进国际航空飞行安全。

(9) 促进国际民用航空运输业的全面发展。

以上9条共涉及国际航行和国际航空运输两个方面问题。前者为技术问题,主要是安全;后者为经济和法律问题,主要是公平合理,尊重主权。两者的共同目的是保证国际民航安全、正常、有效、有序地发展。

IACO的作用是制定和监督执行有关航空运输飞行安全和维护国际航空运输市场秩序的标准,促进发展与和平利用航空技术,以保证飞行安全,在尊重主权的基础上公平发展。

3. ICAO的管理机构和地区办事处

国际民航组织由大会、理事会和秘书处三级框架组成。

1) 大会

大会是国际民航组织的最高权力机构。大会一般情况下每三年举行一次,遇有特别情况时可以召开特别会议。大会期间的工作为选举理事国、审查理事会各项报告、表决年度预算、决定财务安排以及审议提交大会的各项提案等。

2) 理事会

理事会是向大会负责的常设机构,由大会选出的33个缔约国组成。理事会每年召开三次会议,每次会议会期约为两个月。理事会下设财务、技术合作、非法干扰、航行、新航行系统、运输、联营导航、爱德华奖8个委员会。每次理事会开会前,各委员会先分别开会,以便将文件、报告或问题提交理事会。理事会主席由理事会选举产生。

3) 秘书处

秘书处是国际民航组织的常设行政机构,由秘书长负责保证国际民航组织各项工作的顺利进行。秘书长由理事会任命。秘书处下设航空技术局、航空运输局、法律局、技术援助局、行政服务局和对外关系办公室,这些机构统一在秘书长领导下工作。此外,还有7个地区办事处:西非和中非区(达喀尔 DKR),欧洲区(巴黎 PAR),亚洲太平洋区(曼谷 BKK),中东区(开罗 CAI),东非和南非区(内罗毕 NBO),北美、中美和加勒比区(墨西哥城 MEX),南美区(利马 LIM)。地区办事处直接由秘书长领导,主要任务是建立和帮助缔约各国实行国际民航组织制定的国际标准和建设措施以及地区规划。

4. ICAO的主要工作

国际民航组织按照《国际民用航空公约(芝加哥公约)》的授权,发展国际航行的原则和技术。近20年,各种新技术飞速发展,全球经济在环境也发生了巨大变化,对国际民用航空的航行和运输管理制度形成了前所未有的挑战。为加强工作效率和针对性,继续保持对国际民用航空的主导地位,国际民航组织制订了战略工作计划(Strategic Action Plan),重新确定了工作重点,于1997年2月由其理事会批准实施。

1) 法规(Constitutional Affairs)

修订现行国际民航法规条款并制订新的法律文书。主要项目有:

(1) 敦促更多的国家加入关于不对民用航空器使用武力的《芝加哥公约》第3分条和在包用、租用和换用航空器时由该航空器登记国向使用国移交某些安全职责的第83分条。

(2) 敦促更多的国家加入《国际航班过境协定》。

(3) 起草关于统一承运人赔偿责任制度的“新华沙公约”。

(4) 起草关于导航卫星服务的国际法律框架。

2) 航行(Air Navigation)

制订并刷新关于航行的国际技术标准和建议措施是国际民航组织最主要的工作,《芝加哥公约》的 18 个附件有 17 个都是涉及航行技术的。战略工作计划要求这一工作跟上国际民用航空的发展速度,保持这些标准和建议措施的适用性。

规划各地区的国际航路网络、授权有关国家对国际航行提供助航设施和空中交通与气象服务、对各国在其本国领土之内的航行设施和服务提出建议,是国际民航组织“地区规划(Regional Air Navigation Planning)”的职责,由 7 个地区办事处负责运作。近年来,由于各国越来越追求自己在国际航行中的利益,冲突和纠纷日益增多(如在南中国海空域),致使国际民航组织的统一航行规划难以得到完全实施。战略工作计划要求加强地区规划机制的有效性,更好地协调各国的不同要求。

3) 安全监察(Safety Oversight Programme)

近年全球民航重大事故率平均为 1.44 架次/百万架次,随着航空运输量的增长,如果这一比率不降下来,事故的绝对次数也将上升到不可接受的程度。国际民航组织从 20 世纪 90 年代初开始实施安全监察规划,主要内容为各国在志愿的基础上接受国际民航组织对其航空当局安全规章的完善程度以及航空公司的运行安全水平进行评估。这一规划在第 32 届大会上发展成为强制性的“航空安全审计计划(Safety Audit Programme)”,要求所有的缔约国必须接受国际民航组织的安全评估。

安全问题不仅在航空器运行中存在,在航行领域的其他方面也存在,如空中交通管制和机场运行等。为涵盖安全监察规划所未涉及的方面,国际民航组织在近年还发起了“在航行域寻找安全缺陷(Programme for Identifying Safety Shortcomings in the Air Navigation Field)”计划。

作为航空安全的理论研究,现实施的项目有“人类因素(Human Factors)”和“防止有控飞行撞地(Prevention of Controlled Flight into Terrain)”。

4) 制止非法干扰(Aviation Security)

制止非法干扰即我国通称的安全保卫或空防安全。这项工作的重点为敦促各缔约国按照附件 17“安全保卫”规定的标准和建议措施,特别加强机场的安全保卫工作,同时大力开展国际民航组织的安全保卫培训规划。

5) 实施新航行系统(ICAO CNS/ATM Systems)

新航行系统即“国际民航组织通信、导航、监视/空中交通管制系统”,是集计算机网络技术、卫星导航和通信技术以及高速数字数据通信技术为一体的革命性导航系统,将替换现行的陆基导航系统,大大提高航行效率。该系统于 20 世纪 80 年代末期由国际组织提出,其概念于 90 年代初完成全球规划,现已进入过渡实施阶段。这种新系统要达到全球普遍适用的程度,尚有许多非技术问题要解决。战略工作计划要求攻克的难题包括卫星导航服务(GNSS)的法律框架、运行机构、全球、各地区和各国实施进度的协调与合作、融资与成本回收等。

6) 航空运输服务管理制度(Air Transport Services Regulation)

国际民航组织在航空运输领域的重点工作为“简化手续(Facilitation)”,即“消除障碍以促进航空器及其旅客、机组、行李、货物和邮件自由地、畅通无阻地跨越国际边界”。18个附件中唯一不涉航行技术问题的就是对简化手续制订标准的建议措施的附件9“简化手续”。

在航空运输管理制度方面，1944年的国际民航会议曾试图制订一个关于商业航空权的多边协定来取代大量的双边协定，但未获多数代表同意。因此，目前国家之间商业航空权的交换仍然由双边谈判来决定。国际民航组织在这方面的职责为，研究全球经济大环境变化对航空运输管理制度的影响，为各国提供分析报告和建议，为航空运输中的某些业务制订规范。战略工作计划要求国际民航组织开展的工作有修订计算机订座系统营运行为规范和研究服务贸易总协定对航空运输管理制度的影响。

7）统计（Statistics）

《芝加哥公约》第54条规定，理事会必须要求、收集、审议和公布统计资料，各理事国有义务报送这些资料。这不仅对指导国际民航组织的审议工作是必要的，而且对协助各国民航当局根据现实情况制订民航政策也是必不可少的。这些统计资料主要包括承运人运输量、分航段运输量、飞行始发地和目的地、承运人财务、机队和人员、机场业务和财务、航路设施业务和财务、各国注册的航空器、安全、通用航空以及飞行员执照等。

国际民航组织的统计工作还包括经济预测和协助各国规划民航发展。

8）技术合作

20世纪90年代以前，在联合国发展规划署援助资金中，5%用于发展中国家的民航项目，委托给国际民航组织技术合作局实施。此后，该署改变援助重点，基本不给民航项目拨款。鉴于不少发展中国家引进民航新技术主要依靠外来资金，国际民航组织强调必须继续维持其技术合作机制，资金的来源，一是靠发达国家捐款，二是靠受援助国自筹资金，委托给国际民航组织技术合作局实施。目前，不少发达国家认为国际民航组织技术合作机制效率低，养人多，还要从项目资金中提取13%管理费，很少向其捐款，主要选择以双边的方式直接同受援国实施项目。

9）培训

国际民航组织向各国和各地区的民航训练学院提供援助，使其能向各国人员提供民航各专业领域的在职培训和国外训练。战略工作计划要求，今后培训方面的工作重点是加强课程的标准化和针对性。

5. 中国参加ICAO的情况

中国是国际民用航空组织的创始国之一，1944年12月9日，当时的中国政府在《芝加哥公约》上签字，并于1946年2月20日批准该公约，并于1947年当选为第二类理事国。但是1949年，中国在该组织的合法权利被剥夺。1971年，中国恢复在联合国的合法席位后，也恢复了在国际民用航空组织的合法权利，同年11月19日，国际民航组织第74届理事会通过决议，承认中华人民共和国政府为中国唯一合法的政府，驱逐了台湾国民党集团的代表。1974年2月我国决定承认《国际民用航空公约》和有关修正协议书，并自该日起参加该组织的活动，并于1974年9月在该组织第21届大会上再次当选为第二类理事国，并在蒙特利尔市设有常驻该组织理事会的中国代表处。

2004年10月2日，在国际民用航空组织的第35届大会上，选举中国为该组织第一类理事国。在当天举行的理事会第一类和第二类成员国的选举中，159个有投票权的缔约国代表参加了投票。中国以150票当选第一类理事国。2007年9月22日在加拿大蒙特利尔举行的国际民航组织第36届大会上,中国高票连任国际民航组织一类理事国。同时当选一类理事国的还有澳大利亚、巴西、加拿大、法国、德国、意大利、日本、俄罗斯、英国和美国等10个国家。

1.1.2 国际航空运输协会

国际航空运输协会简称国际航协(IATA: International Aviation Transport Association, www.iata.org)是世界上航空公司之间最大的非政府、非盈利性的一个国际性民间组织,是国际航空公司的行业协会,是全世界最有影响力的航空运输组织。在全世界近100个国家设有办事处,280家会员航空公司遍及全世界180多个国家,承载98%的国际航空运输。IATA在航空领域各方面都拥有丰富的经验,是世界航空运输安全和运营、财务管理、客货运销售和分销系统以及培训等方面的重要信息来源。IATA为会员航空公司和航空伙伴企业提供包括财务管理、培训、货运、咨询和航行等众多方面的服务。其会徽如图1.2所示。

1. IATA的成立

IATA于1945年4月由30多家航空公司在古巴哈瓦那创立,在加拿大通过国会特别法案组成法人组织,总部设在蒙特利尔市,执行总部在瑞士日内瓦,在纽约、巴黎、新加坡、曼谷、内罗毕、北京设有分支机构或办事处。在瑞士的日内瓦还设有清算所。

图1.2 IATA会徽

作为航空业的象征,IATA的使命是为整个航空运输行业服务,为航空运输业提供包括运价和班机时刻的协调、多边联运、财务及联运结算、代理人计划和其他各种与航空运输有关的专业技术服务。IATA所制订的各项客、货运输规则已在世界航空运输中被普遍使用,大到运送旅客行李和货物的集装箱的标准和尺寸,小到旅客手中的机票和登机牌的印制,无不体现着IATA的标准。

2. IATA的宗旨、任务与作用

IATA的宗旨是"为了世界人民的利益,促进安全、正常而经济的航空运输","对于直接或间接从事国际航空运输工作的各空运企业提供合作的途径","与国际民航组织以及其他国际组织通力合作"。也即:

(1) 让全世界在有安全、有规律之航空运输中受益。

(2) 增进航空贸易发展。

(3) 提供航空服务合作管道。

IATA的任务与作用是制订国际航空客货运输价格、运载规则和运输手续,协助航空运输企业间的财务结算,执行ICAO所制订的国际标准和程序。

3. IATA的管理机构和地区办事处

IATA的最高权力机构为全体会议,每年一次,常设机构是"执行委员会",另有4个常务委员会分管法律、业务、财务和技术。其下属部门包括运输部、律法部、技术部、政府和行业事务部、行业自动化和财务服务部、公共关系部。同时,IATA内部设置5个业务局，分别负责会员联络、航空培训、行业结算、航行与基础设施和人事行政事务。目前，IATA 有雇员 1700 多名，最高行政官员是理事长。

其中与航空客运息息相关的运输部主要有以下职能：

(1) 提供协调、讨论运价的会议组织。

(2) 为出版者和 IATA 成员提供运价资料的主要信息渠道。

(3) 检查、考核世界范围航空公司客货物及代理人的服务。

(4) 协调旅客货物及其代理人的培训计划。

(5) 组织代理人销售报告及中心开账工作(BSP)。

(6) 讨论各航空公司的航班安排问题(每年两次，计划部门)。

(7) 在邮件运输方面，为航空运输业争取利益(万国统一联盟)。

(8) 提高各公司对行业竞争的欺诈意识。

IATA 在安曼、圣地亚哥、新加坡、华盛顿设立了 4 个地区办事处。

4. IATA 会员

凡 ICAO 成员国的任一经营定期航班的空运企业，经其政府许可都可成为 IATA 的会员。IATA 会员分为正式会员和准会员，其中正式会员是指经营国际定期客运航班的航空公司，准会员是指只经营国内定期客运航班的航空公司。

IATA 现有会员航空公司 282 家，遍布 130 个国家和地区。在全世界定期国际航空运输业务中，IATA 会员航空公司承担了 98%的业务量。IATA 在全世界 70 多个国家和地区设立 100 多个办事处，包括我国的北京、上海、广州、香港和台北的办事处。

为加强与各个政府部门、地区行业协会和航空公司协会间的沟通，了解各国航空运输发展政策，IATA 还设置了北美、南美、欧洲、非洲、中东、南亚和太平洋、北亚 7 大地区办事处，负责各地区的政府与行业事务。协会会员所属国必须是有资格参加 ICAO 的国家。

5. IATA 的活动

1) 行业协会活动(Trade Association Activities)

以程序性会议(Procedures Conference)形式进行，所有会员航空公司必须参加。主要讨论国际性客运和货运的价格与代理、客货运输专用票据格式、行李规定运价、订座程序等问题。

2) 运价协调活动(Tariff Coordination Activities)

通过运价协调会议(Tariff Coordination Conference)方式进行，会员航空公司可以选择参加。主要讨论客票价格、货运费率与运价、代理人佣金率等问题。

以上两类活动一般通过 IATA 的运输会议进行，会议的结构图如图 1.3 所示。虽然 IATA 从组织形式上是一个航空企业的行业联盟，属非官方性质组织，但是由于世界上的大多数国家的航空公司是国家所有，即使非国有的航空公司也受到所属国政府的强力参预或控制，因此 IATA 实际上是一个半官方组织。它制订运价的活动也必须在各国政府授权下进行，它的清算所对全世界联运票价的结算是一项有助于世界空运发展的公益事业，因而 IATA 发挥着通过航空运输企业来协调和沟通政府间政策、解决实际运作困难的重要作用。

6. IATA 在中国

我国现有 17 家 IATA 会员航空公司，包括(排名不分先后)中国国际航空公司、东方

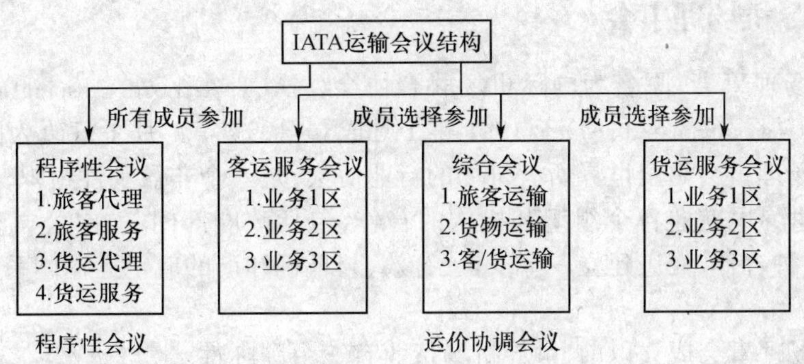

图 1.3 IATA 会议结构图

航空公司、南方航空公司、海南航空公司、上海航空公司、厦门航空公司、山东航空公司、深圳航空公司、中国货运航空公司、四川航空公司、国泰航空公司、港龙航空公司、澳门航空公司、中华航空公司、长荣航空公司、复兴航空公司、远东航空公司。

IATA 北京办事处成立于 1994 年 4 月 15 日。从最初的代理人事务办事处迅速成长为 IATA 七大地区办事处之一,主管北亚地区事务。在民航总局及中外航空公司,尤其是会员航空公司的大力支持下,IATA 北京办事处各项工作开展顺利,为本地区航空业的发展做出了巨大贡献。其部分职能为:

(1) 在本地区执行并推广 IATA 在全世界的政策,推广 IATA 的产品与服务。

(2) 协调航空公司联运和收益管理服务项目在本地区,特别是在中国的开展。

(3) 协助办理 IATA 航空公司两字代码和三字结算码的工作。

(4) 负责中国(香港、澳门、台湾地区除外)境内的国际/国内客运销售代理人申请成为 IATA 认可代理人的资格审批和资格管理工作。

(5) 负责中国境内的国际货运代理人申请成为 IATA 注册货运代理人的资格审批和资格管理。

(6) 按照国际航空运输协会 810C、832 和 850 等决议条款,在中国实施“开账与结算计划”,在 6 个月内建立了 BSP,创下了世界第一的速度。

(7) 促进中国 BSP 的全面自动化,推广电子客票。

(8) 在中国航空货运领域,通过与 IATA 会员航空公司和其他主要机构,如货运销售代理公司、海关、货物托运人和政府有关部门的密切合作,促使本地区的航空货运市场更加安全、经济和有秩序地发展。

(9) 以中国地区化培训为原则,以灵活多样的形式为中国的会员航空公司和非会员航空公司及行业内外对航空运输培训项目感兴趣的客户提供成本有效的培训。

(10) 协助会员航空公司了解其在中国境内运行时发生的、与空中交通管制有关的、影响飞行安全事件的调查和调查结果。

(11) 参与和支持由 IATA 组织的、与航空安全/保安有关的活动和项目。

(12) 协助会员航空公司解决其在中国境内运行中所遇到的航行方面问题。

(13) 向民航当局空管部门反映会员航空公司对空管规章标准、空域结构、航路和飞行程序方面的意见、需求和改进建议。

1.1.3 国际机场理事会

国际机场理事会,原名为国际机场联合协会(AACI: Airports Association Council International, www.airports.org),于1991年1月成立,1993年1月1日改为国际机场理事会。国际机场理事会是全世界所有机场的行业协会,是一个非盈利性组织,其宗旨是加强各成员与全世界民航业各个组织和机构的合作,包括政府部门、航空公司和飞机制造商等,并通过这种合作,促进建立一个安全、有效、与环境和谐的航空运输体系。其会徽如图1.4所示。

国际机场理事会成立以前,世界机场行业有三个国际性组织:国际机场经营者协会(AOCI)、国际民航机场协会(ICAA)和西欧机场协会(WEAA)。为协调三个机场协会之间的关系,建立与各政府机构、航空公司、生产商和其他有关方面的正式联系,1970年,机场协会协调委员会(AACC)成立。1985年,WEAA解散。1991年1月,AACC与AOCI和ICAA合并为国际机场联合协会,1993年1月正式更名为国际机场理事会。

图1.4 AACI会徽

AACI的发展目标为:

(1) 保持和发展世界各地民用机场之间的合作,相互帮助。

(2) 就各成员机场所关心的问题,明确立场,形成惯例,以"机场之声"的名义集中发布和推广这些立场和惯例。

(3) 制定加强民航业各方面合作的政策和惯例,形成一个安全、稳定、与自然环境相适应的高效的航空运输体系,推动旅游业和货运业乃至各国和世界经济的发展。

(4) 在信息系统、通信、基础设施、环保、金融、市场、公共关系、经营和维修等领域内交流有关提高机场管理水平的信息。

(5) 向国际机场理事会的各地区机构提供援助,协助其实现上述目标。

AACI目前有以下5个常务委员会,就其各自范围内的专业制订有关规定和政策。

(1) 技术和安全委员会,主要涉及:缓解空域和机场拥挤状况;未来航空航行系统;跑道物理特征;滑行道和停机坪;目视助航设备;机场设备;站坪安全和场内车辆运行;机场应急计划;消防救援;破损飞机拖移等。

(2) 环境委员会,主要涉及:喷气式飞机、螺旋桨飞机和直升飞机的噪音检测;与噪音有关的运行限制;发动机排放物及空气污染;机场附近土地使用规划;发动机地面测试;跑道化学物质除冰;燃油储存及泼溅;除雾;鸟类控制等。

(3) 经济委员会,主要涉及:机场收费系统;安全、噪音和旅客服务收费;用户咨询;商业用地收入及发展;高峰小时收费;硬软货币;财务统计;机场融资及所有权;纳税;各种影响经济的因素:航空公司政策变动、合并事项,航空运输协议的签署,航空业与其他高速交通方式的竞争;计算机订座系统。

(4) 安全委员会,主要涉及:空陆侧安全;隔离区管理措施;航空安全技术;安全与设备之间的内在关系等。

(5) 简化手续和便利旅客流程委员会,主要涉及:客、货、邮处理设备;旅客及货物的自动化设备;对付危险物品、走私毒品的措施;设备与安全之间和内在关系等。

AACI与其他国际性组织保持密切的往来,包括ICAO、IATA、驾驶员协会国际联合会、国际空中交通管制员联合协会、国际商会国际航空工业联合协会等。AACI在ICAO内享有观察员身份,在联合国经济理事会担任顾问。它代表并体现了全体成员的共同立场,反映了机场共同利益。

AACI总部设在瑞士的日内瓦。

AACI由6个地区分会组成:非洲地区分会,亚洲地区分会,欧洲地区分会,拉丁美洲/加勒比海地区分会,北美地区分会和太平洋地区分会。

AACI目前拥有169个国家和地区的554名正式会员。在亚洲、太平洋地区约有42个国家和地区的57名正式会员,包括我国台湾省的机场。北京首都国际机场于1996年11月17日被AACI正式批准成为该组织的会员。

1.2 国内民航组织介绍

1.2.1 中国民用航空总局

2008年,根据党的十七大和十七届二中全会精神,国务院机构改革,组建交通运输部,将中国民用航空总局的职责整合划入交通运输部,组建国家民用航空局,由交通运输部管理。

2008年以前,中国民用航空总局(CAAC:Civil Aviation Administration of China)是国务院民用航空主管部门,对全国民用航空活动实施统一监督管理,根据法律和国务院的决定,在本部门的权限内,发布有关民用航空活动的规定、决定。其会徽如图1.5所示。

图1.5 CAAC会徽

1. 职能

(1) 研究并提出民航事业发展的方针、政策和战略;拟定民航法律、法规草案,经批准后监督执行;推进和指导民航行业体制改革和企业改革工作。

(2) 编制民航行业中长期发展规划;对行业实施宏观管理;负责全行业综合统计和信息化工作。

(3) 制订保障民用航空安全的方针政策和规章制度,监督管理民航行业的飞行安全和地面安全;制订航空器飞行事故和事故征候标准,按规定调查处理航空器飞行事故。

(4) 制订民用航空飞行标准及管理规章制度,对民用航空器运营人实施运行合格审定和持续监督检查,负责民用航空飞行人员、飞行签派人员的资格管理;审批机场飞行程序和运行最低标准;管理民用航空卫生工作。

(5) 制订民用航空器适航管理标准和规章制度,负责民用航空器型号合格审定、生产许可审定、适航审查、国籍登记、维修许可审定和维修人员资格管理并持续监督检查。

(6) 制订民用航空空中交通管理标准和规章制度,编制民用航空空域规划,负责民航航路的建设和管理,对民用航空器实施空中交通管理,负责空中交通管制人员的资格管理;管理民航导航通信、航行情报和航空气象工作。

(7) 制订民用机场建设和安全运行标准及规章制度,监督管理机场建设和安全运行;审批机场总体规划,对民用机场实行使用许可管理;实施对民用机场飞行区适用性、环境保护和土地使用的行业管理。

(8) 制订民航安全保卫管理标准和规章,管理民航空防安全;监督检查防范和处置劫机、炸机预案,指导和处理非法干扰民航安全的重大事件;管理和指导机场安检、治安及消防救援工作。

(9) 制订航空运输、通用航空政策和规章制度,管理航空运输和通用航空市场;对民航企业实行经营许可管理;组织协调重要运输任务。

(10) 研究并提出民航行业价格政策及经济调节办法,监测民航待业经济效益,管理有关预算资金;审核、报批企业购买和租赁民用飞机的申请;研究并提出民航行业劳动工资政策,管理和指导直属单位劳动工资工作。

(11) 领导民航地区、自治区、直辖市管理局和管理民航直属院校等事业单位;按规定范围管理干部;组织和指导培训教育工作。

(12) 代表国家处理涉外民航事务,负责对外航空谈判、签约并监督实施,维护国家航空权益;参加国际民航组织活动及涉民航事务的政府间国际组织和多边活动;处理涉香港特别行政区及澳门、台湾地区民航事务。

(13) 负责民航党群工作和思想政治工作。

(14) 承办国务院交办的其他事项。

2. 内设机构及其职责

1) 办公厅

(1) 协助总局领导处理日常政务工作。

(2) 承办总局党委会、局务会、局长办公会和全局性工作会议;承办月安全生产会议的会务工作;负责机关部门重要会议的协调管理工作。

(3) 负责总局党委和总局领导的秘书工作;承担总局值班室工作,组织协调重大事项和突发事件的处理工作。

(4) 负责总局的公文处理工作,指导管理局公文工作;管理总局、总局党委和总局领导的印章,办理总局机关各部门和直属单位印章的颁发和缴销;管理党内文件。

(5) 负责总局领导讲话和重要文件的调研、起草工作。

(6) 组织办理全国人大、政协有关民航的提案、建议和质询。

(7) 组织总局新闻发布工作;负责政务信息工作,负责民航行政机关电子政务工作;归口管理总局展览工作。

(8) 负责总局机关机要、保密工作,对管理局和直属单位机要、保密工作实施业务领导。

(9) 管理民航档案，领导民航总局档案馆，指导管理局、直属单位档案工作和行业档案的有关工作。

(10) 负责总局机关行政管理，督促检查机关办公程序，管理总局机关卫生、绿化等工作。

(11) 负责人民来信来访接待和处理。

(12) 承担总局对外联系和接待。

(13) 负责总局机关财务和资产管理。

(14) 负责总局机关基本建设、房地产管理和住房制度改革。

(15) 负责管理总局机关后勤服务，领导总局机关服务中心和外航服务中心。

(16) 承办总局领导交办的其他事项。

2) 航空安全办公室

(1) 主要负责拟定民航安全工作规划。

(2) 综合协调管理全行业的飞行安全、空防安全和航空地面安全，组织协调行业的“系统安全”管理工作。

(3) 评估检查民航企事业单位贯彻执行保证航空安全的方针、政策、法规、安全生产责任制及命令、指令情况。

(4) 全面掌握全行业的航空安全情况，定期分析安全形式，提出安全建议，起草安全指令和安全通报。

(5) 负责拟定事故调查的法规及标准，按规定组织航空事故调查，提出预防事故的建议和措施。

(6) 负责航空安全评估人员、事故调查员的聘任、考核和培训工作。

(7) 办理安全奖励和安全责任制奖罚兑现事宜。负责民用航空安全信息工作，对外发布相关安全信息。

(8) 组织协调国际民航组织安全审计及有关航空安全方面的事务，开展民用航空安全管理和信息方面的国际交流合作。

(9) 联系国务院安全主管部门等。

3) 政策法规司

(1) 组织协调民航行业发展方针政策和重大问题的调查研究。

(2) 提出行业发展的政策建议；组织协调起草并审改政策规定。

(3) 负责行业立法工作；组织起草行业法律、法规和规章立改废草案，审改草案。

(4) 组织指导民航政府机关行政执法，负责行政执法监督和行政复议工作。

(5) 负责民航行业法律研究；提出行业法律工作规划、计划和意见。

(6) 指导行业的法律工作。

(7) 负责法律信息收集工作。

(8) 负责总局法律顾问和法律事务工作。

(9) 负责国际民航法律事务。

(10) 组织参加国际民航法律会议，组织研究、谈判、签订和向国家报批国际民航公约、条约及协定。

(11) 开展对外法律交流。

(12) 负责总局政策法律工作委员会的日常工作。

(13) 负责与世界贸易组织有关的民航政府机构的工作。

(14) 办理民用航空器所有权、抵押权、占有权和优先权的登记以及变更、注销工作；负责民航行业体制改革工作。

(15) 承办民用航空企业和机场联合、兼并、重组的审批和改制、融资的审核工作，受理民航企业、机场关于不公平竞争行为的投诉，维护民航企业、机场和公众合法权益。

4) 规划发展财务司

(1) 拟定民航行业宏观调控的目标和政策措施，拟定规划、投资、统计、财会、价格管理的法规、规章，并负责实施。

(2) 拟定民航行业发展战略，编制中长期发展规划和年度发展预测。

(3) 拟定民航航线网络和运力配置规划，负责购租飞机的有关管理工作。

(4) 拟定民航机场布局和基础设施建设规划，办理中央投资的建设项目立项和可行性研究报告的审核、审批工作。

(5) 编制下达中央投资的固定资产投资年度计划并检查监督执行，负责有关融资、外债和招投标管理工作。

(6) 承办总局领导交办的其他工作。

5) 财务司

下设处室：财经处、资金处、机关财务处、财务监督处（首都机场集团公司监事会办公室）。

(1) 拟定民航发展的财经政策，组织协调实施。

(2) 编制民航总局部门预算和决算，检查监督预算的执行；管理政府采购工作。

(3) 负责国家有关民航预算资金的管理和会计核算工作，组织实施专项基金的征缴。

(4) 负责总局直属单位的资产管理，组织实施有关资产评估、产权界定、产权登记、资产处置等工作。

(5) 负责对总局直属单位的财务检查监督工作。

(6) 负责民航利用外资、境外投资和对外经济合作管理工作，办理出国审批手续。

(7) 负责民航运价和机场、空管等收费管理，负责有关专用发票和有价证券的管理以及行政性收费管理工作。

(8) 负责民航行业统计和财务信息工作。

(9) 承办总局领导交办的其他工作。

6) 人事科教司

(1) 拟定总局直属单位人事、劳动、教育、科技工作的规章制度，并监督实施。

(2) 负责承办总局党委管理的领导干部的考核、任免、交流、培训、工资、奖惩、退休等工作。

(3) 负责局管领导班子后备干部队伍的建设；负责承办总局机关公务员的考试录用、考核、任免、培训、交流、工资、奖惩、退休、辞职、辞退等工作；组织民航地区行政机关实施国家公务员制度；负责局管驻外机构人员的选派工作。

(4) 拟定民航机构编制管理规定，管理民航行政机关、事业单位、社团组织的机构编制，承办其建立、撤销、变更等审核报批工作。

(5) 拟定民航行业特有工种职业标准,组织开展民航行业职业技能鉴定工作;组织推行民航行业特有工种就业资格准入制度,并实施监督检查;组织拟定民航行业劳动定员定额标准。

(6) 拟定民航行政机关、事业单位专业技术及管理人员的特殊岗位津贴标准;负责总局直属企业及实行企业化管理的事业单位工资性收入的总量控制工作。

(7) 拟定民航特有专业高级职务任职资格评审标准,组织民航主体系列高级职务(资格)的评审工作;负责民航特有专业资格考试和职称认证工作;承办总局直属单位享受政府特殊津贴的专家、学者、技术人员和有突出贡献的中青年专家的选拔、管理工作。

(8) 管理总局直属院校的教育工作,拟定民航教育培训发展规划并组织实施;拟订各类学校招生计划,指导民航重点学科、特有专业建设和研究生培养工作。

(9) 指导民航各类人员的培训工作;归口管理总局直属单位的出国培训项目的报批工作以及对外交流与合作、民航引进国外智力和公派留学人员的选派工作。

(10) 研究民航行业重大科学技术发展趋势,管理科技专项经费和科技合作项目,组织科技成果鉴定和学术交流。

(11) 拟定民航行业信息系统长远规划,组织拟定信息系统建设的规章和制度,协调信息系统建设,负责计算机应用推广及信息网络安全的监督检查。

(12) 组织协调、指导大中专院校毕业生就业和军转干部安置接收工作;承办其他各类人员的调配事宜。

(13) 负责总局直属单位的人事、劳动工资、机构编制统计工作和行业科技教育统计工作。

7) 国际合作司

(1) 拟定发展国际民航关系的方针政策。

(2) 承办政府间对外航空谈判、签订航空运输协定及相关协议事务,并监督实施。

(3) 落实政府双边航空运输协定,组织国际航线评审;承办指定航空承运人的有关事宜,办理审批、颁发、吊销航空运输国际航线经营许可;审批中外航空运输企业在我国国际航线上定期和不定期飞行的申请。

(4) 组织参加国际民航组织和其他有关国际组织的活动,协调、推动有关国际组织的决议、标准、建议和措施的实施。

(5) 指导驻国际民航组织代表处的工作。

(6) 归口管理涉台湾、香港、澳门的民航事务,研究、协调和处理涉台湾、香港、澳门民用航空重大问题。

(7) 组织协调总局重要外事活动,承办联系和接待工作。

(8) 负责民航政府机构和直属单位工作人员出国(境)审批、报批及办理证照等工作。

(9) 归口管理总局直属单位的外事工作。

(10) 承办外国临时来华人员和常驻人员签证审批工作,承办境外航空企业常驻华机构的审批工作。

(11) 审批中外航空运输企业间合作协议,审核航空口岸对外开放的申请。

(12) 2003 年 12 月增加:“拟定国际航空运输管理的有关政策和法规、规章、标准”职责。

8）运输司

（1）拟定国内航空运输和通用航空市场管理的有关政策和法规、规章、标准。

（2）负责公共航空运输和通用航空企业经营许可的管理工作。

（3）负责国内航线（包括内地与香港、澳门特别行政区及台湾地区之间的航线）经营许可的管理工作。

（4）负责国内航线（包括内地与香港、澳门、台湾之间的航线）定期航班和不定期运输管理工作。

（5）组织协调完成重大、特殊、紧急航空运输和通用航空任务。

（6）负责航空运输和通用航空市场监管有关工作，规范市场秩序。

（7）负责航空运输销售代理的管理工作。

（8）协调并监督国际航空运输行业协会等组织在国内开展的航空运输服务业务。

（9）负责通用航空企业开展境外通用航空业务的审批工作；办理非经营性单位从事通用航空活动的登记。

（10）负责拟定航空客货运输规则、标准，维护航空运输消费者权益，管理消费者投诉工作。

（11）拟定危险品航空运输法规、规章和标准。

（12）负责民航国防动员工作。

（13）2003年12月将“拟定航空运输和通用航空市场管理的有关政策和法规、规章、标准”职责调整为“拟定国内航空运输和通用航空及市场管理的有关政策和法规、规章、标准”；将“拟定危险品航空运输法规、规章和标准”职责划转由飞行标准司承担。

9）飞行标准司

（1）拟定民用航空运营人（包括航空运输、通用航空和在我国运行的外国航空运营人）运行合格审定规章）标准和政策，组织实施运行合格审定和持续监督检查工作，负责航空运营人运行合格证和运行规范的颁发）修改和吊销工作。

（2）拟定飞行人员训练机构和民用航空器维修机构合格审定规章、标准、政策，组织实施合格审定和持续监督检查，负责飞行人员训练机构合格证和维修单位许可证的颁发、修改和吊销工作。

（3）拟定飞行人员训练设备（包括飞行模拟机、飞行训练器等）的鉴定标准，组织、指导飞行人员训练设备的鉴定工作。

（4）拟定民用航空飞行人员、飞行签派员、维修人员执照的颁发标准和管理规章，负责执照的考核、颁发和吊销工作。

（5）拟定飞行标准监察员、局方委任代表的业务标准和管理规章，组织业务培训和考试，监督检查其工作。

（6）负责民用航空器安全运行状态的审定和持续监督，包括航空器的年检、适航证的再次颁发、适航指令的实施监督、使用困难报告与有关信息的收集、维修方案与可靠性方案的审批、特殊装机设备运行要求的制定与符合性检查等。

（7）拟定民用航空器维修政策、规章、标准、程序，负责民用航空器型号合格审定、适航审定中的飞行标准工作。

（8）负责民用航空器重复性、多发性故障的收集分析和处理。

(9) 会同空管部门拟定民用机场飞行程序和运行最低标准的技术规范和管理规章，审批机场飞行程序和运行最低标准。

(10) 监管民用航空卫生、防疫、机场应急医疗救护工作，指导民用航空医学研究工作。

(11) 拟定民用航空人员(含飞行人员、乘务员、空中交通管制员)体检合格证的颁发标准和管理规章，负责体检合格证的颁发和吊销工作。

(12) 监管危险品航空运输。

(13) 参与飞行事故、事故征候有关飞行运行、持续适航和航空医学方面的调查。

(14) 2003 年 12 月增加“负责主最低设备清单和维修审查委员会报告的批准”职责；增加“拟定危险品航空运输法规、规章和标准”职责。

10) 航空器适航审定司

(1) 拟定民用航空器适航审定管理政策、规章、标准和制度并监督实施。

(2) 负责民用航空器(包括发动机、螺旋桨、型号及补充型号的合格审定)认可审查和相应证件管理。

(3) 负责民用航空器生产许可审定和相应证件管理。

(4) 负责航空材料、零部件和机载设备适航审定及相应证件管理。

(5) 负责民用航空器国籍登记注册。

(6) 颁发适航指令，负责装机设备的工程批准。

(7) 负责型号合格审定委员会的日常工作；负责民用航空器单机飞行手册、主最低设备清单和维修审查委员会报告的批准，参与审查批准最低设备清单。

(8) 负责民用航空器加、改装及重大特修方案、超手册修理方案的工程批准工作；负责民用航空器重复性)多发性故障的工程评估。

(9) 参与民用航空器的事故调查。

(10) 负责制定民用航空器噪声、发动机排出物的政策和合格审定，管理相应证件。

(11) 负责民用航空油料及化学产品的适航审定。

(12) 管理民航标准化、计量和质量工作。

(13) 2003 年 12 月将“负责主最低设备清单和维修审查委员会报告的批准”职责调整为“参与审查批准主最低设备清单和维修审查委员会报告”。

11) 机场司

(1) 拟定民用机场(包括军民合用机场民用部分，下同)建设、管理的规章、技术标准和定额，并监督执行。

(2) 办理审批、颁发、吊销民用机场使用许可证、军民合用机场对民用航空器开放使用批准书和经营许可证，并实施监督。

(3) 审批民用机场总体规划，审核新建民用机场场址和机场定名，并监督执行。

(4) 审核、批准中央投资和直属单位民航基本建设和技术改造项目的初步设计、开工报告，并组织竣工验收；负责民航专业工程项目的初步设计、招标投标和质量监督管理，并组织竣工验收。

(5) 对民用机场净空保护、应急救援、环境保护和土地使用等实施行业管理。

(6) 对民用机场专业工程的设计、施工、监理单位和社会中介组织实施资质管理。

(7) 对民用机场专用设备实施安全适用性管理。

(8) 负责航油市场管理;拟订供油设施建设规范,并监督执行。

(9) 管理消费者对机场投诉的受理工作,维护消费者权益。

除此以外,中国民航总局还内设了公安局、党委办公室(机关党委)、民航总局纪委(监察部派驻民航总局监察局)、全国民航工会、离退休干部局。

3. 直属单位和机构

CAAC 直属单位和机构目前有:中国民用航空总局空中交通管理局,中国民用航空总局机关服务局,中国民用航空总局航空安全技术中心,中国民航报社出版社,民航总医院,中国民航大学,中国民航飞行学院,中国民航管理干部学院,中国民用航空总局清算中心,民航专业工程质量监督总站,中国民用航空总局航空医学中心,中国民用航空总局信息中心,中国民用航空华北地区管理局,中国民用航空东北地区管理局,中国民用航空华东地区管理局,中国民用航空中南地区管理局,中国民用航空西南地区管理局,中国民用航空西北地区管理局,中国民用航空新疆管理局,首都机场集团。

1.2.2 中国航空运输协会

中国航空运输协会(CATA:China Air Transport Association)是依据我国有关法律规定,以民用航空公司为主体,由企、事业法人和社团法人自愿参加结成的、行业性的、不以盈利为目的的、经中华人民共和国民政部核准登记注册的全国性社团法人,由 9 家单位发起,分别是中国航空集团公司、中国东方航空集团公司、中国南方航空集团公司、海南航空股份有限公司、上海航空股份有限公司、中国民航大学、厦门航空有限公司、深圳航空有限责任公司、四川航空股份有限公司。其会徽如图 1.6 所示。

1) CATA 的性质

依据我国有关法律规定,以民用航空公司为主体,由企、事业法人和社团法人自愿参加结成的、行业性的、不以盈利为目的的、经中华人民共和国民政部核准登记注册的全国性社团法人。

图 1.6 CATA 会徽

2) CATA 的基本宗旨

遵守宪法、法律法规和国家的方针政策;按照社会主义市场经济体制要求,努力为航空运输企业服务,为会员单位服务,为旅客和货主服务,维护行业和航空运输企业的合法权益,促进中国民航事业健康、快速、持续地发展。

3) CATA 的工作方针

以党和国家的民航政策为指导,以服务为主线,以会员单位为工作重点,积极、主动、扎实、有效地为会员单位服务,促进提高经济效益,努力创造公平竞争、互利互惠、共同发展的健康和谐的航空运输环境。

CATA 倡导的精神是诚信服务、创新进取。

4) CATA 的目标任务

围绕国家改革发展大局,围绕企业经营的热点、难点,围绕维护会员单位合法权益,积极推进各项工作,坚定地走自立、自主、自律、自我发展的道路,以服务为本,把协会建设成中国航空运输企业之家、会员之家,以创新为源,把协会办成高效率、有信誉、具有国际影响的先进社团组织。

5) CATA 的会徽含义

环绕的橄榄叶——国际化的象征,代表着和平与祥和,其枝繁叶茂预示着 CATA 的不断发展壮大。

中间的地球形象——象征中国民航飞向世界,是协会成员业务范围的体现。

飞机——协会特点的展现,向上起飞的飞机代表着中国航空运输协会向上发展、腾飞的愿望。

蓝色的圆环——寓意协会为政府与企业以及会员单位之间搭建平台,成为连接各方的纽带。

9 颗星——华夏民族自古就有以九为大、以九为多之传承。在这里寓意 CATA 将不断发展壮大,谱写璀璨篇章。

整个标志形象鲜明,特点突出,大气、美观,充分体现协会遵守宪法、法律法规和国家的方针政策,按照社会主义市场经济体制要求,努力为航空运输企业服务,为旅客和货主服务,维护行业和航空运输企业的合法权益,为会员单位之间及会员单位与政府部门之间的沟通,发挥桥梁和纽带作用的宗旨。

1.2.3 中国民用机场协会

中国民用机场协会,简称“中国机场协会”(CCAA:China Civil Airports Association, www.chinaairports.org.cn)是经中国民用航空总局、民政部批准的中国民用机场行业(不含香港、澳门和台湾)唯一的合法代表。CCAA 总部设在北京,目前现有 96 个会员机场,会员机场旅客吞吐量、货运量和航班起降架次均达到全国总量的 99%以上。CCAA 是由全国民用机场自愿结成的非营利性的行业组织。其会徽如图 1.7 所示。

1) 协会的宗旨

(1) 宣传、贯彻中国共产党和政府的路线、方针、政策、法律和行业法规。

(2) 按照“共同参与、共同分享、共同成就”的指导思想,为会员提供交流合作平台,提出行业政策建议,推动我国机场管理和建设水平不断提高。

CCAA
中国民用机场协会
China Civil Airports Association

图 1.7 CCAA 会徽

(3) 阐述行业立场,表达会员心声,维护会员合法权益,成为中国机场界与政府、社会环境之间积极有效的沟通渠道。

(4) 协助解决会员之间的矛盾和争议,和谐会员关系,促进行业自律和健康发展。

2) 协会的业务范围

(1) 举办多种形式的与机场业务相关的交流活动。

(2) 开展与机场业务相关的信息收集、分析咨询和评比服务。

(3) 受政府委托,起草机场行业标准,推动新技术运用。

(4) 根据机场行业发展实际和趋势,进行相关课题的调查研究,向政府有关部门提出政策或立法建议。

(5) 组织开展与机场业务相关的国际交流与合作。

(6) 编辑出版协会刊物,建设协会网站。

思 考 题

1. ICAO 的宗旨和目的、作用是什么?
2. ICAO 的管理机构是如何设置的?
3. 我国参加 ICAO 的情况如何?
4. IATA 的宗旨、任务与作用是什么?
5. IATA 的管理机构是如何设置的?
6. IATA 会员如何划分?
7. IATA 有哪两类活动,活动的主要讨论内容是什么?
8. CAAC 的职能有哪些?
9. CAAC 直属单位和机构有哪些?
10. CATA 的目标任务是什么?
11. CCAA 的宗旨是什么?
12. CATA 的宗旨是什么?

第 2 章　计算机订座系统

订座是旅客在开始购票进行航空运输之前必须经过的一个过程。因此订座就成为了航空旅客运输过程中一个先决条件。本章主要针对订座情况以及给予技术支持的订座系统作为主要阐述的问题。

2.1　订座基本知识

订座基础知识部分主要介绍关于订座业务中常用的专业术语、对订座工作的基本要求及接受订座的一般程序等。

订座工作是民航运输服务工作中一项重要的工作,订座方式的好坏直接影响到运输生产的效益。订座主要是通过电话、电报等通信方式申请预定航班座位,是由订座人员在联网终端上利用订座系统建立旅客订座记录来完成的。

2.1.1　订座专用术语

为了在空运企业之间办理订座工作中正确表达各种有关信息,国际间对于订座工作中的专业术语规定了一致的含义。本节将从以下几方面对常用的术语和概念做简单介绍。

1. 订座与定座

订座指旅客预定的座位、舱位等级或对行李的重量、体积的预留(在特定航班上预订供给旅客使用的座位)。定座指的是已经出票的订座。

2. 旅客订座的情况

(1) 重复订座。同一旅客(或团体旅客)在同一航班上进行了两次订座或两次以上的订座。

(2) 落实订座。空运企业与已经订妥座位的旅客联系,询问该旅客是否肯定使用已经订妥的座位。

(3) 事后取消。在有关空运企业规定的航班起飞以前的最后指定时限以后取消座位。

(4) 无订座记录。旅客持有定妥座位的客票,而空运企业没有任何接受该定妥座位的记录。

(5) 超额订座。预订座位数超过该航班所能允许销售的座位数。

(6) 超额销售(指拉下的旅客)。旅客持有完整的有效客票或该旅客所定座位有正式定座记录,但是该始发航班不能为其提供座位。

(7) 航班飞行前复核。一个空运企业在航班飞行前,对该航班的订座记录进行复核,取消其中的重复订座、修改不正确记录或其他错误。这种订座操作手续称为航班飞行前复核。

(8) 候补订座。由于目前航班座位情况无法满足旅客所需,无法为其确认座位,而在进行等候补座(有限制订座要求的特种票价客票订座不在此列)。

2.1.2 旅客订座记录

订座记录(PNR:Passenger Name Record)是航空公司订座程序中一个不可分割的部分,它记录了旅客行程的必要信息,如旅客姓名、人数、旅行地点、时间、联系电话等。订座记录可以清楚地将旅客的旅行需要反映出来,其中包括能使订座得以处理和得到控制的所有必要信息。PNR 是一个基本记录,各部门从中可以获得确保快速的处理,为旅客提供方便的信息,如航班配餐需要量、机场各种登机清单、特殊处理的需求(如轮椅等)。

一项订座事务(座位预定、申请或列入候补)处理完成以后,即为每一旅客建立和储存一个 PNR。

1. PNR 的结构

PNR 建立一般带有下列项目(其中 1 项 ~ 4 项、8 项是必有项目)。

1) 姓名组(NM)

姓名组由座位数与姓名组成。在姓氏前必须带有该姓氏的座位总数,在姓氏与名字之间要用斜线隔开。姓名组除姓氏外可包含名的缩写、名、称谓及特殊情况代号,特殊情况如残疾、儿童等,一个 PNR 最多可输入 511 个旅客姓名。

团体名称组。如果一个 PNR 的旅客人数等于或多于 10 人时,必须输入团体名称。当 PNR 的旅客人数少于 10 人时,如果需要,也可以按团体处理。团体名称可以在建立或修改 PNR 时输入。团体名称组的输入包括团体人数和团体名称。团体旅客人数最多是 511。团体名称只能使用字母和斜线。含有团体名称的 PNR 存入系统后,可以用团体名称或该团体中的任何一个旅客姓名提取这个 PNR。

2) 航段组(SS)

航段组为旅客的航程建立提供有关信息,如航班情况、飞行日期、订座情况等。航段组按其提供信息的性质分为 4 种情况,分别是:

(1) 可采取行动的航段组(代号为 Actionable,指令为 SS 或 SD)。

(2) 信息航段组(代号为 Informational,指令为 SA)。

(3) 到达情况不明航段组(代号为 ARNK,指令为 SA)。

(4) 不定期航段组(代号为 Open,指令为 SN)。

其中,可采取行动的航段组是由具体行动的代号来决定的,不属于提供情况及不明航班与不定期航班的航段,可采取行动航段组可根据航班时刻表、座位可利用状况等航班信息直接或间接建立。

提供到达情况航段组是为有关人员提供旅客到达订座起始地点情况的,其中包括航班、舱位等级、日期、城市对、订座情况等信息。

到达情况不明航段组代号为 ARNK,其功能可以用来衔接不连续航程。

不定期航班航段组代号为 OPEN,意为航班号与航行日期不确定,可根据情况确认航班与日期。

3）联系组（CT）

联系组用于建立与旅客联系的信息（Contact），主要提供旅客或代理人的联系地址，输入格式由用户决定。

4）出票组（TK，Ticket Status）

出票组注明旅客出票情况，已出票的将给予证实（对订座有限制的特种客票除外），而未出票的则写明具体出票的安排与限定，这些安排与时间限定将作出相应的信息输入QUEUE中或由电报处理。出票情况有以下几种类型：

T——已出票；

TL——出票时限；

TT——电传出票；

AT——机场出票；

WC——旅客自己取票；

MT——邮寄客票。

每一位旅客必须也只能带有一种出票情况代号，用旅客序号标识注明与出票情况相对应的旅客，若没有旅客序号标识，则出票情况适用于PNR中全部旅客。

5）特殊服务组（SSR：Special Service Request）

特殊服务组包括任何需要马上采取行动和回答的各类服务情况。特殊服务内容及长短不予限制。每项特殊服务组的建立和修改在封口后，相应的信息通过系统内部自动生成的电报，输送到有关部门的QUEUE中，以便联系或采取行动。

特殊服务组建立格式：

〉SSR：服务类型/航空公司两字代码/行动代码/人数/航段/内容/旅客序号/航段序号

注：其中服务类型通常是四字代码，常用的有以下几种。

餐食代码：

SPML（特殊餐食）

AVML（亚洲素食）

BBML（婴儿/幼儿餐食）

BLML（刺激性少/软餐食）

CHML（儿童餐食）

DBML（糖尿病餐食）

FPML（水果餐食）

GFML（无麸质餐食）

HFML（高纤维餐食）

HNML（印度餐食）

LCML（低卡路里餐食）

LFML（低胆固醇无脂肪餐食）

LPML（低蛋白质餐食）

LSML（低钠无盐餐食）

MOML（穆斯林餐食）

NLML(无乳糖餐食)
NSML(无盐餐食)
ORML(东方餐食)
PRML(低咖啡碱餐食)
RVML(未煮过的素餐)
SFML(海鲜餐食)
VGML(素食)
轮椅旅客:
WCHR(轮椅服务起止于客机停机坪)
WCHS(轮椅服务起止于客梯)
WCHC(轮椅服务起止于客舱)
FQTV(常旅客)
TKTL(出票时限)
BSCT(婴儿摇篮)
SMSW(预定靠窗座位)
LANG(特定语言)
UM(无成人陪伴儿童)
MEDA(身体患病旅客或精神病患者)
BLND(盲人旅客)
DEAF(聋哑旅客)
STCR(担架旅客)
OTHS(其他项目)

6) 其他服务情况组(OSI:Other Service Information)

其他服务情况组提供的服务情况不需要答复。

其他服务组建立格式:

〉OSI:航空公司两字代码/服务代码/内容/旅客序号

注:航空公司为两字代码,若输入 YY 则表示所有的航空公司。

服务代码有以下几种:
重要旅客(VIP)
票号(TKNO)
地址(CTCA)
办公电话(CTCB)
家庭电话(CTCH)

7) 备注组(RMK)

备注组用于记录某些可能有助于了解旅客的情况。

8) 责任组(Responsibility Element)

责任组由订座系统自动建立。

责任组指的是负责 PNR 的部分名称。当新的 PNR 建立时,系统会自动给出责任组。责任组包括终端所在的部门名称。PNR 的现行部分只能有一个责任组,其他责任项存入

PNR 的历史记录中。

PNR 的现行部分是指包括所有当前有效 PNR 的各种项目,另外也可以包括在同一次显示中所有已失效的项目。PNR 的历史部分指的是 PNR 的非现行项目在做封口后,自动转移到历史部分的那部分项目。

旅客订座记录是电脑订座人员必须掌握的内容,PNR 在订座系统中最主要的作用是订座,还可以打票、建立常客信息、订旅馆,以及其他相关信息。

2. PNR 的建立

建立 PNR,要按照不同旅客的不同情况,首先要建立 PNR 的各个项目,最后以封口指令@使记录生效,产生记录编号。

建立 PNR 的一般程序:

(1) 查询航班座位可利用情况(AV),建立航段组(SD),输入旅客姓名(NM),输入旅客联系地址(CT),输入票号(或输入取票时间)(TK),输入特殊服务组(SSR)或其他服务组(OSI)、备注组(RMK),输入封口指令。

(2) 如航段组的始发地不是出票地,应在建立航段组的同时,以(SA)指令建立到达情况组。

(3) 一般情况下,如果旅客无特殊服务要求和其他服务情况,或无需输入备注情况时,可以省去这三项内容。

例:有三位旅客姓名分别为李军、陈浩明、张红然,欲购买 8 月 20 号 CZ3111 航班广州至北京、8 月 22 号郑州至广州的机票,其中李军的身份是大使,要订无盐餐食。据旅客要求建立 PNR。

生成的 PNR 如图 2.1 所示。

```
1.LI/JUN MR VIP
2.CHEN/HAOMIN MR
3.ZHANG/HONGRAN MS HRV3G
4.CZ3111 C TU20AUG CANPEK RR3 1000 1250
5.ARNK WE21AUG PEKCGO
6.CZ3391 Y TH22AUG CGOCAN HK3 0830 1030
7.TEL83350366MIAOLIN
8.T/7841234567890 -92
9.SSR SPML CZ NN1 CANPEK CZ3111 Y 20AUG NO SALT MEAL/P1
10.OSI CZ VIP THE AMBASSADOR OF CHINA IN AMERICA/P1
11.CAN003
```

图 2.1　PNR 举例

1~3—姓名组;HRV3G—记录编号;4—航段组;5—到达组;6—航段组;7—联系组;8—出票组;9—特殊服务组;10—其他服务组;11—责任组。

2.1.3　计算机订座系统的航班控制功能

1. AV——查寻座位可利用情况(DISPLAY AVAILABILITY)

例如:

(1) 查询 12 月 17 日广州至北京座位可利用情况。

AV:CANPEK/17DEC/9(所要求的座位数可省略)

(2) 查询12月17日由南航承运广州至北京座位可利用情况。

AV:CANPEK/17DEC/9/CZ(所要求的座位数可省略)

(3) 查询12月17日上午10:00以后的广州至北京座位可利用情况。

AV:CANPEK/17DEC/1000/9(所要求的座位数可省略)

(4) 查询12月17日CZ3101航班广州至北京的座位可利用情况。

AV:CZ3101/17DEC/CANPEK/9(所要求的座位数可省略)

(5) 查询12月17日上午11:00以后的回程情况。

AV:RA/17DEC/1100

(6) 查询当日12:00点以后的回程情况。

AV:RA/1200

(7) 查询12月17日后的回程情况。

AV:RA/17DEC

AV显示的座位代号说明如下:

A——航班有座位;

1~9——表示所要求座位不能满足,航班只剩下所显示的座位;

L——只允许候补座位;

R——只能申请座位;

C——航班完全关闭;

X——航班已取消;

Z——情况不明航班;

Q——永久申请航班;

S——限制销售航班;

D——航班开放所要求的座位数与协议不符(属于自由销售航班);

F——航班已起飞;

T——电话连接。

2. ATX/CAR/HTL/SUR/TUR——建立辅助服务项目组(AUXILIARY SERVICE ELEMENT)

例如:

(1) 要求南航在广州于5月8日出租两架直升机服务。

ATX:CZ NN2 CAN 08MAY HELICOPTER

(2) 要求南航在洛杉矶为第四名和第五名旅客向AVIS出租车公司于7月18日租用福特汽车一部,为期三天。

CAR:CZ NN1 LAX18JUL AVIS/FORD 3DAYS/LAXCZ/P4/P5

(3) 要求南航在广州白天鹅订三间中等房价、带有浴缸的双人房,7月18日入住,7月23日离开。

HTL:CZ NN3 CAN IN18JUL OUT 23JUL TWNB MODR WHITE SWAN

(4) 要求南航在武汉安排7月10日~12日的市内游览。

TUR:CZ NN2 WUH IN10JUL OUT12JUL CITY TUR

3. BA——建立开账地址组(BILLING ADDRESS ELEMENT)

例如:

(1) 直接用旅客姓名 WENXF、地址广州解放路 148 号输入。

BA:GUANGZHOU WENXF,CAIWUCHU,148# JIEFANGROAD,CAN/P1

(2) 以旅客序号为第 3 的输入。

BA:P3/148#JIEFANGROAD GUANGZHOU/P3

4. CS——整理航段顺序(REARRANGE SEGMENT CONTACT ELEMENT)

例如:将第 2、第 3、第 4 航段组的次序改为第 3、第 4、第 2。

CS:3/4/2

5. CT——建立联系地址组(CONTACT ELEMENT)

例如:旅客的联系地址为广州,办公电话号码 86123379,家庭电话为 86126463。

CT:CAN/86123379 B 86126463 H

联系地址组内容代号说明:

B——办公电话号码;

H——家庭电话号码;

P——电话类别不清楚;

T——旅行社电话号码;

N——没有联系电话号码。

6. DS——查询指定日期航班时刻表(DISPLAY DATE SCHEDULE)

例如:

(1) 查询 11 月 18 日上午 9:00 以后长沙至广州的班期情况。

DS:CSXCAN/18NOV/0900

(2) 查询 11 月 18 日 CZ3350 航班情况。

DS:CZ3350/18NOV/CANWUH

(3) 查询从 10 月 8 日起郑州至广州航段航班情况。

DS:CGOCAN/08OCT

7. ES——将建立的航段并入 PNR(ENTER CREATED SEGMENTS INTO A PNR)

例如:需要把建立的航段并入一个 PNR 中。首先建立航段,然后提取 PNR,通过并入航段指令(ES)进行并入。

格式:ES

8. FD——票价显示(FARE DISPLAY)

例如:

(1) 通过航班序号查询票价(如第 3 航班)。

FD:3

(2) 通过城市对查询票价(如查询 10 月 11 日广州至乌鲁木齐的票价)。

FD:CANURC/11OCT

(3) 通过城市对和承运人查询票价(如查询南航广州至北京的票价)。

FD:CAN PEK/CZ

9. FQ——建立票价组(FARE QUOTA ELEMENT)

例如:

(1) 对家庭折扣票价提出请求或询问。

FQ:NN/IS FAMILY DISCOUNT APPLICABLE?

(2) 记录广州至桂林的票价信息。

FQ:CANKWL 650.00 Y

10. FV——查询最早可提供座位的航班(FIRST AVAILABLE DISPLAY)

例如:查询10月20日早上10:00以后广州至汕头最早可提供2个头等舱座位的航班。

FV:CANSWA/20OCT/1000/F/2

11. GN——团体名称输入功能指令(GROUP NAME)

例如:建立中国国际旅行社(CITS)25人团体名称。

GN:25CITS/GRP

12. IG——还原指令(IGNORE)

例如:当建立或修改PNR时,没有执行封口指令之前,如果不想生成或修改这个PNR,可以利用还原指令(IG)来恢复。

格式:IG

13. MA——建立邮寄地址组(MAILING ADDRESS ELEMENT)

例如:3名旅客中第1名旅客陈平女士的客票需要邮寄,地址为广州人民南路151号。

MA:MSCHENPING,151# RENMINNANROAD,CAN/P1/3

或

MA:P1/151# RENMINNANROAD/CAN/P3

14. NM——非团体旅客姓名输入功能指令(NAME)

例如:

(1) 建立一名为温小平先生的旅客姓名组。

NM:1WEN/XPMR

(2) 建立姓名组,2名旅客姓CHANG,3名旅客姓LAURENT。

NM:2CHANG/JUNMR/MEIMS 3LAURENT/D/M/B

(3) 为一名为王钢的4岁无人陪伴儿童建立姓名组。

NM:1WANG/GANGCHD(UM4)

15. OP——建立选择处理组

例如:将某个PNR在12月10日出到CAN001的QUEUE中检查签证。

OP:10DEC/CAN001/CHECK ON VISA/P4

16. OSI——建立其他服务情况组(OTHER SERVICE INFORMATION)

例如:

(1) 建立OSI项通知南航,旅客的身份是大使,属重要旅客。

OSI:CZ VIP AMBASSADOR/P1

(2) 通知有关航空公司,旅客只会讲中文。

OSI:YY PAX SPEAK CHINESE ONLY

(3) 通知有关航空公司,本PNR的3名旅客与2位李先生一起旅行,共5名旅客。

OSI:YY TCP5 2LI

17. RMK——建立备注组(REMARKS ELEMENT)

例如:第 2 名旅客为无收入旅客(NON - REVENUE PASSENGER),即免票。

RMK:NR/P2

18. RP——建立责任组(RESPONSIBILITY ELEMENT)

例如:将责任组转给广州 002 机场售票点。

RP:CAN002/CZ AIRPORT BOOKING OFFICE

19. RT——提取 PNR(RETRIEVAL OF PNR)

例如:

(1) 根据旅客姓田、航班为 CZ3301 和乘机日期为 10 月 15 日提取完整的旅客记录,C 为提取完整的 PNR 显示。

RT:C/TIAN/CZ3301/15OCT/1

(2) 根据记录编号 H5DFE,提取团体 PNR 中每个旅客姓名的完整显示。

RT:N/H5DFE

(3) 从旅客名单中提取序号为 2 的 PNR。

RT:2

(4) 从航段部分开始显示。

RT:SS

PNR 显示选择代号如下:

C——完整显示(包括历史部分);

N——包括旅客姓名在内的团体旅客 PNR 显示;

A——现行部分显示。

20. SA——提供到达情况航段的建立(INFORMATION SEGMENT CREATION)

例如:旅客 12 月 15 日乘坐 CZ3391 Y 舱到达广州。

SA:CZ3391Y15DECCAN

21. SD——间接建立航段组(ACTIONABLE SEGMENT CREATION FROM ALL DISPLAY)

例如:

(1) 利用班期时刻表或航班座位可利用情况显示,在航班序号为 3 的航班上建立 2 个 Y 舱座位的航段组。

SD:3Y/2

(2) 在多个航段候补订座。

SD:3F/4Y/LL2/2

优先级分别为 2

错误应答:

ACTION——行动代号不正确;

CLASS——没有输入座位等级代号或输入的座位等级无效;

FORMAT——格式不正确;

ROUTING——无效的航线序号;

SCH NBR——航线序号不符；

SEATS——座位数不正确；

PLEASE RETRY AV DISPLAY——重新显示 AV；

UNABLE——不能得到需要的座位。

22. SK——查询班期时刻表(DISPALY SCHEDULE TIME TABLE)

例如：

(1) 查询桂林至广州的班期。

SK:KWLCAN

(2) 查询 12 月 17 日 CZ3302 的班期。

SK:CZ3302/17DEC/KWLCAN

(3) 显示 12 月 17 日从桂林到广州 11:00 以后起飞的南航班机信息。

SK:KWLCAN/17DEC/1100/CZ

(4) 12 月 10 日从本地经过广州到达洛杉矶,从本地到广州乘坐南航的班机。

SK:LAX/10DEC/CZ/CAN

(5) 12 月 10 日从本地经过广州到洛杉矶 11:00 以后起飞的航班,其中从本地到广州乘坐南航的班机,在广州经停的时间至少为 90 分钟。

SK:LAX/10DEC/1100/CZ/CAN90

23. SM——拍发电报(SEND MESSAGE)

例如：

(1) 拍发无记录旅客电报(NO RECORD PASSENGER)。

SM:NRC

(2) 拍发告知姓名电报(NAME TO BE ADVISED)。

SM:NTBA

(3) 对 PNR 中的第 3 项和第 6 项目序号拍发要求回答报(REQUEST REPLY)。

SM:RQR/3/6

(4) 拍发没有团体名称的团体旅客报(NAMES ADVISED WITHOUT GENERATING MESSGES)。

SM:NADV

24. SN——OPEN 航段组的建立(OPEN SEGMENT CREATION)

例如：

(1) 建立汕头至广州,12 月 10 日,头等舱,南航航班的 OPEN 航段。

SN:CZ/F10DECSWACAN

(2) 建立广州至北京,头等舱,任何航空公司 OPEN 的航段。

SN:YY/F/CANPEK

YY 表示任何航空公司都可以,省去时,为本航空公司代号。

25. SP——分离指令(SPLIT)

例如：

(1) 将第 3 名和第 5 名旅客从原 PNR 中分离,建立新 PNR。

SP:3/5

(2) 分离第 3 名和第 5 名旅客及第 15 项辅助服务组。

SP:3/5/15.

(3) 从未有名单的团体中分离出 5 个座位,建立新 PNR。

SP:G5

26. SS——直接建立航段组(DIRECT SEGMENT CREATION)

例如:

(1) 申请订南航 CZ3513 航班,Y 舱,2 月 20 日,广州至南京,2 个座位。

SS:CZ3513Y20FEB CANNKGNN2

(2) 订座南航 CZ3101 航班,F 舱,2 月 5 日,广州至北京,1 个座位。

SS:CZ3101F05FEB CANPEK1

27. SSR——建立特殊服务组(SPECIAL SERVICE)

例如:

(1) 向南航申请,为第 2 个旅客订无盐餐食。

SSR:SPML CZ NN1 NOSAL/P2

(2) 在广州至北京航段,向南航申请,为该旅客的狗提供笼子。

SSR:OTHS CZ NN1 CANPEK LARGE KENNEL FOR DOG

28. TK——建立出票情况组(TICKET STATUS ELEMENT)

例如:

(1) 输入已出票的票号 784-4010086453。

TK:T/784-4010086453

(2) 出票时限为 10 月 12 日 15:00 以前。

TK:TL/1500/12OCT/CAN001

(3) 在机场出票,并限定在 10 月 12 日以前开票。

TK:AT/12OCT/CAN002

出票情况说明:

T——已出票;

TL——出票时间限定;

TT——电传出票;

AT——机场出票;

WC——旅客自己取票情况;

MT——邮寄客票。

29. XE——取消指令(CANCELL)

例如:

(1) 取消订座记录 PNR。

XE:PNR@+自由格式用以说明取消原因

(2) 取消序号为 2、4 的旅客。

XE:P2/4

(3) 取消 PNR 中第 3、第 5 项目(旅客姓名组和团体名单组不能用此方法取消)。

XE:3/5

(4) 在未提供旅客姓名的团体 PNR 中取消 5 个座位。

XE:G/5

(5) 在团体 PNR 中减少没有旅客名单的 2 个座位,再将序号为 1 的旅客取消。

XE:G/2/P/1

(6) 将 PNR 中第 3、第 4 航段取消,再订一个 AV 显示中第 6 个航班。

XE:3/4,6Y/NN1

30. @或 \ ——封口指令(END OF TRANSACTION)

例如:

(1) 正常封口。

@

(2) 将行动代号 KK、KL、或 TK 变为 HK,UU、US 改为 HL,并除去任何航班变更指示,如出现闪动的 S,P,C 或闪动的 I。

@K

(3) 强行封口。

@I

(4) 单纯由于航程不连贯时的强行封口。

@C

(5) 由于有航班变更指示 P 或 C 情况时的强行封口。

@M

31. PAT——查询目前航段的票价,并以打印客票的格式显示结果

2.1.4 订座的要求及程序

1. 订座的基本要求

订座工作是旅客运输工作中的第一个环节。订座工作不仅是重要的运输生产组织工作,而且是一项政策性很强的业务工作,必须认真贯彻执行国家的对外方针政策,加强责任心,为发展国际友好往来、经济贸易联系和文化交流服务,为四化建设服务。

订座工作要求要尊重旅客、讲究礼貌、微笑服务;接待旅客要主动热情;答复旅客问讯要诚恳耐心,语调适中,语言简洁,语意确切,防止急燥、简单生硬,禁止办私事、嬉笑打闹、聊天、与旅客争吵;工作时要穿着制服,佩带标志,仪容整洁,举止大方,态度自然,对旅客要热情相迎,主动道别。

要求订座人员对各种业务资料要熟练掌握,常用的业务知识,重点资料应熟记,资料内容和有效期如有变动要及时更换,防止错用资料,造成不良后果和影响,反对有章不循现象。上级机关指定的规章制度是订座工作的依据,必须严格执行和遵守,不准擅自取舍。订座工作时间性强,要做到迅速、准确、细致、周到,防止差错,并应根据具体情况,不断改进工作方法,提高业务水平和工作效率,缩短旅客等候时间,办理订座要根据我国政府和有关外国政府签定的通航协定,严格遵守中国民航和有关外国空运企业签定的业务总代理或业务代理协议中有关销售和座位管理的各项规定,订座工作还应注重增加外汇收入和节约外汇支出,对旅客订座要选择既快捷方便,又经济合理的路线,同时又要注意承运人和旅行路线的选择,以确保旅行安全,避免发生事故。

2. 接受旅客订座的一般程序

1) 现场订座

接受旅客订座,应问清旅客旅行的路线、日期、航班、承运人、座位等级、人数、需要提供何种特殊照料和服务等情况。

接受旅客订座,应根据旅客意愿,选择航班。如旅客要求订座的航班已满,应主动帮助选择,提供其它航班和旅行线路。供旅客参考,也可列入候补名单,等有空座时,立即通知旅客。

在采用电子计算机系统订座时,应按旅客要求输入计算机,建立相应的 PNR。

对联程旅客订座,在航班衔接地点,应为旅客留有足够时间办理衔接航班的换乘手续,以免衔接不上。每一机场对国内航班之间的最短衔接时间会有不同的要求,订座时应向有关的机场查询。

座位全部定妥后,应通知旅客在规定的时限前购票。

航班取消、经停地点有变动,或航班离站时间提前或延后,应在适当地点公告或及时通知旅客,如定妥联程座位,应通知有关承运人取消预留的座位或改定其他航班座位。

对特殊旅客订座,应问清情况,严格按照特殊旅客运输的有关规定办理。

2) 电话订座

接受电话订座,应按下列程序办理:

(1) 问清旅客旅行的日期、航班、承运人、航程、舱位、人数,准确向旅客提供订座情况。

(2) 请其提供旅客姓名、联系电话或地址、出票日期,询问有无特殊服务需要等,输入计算机建立 PNR,待订座系统生成 PNR 后,将所订航班、承运人、舱位、日期、订座状态、离站时间、到达时间、出票地点、方式等告知旅客,并通知购票时限。

(3) 接受座位再证实。根据旅客提供的下列资料查找旅客记录,包括:记录编号 PNR,旅客姓名,旅客要求再证实的航班、日期、航段等详情,任何补充信息,旅客的联程资料。核实无误后,在计算机订座系统中,将该旅客 PNR 的订座状态从“HK”改为“RR”。同时,将旅客新的联系资料输入 PNR。在结束通话之前,应向旅客重复以下情况:航段详细情况,包括航班号、票价等级、日期、月份,登机和下机地点或机场名(如同一城市有两个机场或两个以上机场,应告知旅客具体机场名称),需要的座位数,起飞和到达时间,辅助服务信息(如有),旅客姓名和称谓,在当地或新的联系资料,其他补充信息和特殊服务如特殊餐食等。

(4) 应告知旅客,航班起飞前 30min 停止办理乘机手续等事宜。

3) 取消订座

接到旅客的退座要求,应立即提取 PNR,证实原订座情况无误后,将原订座位取消。

4) 来回程、联程订座

旅客的航程由 2 个或 2 个以上不同航班所组成的运输称为联程运输。旅客的航程从出发站至到达站,再按原航程返回,这样的运输称为来回程运输。为了方便旅客,应向旅客提供预定来回程、联程座位的服务。

(1) 预定和出售联程、来回程座位以及机票的适用范围。

① 开展联程、来回程座位的预定以及出售机票仅限有计算机联网的售票处。

② 除办理本公司航班上联程、来回程座位的预定和出售机票外，也可在已签订销售代理协议的其他承运人航班上办理上述业务。

(2) 接受订座和购票。

① 计算机只能接受9人(含)以下联程、来回程订座，超过9人以上按团体旅客订座方法办理。

② 凡是开放的航班都可接受联程、来回程座位的预定和出售机票。

③ 办理联程、来回程订座时，应建立完整的PNR。即：列明航班到达情况，续程航班、旅客姓名、单位或团体名称、联系人、电话等。

(3) 联程航班衔接时间限制。

① 纯国内航班衔接不得少于1.5h。

② 国际转国内或国内转国际航班不得少于2h。

5) 不正常订座的处理

(1) 订座的取消和变更。取消和变更订座包括取消座位，变更航班、乘机人、日期、人数和航程。

① 应告知旅客，如已定妥的座位(包括联程、来回程座位)未利用时，要尽快向所订座位的售票处提出取消座位，以便使座位重新销售给其他旅客。

② 旅客已预订座位，未能在规定的购票期限内购票，所预订座位即告取消。

③ 联程、来回程旅客未按规定进行座位再证实，所订座位应予以取消。

④ 在接到旅客取消或变更订座的通知后，要检查旅客原始订座记录，或通过旅客了解，除提出取消或变更订座要求外，是否还定妥了其他联程座位，应向旅客查明这些座位是否保留、取消或改订。

⑤ 办理座位取消或改订手续不是旅客本人，应在订座记录的“备注”栏内注明取消或改订座位的经办人姓名和通知方式。

⑥ 当旅客要求改变部分航程时，应按取消和预订座位有关规定取消原订座位，重新订座。

⑦ 旅客所定妥座位的航程、班期发生变更时，销售部门应按旅客所留的联系地址或电话，尽快通知旅客。

⑧ 旅客未按客票填明的日期、航班或规定的时间到达机场，或未能在班机起飞前办妥乘机手续，或由于旅客的乘机手续不完备未能利用定妥的座位，而造成误机时，如旅客仍需继续乘机，应重新办理订座。

(2) 无订座记录的旅客。旅客持有已定座位的客票，但接受承运的空运企业没有旅客的订座记录，或没有收到旅客的申请订座记录时间，视为无订座记录的旅客。

① 未按规定进行座位再证实，而座位被自动取消的旅客，或定座申请已给予否定答复的旅客不属于无订座记录的旅客。

② 原则上对无订座记录的旅客，可优先安排候补。如订座已满，应在下次航班予以优先安排或签转给其他承运人。

辅助服务内容的多少有所不同，在输入有关的内容经封口后，相应的信息通过系统内部自动生成的电报，输送到有关部门的 QUEUE 中，以便联系或采取行动。

2.2 订座系统概述

实际上，订座系统包括代理人分销系统（CRS）和航空公司系统（ICS）。航空公司系统有 20 多家国内航空公司在使用。代理人系统有 5000 家代理人约 25000 台终端在使用。

2.2.1 计算机在民航订座系统中的应用

计算机在中国民航订座系统中的应用是从 1981 年开始的。首先应用的是售票业务部门，由于国际航班要参与国际航空市场的激烈竞争，不使用计算机，则处于竞争不利地位，因此，中国民航租用了总部设在美国亚特兰大的 GABRIEL 系统进行国际航班的售票，直至 1985 年。1985 年，中国民航经国家有关部门批准，经过全面的选型和论证，投资新建了自己的订座网，年底正式运行。1986 年开始，该订座网以北京为中心，向全国各地辐射售票网点。1989 年 10 月 27 日，中国民航将原 GABRIEL 系统中的终端成功转接到自己的系统中，从而真正建立起中国民航自己的、分布于全球的计算机订座网络。1993 年，订座系统的功能得到了飞跃，即自动出票系统全面投产。经过十几年的摸索、更新和升级，1995 年建成了民航卫星通信网，解决了困扰通信的“中枢神经”阻断问题，1996 年元月，中国民航建成了中国的代理人分销系统（CRS：Computer Reservation System）。

自独立运行以来，到目前为止，CRS 业务遍布中国境内 296 个通航城市，58 个境外城市，拥有代理商 5316 个，终端 2 万余台，合格上岗从业人员约 5 万人。目前该系统可以协议分销中国民航所有 21 家航空公司、非中国民航 195 公司的航线航班（其中 11 家直接连接，184 家间接连接）。在非航空旅游产品的分销方面，目前，有 297 个酒店、1 个租车公司、2 个大型旅行社可以通过该系统进行分销。在航空公司订座系统处理的所有旅客中，约 75%左右是通过该分销系统销售实现的，另外 25%左右则是通过航空公司订座控制系统实现的。

2.2.2 CRS 网络的主要特征

销售代理通过 CRS 进行航班座位及其他旅行产品的销售。CRS 的目的：①为航空代理商提供全球航空航班的分销功能；②为代理商提供非航空旅游产品的分销功能；③为代理商提供准确的销售数据与相关辅助决策分析结果。

基于这个目的，从 CRS 的组成上，它是一个覆盖广大地域范围的计算机网络。该网络主要有以下特征：

(1) 实时性：网络上的终端从提交命令到得到结果应答，这段响应时间一般不超过 3 秒钟。

(2) 不间断性：由于 CRS 覆盖的地域十分广泛，一天 24h 内，任何时间网络上都有终端在工作，因此，系统运行在任何时间都不能中断。

(3) 高可靠性：系统中的数据在任何意外情况下都不能被破坏，为此，系统实行了多套主机、随时备份等措施。

一方面，通过 CRS，分布于世界各地的销售代理都可以使用网络的终端来出售机票及旅行产品;另一方面,航空公司通过将自己的营运数据投入 CRS 中销售,可在最大限度的区域中销售自己的航班座位,同时通过有效的座位控制,可提高航班座位利用率和商业利益。

2.2.3 CRS 提供的服务

CRS 发展到今天,已经具备了非常完备的功能,包括中国民航航班座位分销服务、国外民航航班座位分销服务、BSP 自动出票系统服务、运价系统服务、常旅客系统服务、机上座位预订服务、各类等级的外航航班分销服务、旅馆订房等非航空旅游产品分销服务、旅游信息查询系统服务、订座数据统计与辅助决策分析服务等。

通过未来对 CRS 的建设,中心的 CRS 将发展成为服务于整个航空及旅游业的一个通用系统。除了原有的航空运输业外,旅馆、租车、旅游公司、铁路公司、游轮公司等的产品分销功能也将容纳到 CRS 中来,使中心的 CRS 能够提供一套完整的旅游服务。经过技术与商务的不断发展,中心的 CRS 将能够为旅行者提供及时、准确、全面的信息服务,满足消费者旅行中包括交通、住宿、娱乐、支付及其他后继服务的全面需求。

2.2.4 航空公司 ICS 与 CRS

1. CRS 模式及 CRS 与 ICS 之间的连接

一般来说,CRS 的模式如图 2.2 所示。

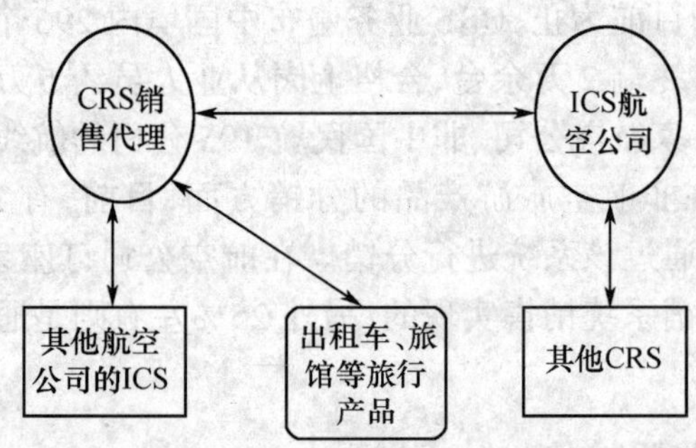

图 2.2 CRS 系统的模式

在图 2.2 中,ICS(Inventory Control System,编目航班控制系统)为航空公司专用,CRS 面向销售代理。在中国 CRS 中,ICS 的服务对象为航空公司的航班与座位控制人员和航空公司市场与营运部门的管理人员;而 CRS 的服务对象则为从事订座业务的销售代理人员和航空公司中部分从事销售的人员。

CRS 如何销售航空公司的座位是由 CRS 与 ICS 的技术连接方式及商务协议决定的。ICS 加入 CRS 的协议等级主要有如下几种方式(按由低到高顺序):

(1) 无协议级。

(2) 次高等级——直接存取级(Direct Access)。

(3) 较高等级——直接销售级(Direct Sell)。

中国 CRS 与中国 ICS 的技术连接方式是无缝存取级(Seamless),它是直接销售级中的最高级别,也是世界上最先进的连接方式。

航空公司的座位管理人员,借助于 ICS 与 CRS 的实时连接,可完成如下功能:

(1) 各类 PNR 的提取,座位确认、取消、修改 PNR 中的航段。

(2) 随时向 CRS 拍发航班状态更改电报。

(3) 可针对 CRS 中的具体订座部门进行座位销售的分配与限制。

由于中国 CRS 可以与国外航空公司的 ICS 连接,而中国 ICS 也可同国际上的大 CRS 连接,这样就可以将我国的航空市场推向世界。如图 2.3 所示。

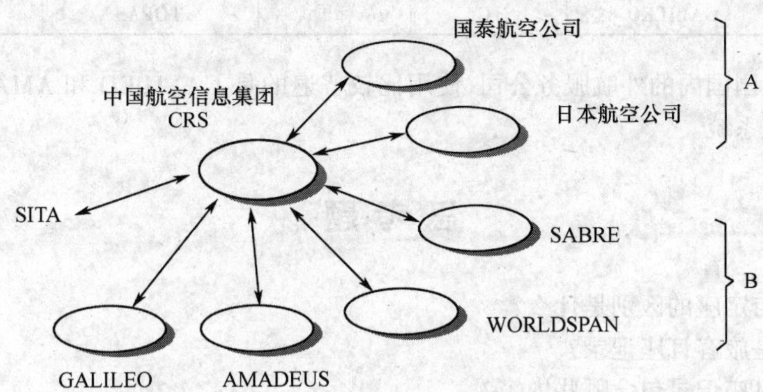

图 2.3　中国航空信息集团 CRS 与国外航空系统连接的系统格局图

A—国外航空公司系统; B—国外 CRS 系统。

2. 两系统的关系

CRS 与 ICS 之间存在着不同等级的连接方式,以及 CRS 内部连接等级,使得它们之间传递数据的时候也有着不同的影响。

1) 中国 ICS 与中国 CRS 和国外 ICS 之间的连接

(1) 直接连接的航空公司:连接等级高,AV、SD 数据都会准确(AV、SD 是两个订座指令)。

(2) 通过其他系统连接的航空公司:与该系统间的连接等级高的航空公司,AV、SD 数据比较准确;与该系统间的连接等级低的航空公司,AV、SD 数据准确性较差。

(3) 无连接关系的航空公司,无法取得数据,只能申请座位硬件、软件及其数据库相互独立,但紧密连接。

2) 中国 CRS 与国外 ICS 和国外 CRS 之间的连接

(1) 与国外航空公司系统连接,可以对其直接进行销售,显示的内容也更加准确。

(2) 与国外代理人系统连接,可以显示对方系统中的航班信息,与众多航空公司建立起联系。

无论如何连接,它们之间都保持着以下的关系:

(1) 数据传递实时进行。

(2) 保证数据传输准确性和匹配性。

(3) 共享网络系统。

3. 世界各大 CRS 名称及标识

世界各大 CRS 名称及标识如表 2.1 所列。

表 2.1 世界各大 CRS 名称及标识

地区	CRS 名称	标识	地区	CRS 名称	标识
美国	SABRE	1W	东南亚	AMACUS	1B
美国	WORLDSPAN	1P	日本	INFINI	1F
美国	GETS	1X	日本	AXESS	1J
欧洲	AMADEUS	1A	中国	中国 CRS	1E
欧美	GALILEO	1G	韩国	TOPAS	1T

目前在我国国内的外航服务公司,使用比较普遍的是 GALILEO 和 AMADEUS 这两大计算机订座系统。

思考题

1. 订座与定座的区别是什么?
2. 什么是旅客订座记录?
3. 旅客订座记录包含哪些内容?
4. 订座的基本要求是什么?
5. CRS 的含义是什么?
6. CRS 的特征是什么?
7. 利用 CRS 可以提供哪些服务?
8. CRS 与 ICS 之间的关系是什么? 世界上有哪些计算机订座系统,它们的标识是什么?

第3章　旅客运输凭证

在整个航空旅客运输过程中,决定旅客是否有权利乘坐飞机的一个重要依据是旅客必须持有相应的运输凭证。这里所说的运输凭证是指客票以及其他形式,包括客票及行李票,以及国际上使用比较多的旅费证和预付票款通知。

3.1　客　票

旅客的客票是旅客和承运人之间的运输契约。世界上大多数航空公司及销售代理都采用规格大致相同的标准客票,并且客票的填开、承兑和结算的规则都是一致的。

以前我国国内各航空公司及销售代理广泛采用的都是纸质客票。现在随着电子客票的实施,纸质客票已经渐渐退出市场。

3.1.1　客票及行李票

1. 定义

客票及行李票(PASSENGER TICKET AND BAGGAGE CHECK TICKET,简称“客票”)是指承运人或其授权代理人销售或认可并赋予运输权利的有效文件,包括纸质客票和电子客票。纸质客票指由承运人或代表承运人所填开的被称为“客票”及行李的凭证,也是旅客乘机和交运行李的凭证,包括运输合同条件、声明、通知以及乘机联和旅客联等内容。电子客票是普通纸质客票的电子替代产品。

承运人只向持有由承运人或其销售代理人填开的客票的旅客、或只向持有由承运人或其销售代理人填开的作为付款或部分付款证明的其他运输凭证的旅客提供运输。客票始终是出票承运人的财产。

2. 客票的类别

(1) 按客票的表现形式分为纸质客票和电子客票。纸质客票又分为手工客票和计算机自动打印客票。

① 手工客票,如图3.1所示。

② 计算机自动打印客票,如图3.2所示。由计算机产生打印数据,在各种打印装置上打印的多联涂碳客票(将数据打印在固定的栏目内)。从1999年开始,民航总局要求所有客票必须由计算机打印。

无论是电子客票还是其他形式的客票,客票的性质没有改变。电子客票的内容仍然以纸质客票为基础。为此,本章在介绍客票组成的时候将以纸质客票为主。在3.2节中将主要介绍电子客票与纸质客票的区别。

(2) 客票按其运输类型分为国际客票和国内客票。

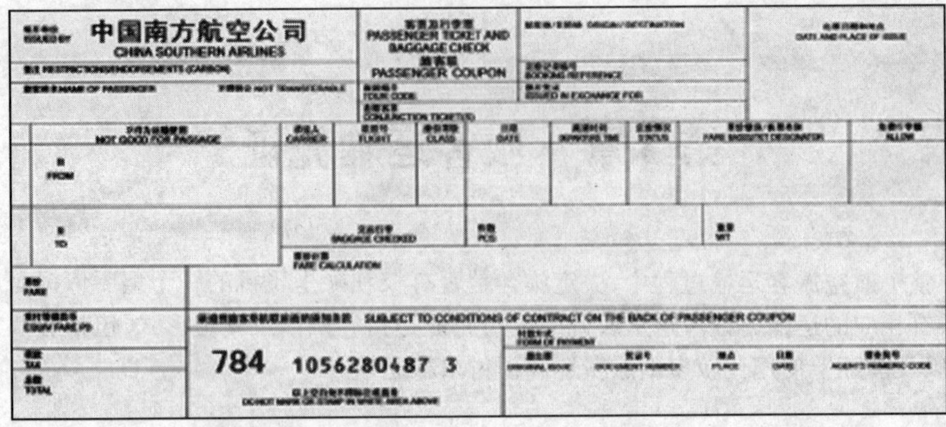

中国南方航空公司
CHINA SOUTHERN AIRLINES
PASSENGER TICKET AND BAGGAGE CHECK
PASSENGER COUPON
NOT GOOD FOR PASSAGE
FROM
TO
BAGGAGE CHECKED
FARE CALCULATION
SUBJECT TO CONDITIONS OF CONTRACT ON THE BACK OF PASSENGER COUPON
784 1056280487 3

图 3.1 由手工进行填写的多联涂碳客票

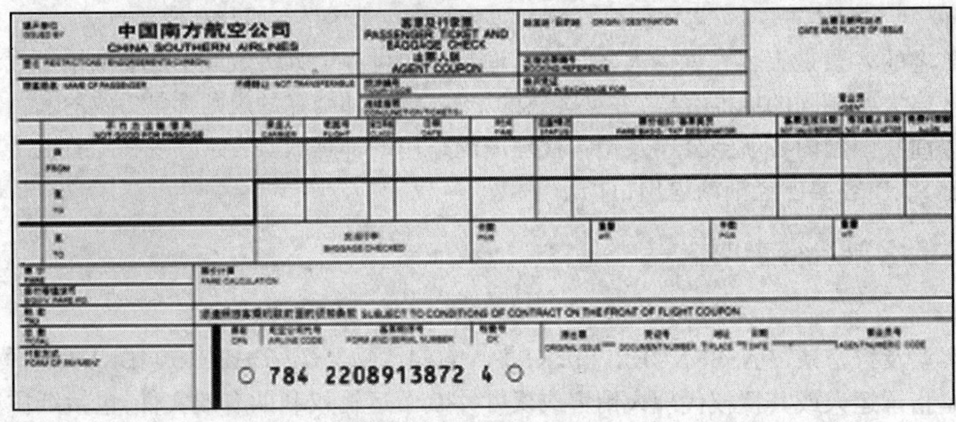

中国南方航空公司
CHINA SOUTHERN AIRLINES
PASSENGER TICKET AND BAGGAGE CHECK
AGENT COUPON
NOT GOOD FOR PASSAGE
FROM
TO
BAGGAGE CHECKED
FARE CALCULATION
SUBJECT TO CONDITIONS OF CONTRACT ON THE FRONT OF FLIGHT COUPON
784 2208913872 4

图 3.2 计算机自动打印客票

(3) 客票按使用期限分为定期客票和不定期客票。

① 定期客票:列明航班、乘机日期和定妥座位的客票。

② 不定期客票:未列明航班、乘机日期和未定妥座位的客票。由承运人或代理人填开给旅客的不定期客票,使用前必须定妥座位,并在规定的有效期内完成客票上列明的全部航程。

(4) 客票按航程的性质分为单程客票、联程客票和来回程客票。

① 单程客票:列明一个航班的点到点的客票。

② 联程客票:列明有两个(含)以上航班的客票。

③ 来回程客票:从出发地至目的地并按原航程返回原出发地的客票。

(5) 客票按使用对象分为航空公司客票和国际航协标准运输凭证。

① 航空公司客票,如图 3.2 所示,即在客票的封面上印有该票所属航空公司的名称并有其航徽及其代码等标记。

② IATA 标准运输凭证(STD:STANDARD TRAFFIC DOCUMENTS),如图 3.3 所示。IATA 标准运输凭证是由 BSP 经理提供给经理人向顾客填开的标准中性客票及行李票,或多功能单据(MPD)/BSP 代理人退款凭证(ARV)以及标准超重行李票。这种凭证可以用手工、自动方法填开,用于承运人航线上的旅客运输以及承运人批准的有关服务。

Domestic Passenger Ticket and Baggage Check

中国国内客票及行李票

2 FLIGHT

Subject to conditions of contract in this ticket

This ticket is not valid and will not be accepted for carriage unless purchased from the issuing carrier or its authorized travel agent

出票单位 ISSUED BY　　连续客票 CONJUNCTION TICKETS　　01

签注 ENDORSEMENTS / RESTRICTIONS CARBON　　始发地／目的地 ORIGIN / DESTINATION

旅客姓名(不得转让) PASSENGER NAME (NOT TRANSFERABLE)　　Passenger ticket and baggage check　　出票日期 DATE OF ISSUE　　定座记录编号 BOOKING REF　　换开凭证 ISSUED IN EXCHANGE FOR

BSP—CHINA

乘机联 1

FC—1

X/O 自 GOOD FOR PASSAGE FROM　　承运人 CARRIER　　航班号 FLIGHT　　座位等级 CLASS　　日期 DATE　　时间 TIME　　定座情况 STATUS　　票价级别／客票类别 FARE BASIS　　客票生效日期 NOT VALID BEFORE　　有效截止日期 NOT VALID AFTER　　免费行李 ALLOW

至 TO

托运／自理行李 BAGGAGE CHECKED UNCHECKED　　件数 PCS　　重量 WT　　未托运行李 UNCHECKED　　件数 PCS　　重量 WT　　自理行李 UNCHECKED　　须遵照旅客乘机联前面的须知条款 SUBJECT TO CONDITIONS OF CONTRACT ON THE FRONT OF FLIGHT COUPON

CHINA DOMESTIC SERVICE

中国国内运输

票价 FARE　　票价计算 FARE CALCULATION

实付等值货币 EQUIV. FARE PD.

税款 TAX

税款 TAX　　付款方式 FORM OF PAYMENT　　批准代号 APPROVAL CODE　　旅游编号 TOUR CODE

总数 TOTAL　　原出票 ORIGINAL ISSUE

航空公司代理人 AIRL AGT. INFO.

控制号 CONTROL NO.

1　　6321219592 6 ロ

A 1 0 0 0 6 3 2 1 1 2 1 9 5 9 2 6 E

Passenger Ticket and Baggage Check　　IATA

IMPORTANT—SECURITY NOTICE

- Always use your own bag and pack it yourself
- Never leave it unattended
- Never check bags in for other people
- Never carry anything onto an aircraft for someone else

Subject to conditions of contract in this ticket

This ticket is not valid and will not be accepted for carriage unless purchased from the issuing carrier or its authorized travel agent

http://www.carnoc.com Photo by - Heng Zhang -

BSP — CHINA

旅客联 PASSENGER COUPON 97

图 3.3　STD

标准运输凭证在代理人确认前,没有任何航空公司的标志。一旦在票证上通过数字选择显示有航空公司三字结算代码或航空公司名称,该票证即为出票航空公司的财产。

3. BSP 客票

目前在中国国内客票中除航空公司客票外,另一种就是 BSP(Billing and Settlement Plan)客票,即中性客票。在代理人确认之前,没有任何航空公司的标志。一旦在票证上刷了承运人识别标牌,该票证就成了该航空公司的财产。BSP 客票的封面上印有国际航空运输协会的标志及专门设计的图案。

BSP 客票与国内各航空公司客票之间在格式上的区别主要表现在"付款栏"(仅在会计联和代理人联中有,客票其他各联在与此栏相应的位置为条形码)和航空公司的确认盖章栏上。

经航空公司授权,销售代理人可采用统一规格的标准运输凭证 STD,直接代理该航空公司的销售客票业务。按照客票号码中航空公司的代码标识,把中性票视为某一航空公司的客票,即该航空公司为该客票的出票人,在接收或处理该客票时按该航空公司客票对待。如代码为 784,则视为南方航空公司客票,即南方航空公司为该客票的出票人,在接收或处理该客票时按该航空公司客票对待。

目前代理人以 BSP 航空公司的名义填开的标准运输凭证包括:

国内客票及行李票
- 手工票(2 联)
- 自动票(2 联)
- 电子客票

国际客票及行李票
- 手工票(4 联)
- 自动票(4 联)
- 电子客票
- 多功能凭证——MPD(1 联)

手工 BSP 出票:使用客票刷卡机。该机是一种加印 BSP 代理人、BSP 航空公司和出票日期等内容的机械装置,用于手工填开标准运输凭证和刷印使用卡。随着电子客票的全面普及,纸质客票渐渐退出客票市场,手工出票的方式已经不再使用。

自动出票机打印 BSP 客票:销售代理人在计算机订座系统中建立好旅客订座记录(PNR)后,把 PNR 内容按照事先规定的格式,用自动出票机打印在标准运输凭证 BSP 上。

1) BSP 的特点

采用统一规格标准运输凭证即中性客票,经加入中国国内 BSP 的航空公司授权,代理人直接代理这些航空公司的销售业务,并按照统一和简化的程序制作销售报告,实施结算和转账付款,由此提高代理人的销售能力和服务质量。

2) 优越性

BSP 对代理人和航空公司带来很多显而易见的好处,主要体现在:

(1) 提供一个标准运输凭证(STD)的来源,简化以往领取多种票证的过程,也便于存放和管理。

(2) 使用统一的标准运输凭证,以所授权的国内 BSP 航空公司的名义手工或自动开票,运作程序从简。

(3) 简明统一的标准管理表格适用于所有国内 BSP 航空公司,操作程序简单化且成本降低。

(4) 在规定时间内向同一指定地点提交销售报告。

(5) 通过直接借记的方式简化汇款手续。

(6) 努力使用自动出票系统,省时省钱,票面整洁清楚。

(7) 经常举办 BSP 培训班,提高代理人服务质量。

3) 我国 BSP 的运作(见图 3.4)

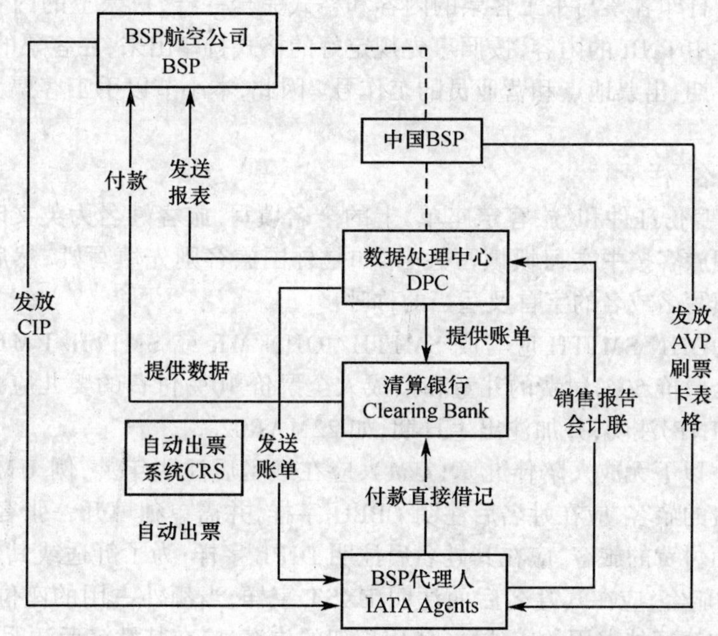

图 3.4 中国 BSP 的运作流程

3.1.2 纸质客票组成及填开

1. 组成

一本完整的纸质客票包括以下几个部分:封面、附加声明、合同条件、国际旅客责任限额通告、行李赔偿责任限额通告、重要通知、最迟办理登机手续时间栏、旅客可免费随身携带的物品及核心部分——票联。

无论是国内客票还是国际客票,客票通常包括 4 种票联。

(1) 财务联(会计联,Audit Coupon):淡绿色,财务联由出票部门工作人员填开(或打印)客票后撕下,凭此做销售日报,并与销售日报一同上交财务部门,供财务部门审核和入账用。

(2) 出票人联(Agent Coupon):淡粉色。出票人联在客票填开后撕下,由出票部门存档备查,保存期为 2 年。

(3) 乘机联(Flight Coupon):指客票中标明"适用于运输"的部分,为淡黄色或米色。乘机联供旅客在办登机手续时使用,旅客在乘机联粗线框地点间的旅行有效,由办理乘机手续部门或换开客票的部门撕下。客票填开后，作废乘机联由出票部门撕下后与财务联一齐附在销售日报上交财务部门。

(4) 旅客联(Passenger Coupon)：白色，印在客票的封底上。旅客联交给旅客，由旅客留存。

如果整本客票作废，在客票上填注"作废"字样，用打孔机打孔，然后撕下出票人联，留出票部门存档备查，其余各联与销售日报一齐上交财务部门。

2. 国内客票填开(纸质客票)

计算机自动打印客票与手工客票的内容和格式完全一样，机票上的内容是由自动出票机根据计算机中 PNR 的内容，按照事先规定好的格式打印出来，在客票的右上方，系统自动打印出票日期、出票地点和营业员的工作号。因此，本小节以手工客票为例介绍每一栏的内容。

1) "旅客姓名"栏

(1) 按旅客身份证件和《旅客定座单》上的全名填写，旅客姓名为英文时用英文大写字母填写。中国旅客按中文习惯填写姓名，如是外国旅客则先填写姓，然后划上一斜线"/"，斜线之后填写名或名的字首及适当的称呼。

例如，MR.JOHN SMITH 应写成 SMITH/JOHN MR 或 SMITH/J MR。

对按成人全票价 50%付费的儿童和按成人全票价 10%付费的婴儿应分别在姓名后加上(CHD)和(INF)注明，并加注出生日期，如 22MAR02。

(2) 12 周岁以下无成人陪伴儿童(UM)，应在姓名后注明年龄，例 UM10；为其行李占用座位而付费的旅客，应在姓名后注明 CBBG 字样，并需单独填开一张客票；为其外交信袋占用座位而付费的旅客，应在其姓名后注明 DIPL 字样；为了舒适或其他目的而购买 2 个以上座位的旅客，应在其姓名后面注明 EXST 字样，当额外占用的座位超过 1 个时，需要 EXST 前加注额外占用的座位数；使用担架的旅客，应在其姓名后注明 STCR 字样。

(3) 由于病残等原因需要特殊护理的旅客，应在其姓名后注明 SP 字样。

(4) 其他特殊旅客，按照其性质在旅客姓名后面注明相应的代码。如表 3.1 所列。

表 3.1 特殊旅客代码

DEPA	有人押送的被驱逐出境者	CBBG	放入客舱的占座行李
DEPU	无人押送的被驱逐出境者	COUR	商务信使
NAD	不能入境者	DIPL	外交信使
UM	12 周岁以下无人陪伴儿童	EXST	额外占座的旅客
SP	病残旅客需要助手的，此代码可选择使用		

2) "自～至～"(航程栏)

根据旅客航程将始发地点填入第一个"自"(FROM)栏内，然后按照旅客旅程顺序把到达地点的名称填入以下各"至"(TO)栏内。地名一律用汉字全名填写。当一个城市有一个以上机场时，在填写城市名称后，再填写旅客乘机或到达的中文机场名。如客票填开完毕后，有多余的乘机联，应在多余乘机联的本栏内填写"VOID"字样，并将多余乘机联撕下，附在相应的财务联上，随销售日报一起上交财务部门。

在该栏中,有一列为“X/O”,表示该点是否为中途分程点,如果不是,需要标注,否则空白。

3) “承运人”栏

填写各航段已经申请或订妥座位的承运人两字代码。

4) “航班号”栏

填写已订妥或已申请座位的航班号。

5) “座位等级”栏

填写按旅客要求已订妥或已申请座位的舱位代码。如头等舱 F、公务舱 C、普通舱 Y、特种票价舱位如 T、K、H、M、G、S、L、Q…。

6) “日期”栏

填写乘机日期和月份,分别以两个阿拉伯数字表示,中间用“/”隔开,或用两个阿拉伯数字表示日期后跟英文月份的三字代码。如 1 月 10 日,10/01 或 10JAN。

7) “时间”栏

根据定座终端显示旅客所乘航班的离站时间填写,用 24 小时制表示。如 0800、1830。

8) “定座情况”栏

(1) 用下列代号填写出售客票时相关航段的定座情况:

OK:座位已订妥;

RQ:已经订座但未获得证实或列入候补;

NS(NO SEAT):不单独占用座位的婴儿;

SA:利用空余座位。

(2) 如旅客所购客票包括不定期航段,应在定座记录各栏(包括“航班号”、“日期”、“时间”、“定座情况”)内填写“OPEN”字样,“座位等级”栏填写适用的舱位代码。如有多余乘机联,应在定座记录各栏填写 VOID 字样。

(3) 如旅客购买客票后,所申请的航班座位获得证实或原不定期航段要改为定期航段,应填写更改条,粘贴在有关的乘机联和旅客联上,并加盖业务用章或修改章。

9) “票价级别/客票类别”栏

本栏填写旅客所付票价类别的限定代号。儿童票填写 YBCH,婴儿票填写 YBIN。

10) “客票生效日期”和“有效截止日期”栏

当填开的客票有效期为一年,且不与其他客票连用,或所填开的客票不是根据其他客票换开时,本栏不必填写。当所使用的票价对最短停留时间和失效期有特殊限制时,本栏必须填写,按日、月的顺序填写生效或截止日期。如 05JAN、21JUL。

11) “免费行李额”栏

根据旅客所持客票的票价类别和座位等级分别填写规定的免费行李额,以公斤(kg)计填,头等舱为 40kg,公务舱为 30kg,普通舱为 20kg,如 40kg、30kg、20kg;按相应舱位付儿童票价的未成年旅客,同成人享有相同的免费行李额;按成人票价 10%付费的婴儿,没有免费行李额,此栏填“NIL”字样。

12) “交运行李”、“件数”和“重量”栏

旅客在办理乘机手续时,由值机人员填写交运行李的总件数和总重量。团体旅客行

李仅在团体负责人的客票内填写，并在客票的“签注”栏内注明“PL”代号，在代号后面注明团体旅客人数。如 16 个旅客的团体注明“PL16”字样。在该团体其他旅客客票上交运行李的“件数”和“重量”栏内填写“PL”代号和团体负责人客票号码的最后三个数字。如“PL/678”678 为团体负责人客票号码的最后三个数字。

13）“票价计算”栏

（1）国内客票。填写完整的票价计算过程。一联票不需填写此栏，二联票填写相应的直达票价或分段相加票价。例如，旅客购买了广州至上海、上海至北京的联程机票。其中第一段是南航的航班，票价为 920 元；第二段是东航的航班，票价为 730 元。在“票价计算”栏内应填写 CAN CZ SHA 920.00YB MU PEK 730.00YB TOT1650.00END 或 CAN CZ SHA 920.00YB MU PEK 730.00YB CNY1650.00END。

（2）国际客票。如图 3.5 所示。

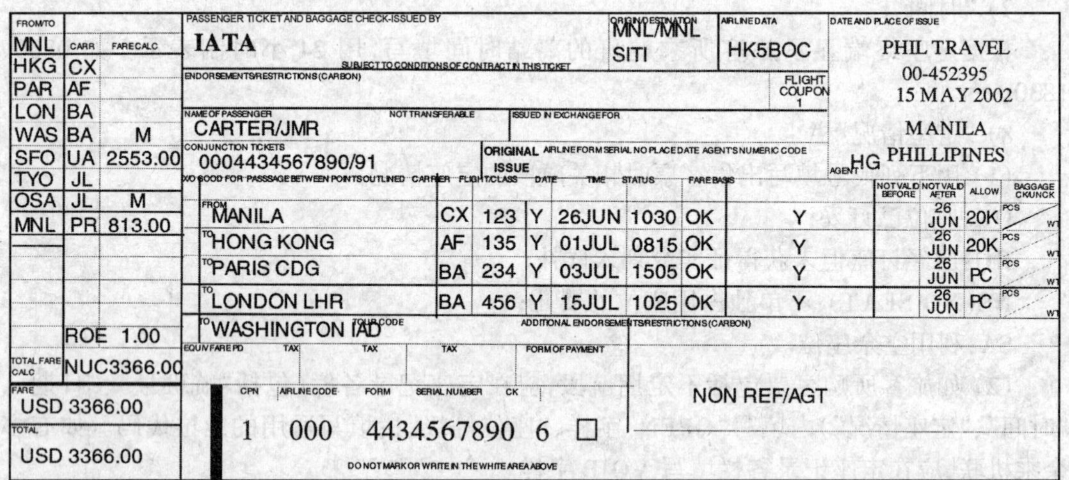

FROM/TO | CARR | FARE CALC

FROM/TO	CARR	FARE CALC
MNL		
HKG	CX	
PAR	AF	
LON	BA	
WAS	BA	M
SFO	UA	2553.00
TYO	JL	
OSA	JL	M
MNL	PR	813.00

ROE 1.00

TOTAL FARE CALC NUC3366.00

FARE USD 3366.00

TOTAL USD 3366.00

PASSENGER TICKET AND BAGGAGE CHECK-ISSUED BY
IATA
SUBJECT TO CONDITIONS OF CONTRACT IN THIS TICKET

ORIGIN/DESTINATION MNL/MNL SITI

AIRLINE DATA HK5BOC

DATE AND PLACE OF ISSUE
PHIL TRAVEL
00-452395
15 MAY 2002
MANILA
PHILLIPINES
AGENT HG

ENDORSEMENTS/RESTRICTIONS (CARBON)

FLIGHT COUPON 1

NAME OF PASSENGER CARTER/JMR | NOT TRANSFERABLE | ISSUED IN EXCHANGE FOR

CONJUNCTION TICKETS 0004434567890/91

ORIGINAL ISSUE AIRLINE FORM SERIAL NO PLACE DATE AGENT'S NUMERIC CODE

X/O	GOOD FOR PASSAGE BETWEEN POINTS OUTLINED	CARRIER	FLIGHT	CLASS	DATE	TIME	STATUS	FARE BASIS	NOT VALID BEFORE	NOT VALID AFTER	ALLOW	BAGGAGE CK/UNCK
	FROM MANILA	CX	123	Y	26JUN	1030	OK	Y		26 JUN	20K	PCS WT
	TO HONG KONG	AF	135	Y	01JUL	0815	OK	Y		26 JUN	20K	PCS WT
	TO PARIS CDG	BA	234	Y	03JUL	1505	OK	Y		26 JUN	PC	PCS WT
	TO LONDON LHR	BA	456	Y	15JUL	1025	OK	Y		26 JUN	PC	PCS WT
	TO WASHINGTON IAD											

TOUR CODE | ADDITIONAL ENDORSEMENTS/RESTRICTIONS (CARBON)

EQUIV FARE PD | TAX | TAX | TAX | FORM OF PAYMENT

NON REF/AGT

CPN	AIRLINE CODE	FORM	SERIAL NUMBER	CK
1	000	4434567890		6 □

DO NOT MARK OR WRITE IN THE WHITE AREA ABOVE

ISSUED BY
AEROFLOT
RESTRICTIONS/ENDORSEMENTS (CARBON)

PASSENGER TICKET AND BAGGAGE CHECK
SUBJECT TO CONDITIONS OF CONTRACT IN THIS TICKET
FLIGHT COUPON NO1
TOUR CODE

ORIGIN/DESTINATION MOW/LON SITI
BOOKING REFERENCE RE6LOC/XB
ISSUED IN EXCHANGE FOR

DATE AND PLACE OF ISSUE
AEROFLOT
00-589634
02 SEP 99
MOSCOW
RUSSIA

NAME OF PASSENGER LAWRENCE/J MS | NOT TRANSFERABLE | CONJUNCTION TICKETS

X/O	GOOD FOR PASSAGE BETWEEN POINTS OUTLINED	CARRIER	FLIGHT	CLASS	DATE	TIME	STATUS	FARE BASIS	NOT VALID BEFORE	NOT VALID AFTER	ALLOW
	FROM MOSCOW	SU	003	Y	08SEP	1500	OK	Y		08SEP	20K
	TO WARSAW	OS	158	Y	10SEP	0930	OK	Y		08SEP	20K
	TO VIENNA	LH			OPEN			F		08SEP	40K
	TO FRANKFURT	BA			OPEN			F		08SEP	40K
	TO LONDON LHR										

BAGGAGE CHECKED UNCHECKED | PCS | WT | UNCK WT | PCS | WT | UNCK WT | PCS | WT | UNCK WT | PCS

FARE USD 1377.00

EQUIV. FARE PAID

TAX

TOTAL USD 1377.00

STOCK CONTROL NUMBER

FARE CALCULATION
MOW SU WAW OS VIE LH FRA BA LON M1065.00D VIELON M312.16NUC1377.16END ROE1.00

CPN	AIRLINE	FORM AND SERIAL NUMBER	CK
1	555	4467090111	6

DO NOT MARK OR STAMP IN THE WHITE AREA ABOVE

FORM OF PAYMENT CHEQUE/AGT

ORIGINAL ISSUE

图 3.5　国际客票

14) “票价”栏

填写一本或连续客票的全航程票价总额，金额前加用 IATA 规定的航程始发国货币三字代码及金额，填写税前运价，或填写相应的代码。如果客票是综合旅游、全免或包机，则本栏应分别填写“IT”或“BT”、“FREE”、“CHARTER”字样。如 CNY18000 和 FREE。

15) “实付等值货币”栏

以人民币支付，本栏可以不填；以旅费证（MCO）支付或根据预付票款（PTA）换开客票，填支付 MCO 或 PTA 的外币代码，并按银行卖出价（BSR）将人民币票价折算成所付货币的金额。

如果始发国和付款国是同一国家，此栏不填写。

如果当旅客实际支付运价的货币同始发地货币不一致时，本栏须填写实际支付货币的货币代号及金额，即把始发国货币通过银行卖出价（BSR）或银行买入价（BBR）折算成付款国货币。如图 3.6 所示。

FARE INR8564.00	EQIV FARE PD USD612.00

图 3.6　货币折算

图 3.6 说明旅客从印度开始始发，票价应为 8564 印度卢比，而旅客是在美国付款，旅客应付 612.00 美元，此时应在“ENDORSEMENT”栏填入 BSR。

16) “税款”栏

填写旅客旅行过程中应付的税款，包括旅客实际支付货币的代号（同实付等值货币栏或运价栏）及金额。本栏的货币代码应同“实付等值货币”栏相同，如“实付等值货币”栏空白，则与“总数”栏相同。若收税的国家不是出票地国家，则还应在金额前后填写有关国家的而字代号。

17) “总数”栏

填写实收票款、税款的货币代码和总金额。如换开客票需补收差额，本栏填写补收的货币代码和差额，后跟“A”字样，A 表示补收；如用里程券补付差额，本栏的填写为 VOU、里程券的张数，后跟“A”字样，如 VOU2A。

18) “付款方式”栏

根据付款方式填写本栏。换开客票需补收差额时，填写原客票的付款方式和新的付款方式。

CASH——以现金或旅行支票支付；

CHECK 或 CHEQUE——使用银行支票；

PTA——使用 PTA（预付票款通知）购客票，此时，需在后面填写 PTA 的付款方式；

MCO——旅费证支付；

TKT——客票换开；

VOU + 张数——里程券换开客票或升舱；

CC 及卡号——信用卡支付；

GR 文件形式及序号——使用政府运输申请书或政府委托书支付；

SGR 或 UN 文件形式及序号——使用美国政府运输申请书或联合国运输申请书。

如果付款方式不只一种,则所有的付款方式代号都应填入本栏。如果客票的退票有特殊限制,则在本栏填写“NONREF”字样。如果旅客免付票款,则在本栏填写“NONE”字样。

19)“连续客票”栏

当全航程使用两本以上客票时,应在每本客票的本栏内填写所有几本客票的号码,由于使用的几本票只是顺序号的最后一位不同,所以本栏在填写时除把第一本票的完整号写上外,其余各本的号码只需填写后二位数,并用斜线分开。

另外,当旅客发生运输变更,需要填开退款用的旅费证时,应把旅费证的号码填在新客票的本栏内。

例如,填开南航三本连续客票 784 - 1036098860,1036098861,1036098862,在本栏填写“784 - 1036098860/61/62”。

20)“换开凭证”栏

填写已换开客票的原客票、旅费证或预付票款通知的票证号码(包括承运人的票证代号、票证序号,但不包括检查号)。

如果该票是从原客票或旅费证换开的,则将凭证以换开新客票的原客票、旅费证或预付票款通知等票证的号码填入新客票本栏内。如 99940111357821 或 9994200173281。

21)“原出票”栏

当客票根据原客票换开时,本栏按下列规定填写:

(1) 应在所填开的新客票本栏内填入被换开客票的全部号码、地点和出票日期以及出售该客票的空运企业或代理人的数字代码。本栏所填写的内容也作为原出票人签转权力的证明。

(2) 如在原始票证的相同栏内已有填注,应将签注的内容转抄至新开客票的本栏内。

例如,原客票号码为 220421347981,在德国的柏林填开,出票日期是 1994 年 8 月 14 日,由汉莎航空公司填开,原客票此栏空白,则新客票此栏应填写 220421347981 BER 14AUG1994 LH。

22)“签注”栏

在业务权签转时须在本栏盖签转章。另外,本栏填写与客票或乘机联有关的信息,包括必要的规定和注意事项:

(1) 将客票的有关乘机联签转给其他承运人时,可在本栏按照签转规定加以注明,或使用签转图章。如客票不允许签转,需在本栏内填写“不得签转”字样,或注明“NON ENDORSABLE”。

(2) 签注对客票使用者的限制规定。

(3) 签注对客票有效期的延长。

(4) 签注旅客使用特种票价的旅行限制。

(5) 签注航班的定座情况。

(6) 团体旅客的免费行李额合并计算时,应在本栏注明“GV”代号,并在代号后面注明团体旅客的人数,如“GV16”,16 为团体旅客的人数。

(7) 客票“签注”栏的背面没有复写油墨,签注的事项只适用于填写的乘机联,如涉及到全本客票,应当在各联的本栏内分别填注。

(8) 填写批准享受特殊优待票价的文件或优待证明代号。如:南航优 B0008。

23)“出票日期及地点”栏

填写出票日期及地点,并由经手人在“出票人”栏内签字,加盖业务用章。盖章和签字必须清晰,易于辨认。未盖业务用章的客票一律视为无效。

例如:

BJSCA

AIR CHINA

PEK112

XN

24)“定座记录编号”栏

将旅客的定座记录编号填入本栏。

25)“旅游编号”栏

在填开个人或团体综合旅游票价的客票时,在本栏内填写综合旅游的正式编号,无编号可不填。

承运人开办综合旅游业务,在填开个人或团体综合旅游运价的客票时填写旅游编号,由代码和数字组成的一级编号。例如,IT2 SK2 NW2305 表示 1992 年批准的个人综合旅游,批准单位为北欧航空公司,在二区批准(IATA 分区),指定旅游业务单位代号为“NW2305”。

26)“填开单位”栏

印制或打印客票所属航空公司的全名称,包括中英文。

3. 客票号码

1) 航空公司本票

1 位 ~ 3 位——航空公司票证代号;

4 位——客票联数;

5 位 ~ 13 位——客票顺序号;

14 位——检查号。

2) BSP 客票

1 位 ~ 3 位——航空公司票证代号(未填开的票是空白的);

4 位 ~ 13 位——客票顺序号;

14 位——检查号。

3.1.3 国内客票票价

1. 一般规定

(1) 客票价是指旅客由始发地机场至目的地机场的航空运输票价,不包括机场与机场之间、机场与市区之间的地面运输费用。客票价分正常票价和特种票价两大类。

(2) 航空公司公布的国内票价,适用于直达运输。如旅客要求经停或转乘其他承运人航班或交通工具时,除航空公司另有规定外,应按实际航程分段相加计算票价。

(3) 客票价为旅客开始购票之日适用的票价。客票售出后,如票价调整,票款不作变动。

例如,某旅客于 4 月 28 日购买一张 5 月 3 日 CZ3101 航班 Y 舱由广州至北京的客票,假设当时票价为 1000.00 元,但 5 月 1 日起调整票价为 1200.00 元,由于旅客在 4 月 28 日购买客票,所以该旅客在 5 月 3 日乘机时不必补交票价差额。

相反,若 4 月 28 日购票时,票价为 1200.00 元,而 5 月 1 日票价调整为 1000 元,其票价亦不变动。若旅客要求退回差价,处理时应先按自愿退票处理,然后另按新票价重新购票。退票时根据退票的有关规定收取退票手续费。

(4) 使用特种票价的旅客,应遵守该种特种票价规定的条件。

(5) 旅客应按国家规定的货币和付款方式交付票款,除与航空公司另有协议外,票款一律现付。

(6) 当收取的票款与适用的票价不符或计算有错误时,应按照航空公司规定,由旅客补付不足的票款或由航空公司退还多收的票款。

(7) 客票价以人民币 10 元为计算单位,航空公司收取或支付的其他任何费用以人民币元为计算单位,尾数一律四舍五入。

(8) 政府、有关当局或机场经营者规定的对旅客或由旅客享用的任何服务、设施而征收的税款或费用不包括在航空公司所公布的票价范围内。

2. 票价种类

国内航线客票价是根据旅客、航程和出票时间、地点等具体情况向旅客收取票款的计算依据。由服务等级、旅程方式、境外出票正常票价、境内出票正常票价、儿童/婴儿票价、特种票价、团体旅客特种票价等构成。

1) 服务等级

指为旅客提供服务的等级,按照提供服务的等级收取不同的票价。国内航线的客票价一般分为三个服务等级:头等舱票价(F),公务舱票价(C),经济舱票价(Y)。

(1) 头等舱票价:空运企业在有头等舱布局的飞机飞行的国内航班上向旅客提供头等舱座位。头等舱的座位较公务舱座位宽而舒适;向旅客免费提供的餐食及地面膳宿标准高于公务舱,每人免费交运行李的限额为 40kg。国内航线头等舱的票价是经济舱正常票价的 150%。

(2) 公务舱票价:空运企业在有公务舱布局的飞机飞行的国内航班上向旅客提供公务舱座位。公务舱座位宽度较头等舱窄,但比经济舱宽,餐食及地面膳宿标准低于头等舱,高于经济舱。每人免费行李额为 30kg。国内航线公务舱的票价为经济舱正常票价的 130%。

(3) 经济舱票价:空运企业在飞机飞行的国内航班上向旅客提供经济舱座位,每人免费交付行李的限额为 20kg。其正常票价以国家对外公布的直达票价为基础。

注:如果航空公司承运的国内段构成国际运输,旅客的免费行李额按适用的国际航线免费行李额计算。

2) 旅程方式

国内航线客票价按旅客不同的旅程方式分为以下三种。

(1) 单程票价:单程票价适用于规定航线上的由甲地到乙地的航班运输,现行对外公布的国内航线客票价均为航空运输的直达票价。

(2) 来回程票价:来回程票价由两个单程票价组成,一个是使用直达票价的去程运输;另一个是使用直达票价的回程运输。

(3) 联程票价:联程运输是旅客的航程超过一个以上航班,需在航班的中途站或终点站换乘另一航班才能到达目的地。联程票价是将旅客所乘坐航段的票价相加,作为全程票价。

3) 根据出票地点划分的客票价

国内航空运输的直达票价根据出票地点划分为境外出票正常票价(A 类票价)和境内出票正常票价(B 类票价)。

(1) 境外出票正常票价:境外公布的正常客票价是单程单个成人全票价,适用于所有旅客在中国境外购买国内航班的客票价。在中航信计算机定座系统的票价显示中用“A”表示,如 FA、CA、YA。

(2) 境内出票正常票价:境内公布的正常客票价是单程单个成人全票价,适用于所有旅客在中国境内购买国内航班的客票价。在中航信计算机定座系统的票价显示中用“B”表示,如 FB、CB、YB。

4) 按售票对象分为儿童/婴儿票价

凡旅客购买儿童/婴儿票时,均应按以下规定办理。

(1) 年满 12 周岁的儿童购全票。

(2) 年满 2 周岁、未满 12 周岁的儿童应按适用成人全票价 50% 收费,单独占用一个座位。

(3) 未满 2 周岁的婴儿,按适用成人全票价 10% 收费,不单独占用一个座位。如需要单独座位,应购买儿童票。每位成人旅客所带未满 2 周岁的婴儿超过一个,其中只有一个可按成人全票价的 10% 付费,其余按成人全票价的 50% 付费。

(4) 未满 5 周岁的儿童乘机,需有成人陪伴而行,如无成人陪伴,不予接收。5 周岁(含)以上、12 周岁以下无成人陪伴儿童乘机时,应在购票前提出申请,经航空公司同意后方可购票乘机。

5) 其他种类票价

(1) 团体旅客特种票价。旅客人数在 10 人(含)以上,航程、乘机日期、航班和舱位等级相同并按同一类团体票价支付票款的旅客称为团体旅客。航空公司公司可以按有关规定向国内、外团体旅客提供优惠的特种票价。该票价附有限制条件,如不得签转、出票时限等。

团体旅客票价可根据团体旅客人数和航班座位销售情况给予适当的票价优惠,一般在 90% ~ 60% 左右,由航空公司视具体情况而定。大多数航空公司采用一团一议的方法给予优惠,一些航空公司采用多等级舱位的方法进行管理。

团体旅客票价以适用的对外公布的成人全票价为计算基础。

(2) 特种票价。

① 凡因公致残的现役军人和因公致残的人民警察在乘坐国内航班时,凭《革命伤残军人证》或《人民警察伤残抚恤证》,在规定的购票时限前,按适用正常票价的 50% 计收。

② 在经济舱正常票价的基础上对符合购票时限、旅客身份、航班时刻、季节浮动等限

制条件的团体或单个旅客给予一定的优惠，如学生、教师优惠等。

③ 特种票价的限制条件详见有关的优惠运价文件。

(3) 免票、优惠票。

① 可根据包机货运单和包机单位乘机介绍信为货运包机押运人员填开免费客票。在客票的票价计算栏内写明包机运输协议书号码。

② 航空公司内部职工、销售代理人、民航局职工及协作单位职工因私乘坐飞机，经航空公司批准，可享受低于适用票价的 50% 的一种票价。除非有特别授权或许可，才可以填开由其他承运人承运的免票、优惠票。

③ 常旅客可凭里程积分换取免票，有关说明见各航空公司常旅客手册。

(4) 包舱票价。在有小客舱的大型飞机飞行的国内航班上，可以向旅客提供包舱。人数以小客舱内的座位数为限。包舱内的座位数乘以直达正常票价，即包舱票价。

根据旅客乘坐飞机的特殊需要，购票单位向航空公司购飞机中某一客舱舱位的全部座位，但旅客人数不得超过所包舱的总座位数。

按照舱位的座位总数乘以适用的票价计算。购买包舱票价旅客的免费行李额，按适用舱位票价享受的免费行李额乘以包舱的座位总数计算，而不是按旅客实际人数计算。

某团体共 58 人，包用 B－757 飞机共有 60 个座位的 B 舱，自上海—桂林，适用的 Y 舱票价为 1430.00 元。该团体共付票款为 1430.00 × 60 = 85800.00 元；免费行李额为 20 × 60 = 1200kg。

(5) 占用客舱座位的自理行李、商业信袋、外交信袋的运费。根据自理行李、商业信袋、外交信袋的全部实际重量，按逾重行李计收的运费，与实际占用舱位的座位数的正常客票价计收的费用相比，取高者。详细的说明，请参阅第 4 章。

(6) 额外座位的票价。旅客因为舒适或其他理由，希望额外占用座位，可根据实际占用舱位的座位数计收。如一个经济舱的旅客由于体形较大，经济舱的座位无法满足该旅客的需要，旅客需要在旁边额外占用一个座位，则旅客需支付两个经济舱座位的客票价。当额外占用的座位数超过一个时，需在额外占用座位标识“EXST”前注明额外占用的座位数。

3.2 电子客票

自 1994 年美国西南航空公司率先推出电子客票以来，电子客票就受到了航空公司和旅客的青睐，并成为重要的出票方式。越来越多的航空公司开始使用电子客票，电子客票航线也从美国国内航线扩展到了世界各地，甚至在某些国际航线上使用。目前在美国国内航线有近 60% 的旅客使用电子客票，欧洲、亚太地区的电子客票也在迅猛发展。

使用电子客票不仅能够为航空公司节省印刷、管理、分发纸票的成本，还能够加快结算速度、杜绝假票、提高效率和服务质量。同时电子客票也为旅客出行带来了很大的方便。可以说电子客票已经成为未来航空出票手段的主要趋势。

电子客票是由承运人或代表承运人销售的，一种不通过纸票来实现客票销售、旅客运输以及相关服务的有价凭证。它是普通纸质机票的一种存在于计算机系统内的电子映像，是一种电子号码记录。它将纸票的票面信息存储在系统中，包含普通纸票所含的全部信息。

目前,它是世界上最先进的客票形式,依托现代信息技术,实现无纸化、电子化的订票、结账和办理乘机手续等全过程,给旅客带来诸多便利以及为航空公司降低成本。

3.2.1 电子客票的基本概念

1. 电子客票分类

电子客票按运输类型分为国内电子客票和国际电子客票,按使用对象分为航空公司本票电子客票和 BSP 电子客票。

(1) 本票电子客票(ICS – ET):由航空公司自行分配,其票面信息的右上方显示为“ARL – D”或“ARL – I”,表示国内客票或国际客票。

(2) BSP 电子客票(BSP – ET):由国际航协(IATA)统一分配,供机票代理人销售使用,其票面信息的右上方显示为“BSP – D”或“BSP – I”,分别表示国内客票和国际客票。

2. 电子客票的票面信息

(1) 航空公司电子客票票面信息,如图 3.7 所示。

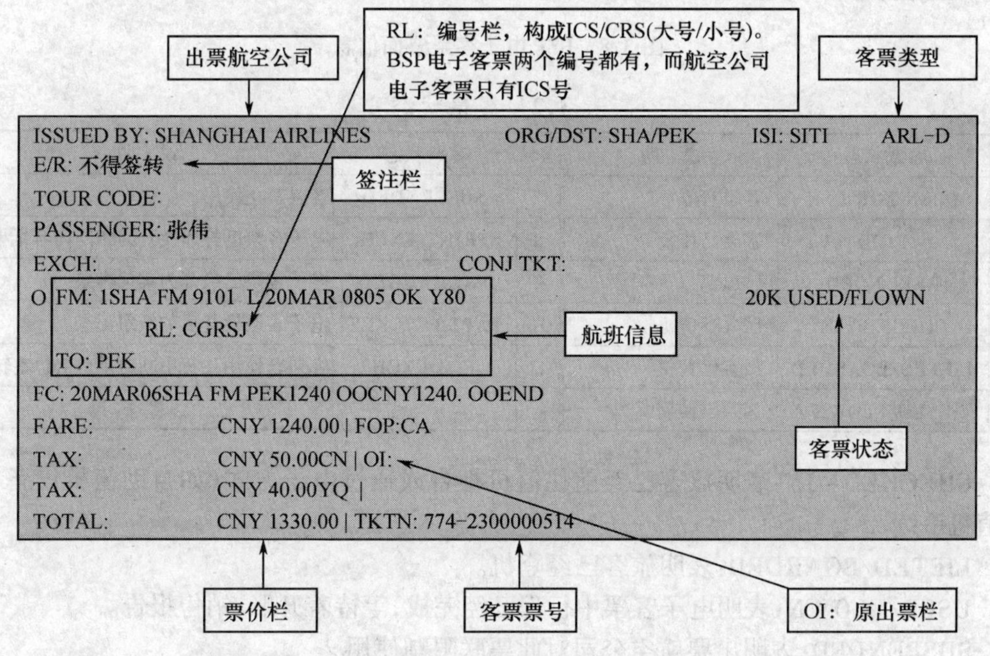

图 3.7 航空公司电子客票票面信息

(2) BSP 电子客票票面信息,如图 3.8 所示。

3. 电子客票的客票状态及状态代码

电子客票不存在纸质凭证,客票的填开及使用情况全部通过客票状态来反映。

客票状态如表 3.2 所列。

OPEN FOR USE:表明电子客票的票联有资格进行所有票联状态的更新,但纸票不行。

VOID:表明根据出票航空公司电子客票的规定,整个电子客票销售记录都已经取消。

REFUND:表明没有使用过的有价值的电子客票退款给了旅客。

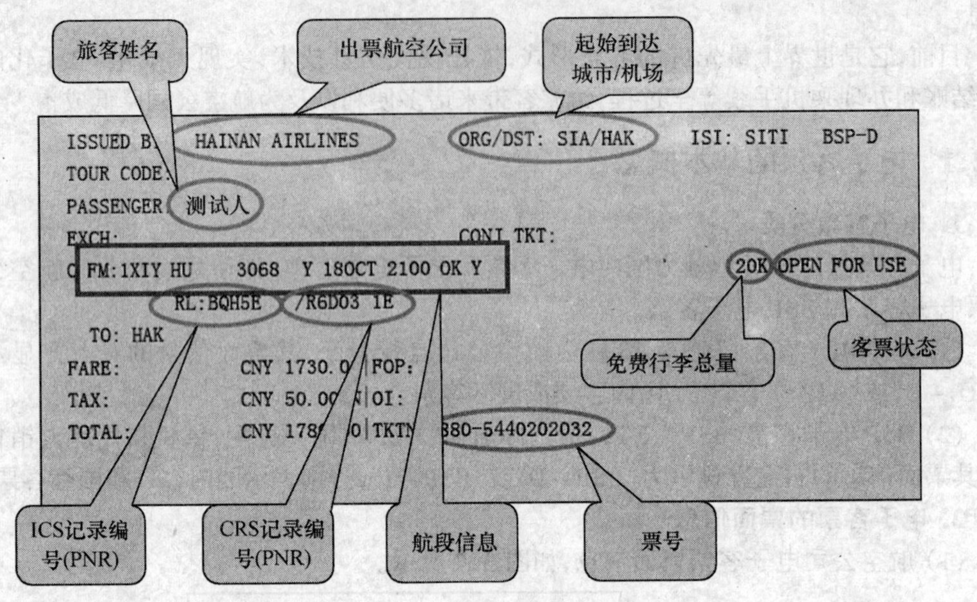

图 3.8 BSP 电子客票票面信息

表 3.2 客票状态

编号	客票状态	说 明	编号	客票状态	说 明
1	OPEN FOR USE	客票有效	7	SUSPENDED	客票禁止使用
2	VOID	客票已作废	8	PRINT EXCH	电子客票已打印换开为相同内容纸票
3	REFUNDED	已退票	9	EXCHANGED	电子客票已换开为其他客票
4	CHECKED IN	已办理值机	10	PAPER TICKET	电子客票换开后的纸票记录
5	LIFTED/BOARDED	旅客已登机	11	FIM EXCH	客票已使用飞行中断舱单(FIM)签转
6	USED/FLOWN	客票已使用			

CHECKED－IN:表明旅客已经前往值机柜台或通过电子方式(如自助值机设备)完成值机手续。

LIFTED/BOARDED:表明旅客已经登机。

USED/FLOWN:表明电子客票中行程已经完成,等待着开账/销售报告。

SUSPENDED:表明出票航空公司对此票联限制使用

PRINT EXCH:表明电子客票联的的电子记录已转换成纸票文本(注:有相同电子票证号)。

EXCHANGED:表明原电子客票联的价值已经被使用,已更换为一个新的交易(如改变航程,或变更舱位)。

PAPER TICKET:表明出了一张纸质客票。

FIM EXCH:表明在航班中断情况下,票联由地面工作人员改换上航班中断舱单,并将旅客改换上另一承运人的航班。

在这些状态中,属于最终状态的有 VOID、REFUNDED、USED/FLOWN、PRINT EXCH,而其他状态都属于可变状态,根据旅客的动态变化,其电子客票状态也在不断地进行着变化。同时,在这些状态中,除了 OPEN FOR USE 状态的客票将在系统中保留一年外,其他状态的电子客票记录在系统中保留期限为一个月。

若由于航班不正常或人为操作失误,造成的电子客票状态与实际使用情况不相符,并且无法直接在系统中变更客票状态时,现场工作人员可申请由控制人员强行变更电子客票状态。

允许修改客票状态的情况:

1) OPEN FOR USE→USED/FLOWN

旅客在机场办理值机时,值机人员没有按照正常电子客票接收,旅客拿到登机牌登机,但是客票状态并未改变,需要事后更改旅客状态保证收入统计的准确性。

由于系统之间报文传输问题,导致系统在接收旅客后,客票状态还是 OPEN FOR USE,需要手工将客票更改为 USED/FLOWN。

2) USED/FLOWN→OPEN FOR USE/REFUNDED

航班由于某些原因返航,但电子客票状态已经变成 USED/FLOWN,需要更改客票状态保证旅客下次使用或直接退票。

3) EXCHANGED/PRINT EXCH/FIM EXCH→OPEN FOR USE/REFUNDED

由于工作人员误操作或其他特殊原因,需要更改客票状态后重新进行操作或直接退票。

4) SUSPENDED→OPEN FOR USE/REFUNDED

换开时发生堵票且无法释放,或查明是系统原因导致的客票禁用,需要更改客票状态后重新进行操作或直接退票。

4. 电子客票票联状态的指示代码

航程中的每一个航段都有一个票联使用情况代码,表示这一票联的状态。这些状态指示代码如下。

A(Airport Control):在机场控制的票联,表明一个航空公司获得了票联的控制,此控制最多发生在所规定的航班起飞时刻后的 72h 内。超过上述时间,如果票联的状态还是没有更新,那么该票联的控制将重新回到出票航空公司手里。

C(Check - In):已办理乘机手续的票联,表明旅客已经前往值机柜台或通过电子方式(如自助值机设备)完成值机手续。

E(Exchanged/Reissued):换开/重新出票的票联/客票,表明原电子客票联的价值已经被使用,已更换为一个新的交易(如改变航程,或变更舱位)。

F(Flown/Used):已乘机/已使用过的票联,表明电子客票中行程已经完成,等待着开账/销售报告。

G(Exchanged/FIM):中断飞行情况下的票联/FIM,表明在航班中断情况下,票联由地面工作人员改换上航班中断舱单,并将旅客改换上另一承运人的航班。

I(Irregular Operation):不规则操作的票联,表明由于某些原因,航空公司的控制时间延伸至正常的 72h 以外,这种延伸从规定的航班起飞后至 7 天之内。

L(Litted/Boarded):已撕下/已登机的票联,表明旅客已经登机。

N(Coupon Notification):票联通知——表明由票联数据显示票联的最后状态(如 E、F、P、R 或 X)没有告之。

O(Open For Use):可以使用的票联,表明电子客票的票联有资格进行所有票联状态的更新,但纸票不行。

P(Printed):打印票联,表明电子客票联的电子记录已转换成纸票文本(注:有相同电子票证号)。

R(Refunded):已退款的票联/客票(退票),表明没有使用过的有价值的电子客票退款给了旅客。

S(Suspended):出票航空公司暂停使用的票联,表明出票航空公司对此票联限制使用。

T(Paper Ticket):已填开纸客票,表明出了一张纸质客票。

U(Unavailable):没有供使用的票联,表明客票中没有可提供的票联,需要重新补收费用(如变更航程中出现了新的航段)。

V(Void):作废的票联/客票,表明根据出票航空公司电子客票的规定,整个电子销售记录都已经取消。

X(Print Exchange):打印纸凭证的票联,表明承运人将电子客票打印在一个具有新的票号的票本上,而这将不影响先前支付的票款及相关的运价(注:有新票证号)。

Z(Closed):价值被使用完的票联,表明现有的票联因换票、升舱或退票等原因,票联的价值已被用完,因此这份客票所支付的票款不允许改变航程或完成其他业务(自愿退票或非自愿退票)。

需要注意的是,不得将这些代码同订座情况代码相混淆,且电子客票的票联应按顺序使用。

3.2.2 电子客票与纸质客票的区别

1. 电子客票的特点

(1) 电子客票是普通纸质客票的一种电子映像,是传统机票的电子替代品。

(2) 电子客票将票面信息存诸在订座系统中。

(3) 电子客票可以像纸票一样,执行出票、作废、退票、换开等操作。

(4) 旅客只需出示有效身份证件即可登机。

(5) 采用全部电子化的结算流程,简化了结算程序。

2. 与纸质客票的不同

电子客票的性质与纸质客票完全相同,不同的是所有票面信息都存储在航空公司电子客票数据库中。

行程单是旅客购买电子客票的凭证之一,包含旅客姓名、航程、航班、旅行日期、起飞及达到时间、票号等内容。旅客通过行程单了解或要求变更旅行的信息。

使用电子客票的旅客信息在订座系统、离港系统和结算系统均可以通过指令提取。

电子客票信息中必须注明客票中每一票联(航段)的状态,此状态均以规定的代码来体现。它是工作人员处理电子客票的依据。只有当系统中电子客票的状态显示为"OPEN FOR USE"时,工作人员才可以为旅客办理变更、换开、退票、乘机等手续。

目前,代理人在ET票的舱位变更、承运人变更、特殊情况下的退票(如非自愿退票)时,要根据航空公司的要求,将BSP ET换开成航空公司本票进行票务处理。

BSP ET 不能换开成 BSP 纸质客票。

不同承运人的联程运输,销售的电子数据同时进入出票航空公司、相关的承运人和 DPC。而纸质客票在订座完成后销售数据只从 CRS－DPC(如 MU CA CRS－DPC)。变更承运人也是如此。

电子客票的代理人在订座、出票和票务处理业务均与现时的运作相同。但代理人作了退票或作废票后,相应航空公司 ET 数据库里的电子数据中的票联状态代码就发生变化(如"O"变化为"R")。

不同承运人联程运输的结算,纸质客票以乘机联作为结算的依据。电子客票以电子数据的同步转换,即一个公司的数据能否被另一个公司所承认,承认即形成联运航空公司间的结算而成为运输收入数据(如航程 SHA－PEK－SHA)。

电子客票不存在遗失客票的情况。

只有当所有票联的使用情况代码都为"O"(OPEN FOR USE)时,才可使用 VT 指令作废这份电子客票,并将作废客票的票号记录进结算数据。

电子客票票号的格式与普通纸票相同,由 13 位阿拉伯数字组成。电子客票的票号由国际航协负责统一管理。销售电子客票时系统自动生成电子客票号码。BSP 数据处理中心(简称 DPC)在结算系统中进行自动消号处理。

3. 电子客票的销售模式

(1) 航空公司直销:由航空公司直属售票处销售的本票电子客票。

(2) 网络直销:旅客直接在网上购买航空公司本票电子客票,其票面信息的签注栏中显示为"B2C ET"。

(3) 代理人分销:由机票代理人销售的 BSP 电子客票。

(4) 航空公司联运:各航空公司间互为销售的电子客票。

3.2.3 电子客票的一般使用规定

1. 电子客票的业务模式

电子客票完全由航空公司控制,流程主要包括以下几个环节:

1) 航班控制

航空公司控制部门通过指令建立电子客票航班,可以同时指定电子客票航班上哪些舱位为电子客票舱位。航空公司控制人员可以对电子客票航班进行修改。

2) 票号管理

电子客票有单独的票号范围,航空公司可以指定每个售票处所销售的票号范围。BSP 客票票号由数据处理中心统一发放

3) 电子客票销售模式

电子客票在销售过程中,可以采用 4 种方式进行销售。

(1) 在航空公司或代理人处销售。由航空公司直属售票处销售本票电子客票,由机票代理人销售 BSP 电子客票。此种方式是为了在电子客票实行初期培养旅客对电子客票这种新的票证模式的认知度。旅客在柜台出示有效证件,销售人员为旅客预定电子客票座位,旅客付款后销售人员为旅客完成电子客票定座并打印好电子客票行程单。销售人员将打印好的旅客须知交给旅客。如图 3.9 所示。

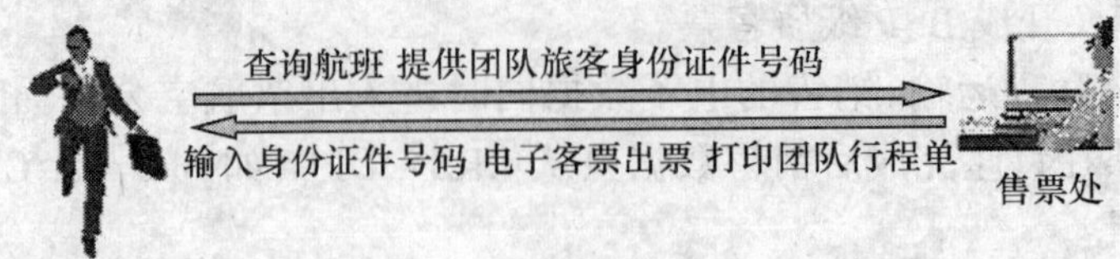

图 3.9 售票处售票流程

(2) 旅客通过航空公司网站或中国航信的网站销售。旅客直接在网上购买航空公司本票电子客票,其票面信息的签注栏中显示为"B2C ET"。此种方式可以使旅客在最短时间内完成订座,不需要等待送票上门。旅客通过网站预定电子客票航班的座位,使用信用卡进行网上支付。如图 3.10 所示。

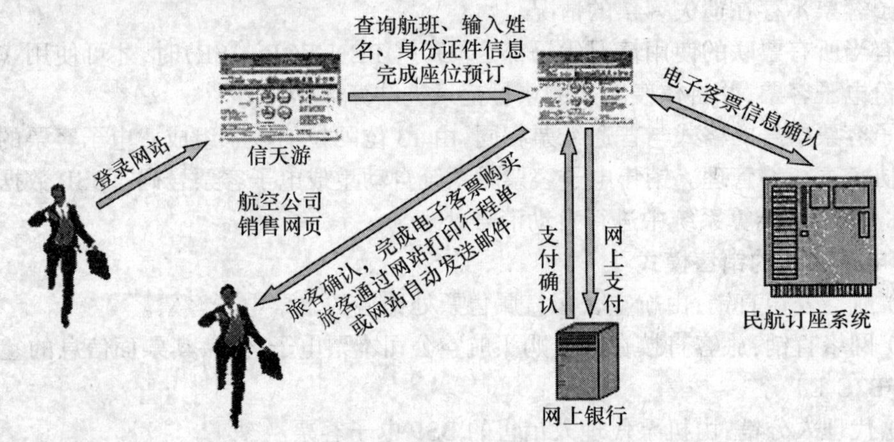

图 3.10 网上售票流程

4) 改签与退票

旅客可以到航空公司售票处或代理人处进行改签,也可以通过网站进行改签操作。改签后的电子客票数据库将进行自动更新,并且可以记录并限制改签的次数。旅客退票只能到原出票地退票。

5) 销售统计管理

电子客票提供销售统计报表打印功能。销售报表中包括每一个销售处的电子客票销售、改签、退票等具体信息,航空公司可以通过销售报表来进行电子客票销售情况。

6) 值机

旅客向值机人员出示身份证件,值机人员根据旅客航班号和姓名,提取旅客电子客票票面信息,核对旅客身份证件后找印登机牌。旅客也可进行自助值机。

7) 安检

旅客凭身份证件和登机牌登机。如图 3.11 所示。

8) 结算

旅客完成电子客票预定后,定座系统会将电子客票记录保存到电子客票数据库中,订座系统会定期生成电子客票定座情况数据磁带。航班关闭后,离港系统会将电子客票旅客乘机数据传送到订座系统中,订座系统将生成电子客票乘机情况数据磁带。如果航空

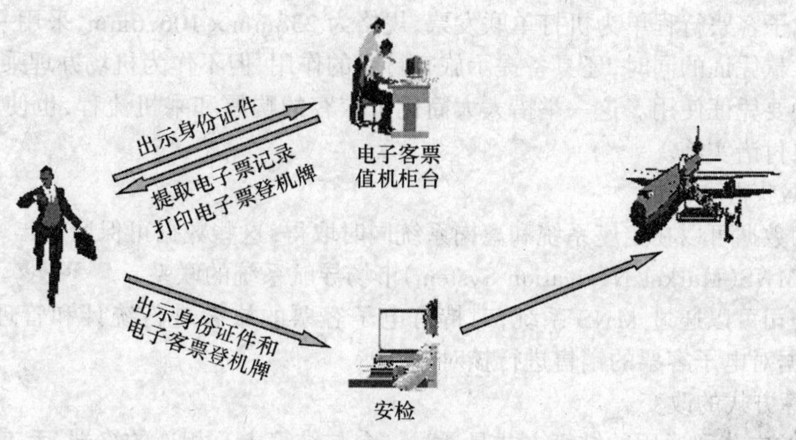

图 3.11　安检流程

公司使用结算中心的系统，数据磁带将传给结算中心进行结算处理，结算中心将最终结果传给航空公司。如果航空公司使用自己的结算系统，数据磁带则直接传给航空公司进行处理。如图 3.12 所示。

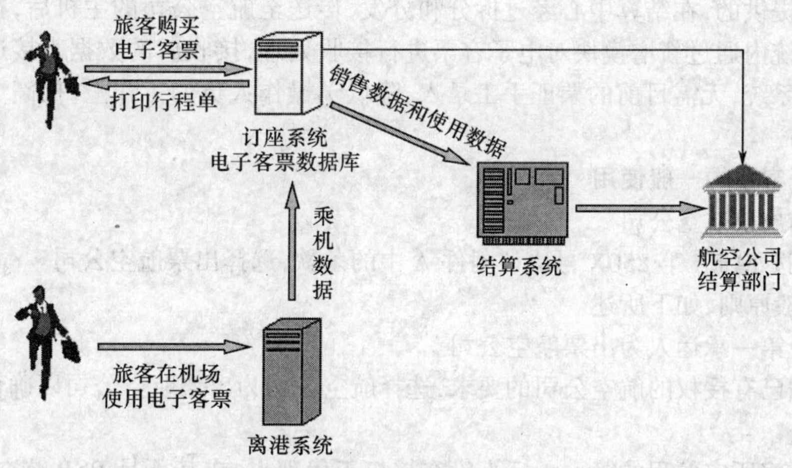

图 3.12　结算流程

2. 电子客票的数据处理模式

传统纸质机票在销售中，有财务联、出票人联、乘机联和旅客联。大量的票联为结算、旅客数据处理以及销售部门的管理带来了许多困难。使用电子客票以后，可以缩短结算周期，提高管理水平，降低客票管理的成本。

1) 财务联和乘机联的处理

将传统的财务联和乘机联的信息生成磁带，在航空公司的授权下传递给结算中心，由结算中心自动进行结算。通过电子数据的方式，减轻航空公司的负担，提高工作效率，缩短结算周期。

2) 旅客报销的处理

从 2006 年 6 月 1 日起，全国试行了由国家税务总局统一制定的航空运输电子客票行程单——《航空运输电子客票行程单》(简称《行程单》)作为旅客购买电子客票的付款、报销凭证。电子客票行程单为机打单联发票,规格为238mm×106.6mm,采用一人一票,在作为旅客付款凭证的同时,还具备提示旅客行程的作用,但不作为机场办理乘机手续和安全检查的必要凭证使用。这一举措大大简化了旅客的购票和乘机流程,也使真正意义上的电子客票付诸实施。

3) 数据获得和保留

旅客的数据可以在定座系统和离岗系统同时取得,这些数据可保留5年。

4) 同MNS(Market Navigation System)市场导航系统的联系

航空公司可以通过MNS系统,对持有电子客票的旅客进行统计和管理,同时应用MNS的数据对电子客票的销售进行核对。

5) 结算方式的改变

目前,航空公司通用的结算方式是通过一台与结算中心相连的终端,手工录入相关信息。此种方式工作量大,速度慢,实施周期长且容易发生错误。另外,办事处、代理人在出票时存在一些操作上的漏洞,如出票代理人、舱位等级、运价基础、暗扣代号、换票信息等一些重要的结算资料填写不规范或错误,使得票面数据在转换和整合时发生错误,需介入过多的人工干预。使用电子客票,这些问题都可以避免。票证结算数据是由中国航信定期的数据带提供的,在结算中心经过拆分和分发,传送至航空公司的主机后,在国内票证收入结算系统内通过新增模块对电子客票进行接收处理,接收后的数据直接进入国内票证收入结算系统,无需目前的票证手工录入,降低了操作人员的工作量,提高了数据的时效性。

3. 电子客票的一般使用

1) 选择出票航空公司

原则上按IATA第850X号决议附件A中的条款,选择出票航空公司。

(1) 一般原则,如下所述。

① 选择第一承运人为出票航空公司。

② 依据已有授权的航空公司的要求,选择航空公司为出票航空公司以确认另一承运人的运输。

③ 当旅客所定航程的第一承运人没有授权于代理人,或其不是BSP航空公司(未加入中国BSP)时,如是单程运输,需要使用其他航空公司作为出票航空公司,必须得到该公司的许可;如果是联程运输,可按承运人的顺序选择出票航空公司。

注意:代理人应按照有关航空公司的规定选择出票航空公司。代理人使用哪家承运人的销售价格,就必须选择该承运人作为出票航空公司

(2) 电子客票运作时选择出票航空公司。

① 不同承运人的联程运输必须建立在两个或多个航空公司间针对电子客票签订互为销售认可协议的基础之上。

② 如航空公司之间没有签订ET联运的销售协议,代理人只能填开所授权的实际销售的航空公司的航班。否则不能完成订座,形成不了数据,也没有内容进入账单。

③ 电子客票的记录储存在出票航空公司的电子客票数据库内,出票航空公司对这一航程运输的全过程具有控制权。每一票联(航段)的状态在系统中可随时变化。不同承运人的联程运输,由出票航空公司依据双方签订的联运协议,并将此设定在ET的数据库

中,由此自动确定与其共享数据的航空公司或地面服务代理商。

④ 结算授权代码由出票航空公司发给联运航空公司后即进行不同承运人联程运输间的结算。

2) 航空运输电子客票行程单

(1) 样式,如图 3.13 所示。

(2) BSP 电子客票旅客联的用途。行程单作为旅客购买电子客票的付款凭证或报销凭证,同时具有提示旅客行程的作用。《行程单》采用一人一票制,不作为机场办理乘机手续和安全检查的必要凭证使用。

《行程单》为单机打发票,票面内容包括航空运输电子客票行程单、国家税务局监制、印刷序号、旅客姓名、有效身份证件号、签注、航程、承运人、航班号、座位等级、日期、时间、客票生效日期、有效截止日期、免费行李、备注、票价、机场建设费、燃油附加费、其他税费、合计、电子客票号码、验证码、连续客票、保险费、销售单位代号、填开单位(盖章)、填开日期、查询网址等。

旅客发生退票或其他客票变更导致余额与原客票不符时,若已打印《行程单》,要将原行程单退回,方能为其办理有关手续。

(3) 电子客票旅客联的领取。当代理人进入中国 BSP 运作后,中国 BSP 经理/办公室按照代理人担保额度自动配发电子客票使用量。代理人如需增加领取电子客票的数量,可登录 IATA ASD 网站(www.iata-asd.com)直接申请。

3) 代理人使用电子客票的一般规定

(1) 代理人在操作电子客票时所做的工作。

① 代理人向航空公司申请电子客票销售的授权。

② 在 CRS 订航空公司的 ET 航班。

③ 在 CRS 打印旅客行程单(包销凭证)。

④ 在 CRS 为旅客进行日期、航班的变更。

⑤ 在 CRS 使用 VOID 进行 ET 票的作废。

⑥ 在 CRS 使用 ETRF 进行 ET 票的退票,再使用 TRFD 填写退票单。

⑦ 在 CRS 做销售统计或销售报告。

⑧ 按现在的 BSP 流程进行结算和汇款。

(2) 代理人在操作电子客票时需要注意的事项。

① 按出票航空公司的操作要求和销售政策进行销售。

② 必须按顺序接受和使用电子客票的有价票联。

③ 只有当 CRS 系统中电子客票的票联状态显示为“O”(OPEN FOR USE)表明该票联可以使用时,代理人才可以依据航空公司的规定处理如变更航班、退票等相关的票务工作。

④ 已售电子客票,如所输入的旅客身份证件号码错误,不允许修改,只能按退票处理。

⑤ 出票成功后,代理人为旅客打印行程单。

⑥ 领取电子票的担保额度从现有担保中扣除,不需要另外增加担保金额;国内电子客票的核定额为人民币 800 元/份;国际电子客票的核定额为人民币 3700 元/份。

电子客票行程单

ELECTRONIC TICKET ITINERARY

Welcome to fly Air China!
This itinerary indicates that you have successfully purchased your E-Ticket for flight(s) of Air China.

Please be notified that:

- You are required to get to the indicated airport no later than 60 minutes before the scheduled departure time for check-in at the E-Ticket counter of Air China. You must present the same valid ID card as which you used on Internet to purchase the E-Ticket.
- You will get your receipt and Boarding Pass when you complete the check-in.
- When you go through security check, you must present your valid travel documents and Boarding Pass as well as the receipt.
- If you need any assistance, please call us.

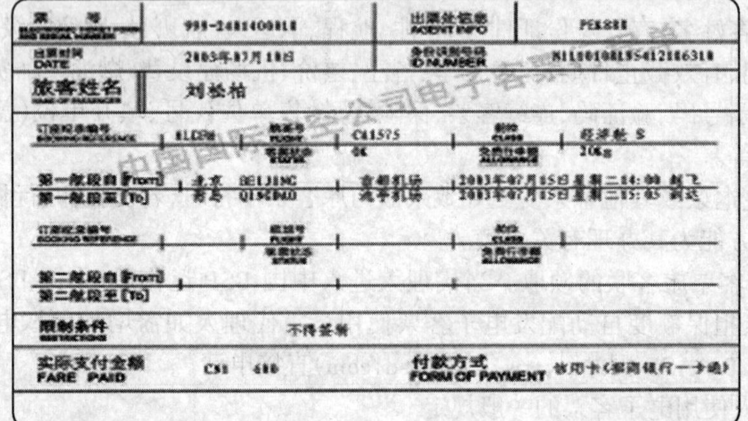

票号	999-2481400818	出票处信息 AGENT INFO	PEK888
出票时间 DATE	2003年07月10日	身份识别号码 ID NUMBER	11010819541218631
旅客姓名	刘松柏		

订座记录编号	8LCD8	航班号 FLIGHT / 订座状态 STATUS	CA1575 / OK	舱位 CLASS / 免费行李额 ALLOWANCE	经济舱 S / 20Kg
第一航段自 [From] / 第一航段至 [To]	北京 BEIJING / 青岛 QINGDAO		首都机场 / 流亭机场	2003年07月15日星期二14:00 起飞 / 2003年07月15日星期二15:05 到达	
订座记录编号 BOOKING REFERENCE		航班号 FLIGHT / 订座状态 STATUS		舱位 CLASS / 免费行李额 ALLOWANCE	
第二航段自 [From] / 第二航段至 [To]					

限制条件 RESTRICTIONS	不得签转		
实际支付金额 FARE PAID	CNY 680	付款方式 FORM OF PAYMENT	信用卡(招商银行一卡通)

注意：此行程单不作报销凭证

● 网址：www.airchina.com.cn ● 服务热线 HOT LINE：800-810-1111 01066013336 01066016667

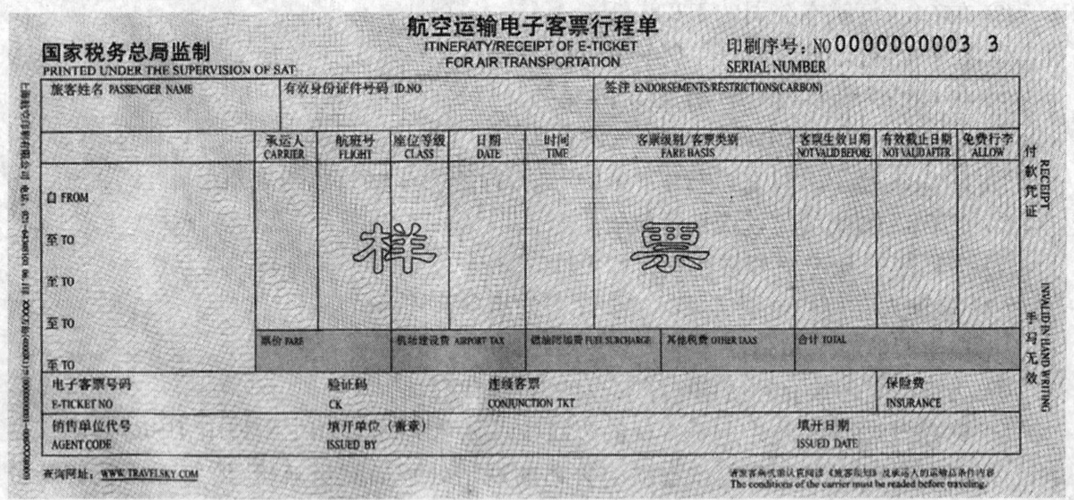

航空运输电子客票行程单

ITINERATY/RECEIPT OF E-TICKET FOR AIR TRANSPORTATION

国家税务总局监制 PRINTED UNDER THE SUPERVISION OF SAT

印刷序号：NO 0000000003 3 SERIAL NUMBER

旅客姓名 PASSENGER NAME		有效身份证件号码 ID.NO.				签注 ENDORSEMENTS/RESTRICTIONS(CARBON)			
	承运人 CARRIER	航班号 FLIGHT	座位等级 CLASS	日期 DATE	时间 TIME	客票级别/客票类别 FARE BASIS	客票生效日期 NOT VALID BEFORE	有效截止日期 NOT VALID AFTER	免费行李 ALLOW
自 FROM									
至 TO		样				票			
至 TO									
至 TO									
至 TO	票价 FARE		机场建设费 AIRPORT TAX		燃油附加费 FUEL SURCHARGE	其他税费 OTHER TAXES	合计 TOTAL		
电子客票号码 E-TICKET NO		验证码 CK		连续客票 CONJUNCTION TKT				保险费 INSURANCE	
销售单位代号 AGENT CODE		填开单位（盖章） ISSUED BY					填开日期 ISSUED DATE		

付款凭证 RECEIPT

手写无效 INVALID IN HAND WRITING

查询网址：WWW.TRAVELSKY.COM

The conditions of the carrier must be readed before traveling.

图 3.13　航空运输电子客票行程单

⑦ 代理人可在中航信 CRS 订座系统中使用“TOL”指令，查看票证号码和数量等分配信息。

⑧ BSP 电子客票的销售报告、开账、结算和付款方式均与现行的 BSP 纸质客票做法一致。

(3) 电子客票操作中代理人应告知旅客注意的事项。

① 代理人需通告旅客，在办理乘机手续时必须出示与购买电子客票时所使用的身份证件相同的有效身份证件。

② 旅客出具航空电子客票行程单和身份证件办理退票，或按出票航空公司有关电子客票退票的要求办理。

③ 特殊情况的退票(非自愿退票等)，旅客在出票航空公司直属售票处或机场内公司指定的售票柜台办理退票。

④ 已售电子客票的变更在出票航空公司的直属售票处或机场内公司指定的售票柜台办理。

⑤ 通知旅客在办理乘机手续时必须出示有效身份证件，包括护照、身份证、带照片的驾驶证、带照片的工作证、购票时用的信用卡、其他有效信用卡，旅客必须在航班离站时间2小时以前完成购票手续。

⑥ 目前重要旅客及特殊旅客暂不能购买电子客票。

4) 连续运输凭证

连续客票，是指填开给旅客与另一本客票连在一起，共同构成一个单一运输合同的客票。使用连续运输凭证需注意：

(1) 纸质客票应在每本客票的“连续客票”栏填写各本客票的客票号码。首先列明一本客票的全部号码，然后加列其他各本续后客票号码中的最后两个数字，以斜线隔开。如3934567896/97/98。

(2) 电子客票在电子数据中“票号”栏显示第一本票的全部票号；在“联票”栏显示连续客票的号码。如3934567896 - 98。

(3) 全航程选择同一个出票航空公司。

(4) 纸质客票，所有连续客票必须在每本票相应的栏(票价计算栏、票价栏、始发地/目的地栏)内分别填写内容相一致的全航程票价计算过程，全航程票价和全航程的始发地/目的点。

而电子客票中，电子数据直接显示全航程票价计算过程(FC:项)、全航程适用的公布票价(FN:FCNY项)、全航程应收总余额(FN:ACNY项)和全航程的始发地/目的地点。

(5) 电子客票票联显示。国内运输每2个票联之间有1条虚线；国际运输每4个票联之间有1条虚线。由此可以识别连续客票。

(6) 保证连续客票的序号一定是紧接前一本票的号码。

注意：纸质客票中的连续客票付款栏只显示在第一本客票的出票人联上，后面所连续的客票票联不能显示付款栏的内容。如两本或两本以上的客票票联上均显示付款栏的内容，将会产生重复记账。

5) 电子客票的作废

(1) 电子客票的作废过程与普通支票相同，执行作废操作指令后，系统自动将客票作废并将票号记录在销售报告中。代理人按航空公司要求打印作废票证清单，按结算期提交数据处理中心。

(2) 电子客票作废，需要向航空公司交航空运输电子客票行程单。

4. 跨航空公司电子客票

随着航空市场的不断发展,各个航空公司之间不仅加强了竞争,合作也变得越发重要。正是在这种背景下,IET(Interline Electronic Ticketing,跨航空公司电子客票)应运而生。

IET 的系统结构如图 3.14 所示。

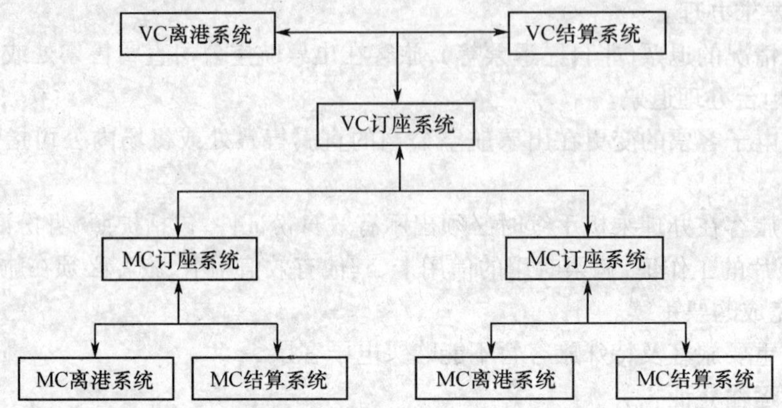

图 3.14 IET 的系统结构图

IET 的通信及处理都通过各航空公司的订座和离港系统来实现,降低了系统复杂性和开发难度,减少了开发时间。图 3.14 中 VC(Validating Carrier)是出票的航空公司,MC(Marketing Carrier)是执行航段飞行任务的航空公司。VC 和 MC 是根据订票情况变化的。任何一家 IET 伙伴都可能是 VC,也可能是 MC,但对某一张票来说,VC 只有一个,MC 可有多个。

1) IET 的功能

(1) 一张电子客票可订购多个航空公司的航段。

(2) 根据相互的协议,所有 IET 伙伴公司都可获取 ET 数据,更改 ET 航段状态,包括:显示 ET;获取 Airport Control;更改航段状态到 Check - in、登机、起飞;打印、重订 ET、退票,使航段无效等。

2) IET 技术的特点

(1) 通信协议根据需要使用 EDIFACT(Electronic Data Interchange for Administration,Commerce and Transport)和 TTY(Teletype)。出票发给 MC 票号时使用 TTY,以确保 MC 可收到,保证旅客订票有效。其他时候使用 EDIFACT 以保证数据交换的实时性。

(2) 票务管理与财务管理一体化运作,完成的航段可在航空公司间及时结算。

(3) 充分利用现有 USAS(Unisys Standard Airline System),全新的程序只有 6 个,分别用于解析/生成报文(包括请求和回复报文)、处理 LS 表(存储有 IET 协议的航空公司信息)。

(4) 系统具有良好的可扩展性,可方便地增加 IET 伙伴(仅需修改 LS 表即可)。

IET 的作用主要体现在服务和成本两个方面,扩大了一站式服务的范围,使对旅客的服务在多个航空公司间可以实现无缝隙衔接;多个航空公司可以共享彼此的分销系统,以较低的成本加强自身的分销能力。更方便快捷的结算方式和电子化处理,可减少人工处理及资金占用,降低出错的可能性和管理及财务费用,减少营运费用。

3) IET 的处理流程

IET 的处理流程主要包括订票、显示、重订、打印、退票、使航段无效等。

(1) 订票处理流程包括:IET 出票规则检查,建立 ET 记录,建立结算记录,在 PNR 中增加 TKNE,发送相关数据到离港系统、MC 和结算系统。

(2) 显示 ET 主要是获取 Airport Control,即在 IET 中,通过获得航段的 Airport Control 指令获得该航段的控制权,任何对该航段的操作均需通过该公司更改航段状态处理流程,包括 MC 和 VC 的处理。

(3) 重订、打印、退票、使航段无效流程包括:检验该指令是否是本地指令,执行该指令的航空公司是 VC 还是 MC,航班状态是否合法,VC 与 MC 之间信息传递,更新 ET 数据库,发送信息给结算中心等。

3.2.4 电子客票的发展历程

2000 年 3 月,南方航空公司率先推出国内第一张电子客票(本票电子客票)。

2004 年,中国国际航空公司、南方航空公司、东方航空公司三大航空公司均有自己的电子机票系统,并未加入 BSP 电子机票系统当中。直到 2005 年 1 月,国航、东航正式加入 BSP 电子机票系统。10 月 31 日,南航也加入了 BSP 电子机票系统。

2004 年 9 月 1 日,海南航空公司开始使用中国第一张 BSP 电子客票(中性电子客票)。

2004 年 9 月底,东方航空公司推出首张 B to C 电子客票(个人电子客票)。

2004 年 9 月,游易航空旅行网销售出了第一张国航电子机票。

2006 年 6 月,电子客票行程单作为全国统一报销凭证,正式启用。电子票无法打印出 T4 联。

2006 年 10 月,中国国际航空公司将停止发售纸质票,全面推进电子客票。

2007 年年底,全球实现 100%BSP 电子客票的目标。

3.3 客票的有效期

1. 有效客票(纸质客票)

有效的纸质客票是指包括乘机航段的乘机联、全部未使用并保留在客票上的其他乘机联以及旅客联。而有效的电子客票主要看电子客票的客票状态代码,根据状态代码来判定电子客票是否处于有效状态。

2. 客票有效期的一般规定

(1) 定期客票的有效期自旅客开始第一段旅行之日起,一年内运输有效。不定期客票(OPEN 票),自填开客票之日的次日零时起,一年内运输有效。如果客票全部未使用,则按不定期客票计算客票有效期。如果已使用的定期客票第一航段旅行日期发生变更,有效期应按第一段的旅行实际开始的日期计算,一年内运输有效。

(2) 特种票价(SPECIAL FARE)和有折扣的普通运价客票的有效期,依每一种运价的规定有所不同,一般都不超过一年,具体按照承运人规定的该特种票价的有效期计算。

(3) 季节性运价的有效期以该运价实施的季节期间为限。

(4) 定期客票有效期的计算，自旅客开始旅行之日起至有效期满之日的次日零时为止。不定期客票有效期的计算，自填开客票之日的次日零时起至有效期满之日的次日零时为止。

例如，一本普通运价客票的旅行开始之日为 1995 年 12 月 10 日，则整本客票的有效期应从 1995 年 12 月 11 日零时算起一年，即到 1996 年 12 月 10 日。所以整本客票各乘机联必须在 1996 年 12 月 10 日 24:00 以前开始旅行。

3. 有效期的延长

(1) 同一本客票或连续客票的运输，由于以下原因之一，造成旅客未能在客票有效期内完成旅行，则该客票有关乘机联的有效期可以延长到能够按照该客票已付票价的舱位等级提供座位的第一航班为止，不收任何费用。

① 取消旅客已经定妥座位的航班。

② 取消的航班约定经停地点中含有旅客的出发地点、目的地点或中途分程地点。

③ 更换了旅客的舱位等级。

④ 不能提供旅客事先已经定妥的座位。

⑤ 造成旅客已定妥座位的航班衔接错失。

⑥ 未能在合理的时间内按照班期时刻进行飞行。

(2) 持正常票价客票或与正常票价有效期相同的特种票价客票的旅客未能在客票有效期内旅行，是由于航空公司在该旅客定座时未能按其客票的舱位等级提供航班座位，则该客票有效期可以延长到航空公司能够按照该客票已付票价的舱位等级提供座位的第一个航班为止，但延长期不得超过 7 天。

(3) 旅客开始旅行后，因病不能继续旅行时，除航空公司对所付票价另有规定外，经医生证明，该客票有效期可延长到旅客健康情况经医生诊断适宜旅行为止；或延长到适宜旅行之日以后航空公司能够按照旅客已付票价相符舱位等级提供座位的自恢复旅行地点起的第一个航班为止。如果未使用的乘机联包含一个或一个以上的中途分程地点时，该客票有效期的延长不能超过从医生诊断适宜旅行之日起 3 个月。对无自理能力旅客的陪伴直系亲属的客票有效期也可同等延长。

(4) 持特种票价客票，旅客开始旅行后，因病不能继续旅行时，除该客票有特殊规定者外，客票可以延长到旅客健康情况经医生诊断适宜于旅行之日起 7 天。如旅客持有不能延长客票有效期的特种票价客票时，旅客需补付全程正常票价同特种票价的差额后，方可按正常票价的客票规定，予以延长客票有效期。

(5) 如旅客在旅途中死亡，该旅客的陪伴直系亲属的客票可用取消最短停留期限或延长客票有效期的方法予以更改。如已开始旅行旅客的直系亲属死亡，该旅客及其陪伴的直系亲属的客票也可予以更改。此种更改应在收到死亡证明后办理，此种客票有效期的延长不得超过死亡之日起 45 天。

3.4 客票退票

旅客购票后，由于旅客原因和承运人原因，不能在客票有效期内完成部分或全部航程，而要求退还部分或全部未使用航段票款，称为退票。

退票分自愿退票和非自愿退票两种。自愿退票是指由于旅客原因造成购票后提出退票要求;非自愿退票指由于航班取消、提前、延误、航程改变、衔接错失以及部分不能提供原定座位等承运人原因造成旅客购票后提出退票要求,非自愿退票还包括由于天气、政府原因和旅客因病经医疗单位证明不能旅行等原因。

3.4.1 纸质客票退票的一般规定

客票发售后,旅客要求退票,应根据有关规定及时、正确地办理,尽量帮助旅客解决困难。

(1) 旅客应在客票有效期内提出退票。由于承运人或旅客原因,旅客未能在客票有效期内按照运输合同完成部分或全部航程,可以在客票有效期内要求退票,过期不予办理。

(2) 旅客要求退票,如果持有纸质客票,则应持有效客票,包括未使用部分的乘机联、旅客联、有关的身份证件(旅客本人去)办理,缺少其中任何一联,不能办理退票。如果持有的客票是电子客票,则要保证电子客票的客票状态处于可用状态,即状态代码为"OPEN FOR USE"。

(3) 自愿退票的旅客在出票地要求退票,只限在原购票售票处和原购票销售代理人办理退票。在出票地以外的航班始发地或终止旅行地要求退票,可在当地的航空公司售票处办理;如当地无航空公司售票处,可在经航空公司特别授权的当地航空公司销售代理人售票处办理。

非自愿退票原则上只限出票地、航班始发地、终止旅行地的承运人或其销售代理人售票处办理,但不适用在境外购买的、国内旅行时换成国内航空公司客票的退票。如因特殊情况,旅客不在上述地点退票,而在其他航站要求退票时,该航站可与有关航站联系证实客票的有效性后酌情办理。

(4) 退票只限退给客票上列明的旅客本人或客票的付款人。如果票款不是由旅客本人支付,应按付款人的要求办理。但付款人应该出示旅客和退票受款人的有效身份证件。

(5) 革命伤残军人、持婴儿票的旅客要求退票,免收退票费。

(6) 旅客在航班的经停地点自动终止旅行,该航班未使用航段作自动放弃,票款不退,但其他航班未使用航段的乘机联仍可作为运输或退票。

例如,旅客购买 BJS——HAK——CAN 的联程客票,飞机的飞行航段为 BJS——NKG——HAK——CAN,在北京至海口航班的中途站南京站自动终止旅行,则按照上述规定,该航班的南京至海口航段作自动放弃票款不退。但是旅客仍可使用该客票继续乘坐海口至广州航段,也可申请海口至广州航段的退票。

(7) 退款在任何情况下不得超过旅客原付票款。

(8) 如果退票受票价使用的限制或规定不得退票,并在客票的乘机联中注明"不得退票"的乘机联,不予办理退票。

(9) 如果旅客购妥联程或回程的一本客票,要求退某一航段而保留其他航段时,全航程作为退票处理,另购新票。

(10) 购票时用现金,退票时也用现金;支票购票时(旅行社),退票时也是支票(付支票税)。

3.4.2 收费单的格式及填写

航空公司的退票单、变更收费单以及误机收费单的格式一样,统称为收费单。收费单起到两种作用:一是国际航空运输中普遍使用的旅费证的作用;二是退款单的作用。

收费单一式四联,由会计联、出票人联、结算联(或称换取服务联)及旅客联(或称报销联)组成。各联的作用如表 3.3 所列。旅客收到退款后,应在退款单上签收。

表 3.3 收费单的组成

票联名称	颜色	用途	留存部门	保存期
会计联	淡绿色	供本单所属航空公司财务部门计账之用	填制后,应随所收款项一并交本单所属航空公司财务部门	5年
出票人联	粉红色	由填制部门用于计账、备查	填制后,由填制部门留存	
结算联(换取服务联)	黄色	①收费时作为旅客运输凭证及航空公司之间的结算凭证。 ②退款时作为退款凭证和用于航空公司之间的结算	①由值机部门撕下,作为航空公司之间的开账结算的凭证。 ②退款时由填制部门撕下,向本单所属航空公司结算。如果本单所属航空公司即为本单的填制部门,而客票是由其授权代理人填开的,该航空公司可凭此联向其代理人收回所退客票的销售代理费	
旅客联(报销联)	白色	①收费时作为旅客运输凭证和报销凭证。 ②退款时用于旅客报销之用	①旅客乘机时应出示此联,乘机后用于旅客报销。 ②退款时用于旅客报销	由旅客保存

退款单的格式如表 3.4 所列(以上海航空公司为例)。

表 3.4 退票、误机、变更收费单

上海航空公司

退票、误机、变更收费单　　　　编号:

航空承运变更情况		应收应退款		
原承运航空公司		退票使用栏	客票价款	
原客票号			应收退票费	
原承运日期			实际退款	
原航班号		应收误机费		
变更后承运航空公司		应收变更费		
变更后承运日期		加盖公章	制单地点:	
变更后航班号				
备注:			制单单位:	

第四联　旅客联

报销联

制单日期:　　　　旅客姓名:　　　　经办人:

3.4.3 非自愿退票

航班取消、提前、延误、航程改变或承运人不能提供原订座位时，旅客要求退票，为非自愿退票。

1. 非自愿退票原因

(1) 取消了旅客已订的航班。

(2) 取消航班约定的经停地点(含有旅客的出发地、目的地、经停地)。

(3) 未能在合理地时间内按照班机时刻进行飞行。

(4) 造成旅客已订过的座位地航班衔接错失。

(5) 更换了旅客的舱位等级(多退少不补)。

(6) 未能提供已订妥的座位。

(7) 旅客因病退票。旅客购票后，因健康原因经医疗单位证实不适宜乘机而要求退票，此种退票虽属旅客本人原因，但不是旅客的意愿，所以这种退票仍属于非自愿退票，按照非自愿退票的规定办理。

① 旅客因病要求退票，必须在班机起飞时间前提出并提供医疗单位的证明，证明应包括诊断书、病历和旅客不能乘机的证明。如果因病情突然发生，或在航班经停站临时发生病情，一时无法取得医疗证明，则也必须经承运人认可后才能办理。

② 如果客票未使用，应退还全部价款；如果客票部分已经使用，应退还未使用航段的全部票款，均不收取退票费。

③ 患病旅客的陪伴人员要求退票，按患病旅客退票规定办理。因病退票，有正式的证明(县级以上的医院证明)，在航班起飞前提供；飞行中生病，经乘务员同意，可退病人以及陪同人的票。

2. 非自愿退票的办理规定

(1) 发生非自愿退票，在航班始发站退还全部票款，在航班经停站退还未使用航段的票款，但不得超过原付票款金额，退票均不收取退票费。

(2) 若班机在非规定的航站降落，取消当日飞行，旅客要求退票，原则上应退还由降落站至旅客到达站的票款，但退款金额以不超过原付票款为限。

[例 3.4.1] 旅客购广州——北京机票，因飞机机械故障在深圳备降且取消飞行，旅客要求退票，按规定应退深圳至北京的票款。但由于深圳至北京的票款(1400.00 元)，高于广州至北京的票价(1360.00 元)，因此，只能退广州至北京的原付票款，即 1360.00 元。

[例 3.4.2] 旅客购广州——北京机票，当旅客购买的是折扣票时(如 6 折)，在退款时应退还旅客深圳——北京 6 折票的票款，但由于深圳——北京的 6 折票款高于广州——北京的 6 折票款，因此只能退广州——北京的 6 折票款。

(3) 联程、分程旅客由于上述原因在航班经停站或联程站、分程站提出退票，也应退还未使用航段的票款。

[例 3.4.3] 旅客购买上海至西安机票，航班在郑州经停，由于在郑州出现飞机机械故障，取消飞行，旅客要求退票，应退还郑州至西安票款，不收退票费。上海至西安票价为 1000 元，上海至郑州票价为 600 元，郑州至西安票价为 500 元，应退还旅客 500 元。

[例 3.4.4] 旅客如购买上海至广州机票在南京经停，航班因天气原因降落至南京后，

旅客要求退票,按规定退至南京至广州的票款。由于南京至广州票价高于上海至广州票价,因此,只能退上海至广州原付票款。

(4) 上述规定不适用于办理境外购买的,在国内旅行时所换开成的国内客票退票。

3. 非自愿退票举例

[例 3.4.5] SIA—PEK,CA1204,天津迫降,后续航班全额退票,天津——北京 120,西安——天津 740,退 120 元。

[例 3.4.6] 旅客购买了上海 SHA——西安 SIA 的机票,航班在郑州 CGO 经停,由于飞机机械故障取消飞行,旅客要求退票。上海——西安 1000.00 元,上海——郑州 600.00 元,郑州——西安 500.00 元。则应退还票款 500.00 元。

3.4.4 自愿退票

由于旅客本人的原因,包括旅客未能出示有效身份证件、旅客违反政府和承运人有关规定而被拒绝乘机以及旅客不能在客票有效期内完成部分或全部航程而要求退票,称为自愿退票。

1. 退票费的规定

旅客如果是自愿退票,则退还给旅客的费用应从全部原付票款中减去根据退票规定所收取得退票费,余额退还旅客。其中,退票手续费按如下规定计算:

(1) 航班离港前 24h(含)外,收取票款的 5%作为退票手续费(适用于部分航空公司)。

(2) 航班离港前 24h~2h(含),收取票款的 10%作为退票费。

(3) 在航班离港前 2h(含)内收 20%的手续费。

(4) 航班离港后退票,按误机处理,收取票款的 50%作为手续费。

(5) 退票手续费以元为单位,元以下四舍五入。

注:现在,部分航空公司按照舱位等级及票价折扣等级确定退票手续费。

2. 客票全部未使用的自愿退票的一般规定

(1) 对于联程票、中途分程或回程客票的退票,只限在原购票地点办理;如因航班延误或取消等原因,旅客提出退票,联程、回程站应予受理。退票费或客票失效部分只从航班始发站算至联程、中途分程或回程站,续程或回程部分票款全部退还给旅客,但旅客申请退票的时间在联程、分程或回程航班规定起飞 2h 以内或以后,则上述规定对于续程或回程航段同样适用。

联程旅客如果要求只退一段航程(前一航段或后一航段),还需要乘用一段,应根据退票航段的票价和提出退票的时间相对于退这一航段班机的起飞时间,按上述规定计算退票费,退还余款,收回原票。对于仍要求乘用的航段,按另购新票,保留原订座位的处理。

(2) 持不定期票的旅客要求退票,应在客票有效期内到原购票地点办理退票手续,不收取退票费。

(3) 革命残废军人退票、婴儿票退票不收手续费。

(4) 不定期客票的旅客要求退票,应在客票的有效期内到原购票地点办理退票手续。

(5) 旅客在航班的经停地自动终止旅行,该航班未使用航段的票款不退。

3. 已使用一部分客票的自愿退票

如果客票部分已使用，应从原付票款中减去已使用航段的票价，并根据退票规定收取未使用航段退票费后，余额退还旅客。

(1) 旅客持有的客票为单程直达航班客票，若旅客在航班经停点自动停止旅行，该航班的客票即告失效，未使用航段的票款不退。例如，旅客持有的客票为 SHA——CAN 的客票，该航班在 HGH 经停，即飞机的飞行路线为 SHA——HGH——CAN，但旅客在杭州不作停留，也不在旅客客票中的"FROM/TO"一栏出现。这个时候，如果旅客提出在 HGH 自愿终止下面的旅行，则 HGH——CAN 的票款不退，即视为该航班的客票失效。

(2) 旅客持联程、中途分程或回程客票，在飞机经停点中途停止旅行时，客票失效部分只算到联程、分程或回程站，续程或回程部分仍属有效。例如，旅客持有的客票为航程是 A——B——C 的联程票，其中 A——B 段的飞行要经停 D 点，即飞机的实际飞行路线为 A——D——B——C。如果此时，旅客在 D 点提出自愿终止履行，则 D——B 段为失效航段，而客票上"FROM/TO"一栏中的 B——C 段则可以退给旅客。

(3) 旅客在客票分程站停止旅行，要求退续程或回程部分客票，计算退票时间，按规定办理退票手续。例如，SHA——HGH——CAN 机票，SHA—HGH 段已使用，旅客要求退票。则 SHA——HGH——CAN 的全程票价减去 SHA——HGH 的票价，再根据旅客提出的退票时间段收取 HGH—CAN 段的退票手续费后，余额退还旅客。

4. 自愿退票举例

[例 3.4.7] HGH—SHA160RMB(杭州——上海)，起飞时间为 10 月 28 日 21:15；SHA—KWL1040RMB(上海——桂林)10 月 29 日，MU5343，出发时间为 09:35。有旅客在 10 月 28 日 20:00 在杭州提出退票，则第一航段应收多少退票费；第二航段应收多少退票费？

第一航段：HGH——SHA，160 × 20% = 32.00 元

第二航段：SHA——KWL，1040 × 10% = 104.00 元

退票费：160 × 20% + 1040 × 10% = 136.00 元

[例 3.4.8] 旅客的航程为 HRB——KMG——CAN，但是，由于特殊原因，该航班在执行 HRB——KMG 航段任务中，要在 CKG 经停。HRB——KMG 票价为 2020.00 元，KMG——CAN 票价为 1010.00 元，HRB——CKG 票价为 1530.00 元，CKG——KMG 票价为 570.00 元。

若此旅客的客票票价只包含两个航段，即 HRB——KMG——CAN，他在 CKG 下机，则只能退 KMG——CAN 航段的票款并收取手续费。

如果该旅客的客票票价包含三个航段，即 HRB——CKG——KMG——CAN，则可以退 CKG——KMG 航段和 KMG——CAN 航段的票款，并收取手续费。

[例 3.4.9] 旅客刘红于 8 月 2 日在北京购买了国航 9992223456783 号客票，详情如下：北京——西安起飞日期为 9 月 20 日 07:35；西安——上海起飞日期为 9 月 21 日 08:20。全程票价为 1850.00 元，其中北京——西安为 840.00 元，西安——上海为 1010.00 元。旅客于 9 月 19 日 16:00 在北京要求自愿退票，应如何计算退票费？

分段计算退票费：

PEK——SIA：840.00 × 10% = 84.00 元

SIA——SHA：1010.00 × 5% = 51.00 元

退票费总额:84.00 + 51.00 = 135.00 元

PEK——SIA 航段的收费单填制,如表 3.5 所列。

表 3.5　退票收费单

× ×航空公司

退票、误机、变更收费单　　　　编号:

<table>
<tr><td colspan="2">航空承运变更情况</td><td colspan="3">应收应退款</td></tr>
<tr><td>原承运航空公司</td><td>CA</td><td rowspan="3">退票使用栏</td><td>客票价款</td><td>840.00 元</td></tr>
<tr><td>原客票号</td><td>9992223456783</td><td>应收退票费</td><td>84.00 元①</td></tr>
<tr><td>原承运日期</td><td>20SEP</td><td>实际退款</td><td>756.00 元</td></tr>
<tr><td>原航班号</td><td>CA1251</td><td colspan="2">应收误机费</td><td></td></tr>
<tr><td>变更后承运航空公司</td><td></td><td colspan="2">应收变更费</td><td></td></tr>
<tr><td>变更后承运日期</td><td></td><td rowspan="3">加盖公章</td><td colspan="2" rowspan="3">制单地点:PEK
制单单位:CAXINDAN
PEK001</td></tr>
<tr><td>变更后航班号</td><td></td></tr>
<tr><td colspan="2">备注:付款方式 CASH,自愿退票</td></tr>
</table>

第四联　旅客联

报销联

制单日期:1999.9.19　　旅客姓名:刘红　　经办人:李方

3.4.5 团体旅客退票

团体旅客是指 10 人或 10 人以上,航程、日期、航班相同,统一组织的旅客。儿童票、婴儿票、免票与其他特种情况的人不计团内人数。许多航空公司设单独的柜台和管理控制部门处理团体旅客的订座,航班上团体订座的管理一般是根据不同航线、不同的特点,充分利用航班上的座位,按规定的时限处理,证实或取消团体订座,拍发相应电报,并做好统计数字和资料保留的工作。团体旅客可预定一个月以内的航班座位。

1. 团体旅客购票

对于团体旅客的购票时限要比单独旅客严格,已经定妥座位,团体旅客应在承运人规定或预先约定的时限内购买客票。否则,所订座位不予保留,过时则释放座位,同时,团体旅客订座时要交订座费。

2. 对团体旅客的订座

(1) 随时了解和掌握有关旅行团体、援外人员,重要国际会议、文化、体育和科学考察团体的计划,做到心中有数,安排适当。

(2) 对团体和个别旅客的订座,要注意统筹兼顾,安排适当。

(3) 对大型团体预定短程航段的座位,一般不宜过早确定,以便尽可能使航班全程座位得到充分利用。

(4) 座位控制部门对团体旅客订座,要在已订座位的预计起飞日期前几天进行一次复核,考虑尚未提供旅客姓名的团体旅客所订座位是否继续予以保留。

(5) 对团体名称除负责与旅客联系的承运人通知更改外,必须按收到的名称记录,不

① 退票费全部归原客票所属航空公司。

得加以更改。

3. 团体旅客改变舱位等级或航班、日期

团体旅客购票后，如要求改变舱位等级，最迟应在航班规定离站时间 2h(含)提前提出，经航空公司同意后，方可予以办理，票款的差额多退少补。如要求改变航程、日期，按团体自愿退票的规定办理。

4. 团体旅客退票的一般规定

1) 退票手续费费率的规定

(1) 非自愿退票时，团体退票的原因与散客退票所述相同，不收手续费(部分旅客因病)。

(2) 团体旅客在航班规定离站时间 72h 以前要求退票，收取客票价 10%的退票费。

(3) 团体旅客在航班规定离站时间 72h 以内至规定离站前一天中午 12 点前要求退票，收取客票价 30%的退票费。

(4) 团体旅客在航班规定离站时间前一天中午 12 点以后至航班离站前要求退票，收取客票价 50%的退票费。

2) 其他规定

(1) 团体自愿退票只限在原购票的售票处办理；非自愿退票，可在原购票地、航班始发地、经停地、终点地承运人或引起非自愿退票发生地地承运人地面服务代理人售票处办理。

(2) 持联程、来回程客票的团体旅客要求退票，分别按上述 1)中第(1)、(2)、(3)项的规定办理。

(3) 团体旅客误机。误机发生在航班规定离站时间以前，收取客票价 50%的误机费；误机发生在航班规定离站时间以后，客票作废，票款不退。

团体旅客的退票分为整团退票和部分退票。

3) 整团退票

整团退票费 = 退票人数 × 折扣票价 × 费率

应退票款 = 原付票款 - 退票费

4) 团体部分退票

退票费 = 退票人数 × 正常票价 × 费率

团体旅客中部分成员自愿要求退票，除票价有限制条件者外，如乘机的旅客人数不少于该票价规定的最低团体人数时，按上述规定收取部分成员的退票费。即

应退票款 = 原付票款 - 剩下旅客按折扣票价计算的票款 - 退票费

如果乘机的旅客人数少于该票价规定的最低团体人数时，按下列规定办理：

(1) 如果客票全部未使用，应将团体旅客原付折扣票价总金额扣除剩下的乘机旅客按正常票价计算的票款总金额后，再扣除按团体旅客自愿退票的规定应收取的退票费，差额多退少补。即

应退票款 = 原付票款总额 - 退票手续费 - 剩余旅客按正常票价的票款

(2) 如客票部分未使用，应将团体旅客原付折扣票价总金额扣除该团体使用航段的票款后，再扣除乘机旅客按正常票价计算的未使用航段票款总金额及团体旅客自愿退票所规定的退票费，票款的差额多退少不补。即

应退票款 = 原付票款 - 已使用航段票款 - 剩下旅客按正常票价计算的未使用航段票款 - 退票费

[例 3.4.10] 12 人的旅行团 CA1335,11 月 5 日,杭州——桂林,时间是 16:40,全票价 970 元,该团可以享受 8 折票,11 月 4 日下午 16:00,有 3 人要求自愿退票。请问手续费应收多少?若有 2 人自愿退票,应退给旅客多少?

3 人退票计算步骤:剩下旅客不足 10 人,不成一团。

第一种情况:

① 计算该旅行团原付票款总额。

票价:970 × 0.8 = 776 = 780 元(因为我国的票价单位进整到 10 元,所以应该是 780.00 元)

原付票款:780 × 12 = 9360 元

② 计算退票费。

退票费(收取 50%手续费) = 3 × 970 × 0.5 = 1455 元(注:费用的单位是元,四舍五入到个位)

③ 剩下旅客不足一个团,按正常票价收取票款。

应付票款 = 970 × 9 = 8730 元

④ 计算应退票款。

应退票款 = 9360 - 1455 - 8730 = - 825 元(负数表明该团体应补给承运人 825 元,但实际情况是旅客并不必向承运人补交,即此种情况下,应退票款为 0。)

2 个人退票计算步骤。剩下 10 人,还能组成一个团。

第二种情况:

① 计算退票费。

退票费 = 2 × 970 × 0.5 = 970 元

② 剩下旅客应付票款。

剩下旅客票价:970 × 0.8 = 776 = 780 元

应付票款 = 780 × 10 = 7800 元

(3) 应退票款。

应退票款 = 9360 - 970 - 7800 = 590 元(即退给该团 590 元)

3.4.6 电子客票退票的一般规定

1. 定义

在客票有效期,旅客未能按照运输合同完成航空运输,可自愿或非自愿提出要求退票。电子客票退票是指在系统里电子退票——客票状态为 REFUNDED,对电子客票行程单退票视为无效退票,但电子客票行程单或打印的票面信息是作为退票申请后附的辅助凭据。

2. 自愿退票

1) 网上订票电子客票(B2C ET)

工作人员在查验其证件及客票有效性后,直接为旅客办理退票手续,退票手续费的计算与普通纸票相同。若旅客已打印过《行程单》,必须回收《行程单》后,方能为其办理退票手续,并将《行程单》附于退款单后。

2) 非网上订票电子客票

工作人员仅需在《行程单》上敲自愿退票章,标明退票时间,并请旅客回原出票点退票。若旅客未打印或未携带行程单,则可为旅客出具《电子客票旅客退票申请单》,并请旅客回原出票点退票。

3. 非自愿退票

1) 网上订票电子客票(B2C ET)

工作人员在查验其证件及客票有效性后,直接为旅客办理退票手续。若旅客已打印过《行程单》,必须回收《行程单》后,并附于退款单后。若旅客无法提供《行程单》,则应在退款单上注明未回收原因,并在登记表上进行记录。若旅客尚未打印《行程单》,则直接为旅客进行退票处理。

2) 非网上订票电子客票

原则上应请旅客回原出票地退票,工作人员须在《行程单》上敲全退章并注明退票原因。若旅客未打印或未携带行程单,则可为旅客出具《电子客票旅客退票申请单》,并请旅客回原出票点退票。

4. 退票的操作流程

电子客票退票规定与普通纸票自愿与非自愿退票的所有规定同效。

售票人员必须查验旅客证件号码与系统内保持一致,并确认电子客票状态为 OPEN FOR USE。

检查旅客是否已打印过《行程单》,如已打印必须先回收原《行程单》后,方可为旅客进行退票操作。

使用 ETRF 指令将指定客票的指定航段进行退票,并确认电子客票的状态变为 REFUND 状态。

按航空公司的规定计算退票费,并填开《退款单》,将剩余票款退还旅客,并将《行程单》附在退款单后。

5. 网上办理退票

网上订票旅客可自行在网上提出自愿或非自愿退票申请,系统会按照用户在网上提交退票申请的时间自动计算出退票应收手续费,所退票款将返还到用户支付所使用的银行卡里。若旅客已打印过行程单,必须将已打印《行程单》回寄给航空公司,航空公司将在收到旅客邮寄的行程单后再进行退款。

3.5 客票变更

旅客购妥定期客票后,改变客票、旅费证及预付票款通知的未使用部分的航程(不包括始发站)、承运人、票价级别等统称为客票变更。旅客客票发生变更有两种情况,即自愿变更和非自愿变更。

客票变更的一般规定如下:

(1) 要求变更的客票必须在客票有效期内。

(2) 要求变更的客票不得违反航空公司所规定的票价限制条件。

(3) 变更航程和乘机人均按退票处理,重新购票。

(4) 变更承运人(航空公司)按客票签转有关规定处理。

(5) 客票变更后,客票的有效期仍按原有效期计算。

3.5.1 非自愿变更

1. 非自愿变更的一般规定

(1) 由于天气、空中交通管制等无法控制或不能预见的非航空公司原因以致航班取消、提前、延误、航程改变、衔接错失或不能提供旅客原已证实的座位,航空公司应当考虑旅客的合理需要并采取以下措施之一:

① 为旅客优先安排有可利用座位的航空公司后续航班。

② 征得旅客及有关承运人的同意后,办理签转手续。

(2) 由于机务维护、航班调配等航空公司原因以致航班取消、提前、延误、航程改变、衔接错失或不能提供旅客原已证实的座位,航空公司应当考虑旅客的合理需要并采取以下措施之一:

① 为旅客优先安排有可利用座位的航空公司后续航班。

② 征得旅客及有关承运人的同意后,办理签转手续。

③ 变更原客票列明的航程,安排旅客乘坐本航空公司和/或其他承运人的航班,将旅客运达目的地或中途分程地点,票款、逾重行李费和其他服务费用的差额多退少不补。

(3) 旅客因病要求变更乘机日期及航班,应要求旅客最迟在航班规定起飞时间前提出并出示县级(含)以上医疗单位的证明。

(4) 由于意外事故造成旅客受伤无法按期旅行时,可视情况酌情处理,但必须出示县级(含)以上医疗单位的证明。

(5) 由于航空公司原因,造成旅客舱位等级变更时,票款的差额多退少不补。如:头等舱改为普通舱,应退还票价差额;普通舱改为头等舱,不再补收差额。

(6) 航班取消、提前、延误、航程改变或不能提供原定座位,旅客要求退票按非自愿退票的规定处理。

2. 非自愿变更的处理程序

1) 非自愿变更航班

(1) 售票人员直接为旅客安排有可利用座位的后续航班且舱位等级不变。

(2) 如后续航班无同等舱位时,可将电子客票换开成纸票,然后按纸票变更流程操作;或在后续航班有可利用座位的条件下,直接在离港系统中使用 ET - GOSHOW 方式接收旅客。

2) 非自愿变更舱位等级

(1) 由于承运人原因,旅客的舱位等级从头等舱降至经济舱,称为非自愿降舱。电子客票做非自愿退票处理,售票人员更改原订座记录的舱位等级,重新填开客票,将票款差额退还旅客,旅客仍可享受原舱位等级的免费行李额。

(2) 由于承运人原因,旅客的舱位等级从经济舱提升至头等舱,称为非自愿升舱。客票记录不做任何更改,不需重新购票,票价差额不补,在办理乘机手续时发给旅客已提升的舱位等级的登机牌。旅客按原舱位等级享受免费行李额和餐食。

3.5.2 自愿变更

1. 自愿变更的一般规定

旅客购买正常票价的客票后,如要改变航班、日期,必须在原定航班停止办理乘机手续前提出；如在停止办理乘机手续后提出，且继续乘坐航空公司公司后续航班的，可予以免费办理，但仅限一次，如旅客要求再次更改，每次应交付客票价 5%的变更手续费。若旅客要求变更的航班和日期是在航班没有空余座位的情况下或旅客不同意由航空公司安排的航班和日期，则按自愿退票办理。

旅客购票后要求更改至较高等级舱位(包括物理舱位的提升和变更至较高订座舱位)，在航班座位和时间允许的情况下，予以办理，并补收与较高等级舱位票价的差额。

旅客购票后要求更改至较低等级舱位(包括物理舱位和订座舱位的)，应先将原票按自愿退票规定办理，再按变更后的舱位重新购票。

旅客购票后欲改变航程或乘机人，原票均按自愿退票规定办理退票，根据新航程或新乘机人姓名重新购票。

持特种票价客票的旅客要求改变航班、日期，应遵守该特种票价规定的条件。

2. 自愿变更的处理程序

1) 航班、日期变更的处理程序

(1) 旅客购票后，需要变更乘机日期、航班，售票人员按照旅客所提的要求，查看定座情况，如有座位，应提取原订座的记录做相应的更改，原 PNR 订座记录编号不变。如原 PNR 已取消，则重新订座。

(2) 按照更改后的航班、乘机日期、离站时间等详细、清晰填写“更改条”各项内容，经办人签名并加上办理变更的时间后，将“更改条”可粘贴部分粘贴在变更乘机联“定座情况”栏的右边(不能粘贴在该栏的“承运人”上)，然后加盖业务章。没有加盖业务章的“更改条”应视为无效。

以南方航空公司的更改条为例，更改条的尺寸为：长 6.3cm，宽 1.5cm，背面左侧可粘贴部分为 1.5cm，其余部分不能粘贴，更改条要能揭开。

① 南方航空公司售票处及值机部分适用以下“更改条”：

<table>
<tr><td>CARRIER
承运人</td><td>FLIGHT
航班号</td><td>CLASS
座位等级</td><td>DATE
日期</td><td>TIME
时间</td><td>STATUS
订座情况</td></tr>
<tr><td colspan="3">CZ ISSUING OFFICE(not for use by travel agents)
南方航空公司：</td><td colspan="3">SIGNED/DATE
经手人/日期</td></tr>
</table>

② 南方航空公司销售代理人及地面代理适用以下“更改条”：

<table>
<tr><td colspan="2">AGENCY NAME/LOCATION/DATE
代理人名称/地点/日期
AGENTS NUMERIC CODE 航协代码</td><td colspan="2">PNR NUMBER
订座记录编号</td></tr>
<tr><td>FLIGHT CLASS
航班号　座位等级</td><td>DATE
日期</td><td>TIME
时间</td><td>STATUS
订座情况</td></tr>
</table>

(3) 在原《旅客购票单》(如有)上作相应的更改，归类存档。

2）改变承运人

旅客要求改变承运人，应征得原承运人或出票人的同意，并在新的承运人航班座位允许的条件下予以签转。如果客票签注栏中业已注明不能改变承运人时，则按退票的有关规定办理后，重新购票。

3）改变航程或乘机人

客票为记名式，变更乘机人按退票处理。

国内客票不得改变航程，如果旅客要求更改航程也按退票处理。国际客票中的国内联程航段，需根据签注栏中的限制情况，按国际旅客运输的有关规定办理。

4）舱位变更的处理程序

旅客购票后，如要求改变舱位等级，承运人及其销售代理人应在航班有可利用座位和时间允许的条件下，予以办理。

（1）从低等级舱位升至高等级舱位。旅客要求从经济舱升至公务舱/头等舱、从公务舱升至头等舱，或在子舱位销售中，由于旅客的自愿变更，造成旅客从子舱位的较低舱位升至较高舱位，应补收差额。

（2）从高等级舱位降至低等级舱位。旅客要求从公务舱/头等舱降至经济舱、从头等舱降至公务舱，或在子舱位销售中，由于旅客的自愿变更，造成旅客从子舱位的较高舱位降至较低舱位，可先按退票的有关规定办理，重新购票。

（3）办理舱位变更、补收票价差额，可以用填开《退票、误机、变更收费单》（以下简称《收费单》）或换开客票的方式补收舱位差额。

① 用填开《收费单》补收不同舱位票价的差额。

——填写及粘贴"更改条"，加盖业务章；并在客票的"票价计算"栏加注"与《收费单》的号码同时使用"。

——根据原舱位和新订舱位的票价计算应补收的差额，填写《收费单》，撕下财务联和出票人联，财务联上交财务部门核查，出票人联由填开部门留存备查，结算联与该客票变更舱位航段的乘机联订在一起，办理乘机手续时，同时使用，旅客联则与客票的旅客联订在一起，做补收差额的收据用，向旅客收取差额款。

——填写《收费单》时，除供退票使用的三个栏目和"应收误机费"栏不必填写外，其余各栏都必须填写。根据各栏的要求分别将变更航段的承运人两字代码、客票号码、航班、日期等内容填入相应栏目，"备注"栏注明"补收 XXXXXX（舱位变更航段城市对三字代码）舱位变更____（原舱位代码）/（新订舱位代码）费用"，如"补收 CANPEK 舱位变更 G/H 费用"，"应收变更费"栏填写原订舱位与新订舱位的票价差额。

——经办人和旅客都必须在《收费单》上签字，填写完制单日期，加盖业务用章后方可生效。

——其他栏目与一般要求相同。

② 用换开客票的方式补收舱位票价差额。

——如旅客持本票或 BSP 票，要求变更航空公司承运航段的舱位，在不涉及需要签转授权的情况下，可用公司的本票换开原票，补收舱位变更的票价差额。

——在原客票的"票价计算"栏加注"XXXXXX（舱位变更航段的的城市对三字代码）舱位变更换开（原订舱位代码）/（新订舱位代码）字样"，撕下舱位变更航段的乘机联，在该乘机联上注明“已换开”。

——根据原客票的内容和舱位变更后的定座和票价情况换开客票，将换开的新客票财务联和作废乘机联撕下，与原客票舱位变更航段的乘机联订在一起，送交财务部门核查；出票人联由客票填开部门留存备查。将换开的新客票与原客票剩余部分(未使用的乘机联及旅客联)订在一起，合并使用。

③ 客票换开的填写要求。

签注栏：原样照抄原客票该栏内容(尽管订座舱位已变更，但原客票的限制仍然有效)。

航程栏、承运人栏、航班号栏、座位等级栏、日期栏、离站时间栏、定座情况栏：根据舱位变更后的订座情况填开。

票价级别/客票类别栏：按舱位变更后所适用的票价类别填写/UPX(UP表示提升，X表示原订座舱位)，如YB80S/UPG。

换开凭证栏：填写原客票号码，如“784－2211461614”。

原出票栏：填写原客票的号码、出票地点、出票日期，如“784－2211461614CAN 11JAN03”。

票价计算栏：按变更舱位后全航程所适用的票价情况填写(未更改部分航程运价按原客票填写，变更订座舱位部分按新订座舱位所适用的票价填写)。

票价栏：填舱位变更后全航程的票价总金额(包括未更改部分航程票价)。

实付等值货币栏：填写原付款货币代码和补收差额时所用的货币代码，如USD CNY。如果原客票该栏为空白，补收差额时的实付等值货币与客票付款货币相同，则该栏可以空白。

总数栏：填写实际补收的金额，如“CNY410.00A”，“A”表示补收差额。如允许用里程券支付舱位变更费用(适用范围请参阅常旅客手册)，则以“VOU X A”表示(其中“X”表示升舱所需的里程券张数，“A”表示补收差额)。

付款方式栏：填写原客票付款方式和补收差额的实际付款方式。

出票日期和地点：按换开客票的实际地点、日期填写。

免费行李额栏：填写舱位变更后所允许的免费行李额。

定座记录编号栏：填写舱位变更后的定座记录编号。

客票生效日期、有效截止日期栏：按原客票生效日期开始计算的新票价最短停留日和/或有效截止日。

其他各栏：填写与原票相应各栏相同的内容。

(4) 不允许代理人用BSP票换开任何客票。如没有《收费单》，又没有航空公司的本票时，可使用BSP票按新订舱位重新填开客票，原客票作全退处理，不收手续费，新开客票的复印件附在原客票和《收费单》后面，作为全退的凭证。

(5) 如旅客持团体票价和中转产品运价客票要求变更订座舱位，则按团体票价和中转产品运价的相关规定办理。

(6) 舱位变更后要求退票，旅客必须在客票有效期内提出，方可受理。办理退票手续时，需要求旅客同时出示原客票和换开客票的剩余乘机联和旅客联或未使用的《收费单》。

(7) 舱位变更后退票费的计算方法：变更舱位航段退票手续费以变更舱位后所适用

的新票价为基础,比较退座和变更的时间手续费,取高者。

(8) 舱位变更后的退票地点:原则上在补收票价差额地点办理,但因特殊情况,旅客无法在上述地点办理退款手续时,也可在航空公司的售票处、营业部或驻外办事处办理。根据旅客所付的票价总额,在扣除已使用航段和必要的退票手续费后,将剩余未使用航段的票款计退给旅客。

(9) 其他退票规定与一般客票相同。

3.5.3 电子客票变更

旅客在客票的有效期内,自愿或非自愿改变客票的航班、日期、舱位等级,均属于电子客票的变更。

1. 一般规定

(1) 电子客票变更规定与普通纸票自愿与非自愿变更的所有规定同效。

(2) 要求变更的客票必须在有效期内且客票状态为“OPEN FOR USE”。

(3) 若所变更的航班不是电子客票航班,需换开纸票后处理。

(4) 电子客票变更航程需按退票处理,随后重新购票。

(5) 同一电子客票订座记录中,如有部分旅客要求变更航程,需持有效身份证件到航空公司直属售票部门办理退票手续。售票人员提取旅客 PNR 和电子客票票面信息,验证旅客信息合法有效后,在系统中分离旅客 PNR;PNR 分离后,进行退票操作。

2. 自愿变更

1) 同舱位变更

客票所更改航班的航段、承运人和舱位与必须与原来保持一致,变更后的航班必须也是电子客票航班。自愿变更的收费标准按原有纸票变更收费规定操作。具体变更操作流程如下:

(1) 检查电子客票状态为“OPEN FOR USE”。

(2) 提取或新建订座记录(PNR)。

(3) 更改或新建航段项。

(4) 检查或输入 TKNE 项。

(5) PNR 封口(@)。

(6) 检查电子票面信息已更改成功。

2) 自愿升舱

售票人员应按相关规定将电子客票换开为纸票,并同时开具《退款单》及《升舱变更单》。

若旅客已打印《行程单》,应将原《行程单》回收,并附于退款单后;如旅客未携带《行程单》,售票人员必须在《退款单》上注明“电子客票换开,行程单未带”字样并交旅客签字。

换开纸票后,按照原升舱操作规定处理。

3. 非自愿变更

1) 非自愿变更航班

售票人员直接为旅客安排有可利用座位的后续航班且舱位等级不变。

如后续航班无同等舱位时，可将电子客票换开成纸票，然后按纸票变更流程操作；或在后续航班有可利用座位的条件下，直接在离港系统中使用 ET－GOSHOW 方式接收旅客。

2）非自愿变更舱位等级

由于承运人原因，旅客的舱位等级从头等舱降至经济舱，称为非自愿降舱。电子客票做非自愿退票处理，售票人员更改原订座记录的舱位等级，重新填开客票，将票款差额退还旅客，旅客仍可享受原舱位等级的免费行李额。

由于承运人原因，旅客的舱位等级从经济舱提升至头等舱，称为非自愿升舱。客票记录不做任何更改，不需重新购票，票价差额不补，在办理乘机手续时发给旅客已提升的舱位等级的登机牌。旅客按原舱位等级享受免费行李额和餐食。

3.6 客票签转

客票的签转是指旅客或航空公司要求改变客票的乘机联上指定的承运人所需办理的手续。承运人不允许任意签转的，必须在约定的条件下，或必须取得签转许可方能办理。

在不需办理签转的情况下，有权使用该客票进行运输或将客票换开、签转给其他承运人。

1. 纸质客票的签转

(1) 客票签转仅限在分子公司和营业部的直属售票处、驻外办事处、地面保障部门及公司授权的地面代理部门办理。

(2) 客票签转仅限与航空公司有多变联运协议或双边联运协议的承运航空公司之间进行。

(3) 旅客要求自愿签转时，只有无任何限制条件和无折扣的全价客票时，才可以自由签转至其他承运航空公司；任何有限制条件和折扣的客票不得自愿签转至其他航空公司；旅客持折扣舱位的客票要求升舱至全票价换开客票时，需在签注栏内标明原客票的使用条件。办理签转手续时，按换开客票的使用条件办理。

(4) 因公司承运的航班延误、取消以及公司自身原因而导致旅客无法成行的情况下，折扣客票可以签转至其他承运航空公司的航班。

(5) 航空公司规定的在任何情况下不得签转至其他航空公司的条件。

2. 电子客票的签转

旅客在客票的有效期内，自愿或非自愿改变客票上指定的承运人，称为客票签转。

1) 自愿签转

(1) 电子客票的签转必须遵守普通纸票的签转规定。

(2) 根据票价使用条件，由出票方进行签转操作。

(3) 不同的航空公司对签转的限制不同，如上海航空公司，仅限对 F、C、Y 普通纸票全价舱位的航段进行直接签转，非 F、C、Y 全价舱位的电子客票不允许直接签转。

2) 非自愿签转

(1) 换开纸票方式。

(2) 售票人员将电子客票换开纸票后，按纸票的相关规定办理签转手续。

(3) FIM(飞行中断舱单)方式。

① 工作人员将已签转到外航的电子客票旅客信息填写到 FIM 上,FIM 上必须包含旅客姓名、航班号、电子客票票号、原舱位代码,并标识电子客票,由当天值班经理签字并盖章。

② 开具 FIM 后,工作人员必须根据 FIM 上的旅客名单,在系统中将电子客票对应航段的状态变更为 FIM EXCH 状态。

③ FIM 单一式四联,原始舱单交接运方,两份复印件与其他票联一起交本公司财务,另一份复印件由航站自行留存一年。

[例] CA 航空公司在北京发售的 CA 航空公司的客票,未使用的航段为 SZX——SHA(CZ)。旅客在深圳要求将未使用的航段改为 MU 承运。则如何做?

应请旅客持票前往 CA 或 CZ 航空公司驻深圳营业部办理签转手续。

3.7 客票换开

旅客所持的客票,由于改变航程、票价级别不能继续使用时,应换开客票。客票换开时,应重新核对票价,仔细研究,根据不同情况予以处理。

1. 纸质客票的换开

1) 客票换开的原则

当旅客需要改变航程时,无论票价是否发生变化,都应换开客票。被换开的乘机联(撕下)必须横贯整张票面注明“EXCHANGED”(或用其他方法表示相同的效果)。在新客票的“原始出票人”及“被换开客票栏”都应填写被换开客票和原始客票的票号。

2) 换开客票的有效期

任何因改变路线而换开的新客票之有效期,应按照原始客票的销售日期计算。所有被换开客票都应在旅客联上横贯全联填写“EXCHANGED”,并将这些票联附在新客票上。在原始客票直达运价的基础上不允许随意增加运输航段,除非旅客在换开时提出。旅行社的代理人未经授权不能办理客票换开,应该让相应的承运人办理换开手续。

3) 适用的票价

换开客票重新计算票价时应根据原始客票运输始发日的运价计算票价,使用原始出票日的 ROE 和国际销售代号。

4) 换开客票的注意事项

(1) 换开客票的航空公司必须是曾经换开或原始出票的航空公司。

(2) 任何在客票上出现的有关限制性的词语在换开时都应转抄到新的客票上。

(3) 根据“未使用客票”填开的 MCO 只能用作退票。在 MCO 的“TO……AT……”栏内应填写原始出票航空公司的名称。在“Type of service for which issued”栏内填写“For refund only”。

(4) 代理人经授权后应该将书面的授权书附在相应的乘机联或换取服务联和财务联上。

2. 电子客票的换开

电子客票的换开是按照特定的指令自动完成电子客票与纸票之间,或电子客票与电子客票之间的信息传输,包括将原电子客票换开为纸票,或是将原电子客票换开为另一张电子客票。

1) 电子客票换开纸票的条件

(1) 旅客有效身份证件上姓名与系统中的姓名音同字不同,或是异体字、生僻字、形似字、个别偏旁差错、英文名的个别字母出错,需手工进行修正的电子客票。

(2) 舱位等级需要变更的电子客票。

(3) 自愿或非自愿签转到其他航空公司的电子客票。

(4) 离港系统无法正常接收的电子客票。

2) 不予换开纸票的情况

(1) 状态不是 OPEN FOR USE 的电子客票。

(2) 已超过客票有效期的电子客票。

(3) 前段已经使用的中转联程电子客票。

(4) 无法确认的电子客票。

3) 换开纸票的操作程序

(1) 售票人员必须查验旅客证件号码与系统内保持一致,并确认电子客票状态为 OPEN FOR USE。

(2) 售票人员应检查旅客是否已打印过《行程单》,如已打印必须先回收原《行程单》后,方可为旅客进行换开操作(自愿升舱及非自愿签转情况按相关规定处理)。

(3) 售票人员将电子客票换开成纸票后,必须完整无误地填妥《退款单》,写明原电子客票票号、换开纸票票号,并在《退款单》及换开纸票上注明“电子客票换开”的字样。

(4) 换开之后的客票变更、升舱及签转等操作,一律按原纸票规定处理。

3.8 客票遗失

客票遗失是指旅客购票后,因某种原因丢失整本客票或丢失客票中的部分乘机联,称为客票遗失。不影响合同的存在或者有效性。

1. 客票遗失的一般规定

(1) 旅客遗失票证(包括客票、旅费证),应以书面形式向承运人或其销售代理人申请挂失。在旅客申请挂失前,客票如已被冒用或冒退,承运人不承担责任。

① 定期客票遗失,旅客应在所乘航班规定离站时间 1h 前向承运人提供证明后,承运人可以补发原定航班的新客票,补开的客票不能办理退票。

② 不定期客票遗失,旅客应及时向原购票的售票地点提供证明后申请挂失,该售票点应及时通告各有关承运人。经查证客票未被冒用、冒退,待客票有效期满后的 30 天内,办理退款手续。

(2) 中国民航可根据情况,按照规定手续分别退还票款,补开票证或不予退款。旅客无权要求中国民航对遗失票证必须退还票款或补开票证。如果旅客不能提供足够的证明或旅客又需要及时继续旅行,来不及调查,则旅客应重新买票。

(3) 已办理申请补偿手续的票证,又重新找到,不能重新使用,应连同报失电报抄件,立即送交财务部门注销。

(4) 旅客客票缺少有关乘机联,应向旅客查明原因,如旅客声明被前一经停站错撕,应发电证实,并请用最迅速的方式把该乘机联寄来,在该乘机联未到之前,旅客需要乘机,如是中国民航错撕而续程是乘中国民航飞机,则可以先让旅客凭客票的旅客联乘机,待收到该乘机联后,送交财务部门。如不能证实是错撕,应按遗失客票处理。

(5) 在接到旅客的报告后,应分析情况,证实无误便立即发报通知财务部门及有关外国空运企业和售票处,防止机票冒退冒用。

2. 其他注意事项

发报后立即填开客票遗失申请书,一式两份,一份交给旅客本人,一份留在售票处,待处理后将电报订在申请书上,输入电脑防冒退冒用。

旅客能提供的其他事项,也应同上述项目一同输入电脑。

3. 退还票款

(1) 旅客遗失客票,要求退款,除所提供的与客票有关的情况必须符合事实或有证件,还要符合下列条件:

① 旅客不在继续旅行,要求将遗失的未使用航段的乘机联退款;

② 旅客已另购新票,所购客票票价与原客票无联系,要求将已经遗失的有效乘机联退款。

(2) 请旅客填写《遗失客票退款申请书》,并查核所填写的内容是否准确无误,而且根据当时的情况没有发现可疑之处,核对乘机联退款价值,在旅客申请书上填写编号、接受日期、经手人,送售票处主任签字。

(3) 旅客退款申请书经签字同意后,可在退款期限内退款(退款期限是指,在旅客客票遗失之日起 18 个月之后第 19 个月之内办理)。

(4) 如果发现机票已被冒退或冒用,应通知旅客不予退款。

(5) 退款时,应在退款单上注明旅客申请书号码,并将旅客所持的申请书收回注明退款单号码。申请书一式两份,一份归档留查,一份交财务部门即可。

(6) 对遗失的客票要求退款,普通客票最迟应在客票失效后 30 天以内提出;有效期不足一年的特殊客票最迟在客票填开之日起 13 个月内提出,逾期不予办理。在旅客填写申请书后,应向旅客声明如发现被冒退冒用,由申请人负责。

4. 补开客票

(1) 详细检查旅客所填申请书所有部分是否准确无误,填写申请书编号送售票处领导签字。

(2) 补开客票除按一般规定填写外,“自”“至”栏内填写遗失客票未使用部分的航程,“票价计算”栏填写全航程的票价组成,“票价”栏填写遗失客票的票价;“实付等值货币”栏填写遗失客票号码,日期和地点。“签注”栏填写“NOT REFUNDABLE”、“NOT ENDORSABLE”、 “FOR AIR CHINAPORTION WITHOUT AUTH OF AIR CHINA”。

(3) 补开客票各联的处理除会计联付有申请书外,其他与一般客票相同。如果外国空运企业授权补票,还要在会计联上加付授权电报方可。

补开客票后,如果又要求变更航程,换开客票,新航程的票价高于原票价时,应补收差额,新航程的票价低于原票价时,应退差额。如退差额时,中国民航是原始出票人,应奖应退额和换开客票号码填入补开申请书备注栏内。遗失客票申请书一式两份,一份随补开客票会计联送交财务部门,一份归档留查。遗失旅费证,只能退款,不能申请补开。

3.9 旅费证及预付票款通知

3.9.1 旅费证

在国际旅客运输中,除了国际客票是使用最为普遍的一种有效凭证外,还存在另一种方式,即旅费证。旅费证(MCO:Miscellaneous Charges Order),也叫杂费证,是空运企业用以支付与旅客运输有关费用,如用于承兑、抵付各种服务项目和用途而填开的一种有价凭证。该凭证不得用于由一国至另一国款项的转移。目前,国际上航空运输使用两种MCO,即承运人MCO和旅行代理人MCO。我国航空公司只使用承运人MCO。

MCO式样如图3.15所示。

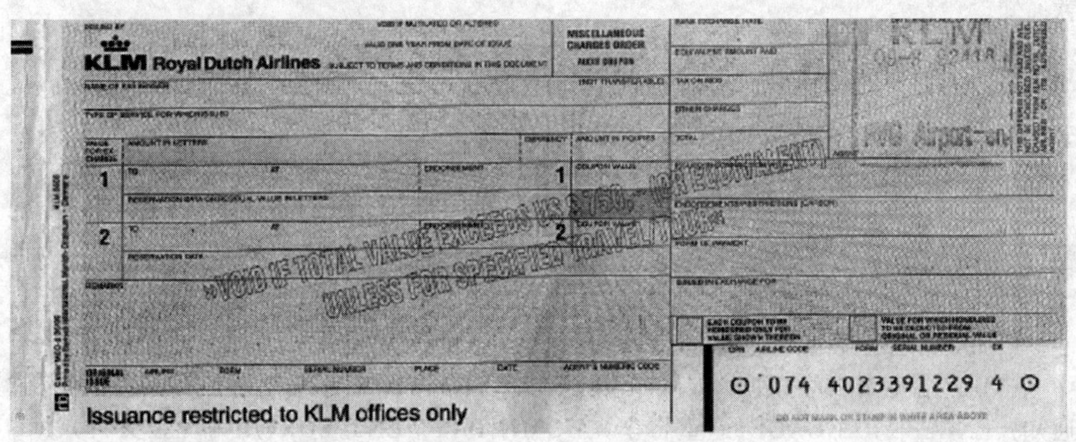
KLM Royal Dutch Airlines
MISCELLANEOUS CHARGES ORDER
"VOID IF TOTAL VALUE EXCEEDS US $750 — OR EQUIVALENT UNLESS FOR SPECIFIED TRAVEL/TOUR"
074 4023391229 4
Issuance restricted to KLM offices only

图3.15 MCO式样

1. 构成和用途

MCO一般由下列票联顺序组成。

会计联(财务联)(AUDIT COUPON):淡绿色,财务部门审核用。

出票人联(AGENT COUPON):粉红色,由填开MCO的部门存查。

换取服务联(EXCHANGE COUPON):黄色,由接受MCO的空运企业撕下,据以换开票证或提供其他服务,并可结算用。

MCO(PASSENGER COUPON):印在封底内侧,白色,由旅客留存。

MCO根据所含换取服务联的多少分为三种,即一联MCO,二联MCO,四联MCO。

MCO用途很广,它可以支付航空运费、地面运输费、逾重行李费(旅客有时不愿意携带现金到机场,可在售票处用现金或支票购买MCO,持MCO证到机场支付逾重行李费)等。具体用途如下:

(1) 作为货物交运的行李。

(2) 综合旅游的地面费用。

(3) 出租车费。

(4) 提供高级设备的航空或地面服务费用。

(5) 提高座位等级或付款不足时的附加费用。

(6) 税款。

(7) 预先交付的款项。

(8) 现金交付的款项。

(9) 可以退还的差额。

(10) 旅馆费用。

(11) 作为填开"预付票款通知"的凭证。

(12) 其他可以收取的服务费用。

旅费证自填开之日起一年有效,旅游代理不能为非指定运输填开运输凭证。有些公司对 MCO 的填开和使用有特殊要求,可查阅 APT 的 rules。

在我国国际航空公司国际售票柜台最常见的 MCO 的用途是提高座位等级和预付票款通知。

2. 分类

MCO 根据其用途可以分成许多种类,但我们可以根据用途将经常使用的 MCO 简单分成两大类,即指定运输用 MCO,非指定运输用 MCO。

1) 指定运输用 MCO

这种 MCO 是为指定运输而填开的 Specified Transportation,可以支付航空、海运、铁路、汽车或其他地面运输费用或逾重行李费用。填开时应遵守以下条件:

(1) 开始一个指定的承运人并限定一种类型的服务,可同时包括旅客和行李运输。

(2) 应指明运输起讫地点、座位等级、票价及票价计算点。

(3) 应指明 MCO 的用途,如 AIR TRANSPORTATION(航空运输)、PTA(预付票款通知)、EXCESS BAGGAGE(逾重行李)、DOMN PAYMENT FOR(用为现金支付)、DEPOSIT FOR(预交)、ADDITIONAL COLLECTION FOR(加收)、TAXES ON(税款)、EXTRA FARES FOR(额外付费)、SLEEPER/BERTH(卧席)、STATE ROOM(卧舱)。

(4) 应列明旅客姓名,除非作为"预付票款通知"而填开 MCO 乘机人未确定者外。

(5) 当一本为指定运输而填开的 MCO 是由一个以上的承运人接受时,可以填开二联或四联 MCO,在 MCO 的各个不同的换取服务联上相应地列明各个指定的承运人。

2) 指定综合旅游的地面服务费用

为此类用途而填开 MCO 需要开给指定的旅游代理人,用以支付综合旅游所安排的地面服务费用。目前我国各航空公司极少使用。

3) 非指定运输及其他服务用 MCO(Unspecified Transportation and Other Services)

为非指定运输而填开的,为不属于上述指定运输情况范围之内的运输和其他服务而填开的 MCO。如为退款而填开的 MCO,交旅客持此 MCO 到原购证地点办理退款之用。

3. MCO 的价值限额

(1) 为指定运输而填开 MCO,价值不限,但不能超过要求提供航空运输及其他服务的实际价值。如果 MCO 的价值超过 5000 美元,则必须得到填开 MCO 的航空企业确认后才能被接受。

(2) 为非指定运输而填开的 MCO,价值不能超过 750 美元或与其等值的其他国家货币。

(3) 为退款而填开的 MCO 不受价值限额限制。如退款额超过 750 美元或其等值货币,则 MCO 不能改做其他用途。即超过 750 美元,MCO 只能指定用于退款;反之,它可以作为非指定运输和其他服务用的 MCO 改做其他用途。

4. MCO 号码

每一本 MCO 的封面及每一张票联上均有一个 MCO 号码,如 999 4010 052238 3,其中:

999 表示航空公司票证代号;

4010 表示票证类别,表示一联 MCO;

052238 表示顺序号;

3 表示检查号。

5. MCO 的填开

文字一律用英文大写字母。

无论使用文字还是使用数字填写的价值均应紧靠栏目的左边;文字与文字、数字与数字或货币代号与数字之间均应书写紧密,以免加入文字或数字。填写后剩下的空白部分应划一直线到最右端。

有关金额栏无需填写时,应将其用一直线划去。

MCO 上不能填列 NUC 价值数额。

MCO 从填开之日起一年有效。

1) “NAME OF PASSENGER”栏

“旅客姓名”栏,填写旅客的姓,划一斜线,填写明及称谓。如果此 MCO 是为几个人填开的,在此栏填写所有人的姓名,如果填写不下,则填写此团体负责人或家庭户主的姓名及“FOR……PASSENGERS”字样,将其他旅客姓名填入“备注”栏,或将名单订在每一张票联上,此旅客名单需注明旅费证号码,并加盖业务用章。

2) “TYPE OF SERVICE FOR WHICH ISSUED”栏

“服务类别”栏,填写 MCO 所换取的服务类别或用途,同时可在“REMARKS”栏内对换取服务的类别或用途做进一步说明。此栏不得空着不填。

3) “VALUE OF EXCHANGE”AND“AMOUNT INLETTERS”栏

“用字母填写价值”栏,此栏应填写一行大写字母。如 1534.50,应写为“FIFTEEN HUNDRED THIRTY FOUR 50/100”或“ONE FIVE THREE FOUR POINT FIVE ZERO”。

4) “CURRENCY”栏

“货币”栏,填写表示所列价值总额的国际航协公布的货币三字代码。如 USD 表示美元。

5) “AMOUNT IN FIGURES”栏

以数字表示金额栏,数字填写 MCO 的价值总额。如 1534.50。

6) “TO/AT”栏

“至……地点”栏,在 TO 的后面填写航空公司二字代码,在 AT 后面填写城市或机场三字代码。为指定运输填开 MCO 时,本栏应填写接受该张换取服务联的承运人名称及地点。如为非指定运输填开 MCO 时,而接受的承运人及地点事先不能确定时,本栏可空着不填,留待接受该 MCO 时,由接受该换取服务联的承运人填写;但如果根据有关货币或其他规定需注明承运人及地点时,本栏仍需列明。

7)"ENDORSEMENT"栏

"签转"栏,在二联以上旅费证上有此栏,在每一换取服务联的本栏内填写仅适用于该换取服务联需要限制的事项,或用于签注将该换取服务联签转给其他承运人。

8)"COUPON VALUE"栏

"票联价值"栏,在一联以上 MCO 上有此栏,填写每一张票联的价值,接着划一直线,延续到下面一行,多联 MCO 的多余栏注明"VOID"字样。

9)"RESERVATION DATA"栏

"订座记录"栏,填写详细订座记录,与客票填法相同,在某些情况下,可填写剩余金额。

10)"REMARKS"栏

"备注"栏,填入备注事项,如所提供的服务的详细的价格计算,税款也可填入此栏。四联 MCO 无此栏。

MCO 作为"预付票款通知"使用时,本栏可用以填写付款人和接受人的住址、单位、电话号码,必要时加填票价组成等。

11)"RATE OF EXCHANGE"栏

"比价"栏,填写银行卖出价,如 FRF8)50 = USD1)00,如果使用多种比价时,要分别填开。

12)"EQUIVALENT AMOUNT PAID"栏

"实付等值货币"栏,填写实收的货币金额。具体填写方法是:货币三字代码,后紧跟着数额,然后划一直线。

13)"TAX ON MCO"栏

"税"栏,填写填开旅费证国家所收取的任何税款及政府征收的各种费用。用实付货币征收。

已在填开客票时预付的税款,不填写在此栏,没有在客票上列明的税款,填进本栏。为 PTA 填开的 MCO,应在"TYPE OF SERVICE FOR WHICH ISSUED"栏填写"PTA INCL)TAX(EX)"字样,在"REMARKS"栏填写票价计算横式,以始发国货币付款的计算过程。

14)"OTHER CHARGERS"栏

"附加费用"栏,填写收取的附加费用。

15)"TOTAL"栏

"总额"栏,填写实付总金额。金额前冠以货币三字代码。

16)"ISSUED IN CONNECTION WITH"栏

"衔接凭证"栏,填写与此 MCO 衔接使用的票证号码。

17)"SPECIFIC EXCHAGE COUPON VALUE"栏

"指定换取服务联价值"栏,在此栏填写"X"字样,表明使用了明确换取服务联价值的方法,一联 MCO 无此栏。

18）“UNSPECIFIED EXCHANGE COUPON VALUE”字样

“非指定换取服务联价值”栏，这一栏只能由航空公司填开，代理人不能填开。如果MCO是为指定运输所填开，此栏空着不填，如果此栏打“X”，表明该MCO是为非指定运输而填开。同时在“TYPE OF SERVICE FOR WHICH ISSUED”栏填写“FURTHER AIR TRANSPORTATION AND/OR EXCESS BAGGAGE”或“AIR TRANSPORTATION AND SERVICE”或“FURTHER TRANSPORTATION AND/OR REFUND”等。

19）“ENDORSEMENT/RESTRICTIONS”栏

“签转限制”栏，填写有关签转、限制事项，包括退款的限制。

20）“ISSUED IN EXCHANGE FOR”栏

“换开凭证”栏，如果此MCO是从某MCO或客票换开而来，此栏填写原票证号码。

21）“ORIGINAL ISSUE”栏

“原始出票”栏，如果MCO是由原MCO或客票换开而来，此栏填写指定的原始信息。

22）“FORM OF PAYMENT”栏

“付款方式”栏，此栏填写方法与客票付款方式相同，当付款方式不止一种时，应分别标明。

23）“DATE AND PLACE OF ISSUE”栏

“出票时期、地点”栏，此栏的填开方法与客票相同。

6. MCO的接受

（1）接受为指定运输而填开的MCO，只限在MCO上指定的航空公司或签转后指定的航空公司使用，并只限用于指定的运输服务项目或由MCO上列明的原填开航空公司退款。

（2）接受为非指定运输而填开的MCO，只限MCO上指定的航空公司或经签转后的航空公司使用，并只限于由MCO上所列明的原填开航空公司退款。

（3）对于任何价值总额超过5000美元或与之等值的其他货币的MCO，要得到出票航空公司的确认后方可使用。可采用电报确认，电报复印件应订在MCO的换取服务联上。

（4）任何价值超过350美元或与之等值的其他货币的为非指定运输而填开的MCO，均不予接受。

（5）如果MCO上用大写字母表示金额与数字表示的不符时，以文字表示的为准。

（6）为防止冒退或冒用，如发现MCO有改动的痕迹，应立即通知原出票航空公司或上级主管部门。

（7）使用换取服务联或退款时，必须同时出示MCO的旅客联。

（8）接受按“指定价值法”填开的MCO，由指定价值的换取服务联上所指定的空运企业，将有关的换取服务联撕下，并根据指定的内容填开客票或提供某种服务，然后将换取服务联随同换取的客票或提供服务票证的会计联一同送交财务部门；各联指定价值之和超过文字表示的金额的MCO不予接受；若换取服务联价值超过提供服务所需费用时，应以余额填开退款用MCO给旅客。

（9）接受按“价值递减法”MCO填开的MCO，换取服务联只能顺序使用，并需同时出示旅客联。接受第一张换取服务联的空运企业，应将所提供的服务的当地货币金额，使用接受MCO之日当地银行买入价BBR折合为与MCO所列货币价值相同的货币金额填入

“第一换取服务联价值”栏内，然后将 MCO 价值总数减去，此价值的余额填入“余额”栏内，并在相应的“定座记录”栏内用文字列明该余额价值，以此类推。然后将换取服务联撕下随同换取的客票或提供服务票证的会计联送交财务部门。若 MCO 的价值全部用完，但余下未用的换取服务联，则在换取服务联的深色部分写上“VOID”字样，撕下该联，同接受的换取服务联一块上交。在接受最后一张换取服务联时，无论接受后有无余额，都应将 MCO 的余额全部填入“本联价值”栏，并撕下。若接受还有余额，则将余额填开一本新的 MCO 交旅客继续使用或做退款用。

无论是“指定价值法“还是”价值递减法“的 MCO，在接受时都需将有关换取服务联撕下，附在换取的运输凭证的会计联上一同交财务部门。

(10) 目前，在接受 MCO 时，应检查与我方有无结算关系。

3.9.2 预付票款通知

预付票款通知(PTA)是指付款人在另一地点为旅客交付客票票款，并由收取票款的空运企业用电报或信函通知旅客所在地的某空运企业或办事处，填开客票给旅客。这种方法叫预付票款通知。

预付票款通知可用于支付航空运输票价及税款；预付逾重行李费和其他相关费用；支付提高座位等级差额票款；用于支付与该预付票款通知指定运输有关的服务费用。

预付票款通知在大的航空公司都设立专门的办公室或 PTA 部门，通常设立于售票柜台附近，除与售票相同的设备外，应增加记录本、微机和归档文件柜。

预付票款通知一般只限指定的旅客本人使用，不得转让。但在特殊情况下，可不指定旅客姓名，但应指定在出票地点出票空运企业与之联系的单位。有些航空公司，在旅客成行前，收到发出 PTA 航空公司的授权改名电报，确认付款人同意后，可以更改旅客姓名。

预付票款通知只限指定的路线和承运人，如旅客要求更改旅行路线和承运人，也需要得到付款人的认可。

使用 MCO 作为预付票款通知的凭证，自填开旅费证之日起一年有效。旅客必须在 MCO 有效期内使用预付的票款，以预付票款填开的客票，自出票之日起，一年有效。预付票款通知自发报之日起 3 个月之内有效，3 个月之内不出票，将电报退回。

预付票款通知必须符合我国和有关国家货币管理和外汇管理的规定，防止利用预付票款通知办法进行违法活动。

承运人对付款人向旅客提出的有关旅行的要求，不承担任何责任。在未根据预付票款通知填开客票给旅客以前，不能认为承运人与旅客之间已订立运输契约。

中国民航各航空公司发售的预付票款通知，应优先预订中国民航有关航空公司的座位。必要时，也可根据旅客意愿，选择外航航班。

旅客要求国内航空公司向另一地亲友(或团体组织、政府机关)，收取客票票款，如旅客全部或部分航程乘坐中国民航各航空公司的飞机，可以接受办理。由国内各航空公司向其驻外办事处发出通知，向付款人收取票款。

随着各航空公司国际销售业务的不断发展，预付票款通知逐渐成为国际销售业务的重要组成部分。此项业务综合性较强，十分复杂，操作繁琐，与外宾联系密切，也是航空公司面对面为中外旅客服务的窗口之一。

预付票款通知的用途已在文中提及，办理预付票款通知的业务范围从工作程序的角度可以分为两大部分：办理发出预付票款通知及发出后的有关补款、退款、授权退票的归档等事宜；办理接收预付票款通知及有关补款、退款、退票、换票、转发归档等事宜。

思考题

1. 客票的含义？
2. 目前使用的客票有哪几种类型？
3. 客票有效期的规定？如何计算客票有效期？
4. 非自愿退票的原因有哪些？
5. 自愿退票时，退票手续费如何收取？
6. 什么是客票变更？
7. 团体旅客的含义是什么？
8. 团体旅客整体退票和部分退票的规定是什么？
9. 如何处理变更座位等级？
10. 什么叫客票签转？
11. 办理客票遗失旅客的工作流程？
12. 什么是旅费证？它的构成及分类？
13. 旅费证的价值限额如何规定？
14. 什么是预付票款通知？

附录 3.1 运价折扣代号

AB——较低水平的预购运价
AD——代理人折扣运价
AF——地区折扣运价
AN——不能退款的预购运价
AP——预购运价
AS——空陆联运运价
AT——病残旅客陪同人员折扣运价
BB——预算票价/保本运价
BD——预算折扣票价/保本折扣运价
BP——多次乘机奖励运价
BT——在欧洲范围内的团体综合旅游运价
CA——货物押运员运价
CD——老年人运价
CF——国内运输权运价
CG——导游运价
CH——儿童运价
CL——教士运价
CN——伴侣运价，旅客应按原票价付款
CP——伴侣运价，陪同伴侣
CT——环程运价
DD——折扣运价，选择使用
DF——政府运价，使用此代码时，后面跟着其他的代码一起用，如DFSD
DG——政府官员运价
DL——劳务运价
DM——不按行业规定的运价，只闲本公司航班有效
DP——外交官及其随从人员运价
DT——教师运价
EE——游览运价
EM——移民运价
GA——社会团体运价
GC——公益团体运价
GE——旅行代理人学习团体运价
GI——职工团体运价
GM——军人团体运价
GN——非社会团体运价
GO——自由团体运价
GP——学校团体运价
GS——海员团体运价
GV——综合旅游团体运价
GX——预付团体运价
GY——青年团体运价
ID——航空工业雇员运价
IF——介绍运价
IG——参加首航典礼宾客运价
IN——婴儿运价
IP——临时购票运价
IS——迟购运价
IT——综合旅游运价
MA——军人，A 类运价
MM——军人运价
MZ——军人，Z 类运价
OJ——缺口程运价
OR——孤儿/护送人运价
OW——单程运价
OX——单程游览运价
PD——家庭成员运价
UU——不允许事先订座的运价
VU——访问美国运价
ZS——青年运价，需学生证明
ZZ——青年运价

第4章 行李运输

行李运输是旅客运输工作的组成部分,它是随着旅客运输的产生而产生的。行李运输在旅客运输中占据非常重要的地位,旅客旅行是否成功,往往还取决于旅客所携带的行李物品运输的完好性和准时性。这是因为,行李不仅本身有价值,而且更重要的是,它体现旅客旅行的目的,关系到旅客旅行任务的完成和生活的需要。

行李运输工作的好坏直接影响到旅客的生活、旅行需要、飞行安全、航班正常和服务质量。行李运输差错事故所引起的赔偿会给航空公司带来经济损失,也有损于航空公司的声誉,甚至造成严重的政治影响。随着客运量逐年上升,加强行李运输管理、预防行李运输差错事故的发生,已成为提高航空客运质量的重要环节。

因此,行李运输工作人员应以认真、负责的工作态度,严格遵守行李运输规章制度,掌握行李运输专业知识,熟悉行李运输的规定能够安全、迅速、优质地运送行李,正确处理行李不正常运输,努力提高行李运输质量。

行李运输作业线长、面广、环节多,为了以高质量完成行李运输,就需要值机、行李分拣、运输装卸、行李交付及行李查询等各部门的共同努力。

4.1 行李运输的一般规定

4.1.1 行李的定义及分类(BAGGAGE)

1. 定义

旅客在旅行中为了穿着、使用、舒适或者便利而携带的必要或者适量的物品和其他个人财物称为行李。

2. 类别

根据运输责任,在我国,承运人承运的行李可分为以下几类:

1) 托运行李/交运行李(CHECKED BAGGAGE)

托运行李是指已经填开客票和行李票并由旅客交由承运人负责照管和运输的行李,此类行李将被计重并贴上行李牌放置于航空器的行李舱或货舱中,旅客无法接触到。承运人在收运行李时,必须在客票的行李栏内填写托运行李的件数及重量,客票上将贴上"行李牌识别联"以给旅客作为认领行李用。根据IATA运输规定,托运行李的重量每件不能超过50kg,体积每件不能超过40cm×60cm×100cm。超过上述规定的行李,被称为过重行李或过大行李。如果要携带过重行李和过大行李须事先征得承运人的同意才能托运,否则一般将以货物的形式组织运输。

2) 自理行李/客舱行李(UNCHECKED BAGGAGE)

自理行李是指经承运人同意由旅客自行负责照管的行李,如易碎物品、贵重物品、外交信袋等特殊物品可以作为自理行李由旅客带入客舱内。每一旅客携带自理行李的重量一般不能超过10kg,体积每件不能超过20cm×40cm×55cm,并要求能放入行李架内或座位底下,不妨碍客舱服务和旅客活动。经承运人同意的自理行李应与托运行李合并计重后,交由旅客带入客舱自行照管,并在行李上拴挂自理行李牌。

3) 随身携带行李(CARRY ON/CABIN BAGGAGE)

随身携带物品是指经承运人同意由旅客自行携带进入客舱的小件物品。随身携带物品有别于自理行李,是旅客在旅途中所需要或使用而携带的个人物品,如一定量食品、书报、照相机、大衣等。随身携带物品的重量,每位旅客以5kg为限,此重量不计入旅客的免费行李额内。每件随身携带物品的体积不得超过20cm×40cm×55cm。持F舱客票的旅客,每人可随身携带两件物品;持C舱或Y舱的旅客,每人只能随身携带一件物品。超过上述重量、体积或件数限制的随身携带物品,应作为托运行李托运。

3. 行李的范围

(1) 重要文件和资料、证券、货币、汇票、珠宝、贵重金属及其制品、银制品、贵重物品、古玩字画、易碎品和易损坏物品、易腐物品、样品、旅行证件等需要专人照管的物品,不得作为托运行李或夹带入行李内托运。

(2) 国家规定的禁运物品(枪支、军械、警械、管制刀具)、危险物品(9类)、有异味或容易污染飞机的其他物品。

(3)航空限运物品、管制刀具以外的利器、钝器应放入托运行李。

4.1.2 行李运输的两种体系

行李运输可以分为两大体系,即计重体系和计件体系。顾名思义,计重,就是按照行李的重量规定免费行李额以及计算逾重行李费;计件,就是按照行李的件数规定免费行李额以及计算逾重行李费。两个体系有着各自不同的适用范围,无论是免费行李额的限定还是在计算逾重行李费上,都有很大的不同。要正确计算行李运费,就必须掌握这两个体系各自的适用范围和使用方法。

1. 计重体系的适用区域

计重体系是适用范围最广的方法,除始发地或目的地是美国/美属地区(除西非地区)、加拿大以及航程在三区和一区之间途经太平洋(除了俄罗斯的亚洲部分至加勒比海/中美/南美地区以及法国玻利尼西亚与南美地区之间)以外,都适用计重体系。

2. 计件体系的适用区域

除计重体系适用区域以外的其他区域,主要适用于一区与三区之间(除了俄罗斯的亚洲部分至哥伦比亚/中美/南美地区,除了法国玻利尼西亚与南美地区之间),以及始发地或目的地在美国、加拿大或美属地区的旅行。在我国,中美和中加航线上的航班适用计件体系。

4.1.3 免费行李额

一张机票的价格中,不仅包括运输旅客的费用,还包括运输旅客所携带的行李的费用,也就是旅客可以在乘坐飞机的同时免费携带一定重量和件数的行李。旅客付的费用决定了旅客乘坐的座位等级和可免费携带的行李数量和重量。所付票价越高,可乘坐的座位越好，可享受的免费运输的行李越多。这种根据旅客所付票价、乘坐舱位等级和旅客乘坐的航线而享受的可免费运输的行李重量或件数就叫做免费行李额。需要注意的是，声明价值行李不计入免费行李额内。关于声明价值，会在后面相关内容中详细阐述。

1. 一般规定

1）计重体系下的免费行李额

在计重体系中，免费行李额是以重量公斤（kg）或磅（lb）来规定的。可享受的免费行李额的多少根据所付票价高低而不同，也即根据旅客的票价等级决定。

（1）交运行李

① 成人/儿童票价旅客免费行李额。对于儿童来说，虽然所付的票价是按照成人票价的50%。但在免费行李额的规定上儿童享受与成人一样的免费行李额。免费行李额的一般规定如下：

票价等级	免费行李额
F/P	40kg(88lb)
C/J	30kg(66lb)
Y	20kg(44lb)

对于免费行李额的规定，在不同国家、不同承运人、不同票价、不同航线还有很多特殊规定，要了解某一承运人某一航线某一票价等级的确切免费行李额，一般可以与该承运人联系。

② 婴儿票价免费行李额。对于婴儿来说，有以下几种情况：不占座位的婴儿所付票价是成人的10%，因此在免费行李额的规定上，如果是国内航班，不享受免费行李额，国际航班可以享受10kg(22lb)的免费行李额；对于占座位的婴儿，由于其所付票价是儿童票价，所以按照成人免费行李额的规定携带行李；除此以外，无论是不占座位的婴儿还是占座位的婴儿，均还可以免费交运或随身携带一件婴儿车、摇篮。

（2）非交运行李

① 免费随身携带物品。在交运行李免费行李额以外，旅客可免费携带手提包等适合于放置在客舱行李架上或座位下面的物品登机，但是，这些物品也有尺寸的限制。例如，对于国际运输行李，要求最长56cm（22英寸），最宽45cm（18英寸），最高25cm（10英寸），三边的尺寸不得超过115cm（45英寸）。

② 自理行李/客舱行李免费行李额。其他非交运行李或贵重、易碎的不适宜作为交运行李运输的行李，即为客舱行李。它们将被计重，并把其重量计入免费行李额。

2）计件体系下的免费行李额

在计件体系下，无论是交运行李还是非交运行李，其免费行李额都要依据旅客所付的票价等级，而不是依据实际旅行等级。

（1）交运行李

① 成人/儿童票价旅客。

F/C级：2件，三边尺寸不超过158cm（62英寸），每件行李不超过32kg（70lb）

Y级：2件，三边尺寸不超过158cm（62英寸），且两件行李尺寸之和不超过273cm

(107 英寸)，每件行李不超过 32kg(70lb)。

下面所列物品无论它们的实际尺寸如何，都按照每件行李不超过 158cm(62 英寸)计算：

一套睡袋或一副铺盖卷；旅行用帆布背包/军用背包/背包；滑雪鞋和滑雪靴/滑雪板和滑雪靴；高尔夫包(内有球棒和鞋)；一副宿营包；可折叠自行车(单座或者赛车，无动力，脚踏板被拆除)；可折叠钓具；轻武器；便携式音响设备。

② 婴儿票价免费行李额。对于不占座位的婴儿，可享受 1 件行李，三边尺寸不超过 115cm(45 英寸)，此外，无论是占座位的婴儿还是不占座位的婴儿，均可以再免费携带一辆婴儿车或摇篮。也有例外情况，如由 AC 承运的儿童，免费行李的尺寸不超过 45 英寸；由 BA 承运，婴儿车必须托运；由 CO 承运，最大行李尺寸是 30 英寸；由 QF 承运，3 岁以下的儿童不享有免费行李额。

对于其他特殊旅客及特殊情况，如残疾旅客、合并行李以及混合等级行李，在计件体系下的免费行李额规定和计重体系下的免费行李额规定一样。只是在计件体系下，F 舱和 C 舱一致。

(2) 非交运行李

① 随身携带行李。在免费行李额外，每名旅客可以免费随身携带的行李尺寸最长 56cm(22 英寸)，最宽 45cm(18 英寸)，最高 25cm(10 英寸)，三边尺寸之和不超过 115cm(45 英寸)，包括轮椅、把手、大袋；如果客舱空间过小，则旅客的随身携带行李必须放入货舱中，但不用交纳逾重行李费。

② 自理行李/客舱行李。除了免费随身携带物品以外的非交运行李都可以作为自理(客舱)行李，承运人根据其可接受性向旅客收费以保证其旅行安全以及客舱的限制性，其件数被计入行李总件数。

2. 其他情况下的免费行李额

1) 残疾旅客免费行李额

对于残疾旅客，除了在享受和正常成人一样的免费行李额外，另外还可以免费承运一辆轮椅和/或其他辅助设施。

2) 混合等级免费行李额

当旅客旅行的整个航段中，部分航段是 F 级，部分是 C 或 Y 级时，每一航段的免费行李额以该段所付票价等级来分段确定。当旅客所付票价是 F 级，而乘坐的是 C 或 Y 级，则免费行李额按 F 级的规定，如果旅客已经付了比较高的逾重行李费，则旅客乘坐 F 级更为有利。

3) 合并行李

当两个以上旅客，乘坐同一航班，去往同一目的地，并在同一时间、地点换领登机牌和交运行李，那么不管他们是否乘坐同一等级座位，只要他们提出，可以允许把他们每个人的免费行李额加在一起使用。合并行李只是把他们的免费行李额合并，并不是真的把行李合并交运，在这种情况下，行李的交运仍然是每个旅客分别交运。

[例 4.1.1] 有 3 名旅客乘同一航班前往同一地点，并且在相同时间和地点交运行李。其中，1 名旅客持 F 舱客票，另 2 名旅客持 Y 舱客票，则 3 名旅客的免费行李额为多少?

解：F 舱客票的免费行李额为 40kg，Y 舱客票的免费行李额为 20kg。因此 3 名旅客

的免费行李额为

$$40 + 20 + 20 = 80(kg)$$

4）改变舱位等级时的免费行李额

当旅客自愿改变舱位等级时，免费行李额应按照改变后的舱位等级规定的免费行李额计算；当旅客属于非自愿改变舱位等级时，免费行李额仍按原舱位等级规定的免费行李额计算。在这种情况下，旅客的客票针对舱位等级的改变而进行相应的客票变更。（详情见 3.4 节）

［例 4.1.2］某旅客持 F 舱客票乘机，由于 F 舱座位超售，将该旅客降至 Y 舱，并退还了 F 舱与 Y 舱的票价差额，则该旅客的免费行李额为多少？

解：因为 F 舱座位超售而将旅客降至 Y 舱，所以属于非自愿改变舱位等级，因此，该旅客的免费行李额应仍按 F 舱座位等级的免费行李额计算，即为 40kg。

5）占用额外座位的行李

(1) 易碎或者贵重物品可以占用额外座位，但必须提前向承运人告知。

(2) 对于占用座位的收费，在旅客订座时就已经收取，该座位不能使用各种折扣票价。

(3) 这样的行李最大重量每个座位不超过 75kg。

(4) 此类行李不计入旅客的交运行李额中。

例外：不同的承运人对于收费的规定不同。如由 AA/MH 承运，100％收费；由 AS 承运，75％成人单程普通运价。对于该种行李在座位的位置也有不同的规定，如由 AS/MH/UP 承运，必须搁置在挡风玻璃、防水壁等后面；而由 CO 承运，在 DC－9 飞机上，必须放在座位的第一排，在 DC－10 以及 B727－100，放在教练座位的第一排。

4.1.4 逾重行李费

旅客所携带的超过其票价所享受的免费行李额的行李叫做逾重行李。逾重行李将按照有关规定计费并向旅客收取。这种费用叫做逾重行李费，并且需要填开逾重行李票。

1．逾重行李票

逾重行李票是收取逾重行李费的依据，是一种有价票证，也是承运人之间的结算凭证。它由财务联、出票人联、运输联和旅客联构成。财务联为财务结算用；出票人联为出票人存查用；运输联为运输逾重行李及航空公司之间结算用；旅客联为旅客提取逾重行李和报销凭证。逾重行李票在填开完毕交给旅客之前应撕下财务联和出票人联，旅客持逾重行李票办理逾重行李托运手续时，工作人员撕下逾重行李票的运输联作为凭证。

逾重行李票的号码由 4 组共 13 位数字组成：

第一组即前 3 位数字为所属航空公司票证代号，如 781 表示东方航空公司；

第二组为接下来两个数字表示逾重行李票；

第三组分别以“1、2、3、4”表示逾重行李票的联数；

第四组最后 7 个数字表示逾重行李票的顺序号。

国内逾重行李票式样，以上海航空公司为例，如图 4.1 所示。

国际逾重行李票的构成同国内逾重行李票，但是国际逾重行李票的运输联分一联、二联和四联三种，根据旅客航程长短使用不同的运输联数。

上海航空公司
逾重行李票
EXCESS BAGGAGE TICKET

774－ 0146140

旅客姓名：
NAME OF PASSENGER

客票号码
TICKET NO

航段 SECTOR	承运人 CARRIER	航班号 FLIGHTNO	重量 WEIGHT	费率/公斤 RATE/kg	运费金额 CHARGE		声明价值附加费 DECLARED VALUE		合计收费 TOTAL	
					人民币 RMB	外汇 F.C.	人民币 RMB	外汇 F.C.	人民币 RMB	外汇 F.C.
自 至 FROM TO										
日期 DATE		经手人 ISSUED BY			盖章 SIGNATURE					

1. 财务联
1. AUDIT COUPON

图 4.1　上海航空公司国内逾重行李票

国际逾重行李票式样如图 4.2 所示。

PASSENGER TICKET NUMBER (S)		EXCESS BAGGAGE TICKET	FLIGHT COUPON 1	DATE AND PLACE OF ISSUE
IN CONJUNCTION WITH/IN EXCHANGER FOR		☐SKING EQUIPMENT ☐GOLFNG EQUIPMENT ☐PET ☐BULKY BAGGAE-SEATS		
EXCESS WEIGHT (KG)	EXCESS PIECE (SO/OVERSIZE)			
RATE PER KG OR PIECE		☐ GOOD FOR CARRIAGE OF EXCESS BAGGAGE BETWEEN POINTS OULINED BY HEAVY RULE		
CHARGE				
TAX	CARRIER	FROM	REMARKS	
TOTAL	CARRIER	TO	ISSUED BY	
FORM OF PAYMENT		TO	中国国际航空公司 AIR CHINA	
			SUBJECT TO CONDITION OF CONTRACT IN PASSENGER TICKET	
			CPN AIRLINE CODE FORM AND SERIAL NUMBER CK	
			1 010 452123456 5	

图 4.2　国际逾重行李票

由于免费行李额以及逾重行李是根据所适用的行李运输的两种体系分别有不同的规定。因此，本文将在介绍两种体系过程中向大家详细介绍免费行李额的规定和逾重行李及逾重行李费的规定。

2. 逾重行李费的计算

无论航程性质是国内航程还是国际航程，逾重行李费的计算都按如下公式计算：

逾重行李费＝逾重行李的重量(超过免费行李额的公斤数)×逾重行李费率(每公斤的费率)

1) 计重体系下逾重行李费的计算

(1) 国内逾重行李费的计算

计算步骤:

首先,确定逾重行李费费率。逾重行李费费率按填开逾重行李票之日所适用的公布直达单程成人正常经济舱票价的1.5%计算,保留两位小数,后面的小数全部舍去,不进位。

其次,确定逾重重量。逾重行李重量以公斤为单位,小数点以后的数字均四舍五入。

最后,计算逾重行李费。运费以元为单位,元以下四舍五入。

[例4.1.3] 设北京至广州的直达单程成人正常经济舱票价为1280.00元人民币,计算逾重行李费率。

解:逾重行李费率＝1280×1.5%＝19.20(元/kg)

[例4.1.4] 某旅客乘坐CA1321航班从北京至广州,该旅客持F舱客票,交运行李53.7kg。北京至广州的Y舱票价为1280.00元人民币。计算逾重行李费。

解: 逾重行李费率＝Y舱票价×1.5%＝1280×1.5%＝19.20(元)

逾重重量＝53.7－40＝13.7(kg)＝14(kg)

逾重行李费＝14×19.20＝268.80元＝269.00(元)

(2) 国际逾重行李费的计算

计算步骤:

首先,确定逾重行李费费率。对于国际航班,逾重行李的费率按填开逾重行李票之日所适用的以当地货币公布的直达单程成人正常经济舱票价的1.5%计算,保留两位小数,两位小数之后的部分全部舍去,不进位,即不四舍五入。

其次,确定逾重重量。航程性质为国际运输时,逾重行李重量以0.5kg为单位,不足0.5kg,按0.5kg计算,超过0.5kg,但不足1kg,按1kg计算。

最后,计算逾重行李费。金额以元为单位,但是小数点以后的数字均进至个位,不能四舍五入。其他国家的逾重行李费的单位按照各个国家的货币规定进整。

(3) 混合等级票价逾重行李费的计算方法

当航程中各航段的舱位等级不同而导致的免费行李额不同时(即存在等级差),按照以下方法计算逾重行李费:

先用最低的逾重重量数在全航程计算,再计算逾重重量数超过最低重量数的航段,分别计算后相加。

[例4.1.5]

Y　　C　　Y

全航程为A——B——C——D,行李重量为40kg,各航段的舱位等级已经标识。计算该旅客的逾重行李费。

解:首先,根据各航段的舱位等级计算各个航段的免费行李额。A——B:20kg,B——C:30kg,C——D:20kg。

其次,根据免费行李额计算各航段的逾重行李重量,A——B:40－20＝20kg,B——C:40－30＝10kg,C——D:40－20＝20kg。

再次,比较各航段逾重行李重量的大小,先用最小的逾重重量在全航程计算,即最小为 10kg,则 10kg 在 A——D 航段上计算。即 10kg×(A——D 航段的费率);然后再计算逾重重量超过最小公斤数的航段及超过的重量,其中,A——B 航段 10kg,C——D 航段 10kg,乘上相应航段的费率。

最后加起来计算逾重行李费。

逾重行李费 = 10kg×(A——D 费率) + 10kg×(A——B 费率) + 10kg×(C——D 费率)

2) 计件逾重行李费的计算

当旅客携带的行李件数超过其所付票价享受的免费行李额时,承运人将向旅客收取逾重行李费。其计算方法和规定与计重体系有很大区别,因此需要特别注意。

计件逾重行李费费率的确定以超过件数或重量或体积的数量计算。如果旅客全航程乘坐的国际航线存在计重和计件免费行李额两种时,需根据中途转机的停留时间来决定其是适用计重免费行李额,还是适用计件免费行李额。旅客旅行往返美国或加拿大,如果在三区某一地点非自愿过夜或在三区某一地点转机,换乘下一个最早的航班,停留时间在 46h 内,则适用计件免费行李额。

逾重行李费率是采取固定费率收取,不同地区、不同到达站收取不同的固定费率。适用的固定费率可以从 IATA 出版发行的《航空旅客运价》(APT)中查找。

(1) 费率表

在计件体系下,逾重行李费费率不是按适用票价的一定比例收取,而是按照 IATA 出版发行的《航空旅客运价》规则卷上公布的费率表收取。费率表有两种,一种是 IATA 公布的费率表,另一种是承运人公布的费率表。若实际承运人有关于该航程的费率表,则以承运人公布的为准。费率表是按旅行区域分类的,在每类航程中又可能因实际承运人的不同而有所区别。因此在确定适用费率时,要先根据航程查找到适用的费率表,再根据实际承运人查找到适用的费率。下面举例说明。

① IATA 费率表:三区至美国/美属地区(经北大西洋),见表 4.1。

表 4.1 固定费率表

Between	BWI/BOS/NYC/PHL/WAS			Other points in USA			ANC/HNL
		Via LH/SK	Via SN		Via LH/SK Except ANC/HNL	Via SN	Via LH/SK
And	(USD)	(USD)	(USD)	(USD)	(USD)	(USD)	(USD)
Afghanistan	131	140	130	146	155	145	195
Bangladesh	131	140	130	146	155	145	195
Brunei	143	145	149	158	160	164	200
China excl. HKG	143	145	149	158	160	164	200
Hong Kong SAR	143	145	149	158	160	164	200
India	131	130	130	146	145	145	185
Japan	143	150	149	158	165	164	205
Korean(South)		155	149		170	164	210

（续）

Between	BWI/BOS/NYC/PHL/WAS			Other points in USA			ANC/HNL
		Via LH/SK	Via SN		Via LH/SK Except ANC/HNL	Via SN	Via LH/SK
And	(USD)	(USD)	(USD)	(USD)	(USD)	(USD)	(USD)
Malaysia	143	145	149	158	160	164	200
Myanmar	143	145	130	158	160	145	200
Nepal	131	140	130	146	155	145	195
Pakistan	110	140	130	125	155	145	195
Philippines		200	149		220	164	240
Singapore	143	145	149	158	160	164	200
Sri Lanka	131	140	130	146	155	145	195
Taiwan	143	145	149	158	160	164	200
Thailand	143	145	149	158	160	164	200
Other points in Area 3	143		149	158		164	
South Asian Subcontinent	131	140		146	155		195

当航程为从 NYC 经北大西洋到中国大陆某地，承运人为 AA，通过查该表，可得到费率为 USD143。由于承运人是 AA，而 AA 恰恰有符合该航程的费率表。

② 承运人费率表：美国至二区/三区 Via AA(经北大西洋)，见表 4.2。

表 4.2 承运人费率表

BETWEEN	AND	
Country	Baltimore/Boston/New York/Philadelphia/Washington (USD)	All other points (USD)
Afghanistan/Bangladesh/ India/Myanmar/Nepal/Sri Lanka	122	132
AREA 3 Southwest Pacific countries	150	160
All other countries in Area 3 not shown above	138	148

通过查该表，可得到 AA 承运费率为 USD138。

(2) 计件逾重行李费费率的一般规定

计件体系在计算逾重行李费时要考虑 3 个要素，即件数、尺寸和重量。根据 3 个要素的具体情况分别适用不同的费率。3 个要素的具体情况大致有以下 4 类，无论旅客享受的是哪种票价等级，只要超过免费行李额的行李都要进行收费。

① 超过规定的件数(尺寸符合规定)。在旅客携带的行李数量只是超过免费行李件数时，即超过两件时，但每件行李均符合其他诸如尺寸、重量的规定，则每超过一件适用于

相应费率表中的费率收取逾重行李费。一般的规定是每超一件按 1 倍费率表中的费率计算。

② 超过规定的尺寸(件数符合规定)。当旅客携带的行李符合免费行李件数的规定,但每一件行李的三边尺寸超过了规定的 158cm(62 英寸),但是没有超过 203cm(80 英寸),则每件这样的行李将按费率表中适用的费率收取逾重行李费。一般规定是按 1 倍费率表中的费率计算。

③ 超过规定件数且同时超过规定的尺寸。当旅客携带的行李超过免费行李件数的规定，同时每件行李的三边尺寸又超过了规定的 158cm（62 英寸），但又不足 203cm（80 英寸）时，则每件超过件数规定的行李将按费率表中适用的费率的 2 倍收取逾重行李费。

④ 任何一件行李的三边尺寸超过 203cm(80 英寸),或者任何一件行李的重量超过了 32kg。当旅客携带的任何一件行李,其三边尺寸超过了 203cm(80 英寸),或任何一件行李的重量超过了 32kg(70lb)时,需得到承运人的事先安排,并且要被计重,按重量分段收取逾重行李费,45kg 以内的部分按照费率表中适用的费率的 3 倍收取逾重行李费,45kg 以上每 10kg 将增加 1 倍按照费率表中适用费率收取。例如，45kg 以内,为 3 倍费率;46kg ~ 55kg,为 4 倍费率;56kg ~ 65kg,为 5 倍费率;依次类推。

综上所述,简单来说,计件体系下的逾重行李费的收取如下表示:

① 每超一件行李,按 1 倍费率收取逾重行李费。

② 行李重量(不足 1kg 部分舍去)超过 32kg,计算如下:33kg ~ 45kg,为 3 倍费率;46kg ~ 55kg,为 4 倍费率;56kg ~ 65kg,为 5 倍费率;依次类推。

③ 行李的三边之和超过 158cm 时,计算如下:不超过 203cm(80 英寸),为 1 倍费率;超过 203cm 时,首先应计重,然后按重量来确定其费率。

[例 4.1.6] 计算下列两种交运行李情况的逾重行李费(设每件行李三边之和均不超过 158cm)。

第一种情况:一件行李 20kg,一件行李 15kg,一件行李 30kg。

第二种情况:一件行李 18kg,一件行李 35kg,一件行李 20kg。

解:第一种情况中只有超件,不超重,而且超一件,因此,按 1 倍费率收取。

第二种情况中不仅超件,而且一件还超重,因此,费率分别为 1 倍和 3 倍,共 4 倍费率。

3) 特殊行李运费的计算

(1) 计重体系下特殊行李运费的计算

在行李运输过程中,有一些行李需要得到特殊的处理。

① 占用座位的非交运行李。对于贵重或易碎的物品,旅客在事先得到承运人同意的情况下,可以占用座位运输。旅客必须在订座时提出并为行李付出旅客占用此座位时应付的票价,同时不能使用各种折扣票价,也不能增加该旅客的免费行李额,即这样的行李不享受免费行李额,且占用一个座位的行李的最大重量不能超过 75kg。对于占用座位的外交信袋来说,其费用有两种计算方式,具体参见 4.2 节。

② 小动物。小动物指家庭饲养的猫、狗或其他小动物,但不包括能威胁人的安全及容易引起他人恐惧反感的动物如毒蛇等,也不包括导盲犬和助听犬。

关于小动物的运输规定,本教材将在 4.2 节中详细阐述。

在计重体系下，旅客携带的小动物，作为特殊行李计算其运费的方法如下：

小动物运费 = 小动物及其容器的重量 × 逾重行李费率

③ 滑雪/滑水装备（SKI）。滑雪/滑水装备包括一双滑雪屐、一双滑雪杆、一双滑雪靴，或一个滑雪板、一双靴子，或一套标准滑雪/滑水板。对于旅客所携带的上述装备，总重量没有限制，收费重量按逾重 3kg 计算行李费，即适用的费率乘以 3kg 向旅客收取逾重行李费。

只有总的托运行李重量超过免费行李额时才考虑是否单独交运滑雪/滑水装备。使用该种方式收取逾重行李费的时候，要求滑雪/滑水装备必须单独交运，即不与其他行李一并计入免费行李额内。

如果旅客在交运行李的时候，既携带了滑雪/滑水装备，又携带了其他的普通行李，则有两种方式计算逾重行李费：一是把滑雪/滑水装备单独交运（单独交运的滑雪/滑水装备重量不计入免费行李额）和其他普通行李单独计重后确定逾重行李重量，再计算逾重行李费；二是把滑雪/滑水装备作为普通行李同其他普通行李一起计重交运。这两种方式取其低作为旅客最后交纳的逾重行李费。

需要注意的是，按逾重 3kg 单独交运计算逾重行李费的时候，每名旅客只能携带一套此类装备，超出的其他套则计重后计入普通交运行李额里计算逾重行李费。

具体计算步骤如下：

第一步，将滑雪装备看做普通行李，不单独交运，计算逾重行李重量（根据总的交运行李重量）。

第二步，将滑雪装备单独交运（只限一套），与普通托运行李分别计算其各自的逾重行李重量，然后相加得到总的逾重行李重量。

第三步，比较取低计算逾重行李费。

［例 4.1.7］已知免费行李额为 20kg，在表 4.3 中计算各种情况下的逾重行李重量。

表 4.3　滑雪装备的逾重行李重量计算（单位：件/kg）

普通行李/（件/总重）	滑雪装备/（件/重量）	按普通行李计算	滑雪设备单独交运	逾重行李重量
0/0	1/12	0	0①	0
1/13	1/9	(13 + 9) - 20 = 2	(13 - >0) + (9 - >3) = 3	2
2/17	1/14	(17 + 14) - 20 = 11	(17 - >0) + (14 - >3) = 3	3
2/25	1/13	(25 + 13) - 20 = 18	((25 - 20) = 5) + (13 - >3) = 8	8
1/15	1/12 + 1/15	(15 + 12 + 15) - 20 = 22	((15 + 12) - 20 = 7) + (15 - >3)②	10

注：①旅客携带的普通行李和滑雪装备总重 12kg，没有超过免费行李额，所以不必单独交运，因此没有超重。其他几种情况总重均超过了免费行李额，因此可以采用两种方式分别确定逾重行李额，然后取低。

② 把滑雪装备作为普通行李和其他普通行李一起计重，共 42kg，超过免费行李额 22kg；由于单独交运滑雪装备的时候只能允许一套，而另一套同样要被看做普通行李，因此，这里选择 12kg 的那套计入普通行李额里，而 15kg 的那套则单独交运，这样普通行李的重量就为 15 + 12 = 27kg，超过免费行李额 7kg，而单独交运的那套滑雪装备则按 3kg 逾重重量计算逾重行李费，最后所有的行李一共超重 10kg

④ 高尔夫装备(Golfing equipment)。适用于高尔夫装备的特殊费率要求只包含一个高尔夫球袋和一双高尔夫球鞋。对于携带此类装备的旅客,如果不计入交运行李中,按逾重 6kg 计算。

只有总的托运行李重量超过免费行李额时才考虑是否单独交运高尔夫装备。使用该种方式收取逾重行李费的时候,要求高尔夫装备必须单独交运,即不与其他行李一并计入免费行李额内。

如果旅客在交运行李的时候,即携带了高尔夫装备,又携带了其他的普通行李,则有两种方式计算逾重行李费:一是把高尔夫装备单独交运(单独交运的高尔夫装备重量不计入免费行李额)和其他普通行李单独计重后确定逾重行李重量,再计算逾重行李费;二是把高尔夫装备作为普通行李同其他普通行李一起计重交运。这两种方式取其低作为旅客最后交纳的逾重行李费。

需要注意的是,按逾重 6kg 单独交运计算逾重行李费的时候,每名旅客只能要求带一套高尔夫装备,而且该套高尔夫装备不能超过 15kg。如果旅客携带多于 1 套的高尔夫装备,则超出的高尔夫装备计重,并且单独交运的这套高尔夫装备如果有超过 15kg,则这部分超出的重量也一起计入普通行李里计算逾重重量。

具体计算步骤与滑雪设备相似,只是有最大优惠重量 15kg 的限制,见表 4.4。

[例 4.1.8]

表 4.4　高尔夫装备的逾重行李重量的计算(单位:件/kg)

普通行李/(件/总重)	高尔夫装备/(件/重量)	按普通行李计算	高尔夫装备单独交运	逾重行李
0/0	1/12	0	0①	0
1/15	1/13	(15 + 13) - 20 = 8	(15 - >0) + (13 - >6) = 6	6
2/20	1/14	(20 + 14) - 20 = 14	(20 - >0) + (14 - >6) = 6	6
2/25	1/12	(25 + 12) - 20 = 17	((25 - 20) = 5) + (12 - >6) = 11	11
0/0	1/18	0	0	0
1/6	1/20	(6 + 20) - 20 = 6	(6 + (20 - 15) - >0) + (20 - >6) ②	6
2/18	1/18	(18 + 18) - 20 = 16	[18 + (18 - 15)] - 20 = 1 + (18 - >6)	7

注:① 旅客携带的普通行李和高尔夫装备总重 12kg,没有超过免费行李额,所以不必单独交运,因此没有超重。其他几种情况总重均超过了免费行李额,因此可以采用两种方式分别确定逾重行李额,然后取低。

② 一件普通行李 6kg,一套高尔夫装备重 20kg。均按普通行李计算,则共 26kg,超重了 6kg;如果该高尔夫装备按特殊行李计算,由于有 15kg 的限制,则多余的 5kg 被作为普通行李对待,因此,普通行李的重量就成为 5 + 6 = 11kg,普通行李没有超重,但该高尔夫装备则按逾重 6kg 计算。因此,逾重总重量为 6kg

⑤ 钓具(Angling equipment)。旅行在英国和爱尔兰之间,旅客携带的钓具,包括一个钓具箱、干粮袋或篮子,再加上一个鱼竿、包或箱子,如果不计入交运行李中,按逾重 4kg 计算,即用适用的逾重行李费率乘以 4kg 向旅客收取。

只有总的托运行李重量超过免费行李额时才考虑是否单独交运钓具。使用该种方式收取逾重行李费的时候,要求钓具必须单独交运,即不与其他行李一并计入免费行李额内。如果旅客在交运行李的时候,即携带了钓具,又携带了其他的普通行李,则有两种方式计算逾重行李费:一是把钓具单独交运(单独交运的钓具重量不计入免费行李额)和其他普通行李单独计重后确定逾重行李重量,再计算逾重行李费;二是把钓具作为普通行李同其他普通行李一起计重交运。这两种方式取其低作为旅客最后交纳的逾重行李费。需要注意的是,按逾重 4kg 单独交运计算逾重行李费的时候,每名旅客只能要求带一套钓具,而且该套钓具不能超过 15kg。如果旅客携带多于 1 套的钓具,则超出的钓具计重,并且单独交运的这套钓具如果有超过 15kg,则这部分超出的重量也一起计入普通行李里计算逾重重量。

其他规定类似于滑雪/滑水装备。

(2) 计件体系下的特殊行李运费的计算

① 小动物。当旅客携带小动物乘机时,不论该小动物及其容器的尺寸和重量,每个小动物及其容器都将按照费率表中适用的费率的 2 倍收取逾重行李费,且不能抵减免费行李额。但对于导盲犬或助听犬,将免费运输。

[例 4.1.9] 某旅客托运行李如下:一件行李 20kg,一件行李 15kg,一只小动物 5kg。采用计件制计算行李的总运费。

解:由于小动物单独计件,所以剩下的行李共两件,不超件。且每件都低于 32kg,不超重;小动物一只,应按 2 倍费率收取。

② 滑雪/滑水装备。当旅客携带的行李超过规定的免费行李额时,则对于旅客所携带的该类装备,将按费率表中适用费率的 33% 收取逾重行李费,只有旅客携带的行李件数超过 2 件时才计件。使用此特殊费率的每名旅客只限携带一套上述装备,超出部分按正常费率收取。

[例 4.1.10] 某旅客交运两件普通行李和一件滑雪设备,重量分别为 20kg、30kg、10kg。按计件免费行李额规定计算应交运行李运费。

解:总件数 3 件,因此开始计件。由于滑雪设备单独计件,因此普通行李没有超件,也未超过 32kg 的限重,因此普通行李无逾重行李费。

③ 高尔夫装备。当旅客携带的行李超过规定的免费行李额时,则对于旅客所携带的该类装备,将按费率表中适用费率的 50% 收取逾重行李费,单独计件,且只有旅客携带的行李件数超过 2 件时才计件。使用此特殊费率的每名旅客只限携带一套上述装备,超出部分按正常费率收取。

[例 4.1.11] 计算下列三种情况的行李运费:

第一种情况:一件行李重 30kg;一件行李重 30kg;一套高尔夫装备重 5kg;一套高尔夫装备重 15kg。

第二情况:一件行李重 30kg;一件行李重 35kg;一套高尔夫装备重 6kg;一套滑雪板重 10kg。

第三种情况: 一件行李重 31kg;一件行李重 17kg;一只小动物重 12kg;一套高尔夫装备重 15kg;一套滑雪板重 15kg。

解: 第一种情况:旅客携带行李共 4 件,超过两件,因此计件。由于每名旅客只可带一套高尔夫装备,因此另一套按普通行李计件,所以普通行李一共 3 件,超过 1 件,1 倍费率;另外一套高尔夫装备按 0.5 倍费率,所以总共 1.5 倍费率,无超重和超体积。

第二种情况:旅客携带行李共 4 件,超过两件,因此计件。每名旅客可同时带一套滑雪板和一套高尔夫装备,并单独计件,因此普通行李为2件,行李不超件。其中一件行李重35kg,为3倍费率;滑雪板和高尔夫装备分别按0.33和0.5费率计算,所以总共为3.83倍费率。

第三种情况:旅客携带行李共5件,超过3件,因此计件。小动物、高尔夫装备、滑雪板分别为2倍、0.5倍、0.33倍费率,并且单独计件,所以普通行李不超件,总共为2.83倍费率。

④ 冲浪板装备。当航程在某些特定区域内时,旅客携带的冲浪装备将按下述规定收取逾重行李费:携带一个冲浪板,尺寸在277cm(109英寸)以内,则按照费率表中的适用费率的50%收取;若尺寸超过了277cm(109英寸),则按照费率表中的适用费率的1倍收取;旅客携带一个以上的冲浪板时,超出一个的部分每个按照费率表中的适用费率的1倍收取。

其他的特殊行李关于逾重行李费率请参照《航空旅客运价APT》的规则卷的相应规定来确定。

4.1.5 声明价值附加费

根据航空运输规定,旅客的托运行李在运输过程中发生损坏、丢失时,承运人按照每公斤最高赔偿限额赔偿。当旅客的托运行李的每公斤实际价值超过承运人规定的每公斤最高赔偿限额时,旅客有权要求更高的赔偿,但必须在托运行李时办理行李声明价值,并付清声明价值附加费。办理过声明价值的行李,如在运输过程中由于承运人的原因造成损失,承运人应按照旅客的声明价值赔偿。

1. 声明价值行李的一般规定

(1) 自理行李、随身携带物品不办理声明价值。

(2) 托运行李的声明价值不能超过行李本身的实际价值。如承运人对旅客的声明价值有异议,而旅客拒绝接受检查,有权拒绝收运。

(3) 当旅客申报价值为外币时,应按当日银行公布的买入价折算成人民币。

(4) 办理声明价值的行李重量不计入免费行李额,应另外收费,即办理声明价值的行李应按照逾重行李收取逾重行李费。

(5) 无论是国内还是国际性质的行李,其声明价值行李的计费重量均为公斤,不足1kg者应进整。但实际重量应保留至小数点后1位。

2. 声明价值附加费的计算

1) 国内行李运输声明价值附加费的计算

属国内运输的托运行李每公斤价值超过人民币50元时可办理行李的声明价值。承运人应按旅客声明价值中超过最高赔偿限额部分价值的0.5%收取声明附加费。计算公式如下:

声明价值附加费=[旅客的声明价值-(规定每公斤限额即50元×办理声明价值行李的重量)]×0.5%

声明价值行李的重量以公斤为单位,1kg以下全部向上进整;行李运输声明价值附加费的费用规定是以元为单位,元以下四舍五入。

例如,某旅客从南昌至上海,托运一件行李重量为7.3kg,旅客对此行李办理声明价值.计算声明价值附加费时应以8kg计算该行李的重量。

国内行李运输,每一位旅客的行李声明价值最高限额为人民币8000元。

2）国际行李运输声明价值附加费的计算

属国际运输的托运行李每公斤价值超过 20 美元时可办理行李的声明价值。承运人应按旅客声明价值中超过最高赔偿限额部分价值的 0.5%收取声明附加费。计算公式如下：

声明价值附加费 =［旅客的声明价值 -（规定每公斤限额即 20 美元 × 办理声明价值行李的重量）］×0.5%

国际行李运输声明价值附加费以元为单位，不足元者应进整为元。其他国家对费用单位的确定按照各个国家货币对于费用的进整规则进行进位。

每一位国际旅客的行李声明价值最高限额为 USD2500USD。

［例 4.1.12］旅客自上海至厦门旅行，申报一件行李，价值为 5400 元人民币，重量为 3kg。计算逾重行李费和声明价值附加费（SHA—XMN 经济舱客票票价为 640 元）。

解：该航程性质属于国内行李运输。

声明价值附加费 =（5400 - 50 × 3）× 0.5% = 26.25（元），应收 26 元（元以下四舍五入）

逾重行李费的计算：

逾重行李费费率：640 × 1.5% = 9.60（元/kg）

逾重重量：3kg

逾重行李费：3 × 9.60 = 28.8 = 29（元）

行李费 = 声明价值附加费 + 逾重行李费 = 26.00 + 29.00 = 55.00（元）

［例 4.1.13］旅客李小华自上海至东京旅行，申报一件的行李，价值为 7500 元人民币，重量为 14kg。计算逾重行李费和声明价值附加费（SHA—TYO 经济舱客票票价为人民币 3550 元；当日发行公布的买入价为 1 美元兑换 8.10 元人民币）。

解：该航程性质属于国际行李运输。

声明价值附加费 =（7500 - 8.10 × 20 × 14）× 0.5% = 26.16（元），应收取 27 元（元以下均进至个位）

逾重行李费费率 = 3550 × 1.5% = 53.25（元/kg）

逾重重量：14kg

逾重行李费 = 14 × 53.25 = 745.50 = 746（元）

共计：27.00 + 746.00 = 773.00（元）

3. 运输声明价值行李的注意事项

（1）办理声明价值的行李必须与旅客同机运出。

（2）在载重平衡表备注栏内须注明办理声明价值的行李件数、重量、行李牌号码和装舱位置。

（3）值机人员与装卸人员应严格办理交接手续。

（4）运出时应发电报通知到达站。

4.2 特殊行李的运输

在行李运输过程中，存在着许多特殊行李，这些特殊行李，在运输过程中必须严格按照其运输规定进行运输。主要有以下几种特殊行李。

1．不得作为行李运输的物品

指民航局规定不能在航空器载运和国家规定的禁运物品。如易燃和有毒的压缩气体、腐蚀性物体(酸类、碱类)、病原剂(传染性细菌、病毒和带有治病原体的物质)、爆炸物(弹药、烟火、爆竹和照明弹)、易燃的液体和固体(引火器、加热器和燃料、火柴、易引起燃烧的物质)、氧化剂(漂白粉、过氧化物)、毒品(海洛因、鸦片)、有毒物品(氰化钾、砷、有毒农药、有毒化学试剂、灭鼠药剂)、放射性物质(放射性同位素、含有放射性的医疗或研究样品)等。

上述物品在任何情况下都不得作为行李运输或夹入行李内托运,也不得作为随身携带物品带进客舱。

承运人在收运行李前或在运输过程中,发现行李中装有不得作为行李或夹入行李内运输的上述物品,可以拒绝收运或随时终止运输。

2．限制运输的行李物品

指旅客携带的某些行李物品,有可能危害人员和飞行安全或超出承运人的运输规定(如超过重量限制或超过体积限制),这些限制物品如采取一些必要措施或在特定的情况下,经承运人允许,可以承运。

按照承运人运输规定,旅客的随身携带物品和托运行李内不得夹带枪支弹药。但是,有关部门特别批准的、运动用小型武器、弹药,经承运人同意,可作为托运行李托运,一般不超过 5kg。

自行车一般应作为货物交运,如经过承运人允许作为托运行李托运时,应将车轮卸下,捆绑在车身上。

病残旅客所用的医用小型氧气瓶、氧气袋和假腿、假臂活动所需的小型二氧化碳压缩气体应事先取得承运人同意,每一病残旅客可携带 2 瓶(袋)。

旅客旅途所需的医药、化妆品,如酒精的药剂、润发剂、香水等,每一旅客所携带的总重量(包括毛重)不得超过 2kg 或 2L,每瓶的净重不得超过 0.5kg 或 0.5L。

经承运人同意,每一旅客携带的放在需冷冻的物品内的干冰不得超过 2kg。

每一旅客可携带含有酒精的饮料(如酒类),但不得超过 5L。

旅客可以携带旅途所需的助听器、心脏起搏器等供人体功能使用的电子设备,也可在空中使用。为了避免对飞机内电子领航器和通信设备发生干扰,旅客携带的手提无线电收、发报机、电视机、收音机和手提电话等电子设备不得在空中使用。

旅客携带的利器,如菜刀、大剪刀、大型水果刀、工艺品刀、少数民族的佩刀、佩剑(不含凶器)以及一些容易被误认为凶器的物品等限制物品应放入托运行李内托运。无托运行李或因时间紧迫来不及放入托运行李内,旅客应主动将限制物品交安全检查部门装入“限制物品保管袋”内,送交乘务长保管,待飞机到达后,交还旅客本人。

3．小动物运输

小动物是指家庭驯养的狗、猫、家禽、小鸟和属观赏之类的其他小型温驯动物,经承运人同意,可以作为托运行李或自理行李运输。野生动物、具有形体怪异和易于伤人等特性的动物,不属于小动物范围,不得作为托运行李或自理行李运输。

1）运输小动物的包装要求

(1) 适合小动物特性的坚固的金属或木制容器。

(2) 能防止小动物破坏、逃逸和伸出容器以外损伤人员、行李或货物,甚至飞机。

(3) 保证空气流通,不致使小动物窒息。

(4) 能防止粪便渗透,以免污染飞机、机上设备和其他物品。

(5) 方便喂食和加水。

(6) 容器的体积适合货舱装卸。

2) 小动物的运输条件

(1) 旅客携带小动物乘机,必须在订座或购票时提出,经承运人同意后方可托运。

(2) 小动物的包装必须符合承运人的要求。

(3) 属国际运输的小动物应具备出境、入境有关国家的必要证件,证件包括健康证明、注射预防针免疫证明、出境/入境许可证明和动物检疫证明等。

(4) 旅客携带小动物应当在乘机之日按照承运人指定的时间办理托运手续,不得迟于航班离站时间前2小时。

(5) 旅客应对托运的小动物、导盲犬、助听犬承担全部责任。在运输盅除承运人原因外出现的小动物、导盲犬、助听犬受伤、患病和死亡,承运人不承担责任。在长距离飞行中途不着陆的航班或某种机型的飞机上,不适宜运输小动物、导盲犬、助听犬时,承运人可以拒绝收运。

3) 小动物的收运

(1) 检查小动物的包装是否符合要求。

(2) 检查运输小动物必须具备的证件。

(3) 填开逾重行李票。

① 小动物应单独填开。

② 在“收费重量”栏内填小动物以及容器和食物的总重量。

③ 在特定项目栏内的“小动物”(PET)旁的小方格划×,随后列明动物的名称,如DOG、CAT等。

④ 其他各栏与一般逾重行李的填写相同。

(4)拍发载重电报。

① 在旅客名单报的携带小动物旅客的名单后注“小动物名称”后缀“C”,表示装客舱;后缀“B”,表示装货舱。如SMITH DOG B表示SMITH托运的狗装在货舱,SMITH BRD C表示携带的小鸟装在客舱。

② 在载重电报注明小动物装舱位置。“AVI”表示活动物。如AVI 5,表示动物装在5号货舱。

4) 携带小动物进入客舱的条件

(1) 只有经济舱的飞机,每一航班只允许一只小动物作为客舱行李。

(2) 有头等舱/公务舱的飞机,每一航班允许一只小动物作为客舱行李放在头等舱/公务舱,还允许一只小动物作为客舱行李放在经济舱。

(3) 容器体积不超过31cm×31cm×41cm。

(4) 小动物必须放在主人的座位下面。

(5) 导盲犬、助听犬是指经过专门训练为盲人导盲或为聋人助听的犬类,在旅行中旅客需依靠它的帮助。因此,盲人旅客携带的导盲犬以及聋哑人旅客携带的助听犬可免费运输，不计算在旅客的免费行李内，由盲人旅客或聋哑人旅客带进客舱或装在货舱内运输。进入客舱的导盲犬必须戴上口套和系上牵引绳索，并不得占用座位和任意跑动。但是，在长距离飞行中途不着陆的航班上，承运人可以拒绝导盲犬带进客舱。

(6) 其他运输条件按照小动物的运输规定办理。

4. 外交信袋运输

由外交信使携带的外交信袋装有国家的外交机密文件，在大使馆与领事馆之间以及领事馆与本国外交部之间传送运输。外交信袋运输工作关系到国家与国家之间的外交关系。因此，承运人对运输外交信袋必须给予高度重视。

1) 外交信袋作为自理行李运输

外交信袋应当由外交信使随身携带，自行照管。如果外交信袋以及本人的行李作为自理行李运输，总重量不得超过 30kg，放置在行李架或座椅下面，以不妨碍其他旅客和客舱服务为限，可以合并计重或计件，超过免费行李额部分应付逾重行李运费。

2) 外交信袋作为托运行李运输

根据外交信使的要求，承运人也可以把外交信袋作为托运行李运输，按照托运行李运输一般规定收运，但承运人只承担一般托运行李的责任。

3) 外交信袋占用座位运输

外交信使携带的外交信袋以及本人的随身携带物品的总重量超过 30kg 时，外交信袋应作为占用座位运输，并按照下列规定办理。

(1)外交信袋运输需要占用座位时，必须在订座时提出，并征得承运人同意方可承运。

(2) 外交信袋占用每一座位的重量限额不得超过 75kg，每件体积和重量的限制与托运行李相同，占用的座位没有免费行李额，运费按下列两种办法计算，取其高者：

① 根据占用座位的外交信袋实际重量，按照逾重行李费率计算运费；即实际重量 × 1.5% × 正常经济舱客票价。

② 根据占用座位的外交信袋占用的座位数，按照运输起讫地点之间，与外交信使所持客票票价级别相同的票价计算运费。

例如，一旅客带有一外交信袋，乘坐上海至巴黎航班，外交信袋需占座位，重量 47kg，旅客乘坐经济舱，票价为 7540 元人民币，计算应收费。

解：① 根据占用座位的外交信袋实际重量，按照逾重行李费率计算运费：

$$\text{逾重行李费费率} = 7540 \times 1.5\% = 113.10(\text{元}/\text{kg})$$

$$\text{逾重行李费} = 47 \times 113.10 = 5135.7 = 5136(\text{元})$$

② 根据占用座位的外交信袋占用的座位数，外交信使所持客票票价级别为经济舱，则运费为 7540 元。取高为 7540 元。则该占座位的外交信袋的运费为 7540 元。

(3) 占用座位运输的外交信袋在安排座位时，应与外交信使同一排座位，一般安排在隔舱的第一排。

(4) 占用座位运输的外交信袋应拴挂自理行李牌，单独发给有座位排座号的登机牌，并在登机牌上注明“供外交信袋用”字样。

(5) 收取占用座位运输的外交信袋运费，可以填开逾重行李票，也可以填开客票。

① 填开逾重行李票：

· 在“付费重量”栏内填实际重量。

· 在“特定栏”的“大件行李”划“×”，在______ SEAT(S)前填写占用座位的数字。

· 如果是根据占用座位的外交信袋占用的座位数，按照运输起讫地点之间客票票价的办法计算运费时，在费用栏前填“MIN”表示超额运费。

· 逾重行李票的其他项目按照一般规定填写。

② 填开客票：

· 每占用一个座位填开一张客票。

· “旅客姓名”栏填旅客的姓名后加注“DIPL CBBG”，如 SMITH/C. DIPL CBBG。

· 在“签转”栏填写旅客的客票号码。

· 客票的其他项目按照一般规定填写。

(6) 外交信袋占用座位运输，应在旅客名单报和座位占用电报中注明。

旅客名单报的旅客姓名后缀“PLUS ______ SEAT(S) FOR DIRL CBBG”。如 SMITH/C. J PLUS TWO SEATS FOR DIPL CBBG。

4.3 行李的一般运输

行李运输是随旅客运输而产生，与旅客运输有着不可分割的关系。因此收运行李时应注意以下内容。

4.3.1 托运行李检查和违章行李的处理

要了解行李的内容是否属于行李的范围，根据旅客、行李运输规则规定，旅客在托运行李、自理行李和随身携带物品中，不得夹带国家规定的禁运物品、限制携带物品或危险物品，以及具有异味或容易污染飞机的其他物品；重要文件和资料、外交信袋、证券、货币、汇票、贵重物品、易碎易腐物品，以及其他需要专人照管的物品，也不得夹入行李内托运。同时，承运人对托运行李内夹带上述物品的遗失或损坏按一般托运行李承担赔偿责任。承运人在收运行李前或在运输过程中，发现行李中装有不得作为行李或夹入行李内运输的任何物品，可以拒绝收运或随时终止运输。

规则中还规定了承运人为了运输安全，可以会同旅客对其行李进行检查；必要时，可会同有关部门进行检查。如果旅客拒绝接受检查，承运人对该行李有权拒绝运输。

行李检查的目的就是为了运输安全，防止行李夹带上述物品，危及人身安全、飞行安全和违反国家有关规定。

目前，民用机场都设立了安全检查部门，负责检查旅客及其行李物品。

本节简单介绍行李检查的过程和违章行李的处理问题。具体的操作可参照《航空旅客运价 APT》中规则卷部分内容。

1. 托运行李的检查

旅客的托运行李在办理托运前，必须按规定经过行李安全检查。检查的内容包括包装的检查和内物的检查。

1) 包装的检查

对于不同性质的行李,有着不同的包装要求。

交运行李的包装必须完善、锁扣完好、捆扎牢固,能够承受一定的压力,能够在正常的操作条件下安全装卸和运输,并应符合下列条件,否则可以拒绝收运。

(1) 旅行箱、旅行袋和手提包等必须加锁。

(2) 两件以上(含两件)的包件,不能捆为一件。

(3) 包装上不得附插其他物品。

(4) 竹篮、网兜、草绳、草袋等不能作为行李的外包装物。

(5) 行李上应写明旅客的姓名、详细地址、电话号码。

(6) 交运的行李包装不符合要求,应拒绝收运,如果依据具体情况同意收运时必须在行李上栓挂"免除责任行李牌",并视行李包装情况在"免除责任行李牌"上注明免除责任的项目,并请旅客签字,向旅客说明由于包装不符合要求而造成的行李损坏时,航空公司将不负责任。

对于随身携带行李的包装检查,则要看其包装是否符合下列要求:

(1) 草绳、网兜、草袋等不能作为随身携带行李的外包装物。

(2) 外包装整洁,不容易渗溢,没有污染。

(3) 运动器材、乐器等要求有外包装物。

(4) 外交信袋、银行等特别用箱等必须加有封条。

关于行李的包装规定,请参照《航空旅客运价 APT》规则卷里的说明。

2) 行李体积、重量的检查

对于不同类型的行李,在进行收运时,检查人员必须检查其是否符合规定。关于体积、重量的规定,已经在 4.1.1 节详细介绍过,这里不再赘述。

3) 行李内物的检查

对于旅客所携带的行李,除前面两项检查外,最主要的是行李内物的检查。机场安全检查人员使用仪器检查旅客的每一件托运行李。必要时,可请旅客开箱检查,经过安全检查的行李,并符合安全要求的,由安全检查人员贴上安全检查封条,允许其办理托运。

承运人对没有贴安全检查封条的托运行李可以拒绝收运。对已贴安全检查封条的托运行李,必要时,承运人可开箱进行检查。

2. 随身携带行李、客舱行李检查

旅客进入飞机客舱前,随身携带的行李物品(包括自理行李)必须经过安全检查。安全检查的目的是防止旅客携带武器、管制刀具或易燃、易爆等危险品乘坐飞机,危及空防安全和飞行安全。旅客不得携带管制刀具乘机,管制刀具以外的利器或钝器应放入托运行李内托运,不得随身携带。机场安全检查部门负责客舱行李的安全检查工作,在旅客进入候机楼通过安检时,机场安全检查人员使用仪器检查旅客携带的每一件行李物品,必要时,可请旅客开箱检查,承运人对拒绝安全检查的旅客,有权拒绝其乘机。

3. 违章行李的处理

旅客在托运行李、自理行李和随身携带物品中,凡夹带国家规定的禁运物品、限制物品或危险物品等,其整件行李称为违章行李。对违章行李的处理规定如下:

(1) 在始发站发现违章行李,应拒绝收运。如已承运,应取消运输,或将违章夹带物品取出后继续运输,已收逾重行李费不退。

(2) 在经停地发现违章行李,应立即停运,已收逾重行李费不退。

(3) 对违章行李中夹带的国家规定的禁运物品、限制携带物品或危险物品交有关部门处理。

(4) 对易燃、易爆、有毒、放射性等危险物品的处理,应提高警惕,防止因处理不当造成事故。

(5) 如违章行李对承运人、旅客、货邮和行李造成损失,携带违章行李的旅客应承担责任,赔偿损失。

4.3.2 行李的收运、退运、变更、交付和保管

1. 行李的收运

1) 行李收运的要求

(1) 承运人一般应在航班离站当日办理乘机手续时收运行李,如团体旅客的行李过多,或因其他原因需要提前托运时,可与旅客约定时间、地点收运。

(2) 旅客必须凭有效客票托运行李,托运行李的目的地应该与客票所列明的经停地或目的地相同。

(3) 清除托运行李上的旧行李牌。

(4) 检查行李的包装、体积和重量是否符合要求。如不符合要求,应请旅客改善包装;如因时间或条件限制无法改善包装,旅客坚持要求运输,可视具体情况决定可否收运。收运时应拴挂免除责任行李牌,免除相应的运输责任。

(5) 超过免费行李额的行李,应收取逾重行李运费,并填开逾重行李票。

(6) 行李过磅应准确,以免影响飞机的载重平衡。随身携带物品不能计入旅客的免费行李额之内。

(7) 托运行李的件数、重量,应准确地填入旅客客票的相应栏中,以明确责任。

(8) 每件托运行李都必须拴挂行李牌,并将其中的识别联交给旅客。

(9) 经承运人同意的自理行李应与托运行李合并计重后,交由旅客带入客舱自行照管,并在行李上拴挂自理行李牌。

2) 行李收运的注意事项

(1) 了解行李的内容是否属于行李的范围,行李内有无夹带禁运、限制携带物品或危险物品。

(2) 了解行李是否属于声明价值行李,是否应请旅客办理声明价值行李运输手续。

(3) 托运行李必须经过行李安全检查后方可收运。

(4) 乘坐国际航班的旅客,其托运行李必须事先办妥海关手续方可收运。

(5) 旅客的托运行李一般应随旅客同机运出,如果逾重行李过多,受载量条件的限制无法做到同机运出,应向旅客说明,在后续班机上运出,并将行李重量、件数、行李牌号发电报通知到达站。

(6) 不属于行李范围内的物品,应按货物托运,不能作为托运行李。

3) 行李牌及行李标贴

行李牌(Baggage Tag)是承运人运输行李的凭证,也是旅客领取行李的凭证之一。行李

牌从它的用途可分为直达运输行李牌和联程运输行李牌两种;从它的式样又分为粘贴式和栓挂式。粘贴式的行李牌是目前承运人使用最多的一种,它具有防止行李牌脱落的功能。为了防止行李运输差错和方便寻找行李,一些承运人还将粘贴式行李牌的联数增至五联。

第一联粘贴在托运行李把手上,便于识别。

第二联粘贴在行李包装上,当第一联灭失时用以核查行李。

第三联粘贴在撕下的乘机联上,以备个别旅客由于某种原因没有登机,迅速找出旅客的托运行李牌号码,通知装卸人员将其托运行李卸下。

第四联粘贴在客票旅客联上,供旅客在到达站领取托运行李时用。

第五联粘贴在装运该件行李的集装箱上,供拉卸行李时准确、快速地找出该件行李。

常见的行李牌及行李标贴有如下几种:

(1) 行李牌、行李条、行李标贴。每个航空公司都会有自己独特的行李牌、行李条以及行李标贴,如图 4.3 所示。

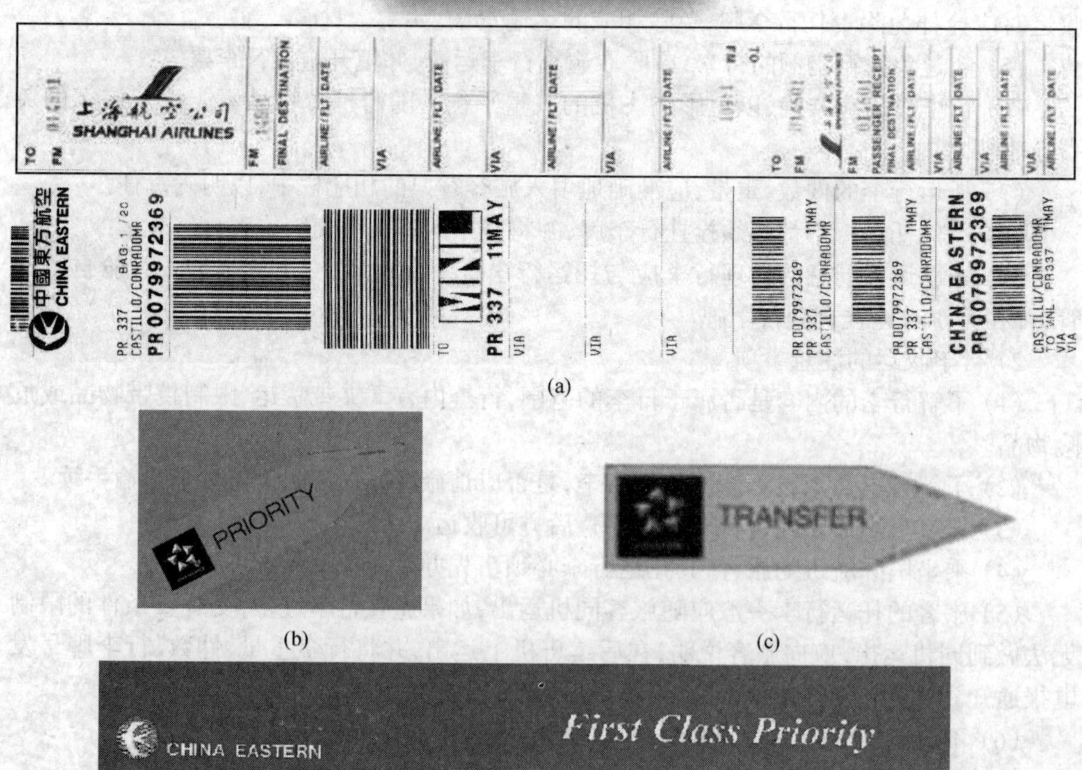

(a)

(b)

(c)

(d)

(e)

(f)

(g)

(h)

图 4.3　各类行李牌、行李条及行李标贴

(a) 粘贴式行李条；(b) 优先行李条；(c) 转机行李条；(d) 头等舱行李优先条；
(e) 急转行李牌；(f) 超重行李标贴；(g) 团体旅客行李牌；(h) 拴挂式“装门口”行李牌。

(2)“重要旅客”行李标志牌，如图 4.4 所示。重要旅客的托运行李，除拴挂行李牌外，还应拴挂“重要旅客”行李标志牌，以保证重要旅客的托运行李安全、迅速地运达目的地，立刻交付给旅客。对拴挂“重要旅客”行李标志牌的行李，要求严加保管、后装先卸。

(3) 旅客名牌，如图 4.5 所示。在行李运输中，由于种种原因，行李牌有时会脱落，造成行李错运、丢失。为了便于寻找旅客丢失的行李，承运人要求旅客在托运行李前，在每

图 4.4 “重要旅客”行李标志牌

图 4.5 旅客名牌

一件行李上拴挂旅客名牌。承运人在旅客办理乘机手续时,发给旅客“旅客名牌”。旅客应按承运人要求预先填妥旅客名牌上的旅客姓名、电话号码、地址,并在每一件托运行李上拴挂或粘贴旅客名牌。承运人在收运行李时,应检查旅客的托运行李有无旅客名牌。

(4) 易碎物品标签,如图 4.6 所示。承运人为了提高行李运输质量,对旅客托运的易碎物品,除拴挂行李牌外,还应粘贴易碎物品标签,以便于装卸人员识别。在装卸时轻拿、轻放,确保行李运输质量。

图 4.6 易碎物品标签

(5) 速运行李牌,如图 4.7 所示。当行李发生迟运或错运时,为了尽快将行李运往旅客的目的地,承运人应使用速运行李牌。

图 4.7 速运行李牌

(6) 免除责任行李牌,如图 4.8 所示。在收运行李时,发现下列情况之一者应拒绝收运,如旅客仍坚持要托运,则必须拴挂免除责任行李牌,免除承运人的相应责任。在下列几种情况下,可以栓挂免除责任行李牌:

① 精密仪器、易碎物品或包装不符要求;

② 柜台关闭后收运的行李;

③ 行李有破损;

④ 无锁或锁已失效;

⑤ 行李超重或超大;

⑥ 鲜活物品或动物。

免除责任行李牌填写时应根据具体情况,在不符合条件的框内打"×"。如果在免除责任行李牌上打"×"的部分发生损失,承运人不承担责任。除此之外的其他他目发生损失或行李延误运输、丢失,承运人仍应承担相应的责任。

4) 提前发运行李

团体旅客的托运行李过多,由于飞机的载量或舱位限制无法将该团体旅客的托运行李全部与旅客同机运出,经与旅客商妥后,将该团体旅客的部分或全部托运行李安排其他航班提前发运,称为提前发运行李。

(1) 将安排提前发运行李运出的航班号和日期通知旅客,并在发运前发电报通知目的站或/和转运站。电报内容包括提前发运行李的航班号、日期、行李件数、行李牌号码、航程、旅客预定到达的航班和日期等。

(2) 到达站收到提前发运的行李,应根据电报核对、清点、登记、入库,妥善保管。旅客到达时将行李交付给旅客。

(3) 旅客应在班机到达后立即提取行李,逾期不提取,按规定收取保管费。

2. 行李的退运

旅客的托运行李由承运人收运后,由于某种原因旅客要求退还,可按照如下规定办理。

(1) 旅客在始发地要求退运行李,必须在行李装机前提出。如旅客退票,已托运的行李业必须同时退运。以上退运,均应退还已收逾重行李费。

(2) 旅客在经停地退运行李,该航班未使用航段的已收逾重行李费不退。但如果旅客确系因病退票,则从行李运费中扣除已使用航段的行李运费后退还余款。

(3) 办理声明价值的行李退运时,在始发地退还已交付的声明价值附加费,在经停地不退已交付的声明价值附加费。

(4) 退还行李运费时,应收回原逾重行李费票据,并填写退款单。

(5) 旅客退运行李,其交付手续按有关规定处理。

3. 行李的变更

旅客的托运行李由承运人收运后,由于某种原因使得旅客的行李改变原来客票上的航程而发生行李变更,可按照如下规定办理:

(1) 如航班飞行中断,安排旅客改乘其他航班,行李的运输应随旅客作相应变动,行李运费重新计算,多退少不补。

(2) 如旅客改乘地面运输工具,行李应交旅客。如已收取行李运费,应退还未使用航段的运费。

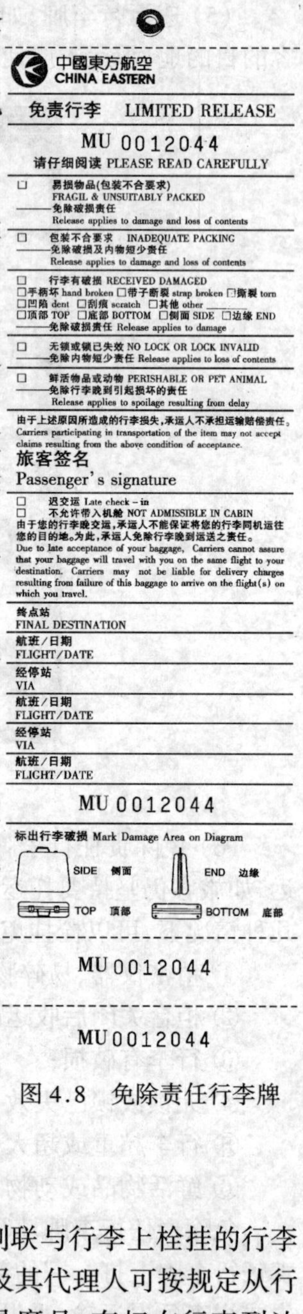
中國東方航空
CHINA EASTERN
免责行李 LIMITED RELEASE
MU 0012044
请仔细阅读 PLEASE READ CAREFULLY
□ 易损物品(包装不合要求)
FRAGIL & UNSUITABLY PACKED
——免除破损责任
Release applies to damage and loss of contents
□ 包装不合要求 INADEQUATE PACKING
——免除破损及内物短少责任
Release applies to damage and loss of contents
□ 行李有破损 RECEIVED DAMAGED
□手柄坏 hand broken □带子断裂 strap broken □撕裂 torn
□凹陷 dent □刮痕 scratch □其他 other
□顶部 TOP □底部 BOTTOM □侧面 SIDE □边缘 END
——免除破损责任 Release applies to damage
□ 无锁或锁已失效 NO LOCK OR LOCK INVALID
——免除内物短少责任 Release applies to loss of contents
□ 鲜活物品或动物 PERISHABLE OR PET ANIMAL
——免除行李晚到引起损坏的责任
Release applies to spoilage resulting from delay
由于上述原因所造成的行李损失,承运人不承担运输赔偿责任。
Carriers participating in transportation of the item may not accept claims resulting from the above condition of acceptance.
旅客签名
Passenger's signature
□ 迟交运 Late check - in
□ 不允许带入机舱 NOT ADMISSIBLE IN CABIN
由于您的行李晚交运,承运人不能保证将您的行李同机运往您的目的地。为此,承运人免除行李晚到运送之责任。
Due to late acceptance of your baggage, Carriers cannot assure that your baggage will travel with you on the same flight to your destination. Carriers may not be liable for delivery charges resulting from failure of this baggage to arrive on the flight(s) on which you travel.
终点站
FINAL DESTINATION
航班/日期
FLIGHT/DATE
经停站
VIA
航班/日期
FLIGHT/DATE
经停站
VIA
航班/日期
FLIGHT/DATE
MU 0012044
标出行李破损 Mark Damage Area on Diagram
SIDE 侧面
END 边缘
TOP 顶部
BOTTOM 底部
MU 0012044
MU 0012044

图 4.8 免除责任行李牌

4. 行李的交付

旅客的行李在到达目的地机场后,旅客须凭借行李牌领取自己的行李,在领取的时候,需注意以下几点。

(1) 正确核对,防止错发。交付行李时,必须收回行李牌识别联与行李上栓挂的行李牌核对号码,必要时查验客票。若旅客未离机领取行李,承运人及其代理人可按规定从行李到达的次日起向旅客收取行李保管费。对于旅客行李中的易腐品,有权在行李到达24h后进行处理。

(2) 凭行李牌的识别联交付行李,对于领取行李的人是否确系旅客本人,以及由此造成的损失及费用,不承担责任。

(3) 旅客行李延误到达,立即通知旅客领取,也可直接送达旅客。

(4) 交付行李时,应请旅客查看行李是否完好无损;如发现有损缺,应立即会同旅客检查,并填制事故记录,凭事故记录予以处理,如没有提出异议,即为托运行李已完好交付。

(5) 如旅客遗失行李牌的识别联,应立即挂失。旅客要求提取行李,应提供足够的证明,经认可,并在领取行李时出具收据后,将行李交付旅客。如在旅客声明挂失前已被冒领,承运人不承担责任。

5. 行李免费保管期限和保管费

1) 行李免费保管期限

(1) 与旅客同机到达的行李,旅客应在当日提取。行李到达的当日不收取保管费,如旅客未提取,应自行李到达的次日起核收行李保管费。

(2) 未与旅客同机到达的行李,自承运人发出到达通知的次日起,免费保管3天,逾期核收行李保管费。

(3) 由于承运人原因造成行李延误到达,在行李到达后,承运人及其代理人免费保管。

(4) 无法交付的行李自到达的次日起,超过90天仍无人领取时,承运人可做如下处理。

① 做好行李内容的清点工作;

② 编制"无人领取行李/物品登记表",上报有关部门批准;

③ 会同海关分别按无价移交物品和有价移交物品处理给有关部门。

2) 行李保管费

国内运输行李的保管费为每天每件0.5元。收取保管费,应出具逾重行李票据。

4.4 行李不正常运输

在行李运输过程中,除了正常运输外,经常会发生针对行李而产生的不正常运输。行李运输不正常是指在行李的运输过程中,由于承运人工作失误造成的行李运输差错或行李运输事故,如行李迟运、错运(少收、多收)、损坏、遗失等。本文将针对其中的几类不正常运输情况进行详细阐述。

行李运输发生不正常情况时,应及时、迅速、认真、妥善地处理,尽量避免或减少因行李不正常运输造成的损失,挽回影响,并应填写行李不正常运输登记表,见表4.5。

表4.5 行李不正常运输登记表

__________年__________月

航班/日期	颜色/形状	不正常原因	处理结果	备注

各个航空公司都有专门的处理行李不正常运输工作的部门,分为专门处理国际行李不正常运输的部门和国内行李不正常运输的部门,两个部门的代号分别是LN和LL。同时,航空公司还设立专门的行李查询中心(代号LZ),以协助各地查询及处理本航空公司行李查询工作和行李赔偿工作。

4.4.1 迟运行李

1. 什么是迟运行李

迟运行李(DELAYED BAGGAGE)指本次航班在始发站应予载运而未能运出的行李。一般指行李漏装或行李牌脱落不能辨认行李的目的地或由于飞机载量不足,而造成行李无法随旅客同机运出的情况。迟运行李不包括旅客的逾重行李由于飞机载量原因而被安排在后续航班运出的托运行李。

2. 迟运行李的处理

1) 收到迟运行李的处理程序

(1) 在"迟运行李登记表(表4.6)"上编号、登记。

(2) 安排后续航班和日期,并拍发行李运送电报给行李目的站或有关转运站,以使能在航班到达时及时通知旅客,避免不必要的查询。

(3) 若由于行李牌脱落无法确定行李的目的站而造成迟运,应向当日从本站起飞的所有航班和航班的中途站、目的站按多收行李(OHD)电报格式发报查询,在得到有关站的电报确认后,再将行李运出,运出前拍发行李运送电报。

(4) 迟运行李运出前,应填写和栓挂速运行李牌(EXPEDITED),按运送电报的航班日期将迟运行李运往行李的到达站。

(5) 代理其他承运人代理迟运行李时,应通知该航空公司驻本站代表。

表4.6 迟运行李登记表

编号(用5位数字)	航班号日期	目的站	行李牌号码	行李牌类型与颜色	迟运原因	查询情况经手人	运出航班号日期	目的站	迟运行李牌号码	运送电报号经手人	备注

2) 收到迟运行李后的处理

(1) 目的站收到速运行李后,应立即通知旅客提取,并电告行李发运站速运行李已收到或已交付。如旅客要求,可将行李运送到其驻地,地面交通费由责任站承担。

(2) 行李转运站的处理。如速运行李中途须转运,转运站收到行李后,应立即按运送电报或速运行李牌上所到期的航班号、日期转运。

(3) 到达站对迟运行李的处理。收到迟运行李后,立即通知旅客提取。迟运行李提取后,将收到日期和交付日期用电报通知迟运行李的始发站和中转站。

3) 送行李电报正文的格式(见例4.4.1)电报识别代号(FWD)

发电单位迟运行李编号 * * * * *(四位~五位数字组成)

原行李牌号码/旅客姓名/航班/日期

运送行李的航班/日期/航程

速运行李牌号码

备注

[例 4.4.1]

```
QD PEKLNFM
.SHALNFM280700/D
FWD
SHAFM12001
FM123456/LI/MINF/FM101/26JUN
FM10127JUN SHA - PEK
EXT FM434567
```

4.4.2 少收行李

少收行李(MISSING BAGGAGE)指由于运输差错,使得航班到达后,目的地航站无法按规定的时间和行李数目向旅客交付应该同机运达,或下落不明尚待查找的行李。

行李少收的原因有:

(1) 由始发站行李漏装、行李错装或行李牌脱落、无法辨认行李的目的而没有装上飞机。

(2) 中途站错卸行李。

(3) 到达站漏卸行李或行李与货物混淆被卸到仓库或其他地方等。

(4) 因为飞机载量原因需要在始发站把行李拉下,而导致目的地站没有及时收到行李。

1. 少收行李的处理

少收行李处理程序流程图如图 4.9 所示。

少收行李具体包括以下程序:

(1) 查验旅客的客票、登机牌、逾重行李票和行李牌领取联。

① 通过查验客票以便及时了解旅客的姓名,旅客的航班行程路线、舱位,相关航程托运行李件数、重量,机票票号。

② 通过查验旅客的登机牌了解旅客实际搭乘航班,如果有任何变更,则应该留存该登机牌。

③ 通过查验逾重行李票了解旅客为这次行程支付逾重行李的重量和声明价值费,在哪段航程中支付了逾重行李费,以及要掌握逾重行李票票号,同时,如果涉及到日后的赔偿问题,也应该复印逾重行李票留存。

④ 通过查验旅客的行李牌了解旅客的姓名是否与行李牌姓名相符,以及了解旅客的运输路线,包括航班、航程、日期、目的地,也可以了解行李的件数和重量。

(2) 了解少收行李的形状和制作材料特征。如是联程行李,还应向旅客询问行李的转运情况,最后看见行李的地点,是否已向联程站提出查询。

(3) 查看多收行李记录,外站发来的多收行李和运送行李电报。

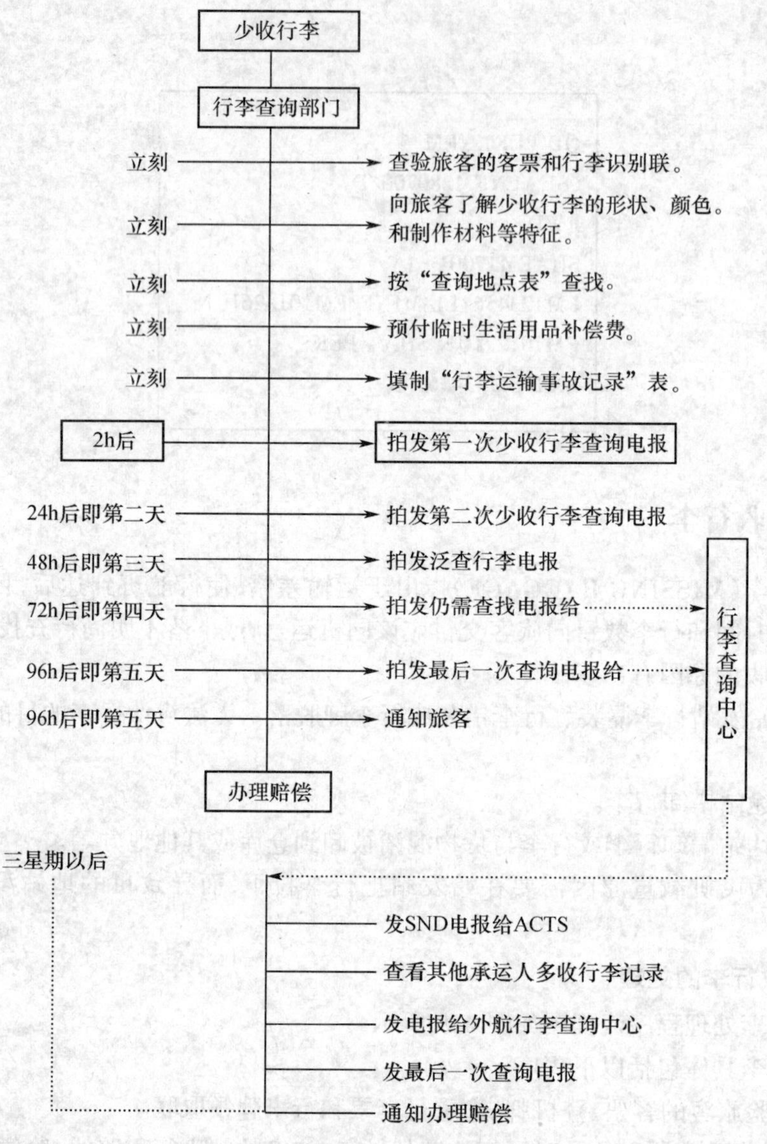

图 4.9 少收行李处理程序

(4) 按照行李查找地点查找行李。

① 查看行李到达大厅与行李传送带周围有无遗留行李。

② 通知行李装卸队检查货舱、集装箱内(必要时还可检查客舱)是否有漏卸行李,并检查行李仓库。

③ 向货运仓库询问是否误将行李卸到货物仓库内,必要时向海关查询。

④ 沿到达行李的运输路线查找。

(5) 填写"行李不正常运输事故记录(PIR)"及"少收行李处理登记表"。

PIR(Properity Irregularity Report,行李运输事故记录)是加收行李、多收行李、行李破损及行李内物被盗等行李运输不正常情况的原始记录,也是行李查询与赔偿工作的依据,如图 4.10 所示。

行李运输事故记录

PROPERTY IREGULARITY REPORT (PIR)

Priority 缓急　Address(es) 收电人　用大写字母填写 (TO BE ISSUED IN BLOCK LETTERS)

Q →

Qriginator 发电人　Date 日　Time 时　Initials 代号

LNFM →

发电，四项中不需要划去
Qriginator:Please cross out whichever of these three boxes does not apply

AHL　OHD　DMG　P/LOST

Airport 机场　Carrier 承运人 Reference number 编号

REFERENCE NO.
查询编号

FR	编号 File Ref. No.	
NM	旅客姓名 Passenger. surname	1 →　　旅客姓名（中文）
IT	旅客名字缩写 Passenger-Initials	2 →
TN	旅李牌号码 Baggage Tag No	3 → Carrier bag tag number / Carrier bag tag number / Carrier bag tag number
TC	类型和颜色 Type & Colour	4 → (1) Type colour whs (2) Type colour whs (3) Type colour whs
RT	需查询地点和/或航程	5 → Routing and/or locations to be traced
FD	航班/日期 Flight No. / Date	6 → Carrier Flight number Date / Carrier Flight number Date / Carrier Flight number Date
BR	行李航线 Baggage Route	7 →
BI	商标外部特征 Brand Name of Bag Distinctive	8 → (1) Brand name of bag　Distinctive outside identification
CN	行李内容 Contents	9 →
FI	运送指示附注 Forwarding instructions Remarks	10 → FWD → → TAG/DEST → → L/S
DI	破损说明 Damage Information	11 → Description of damage（破损描述） ☐ Handle 把手（01）☐ Lock 锁（02）☐ Hole 洞（03） ☐ Torn 撕裂（04）☐ Scratched 划痕（05）☐ Crushed 压碎（10） ☐ Stained/Wetted 污染（11）☐ Dented 凹坑（14） Type of damage: ☐ Mitor 小面积 Major ☐ 大面积 Total ☐ 全部 例：　TD SIDE/04MA Mark Damage Area On Diagrams 破损部位标注 SIDE　TOP　BOTTOM　END

附注 REMARKS		本记录不涉及对任何责任确认：This report does not involve any acknowledgement of liability
客票号码 Ticket from and serial No.	发生事故的行李件数/重量 Pc (s) & Wt. of missing/found baggage	客票上行李总件数及重量：Total Pc (s) and Wt. of checked Baggage as per ticket
合并交运行李的人数 Pooled passenger No.	逾重行李票号码：Excess baggage ticket No.	逾重重量：Excess weight.
旅客永久住址及电话号码 Passenger's permanent address and phone No.	旅客临时住址及电话号码：Passenger's temporary address and phone No.　直至 UNTIL	如行李已上锁请旅客拿出钥匙并附在本记录上 If bag locked ask for key(s) and attach to PIR　钥匙已附上 key(s) attached　YES　NO
注 Notes(当地交附指示等 Local delivery instructions. etc.)		预附现金 Cash advance paid
问询时，请用下述电话 For inquires, Please Phone	日期 Date　航站 Station　经手人签字 Agent Signature	旅客签字 Passenger's signature

图 4.10　行李不正常运输事故记录 PIR

少收行李处理登记表见表 4.7。

表 4.7　少收行李处理登记表式样

查询编号	旅客姓名	行李牌号码	颜色/型号	航班/日期	始发站	填表人	到达编号	领取人签名	领取日期	领取人证件名称及号码	发放人签名

(6) 根据具体情况预付旅客适当的临时生活用品补偿费。

(7) 第一次少收行李查询电报(AHL)在飞机到达后 2h 内发出。

(8) 第二次查询电报(RENEW TRACER)航班到达后 24h 内即第二天发出。

(9) 泛查电报(OFFLINE TRACER)在航班到达后 48h 内即第三天发出。

(10) "仍需查找"电报(STILLNEED MESSAGE)航班到达后 72h 内即第四天发出，识别代码为 SND。

(11) "最后查询"电报(FINAL TRACER)在航班到达后 96h 内即第五天发出。如果仍无结果,发电给行李查询中心,同时附上"行李运输差错事故处理记录"。

(12) 通知旅客。如 96h 后查询仍无结果,应以信函、电报或电话等方式将查询情况通知旅客,并附上"丢失行李调查表"一式两份,请旅客填妥后,退回行李查询部门。一旦确认行李丢失,此表将作为要求赔偿实际价值的依据之一。

"丢失行李调查表"附在"行李运输差错处理记录"后,赔偿旅客损失时,供参考之用。如果旅客在行李查询尚未结束时已经去外地,可随时以各种方式与旅客保持联系。

2."行李运输事故记录"

发生少收行李，应会同旅客填写 PIR，一式两份：一份交旅客收执，凭此领取行李或作为行李索赔的依据；一份由行李查询部门留存，供拍发少收行李电报及查询行李时用。

由于 PIR 是行李查询与赔偿工作的依据,在填写 PIR 时,应力求做到准确、详尽。

1) 电报等级及收电单位栏

填写电报等级代号:QA——快报;QD——平报(电报等级参见第 7 章)。

用 7 个英文字母表示收电单位,如 LAXLLUA、PEKLNCA、SHALNMU,前 3 个字母为收电单位所在机场(城市)代码,如 SHA、KHN;中间两个字母为行李查询部门代码,如 LL、LN(LL 代表国际行李查询部门代号,LN 代表国内行李查询部门代号);后两个为航空公司二字代码,如 MU、FM。

2) 发电报单位及日时组

用 7 个英文字母表示发电报单位,前 3 个字母为发电单位所在机场(城市)代码,如 SHA;中间 2 个为行李查询部门代码;后 2 个为航空公司二字代码。

日时组中，用两个阿拉伯数字表示"日期"，如 1 号为"01"；用 4 个阿拉伯数字表示"小时和分钟"，如"1030"。必要时，在日时组后面用"/"加上经办人员代号，如果代理其他航空公司业务涉及电报费用时，可在发报单位的航空公司代码后用"/"加上付费航空公司代码。

例如:

SHALNMU 011030

SHALNMU 011030 / 337

SHALNMU/JL 011030

3) 事故类别

AHL——Advise if hold(少收)

OHD——On Hand(多收)

P/LOST——Pilfered/Lost Baggage(被盗或内物短少)

DMG——Damage(行李破损)

DPR——Damage/Pilferage(行李破损、内物短少)

填写 PIR 时,用笔划去不需要部分。

4) FR(FILE REFERENCE,行李查询编号)

由 5 个英文字母和 5 个数字组成:前 3 个英文字母表示行李查询部门所在机场(城市)的三字代码,后 2 个字母表示负责旅客最后一段航程承运的航空公司的二字代码。末尾 5 个数字中的前 2 个数字为发生事故的当前月份,后 3 个数字代表行李查询的顺序号。

如 SHAMU 12004,代理其他航空公司业务时,填写该航空公司的行李查询编号,即用该航空公司的代码加上月份和顺序号。

PEKMU03001 代表中国东方航空公司北京航站三月份第 1 个行李少收案例(注:已经使用 WORLDTRACER 系统的航站行李查询编号由电脑系统自动生成,关于 WORLD-TRACE 系统将在 4.5 介绍)。

5) NM(NAME,旅客姓名)

工作人员可以参照旅客的机票,在相关的空格内填入旅客的姓、名,中间用"/"间隔。如果有几位同行旅客丢失行李,工作人员可按上述方法依次将旅客姓名填入。

6) IT(PASSENGER INITIALS,旅客姓名缩写)

如果旅客在箱包上标贴姓名缩写,工作人员应在本栏内注明。

7) PT(PASSENGER TITLE,旅客称谓)

以"√"在旅客复选栏内进行选择。

8) TN(TAG NUMBER,行李牌号码)

填写行李牌上所示的航空公司二字代码和行李牌上最后 6 位数字,如 MU45786。如果行李牌上所示号码不足 6 位,填写时应在该号码前加"0",补足 6 位。如果行李牌上没有显示航空公司二字代码,填写时可用"YY"表示。行李牌号码中如果有未知数字,可用"?"或"X"代替,例如 MU 0683 ? ?,表示只知道行李牌的前 4 位数字。如果行李牌已脱落或不知道行李牌号码,可填"TORNOFF"或"NIL"。

9) TC(BAGGAGE COLOUR TYPE DESCRIPTION,行李外包装颜色、形状和特征)

根据 IATA 公布的行李识别图 AIRLINE BAGGAGE IDENTIFICATION CHART 中规定的颜色二字代码和行李类别二字代码,以及行李描述性项目组构成,共 7 个字符。

颜色——2 位英文字母;

形状——2 位数字;

特征——3个英文字母。

行李识别图说明如图4.11所示。

特征说明:C——有字码锁;W——带轮子;S——有带子;P——有袋包;H——有把手;? 或X——不具有以上所述特征。

例如,“BK05CW?”表示行李外包装颜色为棕色,形状如AIRLINE BAGGAGE IDENTIFICATION CHART表上的“05”的形状,有字码锁,有轮子。

10) RT(ROUTING,航程)

按航程始发至到达顺序依次填写旅客行程中所经过的机场或城市的三字代码。如ORD/LAX/SHA。

11) FD(FLIGHT and DATE,航班号和日期)

填写航空公司二字代码,航班号(最长4个数字)及航班飞行日期的信息,按航班始发至到达顺序依次填写旅客旅行全程所乘坐的每一个航班号及飞行日期。如果航班号不明,可以用“YY”代替。如NW1255/18AUG/YY/20AUG/MU512/20AUG。

12) BI(BRAND NAME OF BAG,行李箱包的商标及外部标记)

应尽可能向旅客了解有关行李的商标、品牌及其他外部特征。如果TN及TC栏中所列出的行李超过1件时,应为每一件行李分别在(1)、(2)栏内列出BI项目行。如果填写“UNK”表示不知道。如果填写“NIL”表示无任何标记。

13) CN(CONTENTS,行李内物)

使用行李内物代号列出可供辨认的行李内物(通常不超过4种),尽可能避免使用“CLOTHES”之类的泛称,应使用“RED T - SHIRT”这样的具有特征性的物品描述。当TN和TC栏中所列的行李超过1件,应为每一件行李分别在(1)、(2)栏内单独列明。

例如:——AUDIO/SONY WALKMAN

——DRESS/PINK SUMMER EVENING DRESS

——FOOTWERR/BLK COLOUR SIPPERS

14) FI(FORWARDING INSTRUCTIONS,行李运送指示)

本栏由三部分组成:

① FWD,表示遗失行李的运送目的地。在“FWD”后填入负责旅客最后一段航程承运的航空公司在本机场负责行李查询部门的SITA代码,指示将行李运送到旅客要求的航站行李查询部门,由7个英文字母组成,前3个表示运达地点的城市代码,中间2个英文字母表示行李查询部门代码,最后2个英文字母表示航空公司代码。如要求将少收行李送交上海国内行李查询部门,则填入FWD SHALNMU。

② TAG/DEST,遗失行李牌显示的目的站。填写行李牌上显示的旅客航程终点站的三字代码。

③ L/S,旅客最后见到行李的地点。填写旅客最后见到行李时所在的机场三字代码。

15) 其他信息栏

① TICKET NUMER,客票号码。

② CLASS OF TRAVEL,座舱等级。

③ EXCESS WEIGHT,逾重行李重量。

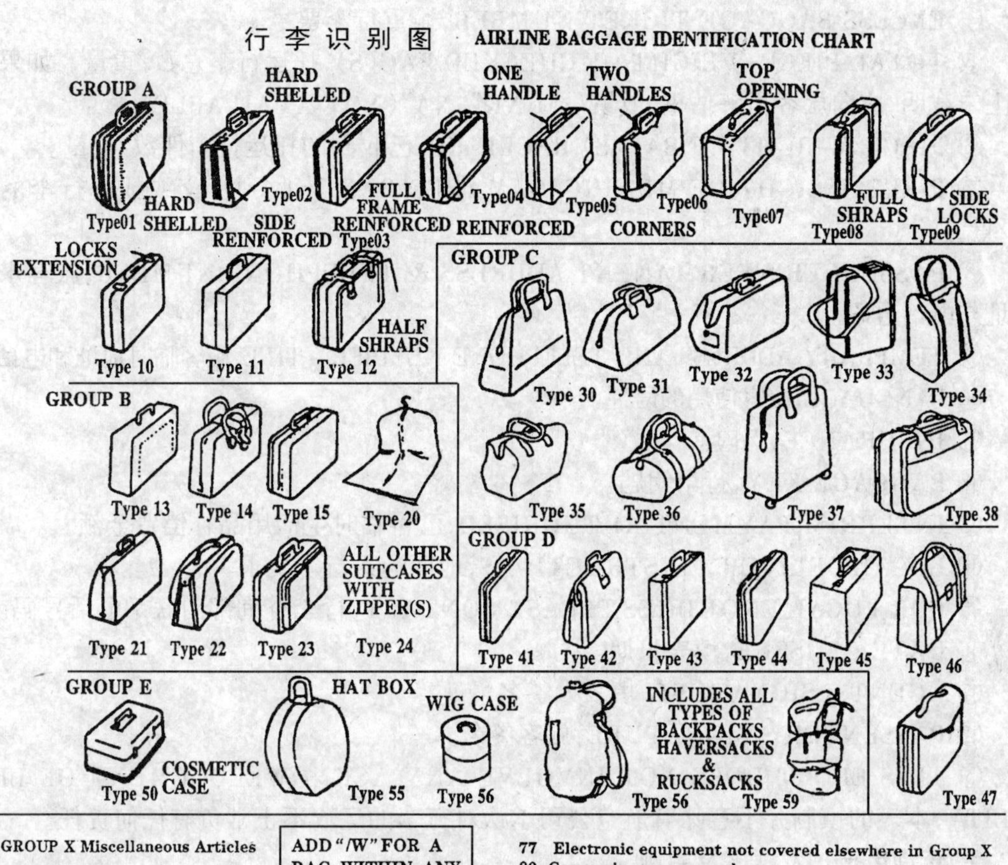

GROUP X Miscellaneous Articles

ADD "/W" FOR A BAG WITHIN ANY GROUP, WITH WHEELS/ROLLERS.

SPorting Goods
62 Bicycle
67 Bowling ball bag
69 Surfboard/Skate board
75 Parachute in bag
79 Tennis Rachets and other sporting equipment not covered elsewhere in Group X (Show brand in remarks)
83 Tool/Tackle box
93 Skis (Brand name in remarks)
94 Ski poles (Brand name in remarks)
95 Ski boots
96 Firearm
97 Fishing rod (s) in own case
98 Golf bag and Clubs

Bage/Boxes
60 All airline issued boxes
78 Trunk/Foot locker
81 Cardboard carton or box (if contents is a single) item listed elsewhere in Group X, Code the itemaccordingly)
82 Box, other than cardboard. show wooden, metal, plastic, etc. WDN, MTL, PLSTC, in remarks (if contents is a single item listed else-where in Group X,code the item accordingly)
84 Laundry bag
85 Paper-Bag-Shopping bag (paper/straw/plastic) or Parcel
92 Self-contained sleeping bag-Bed Roll

Appliances/Machines
65 Television/Radio
72 Amplifier/Speaker (s)
77 Electronic equipment not covered elsewhere in Group X
80 Camera in own case or bag
86 Hairdryer in own case
87 Typewriter in own case
88 Tape recorder in own case
89 Record player in own case

Misellancous Items
61 Reserved for small package priority service
63 Baby carrying equipment
64 Wheelchair or other orthopaedic device
66 Kennel. Pet container
68 Tube (other than fishing equipment)
70 Art or display portfolio
71 Sample case (custom made)
74 Security removed items excluding firearms
76 Liquor/Cigarettes
90 String instrument in own case
91 Other musical instrument in own case
99 Article other than bag, not appearing in this list

行李颜色代号 Baggage Colour Code List

银色	ALU	Aluminum/Sliver	绿色	GRN	Green/Olive
蓝色	BLU	Blue	灰色	GRY	Grey
黑色	BLK	Black	格子	PLD	Plaid/Checked/Twced
棕色	BRN	Brown/Tan/Fawn/ Bronze/Copper/Rust Oxblood	紫色	PUR	Purple/Violet/Lilac
			红色	RED	Red/Maroon/Pink
			条纹	STR	Striped
透明	CIR	Clear/Translucent/ Opaque Plastic	花的	TPY	Tapestry/Floral/Spotted
			白色	WHT	White
米黄			黄色	YLW	Yellow/Orange

BS-2

图 4.11 行李识别图说明

④ EXCESS BAGGAGE TICKET NUMBER,逾重行李票号。

⑤ TOTAL PIECE/WEIGHT OF CHECKED BAG(S),托运行李总数/重量。如果机票上未载明,应向旅客了解估重,或填写“UNK”“NA”(NOT AVAILABLE)。

⑥ PIECE/WEIGHT OF BAG(S) RECEIVED,已收到的托运行李件数/重量。

⑦ PIECE/WEIGHT OF MISSING/DAMAGED BAG,未收到行李或损坏行李的件数/重量。

⑧ PASSENGER'S PERMANENT ADDRESS & TELEPHONE NUMBER,旅客永久住址与电话号码。

⑨ TEMPRARY ADDRESS AND TELEPHONE NUMBER－TILL,旅客临时地址和电话。

⑩ LANGUAGE,旅客使用的语种。

⑪ INSURANCE,保险。

⑫ BAGGAGE KEY,行李钥匙。

⑬ INTERRIM PAYMENT AUTHORISED,已付临时生活用品补偿费金额。

⑭ LOCAL DELIVERY INSTRUCTIONS,地面运送行李要求。

⑮ FOR LOCAL ENQUIRIES PLEASE CONTACT,行李查询部门联系电话号码。

⑯ DATE OF ISSUE,填表日期。

⑰ AGENT'S SIGNATURE,填表人签名。

⑱ PASSENGER'S SIGNATURE,旅客签名。

⑲ THIS EPORT DOES NOT INVOLVE ANY ACKNOWLEDGEMENT OF LIABILITY,本表的填制并不意味着航空公司承认对行李的运输不正常负有任何责任。

3. 查询电报拍发程序及实例

1) 第一次少收行李查询电报(AHL)

发生少收行李之后,在经过现场搜寻,排除了行李同机到达的可能性,又未收到外站发来电报告之行李下落的情况下,应在航班到达后 2h 内,沿旅客航程路线向途径航站、始发站的所属承运航空公司或地面代理行李查询部门拍发第一次少收行李查询电报(AHL),见例 4.4.2 和例 4.4.3。

[例 4.4.2]

```
QD SELLLKE NRTLLKE NRTLLMU PEKLLCA
.SHALLMU 191630
AHL
SHAMU 03011
NM WANG/HSUEHCHIN
IT WHC
TN KE 297432
TC BK 23 SWX
RT SEL/NRT/SHA
FD KE 702/19/MU 524 /19
BI SAMSONITE/WZ NM ON HILTON ID LABEL
CN NIKON CAMERA/CHINESE NOVEL/MEN SUITS
FI FWD SHALLMU TAG/DEST SHA L/S NRT
```

[例 4.4.3]

```
QD PVGLNFM
.PVGLNFM 211435
AHL
FR PVGFMA030306
NM WO CHUNFANG
TN FM008967
TC 10
RT HAK/PVG
FD FM532/21MAR
CN FOOD
FI FWD PVGLNFM T/D PVG L/S HAK
PLS RUSH CHK N ADV PVGFM ENEN IF NEG
TKS COOP
```

2) 第二次少收行李查询电报(RENEW TRACE)

如果第一次少收行李查询电报发出后,有关航站复电"无"或 24h 内没有复电,则应在第一次少收行李查询电报发出 24h 后,即第二天拍发第二次少收行李查询电报,电报格式只需在电文正文前增加 RENEW TRACER/2ND TRACE,电文其他内容与第一次少收行李查询电报相同,如有行李特殊信息须加以说明,见例 4.4.4(延续例 4.4.2)。

[例 4.4.4]

```
QD SELLKE NRTLLKE NRTLLMU NRTLLJL PEKLLCA
.SHALLMU 201630
RENEW TRACER
AHL
SHAMU 03011
NM WANG/HSUEHCHIN
IT WHC
TN KE 297432
TC BK 23 SWX
RT SEL/NRT/SHA
FD KE 702/19/MU 524 /19
BI SAMSONITE/WZ NM ON HILTON ID LABEL
CN NIKON CAMERA/CHINESE NOVEL/MEN SUITS
FI FWD SHALLMU TAG/DEST SHA L/S NRT
```

3) 第三次少收行李查询电报(OFFLINE TRACE)

第三次少收行李查询电报又叫泛查行李电报,如果第一次和第二次查询电报均无结果,则应在 48h 后即第三天拍发电报给行李收运的行李查询部门。填写的格式只需在正文前增加 OFFLINE TRACER,其他内容与第一次少收行李查询电报相同,只是收电人广泛以及查询地点增加,如有行李特殊信息须加以信息,见例 4.4.5。

要求行李收运航站向下列有关航站返查:

(1) 与旅客航程无关的,但有可能错装的航站。

(2) 与旅客在同一时间办理行李托运手续的其他航班经停、终点站行李查询部门。

[例 4.4.5]

```
QD LGALLAA ORDLLAA ORDKKMU ORDNCXH PEKLL-
CA
.SHALLMU 211630/JR
OFFLINE TRACER
AHL
SHAMU 03011
NM WANG/HSUEHCHIN
IT WHC
TN KE 297432
TC BK 23 SWX
RT SEL/NRT/SHA
FD KE 702/19/MU 524 /19
BI SAMSONITE/WZ NM ON HILTON ID LABEL
CN NIKON CAMERA/CHINESE NOVEL/MEN SUITS
FI FWD SHALLMU TAG/DEST SHA L/S NRT
```

4) 第四次少收行李查询电报(SND:STILL NEED MESSAGE)

第四次少收行李查询电报又叫仍需查找电报。自第一次查询电报发出 72h 后,即第四天查询仍无结果,应拍发"仍需查找"电报给行李查询中心。

拍发格式只需将 AHL 改为 SND,其他电文内容与第一次少收行李查询电报相同即可,见例 4.4.6。

[例 4.4.6]

```
QD SELLLKE NRTLLKE NRTLLMU PEKLLCA
.SHALLMU 221630
SND
SHAMU 03011
NM WANG/HSUEHCHIN
IT WHC
TN KE 297432
TC BK 23 SWX
RT SEL/NRT/SHA
FD KE 702/19/MU 524 /19
BI SAMSONITE/WZ NM ON HILTON ID LABEL
CN NIKON CAMERA/CHINESE NOVEL/MEN SUITS
FI FWD SHALLMU TAG/DEST SHA L/S NRT
```

5）最后查询行李电报（FINAL TRACER）

自第一次查询电报发出96h后即第五天查询仍无结果，则发电报给第一次少收行李查询电报的所有收电人，要求最后查找，并将所有来函、电报等查询资料给本航空公司的行李查询中心或本航空公司负责赔偿的部门，同时附上“行李运输差错事故处理记录”。最后查询行李电报拍发的格式只需在电报正文前加上“FINAL TRACER”即可，其他内容和前几次拍发内容相同，见例4.4.7。

［例4.4.7］

```
QD SELLLKE NRTLLKE NRTLLMU PEKLLCA SHALZMU
.SHALLMU 231630
FINAL TRACER
AHL
SHAMU 03011
NM WANG/HSUEHCHIN
IT WHC
TN KE 297432
TC BK 23 SWX
RT SEL/NRT/SHA
FD KE 702/19/MU 524 /19
BI SAMSONITE/WZ NM ON HILTON ID LABEL
CN NIKON CAMERA/CHINESE NOVEL/MEN SUITS
FI FWD SHALLMU TAG/DEST SHA L/S NRT
```

4．少收行李的结案电报

如果少收行李在本站找到或被外站找到，并且被运送至拍发少收行李查询电报的行李查询部门，该部门应向所有的“AHL”、“RENEW TRACER”、“OFFLINE TRACER”、“SND”、“FINAL TRACER”收报部门拍发结案电报（CFI：CLOSE FILE INFORMATION），格式见例4.4.8。若本公司有行李查询部门LZ，还应向行李查询中心拍发结案电报，表示此案至此已经了结，少收行李处理结束。

（1）如果向行李查询中心发“仍需查找”电报后，行李找到了，应立即向行李查询中心发结案电报。

格式：

识别代号 CFI

——查询号码

——旅客姓名

——找到行李情况（在哪里及什么情况下找到的）

（2）行李在原查询站找到。如已发查询电报，应即发结案电报给有关行李查询部门，告知找到的详细情况。

格式：

识别代号 CFI

——查询号码
——旅客姓名
——找到行李情况

[例 4.4.8]

```
QD SELLLKE NRTLLKE NRTLLJL NRTLLMU SHALZMU
.SHALLMU 221230
CFI
RE AHL SHAMU 03011 CASE
FVR PAX WANG/HSUEHCHIN
RMIK BAG FOUND AT NRTJL CGO OFC N ARVD SHA
BY JL 791/21 STP
```

5. 处理外站少收行李查询电报

1) 本站始发航班行李少收查询电报的处理

所查找的行李如果在本站,则查看当日始发航班的行李装卸记录单,已确认行李装机,并根据查询电报"AHL"(Advise if Hold)的要求拍发电报通知查询航站,同时以最近航班运回。

如果未能在行李装卸记录单上找到丢失的行李,应及时查找当日多收行李。根据查询航站提供的所有线索进行核对,并拍发电报通知查询航站。在电文内应详尽地提供本站多收行李的各种特征,提高行李的匹配成功率。

具体工作如下:

(1) 查对多收行李登记表和外站发来的多收行李电报(ON HAND,简称 OHD)。

(2) 在本站的行李仓库、货物仓库、传送带周围以及可能找到行李的地方查找。

(3) 与有关单位如海关、其他承运人在本站的行李查询部门联系查找。

(4) 行李在本站找到,应按"速运行李"运送至少收行李的行李查询部门或按电报要求运送,并发 FWD 电报通知对方。

2) 非本站始发航班行李少收查询电报的处理

(1) 最后见到行李的中转站:查对多收行李登记表和外站发来的多收行李电报;在本站的行李仓库、货物仓库、传送带周围以及可能找到行李的地方查找;必要时,向当日本站起飞的航线经停站拍发泛查行李电报;行李在本站找到,应按"速运行李"运送至少收行李的行李查询部门或按电报要求运送。

(2) 其他航站:查对多收行李登记表;在本站的行李仓库查找;行李在本站找到,应按"速运行李"运送至少收行李的行李查询部门或按电报要求运送;本站无此行李不需回电,除非查询电报上注明"ADV EVEN NEG",可复电一次。

[例 4.4.9] 少收行李查询电报。

```
QD SELLLKE NRTLLKE NRTLLMU PEKLLCA
.SHALLMU 191630
AHL
SHAMU 03011
NM WANG/HSUEHCHIN
```

```
IT WHC
TN KE 297432
TC BK 23 SWX
RT SEL/NRT/SHA
FD KE 702/19/MU 524 /19
BI SAMSONITE/WZ NM ON HILTON ID LABEL
CN NIKON CAMERA/CHINESE NOVEL/MEN SUITS
FI FWD SHALLMU TAG/DEST SHA L/S NRT
RMK PLS ADV EVEN NEG
```

[例 4.4.10] 行李发运站的否定答复电报。

```
QD SHALLMU NRTLLKE NRTLLMU PEKLLCA
.SELLLKE 191830/SG
RYT 191630
AHL/SHAMU 03011
FVR PAX WANG/HSUEHCHIN
WE CHKD OUR SIDE BUT NEG STP
```

[例 4.4.11] 行李中转站的否定电报。

```
QD SHALLMU SELLLKE NRTLLKE NRTLLMU PEKLLCA
.NRTLLJL 191830/YM
RYT 191630
AHL/SHAMU 03011
FVR PAX WANG/HSUEHCHIN
WE CHKD OUR SIDE BUT NEG STP
```

6. 行李查询中心的工作

(1) 检查情况。

(2) 把 SND 电报储存在查询电脑内,并根据查询电脑提供的情况进一步查对。

(3) 查对“多收行李电报”(ON - HAND BAFFAFE REPOR - OBR)。

行李查询中心必须查对其他航空公司发来的多收行李报告,如果相符,即发电通知下列部门并指示如何运交给失主。

① 给多收行李的航空公司行李查询中心;

② 给行李所在地的航空公司行李查询部门;

③ 给原查询行李的航站人的行李查询部门。

(4) 发电报给有关航站行李查询部门。如 OBR 不符,行李查询中心应给其他航空公司行李查询中心发报(INTERLINE TRACINF)。

(5) 发最后一次查询电报(FINAL DN - LINE TRACER),必要时行李查询中心再次在本航线上发电报查找。

(6) 通知办理赔偿。

[例 4.4.12]

QD SHALNFM CTULNFM CANLNFM

.PEKLZFM 141500

CANFM11006 多收行李一件与 SHACA20005 查找 LI/JUN

丢失行李相同,请 CANLN 将行李运 SHA。

7. 少收行李人工查询电报和"WT"系统查询电报

1) 少收行李人工查询电报

```
QD PEKLNMU
.SHALNMU MU/220130/LP
//RENEW TRACER//(该处可根据少收行李查询电报的时间更改为其他几种形式,
                    OFFLINE TRACER、FINAL TRACER)
AHL(如果此电报为仍需查找电报,则在此处把 AHL 改为 SND 即可)
FR SHAMU06011
NM WANG/JIAMIN MR
IT JMW
TN MU29743X
TC BK23SWX
RT PEK/SHA
FD MU5104/22MAY
BI SAMSONITE/HILTON HTL ID LABEL ON
CN CAMERA/NIKON
- FOOTWEAR/ONE PAIR OF BROWN SHOES FOR MAN("-"表示项目组未完成)
FI FWD SHALNMU T/D SHA L/S PEK
SI PLS RUSH CHK N ADV SHALNMU EVEN IF NEG X
TKS N RGDS/SHALNMU
```

2) 少收行李"WT"系统查询电报

```
QN TAOLLMU
.ATLWAMXS 22013/HKGLLMU
DAH HKGMU10739
     /DRY/ 5 BAGS CREATED 20AUG99/0606GMT
WT - 20AUG RTD - 27AUG
     /PAX/
NM01 YANG                    .IT01 TG
```

```
NM02 JEONG
NM03 GU
PT MR
PA01 WIL ADV
TA01 HOTEL GREAT EAGLE
TK 781 - 6523892010
PP KOR SN0015945
   /BAG/
BW 5/UNK       .BL TAO              .DB TPE
   /BAG01/
TN01 MU121571                       .CT01 BK22HWX
     /BAG02/
TN02 MU121572                       .CT02 GN26XXX
     /BAG03/
TN03 MU121573                       .CT03 BK26XXX
     /BAG04/
TN04 MU121574                       .CT04 BN10XXX
     /BAG05/
TN05 MU121575                       .CT05 BN10XXX
     /RTI/
RT TAO/HKG                          .BR TAO/HKG/TPE
FD MU597/20AUG/CI606/20AUG
     /CLM/
RL   15          .FS TAO
CS01 X/USD0
     /OSI/
FF01 ALDY CHK BAG O/B CI606/20AUG HKG/TPE LOADED IN CNTR
FF02 NO 60589 X PAX RQST P/U BAG AT HKG N WL STAY UNTIL 22AUG
     /MCH/ AREA EMPTY
END OF REPORT
```

解释：

(1) /DRY/——Diary，日志信息区域。

AR:	Associated Record File Reference	相关的记录档案编号
WT:	Date File was Sent to WorldTracer Tracing	档案传到 WT 日期

(2) /PAX/——Passenger，旅客信息区域。

DA:	Delivery Address	行李运送地址
FL:	Frequent Flyer ID	常客的身份证
IT:	Initials	姓名缩写
NM:	Name	姓名

NP:	Number of Passengers	同行旅客人数
PA:	Permanent Address	永久地址
PN:	Phone Number	电话号码
PP:	Passport Number and Nationality	护照号码和国籍
PR:	PNR Locator	订座记录编号
PT:	Passenger Title	旅客称谓
TA:	Temporary Address	临时住址
TK:	Ticket Number	客票号
TP:	Temporary Phone	临时电话

(3) /BAG/——Baggage,行李共有信息区域。

AB:	Address on Baggage	行李上的地址
BL:	Bag Last Seen	最后见到行李的地方
BP:	Phone Number on Bag	行李上的电话号码
BW:	Total Baggage Weight and Nub of Pieces	行李上的总重量和件数
BX:	Excess Baggage Ticket Number	逾重行李票号
DB:	Destination on Bag Tag	行李牌上的目的站
DW:	Delivered Baggage Weight	运送时行李重量
NW:	Missing Baggage Weight	少收行李重量

(4) /BAG#/——Baggage#,行李个别信息区域。

AR:	Associated Record	相关记录
BD:	Baggage Details	行李信息
BI:	Brand Name and External Identification	行李商标及外部特征
CT:	Color/Type	颜色/类型
DD:	Date Bag Delivered	运送行李日期
DR:	Date Bag Received	收到日期
TN:	Tag Number	行李牌号

(5) /RTI/——Routing,航程信息区域。

RT:	Routing	航程路线
FD:	Flighet/Date	航班/日期
BR:	Bag Routing	行李运送航班/日期

(6) /CLM/——Claim,赔偿信息区域。

CS:	Payment to Passenger	支付给旅客的款项
FS:	Fault Station	差错责任站
KT:	Toilet Kit	临时物品
RL:	Reason for Lost	事故原因

(7) /MCH/——Match,匹配信息区域。

此区域内可存储20个与档案有关的匹配信息,项目组为MR。

(8) /OSI/——Other Supplementary Info,附加信息区域。

FF:	Free Form Text	自由格式内容

FI:　　Forwarding Information　　运送信息

HC:　　Handled Airlines Copy　　给代理的航空公司发附件

4.4.3 多收行李

1. 多收行李的定义及分类

多收行李(FOUND AND UNCLAIMED BAGGAGE)指在本次航班到达24h后,行李交付工作结束后,无人认领的行李。出现多收行李的原因有:其他站错运至本站;中途站漏卸;行李牌在运输中脱落;行李牌挂错等。

多收行李分为以下几类:挂有非本站行李牌,错运到本站的行李;挂有本站行李牌,行李交付工作结束后,仍无人认领的行李;没有挂任何行李牌的行李,分为知道到达站航班号的无牌行李和不知道到达站航班号的无牌行李。

2. 多收行李的处理

(1) 多收挂有非本站行李牌的行李,先进行登记,然后查询有关航站发来的查询电报,若仍无线索,向到达航班的沿途各站拍发多收行李电报(OHD报)。

多收行李处理程序如图4.12所示。

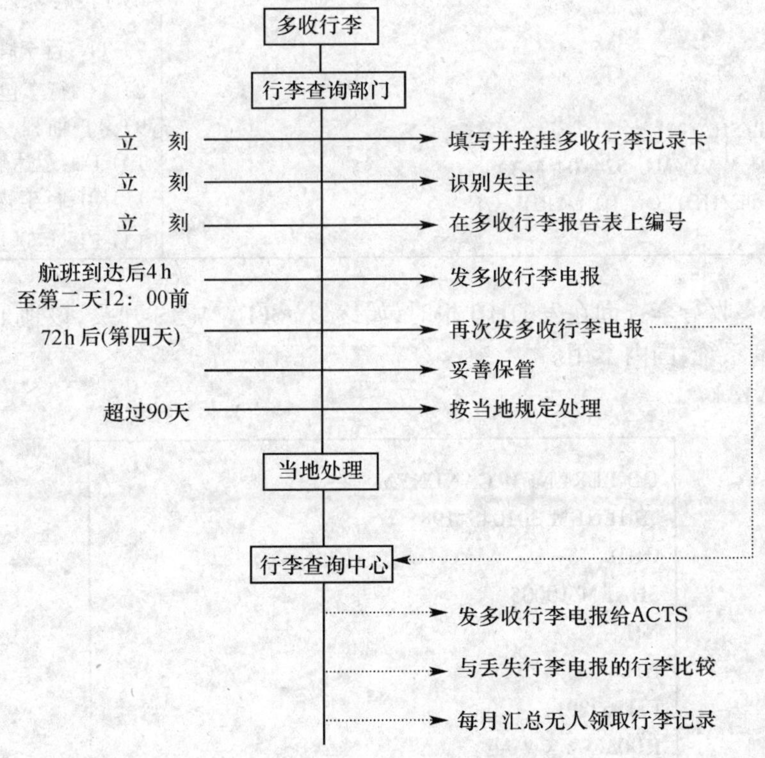

图4.12　多收行李处理流程图

① 在多收行李报告表上编号、登记。登记时仔细查看行李外包装是否完整无损,有无上锁;行李上有旅客姓名、地址、电话号码,应尽量详细做好记录。同时,对破损和无锁的行李进行包扎或上铅封后过磅称重,并做好记录。将多收行李登记表与少收行李登记表上记录的情况进行对照分析,从中找出少收行李。

② 填写并栓挂速运行李牌,保留原行李牌。

③ 飞机到达后 4h 内发出多收行李电报 OHD,电报按"行李运输事故记录"有色部分的顺序拍发。

④ 选择合理的路线,以最快的航班把行李运送至原行李牌上的目的站。

⑤ 向行李目的站、始发站、有关中转站发运送行李电报。

⑥ 如本站没有至行李目的站的航班,也无法通知其他航班中转,应将行李退回原发运站。

[例 4.4.13]

QD ATLWMXS SELLLKE NRTLLKE NRTLLMU PEKLLCA NRTLLJL	1) 收电地址
.SHALLMU 050830 /RG	2) 发电单位及日期组
OHD	3) 多收行李电报识别代码
SHAMU 05081	4) 查询编号
NM KOTTER/J	5) NM:旅客姓名(如不知道,可空缺或写 UNK—UNKNOWN)
IT KJ	6) IT:姓名缩写(同上)
TN UNK	7) TN:行李牌号码(同上)
TC BK 27 XWS	8) TC:行李包箱颜色、形状
RT SEL/NRT/SHA	9) RT:航程
FD KE 702/04 MAY/MU 524/04 MAY	10) FD:运达航班号、日期
BI SAMSONITE/HILTON ID LABEL ON	11) BI:行李物品
FI	12) FI: 运送指示

注:国际多收行李查询在发 OHD 报时,始终以 ATLWMXS 开头,该地址为亚特兰大全球行李查询系统,国内不用。

[例 4.4.14]

```
QD PEKLNFM CANLNFM
.SHLNFM 301045/198
OHD
SHAFM 10005
NIL
NIL
FM567891
RD05C WX
PEK/SHA
FM 102/30
HILTON HIZ STICKER
NIL
FWD CANLNCE TAF/DEST CAN
```

[例 4.4.15] 运送电报。

运送电报格式	解　释
QD FUKLLMU FUKLLJL	收电地址
.SHALLMU 020715/RG	发电单位及日期组
FWD	运送行李电报识别代码
FR OHD/SHAMU 02018	多收行李识别代码及查询编号
TN JL 123456	行李牌号码
NM KOTTTER/J	旅客姓名
FD MU 524/06FEB	收到行李的航班号、日期
RT NRT/SHA	航程
XT MU 012013	速运牌号码
NF MU 513/07 FEB	运送行李的航班号、日期
NR SHA/NRT	运送行李的航程
SI MISHANDLED BAGGAGE	SERVICE INFORMATION

(2) 多收无人认领和无行李牌行李的处理。如果在本站出现了无人认领的行李或者没有行李牌的行李,则处理的程序如下。

① 在多收行李报告表上登记、编号。

② 查看行李上的旅客姓名、地址标贴/牌或其他能识别旅客姓名、地址的标志和行李的颜色、类型等。必要时,经领导同意后,可以开启包装查看行李内物(必须两人以上在场),以便从中得到有关线索,设法与旅客本人或单位有关人员联系。

③ 核对其他站发来的少收行李电报。

④ 如暂时无法找到失主,应填写"多收行李报告表",和"行李运输事故记录",登记运达航班号、日期、行李颜色、形状、行李的内容等,并栓挂多收行李记录卡、过磅入库。

⑤ 在航班到达后 4h 发多收行李电报,最晚不能超过飞机到达后第二天中午 12:00 前,电报发给运达航班的始发站,中途站或终点站。若行李在 72h 后无人认领,则向有关航站和行李查询中心拍发 SHL(STILL HOLD)电报,电报格式和内容与 OHD 电报相同。

⑥ 如果从行李外表和行李内容上查到失主的姓名和地址,应去函与失主联系,并请旅客提供以下情况:

· 乘坐航空公司、航班号、日期;

· 行李颜色、类型和行李物品;

· 是否属于托运行李;

· 是否已向承运人报失,在哪里报失的,如经联系多收行李实属该旅客所有,请旅客认领。

⑦ 将多收的行李存放在行李库房内,妥善保管。从开始保管之日起,超过 90 天,可按无法交付行李处理。

⑧ 找到失主,应立即通知失主前来领取。若查明失主在外站,按速运行李的运送方法运出。

⑨ 其他承运人航班运来的无主行李,可以移交给该承运人处理。

3．多收行李结案电报(CFI)

多收行李电报发出后，或向行李查询中心发 SHL 电报后，行李已被认领，应立即向有关行李查询部门或行李查询中心拍发结案电报 CFI(CLOSE FILE MESSAGE)。

[例 4.4.16] 结案电报示例一。

```
QD ATLWMXS SELLLKE SELLZKE NRTLLJL NRTLLMU PEKLLCA
.SHALLMU 051230/RG
CFI
RE OHD/SHAMU 05081
BAG CLAIMED BY PAX KOTER/J ON 05 JUN
```

[例 4.4.17] 结案电报示例二。

```
QD PEKLZFM
.SHLNFM 021025/198
CFISHL SHA 10005
BAF CLAIMED FM PEKCA FOR LI/JUN
STP FWD PEK BY SF 101/2 JAN
```

4．多收行李的复电——认领行李电报

(1) 收到他站多收行李电报后，查对是否与本站少收行李相符合，如属本站少收行李，应立即复电给多收行李航站，必要时抄送各行李查询中心。

(2) 与本站无关的多收行李电报不需复电。

[例 4.4.18] 认领行李电报示例一。

```
QD SHALLMU
.PEKLLCA 050830/RG
RE OHD/SHAMU 05081 MATCH WZ OUR AHL/PEKCA
05002
PAX KOTTER/J STP
PLS FWD PEK FRAV N ADV FWDNG MEANS STP
```

[例 4.4.19] 认领行李电报示例二。

```
QD PEKLZFM
.SHALNFM 081235/198
QHK PEKFM 10005 MATCH WZ OUR AHL
SHAFM 10004 PAX LI JUN STP FWD SHA
FRAV STP ADV FWDNF MEANS
```

5. 查询中心对多收行李的处理

(1) 将多收行李电报内容存储在 ACTS 中,当 ACTS 复电认领后,发电给有关航站行李查询部门,通知运送和交付的方法。

(2) 根据多收行李电报记录有关内容(见表 4.8)进行查询。

(3) 根据多收行李电报查实该行李属某站行李查询部门查找的行李时,即电告该航站。

表 4.8　多收行李处理登记表式样

多收编号	旅客姓名及电话	原行李牌号码	颜色/类型	航班日期	始发站	填表人	原少收查询编号	处理摘要及日期	本室经手人	海关签章

6. 多收行李人工查询电报及"WT"系统查询电报

1) 多收行李人工查询电报

(1) 出发航班多收行李查询电报。

```
QD HKGLLMU  HKGLLCI  HKGLLCX  HKGLLKA  HKGLSKA  TPELLCX  TPELLCX  TPELLCI
TPELLKA
KHHLLKA KHHLLCI KHHLLCX
.SHALLMU MU)200814/RG
OHK
FR SHAMU05082
NM ZHANG
IT ZX
TN TAGOFF
TC BK01CSW
RT SHA/YY
FD YY/05MAY
BI CROWN/RED REBBON ON HANDLE OF BAG FOR ID X
SI BAG POSS L/B FM FLT MU501/20MAY (SHA-HKG) X
- ATTN ALL CONCERNED STN:
- PLS CHK YR RECORD N ADV SHALLMU IF U NEED DS BAG X
THK N RGDS/SHAMU/RG
=
```

(2) 到达航班多收查询电报。

```
QD HKGLLMU HKGLLCX TPELLCX
.SHALLMU MU/200830/SJ
OHD
FR SHAMU09081
```

```
NM KONG/WONGHUA MR
IT WHK
TN CX684609
TC BU22HWX
RT TPE/HKG/SHA
FD CI611/20SEP/MU536/20SEP
BI SAMSONITE
SI NO CLAIM AT O/E X PLS CHK N ADV SHALLMU IF U NEED X
THK N RGDS/SHAMU/SJ
=
```

2）多收行李“WT”系统查询电报

（1）QOH 电报。

```
QD SHALLMU
.ATLWMXS 082000/HKGLLMU
QOH HKGMU
TN CX758433/CX758434
=
```

（2）OHD 电报。

```
QD FOCLLCA
.ATLWMXS 060905/HKGLLMU
OHD HKGMU11602
     /DRY/ 1 BAG CREATED 01AUG99/1116GMT
WT-01AUG
     /PAX/
NM01 LAM
NM02 MINGYUK
     /BAG/ AREA EMPTY
     /BAG01/
TN01 MU649862                    .CT01 BU25XXX
     /RTI/
RT HKG/FOC
FD MU538/01AUG
   /CLM/AREA EMPTY
   /OSI/
FF01 PAX OFFLOAD X LONG TIME NO PAX CLAIM X
FF02 BAG NOW KEEP RM6T017 F3//GARY 01AUG
     /MCH/ AREA EMPTY
END OF REPORT
=
```

4.4.4 速运行李

速运行李(BFM:Baggage Forward Message)是指行李发生不正常运输(如迟运、多收等)后,航空公司需要迅速地安排航班将行李运抵行李的目的地的运输。

1. 运送方法

(1) 运送速运行李必须按速运行李牌的内容要求详细填写有关项目,并栓挂速运行李牌,保留原行李牌。

(2) 可利用本航空公司或其他承运人的最快一次航班免费运出。尽可能使用原航空公司航班运送。

(3) 其他承运人的速运行李,如果行李包装不符合运输规定,可拒绝接受。运送其他承运人的速运行李,如果发生损坏、丢失,承运人不负赔偿责任。

(4) 本航空公司的速运行李委托其他航空公司运送,应办理交接手续。

(5) 海关监管的速运行李,运送时需办理海关手续。

(6) 速运行李发送前,应拍发运送行李电报给到达站行李查询部门以及有关中转站。必要时,还应该向遗失行李的旅客挂电话、写信或发电报,通知旅客行李的运送的航班、日期和目的地。

(7) 收到通知行李已交还失主电报后,即可结案归档,所有记录保存6个月以上。

2.运送费用

根据空运企业的惯例,速运行李在数量不多的情况下可利用任何承运人的航班免费运至目的站,目的站交付给旅客时所需费用由责任承担人承担。

3. 速运行李的转运

(1) 转运其他承运人的速运行李时,应按该行李重新过磅核对重量是否与速运行李牌上所列重量相符,如有差异应由原承运人改正。如本站无该承运人时,应将实际重量电告运送部门。

(2) 用最近航班将速运行李转运至目的地,如速运行李牌上未列明旅客的地址,可拒绝转运。

4. 速运行李运至到达站的处理

(1) 收到速运行李后,复磅速运行李的重量,核对重量是否与速运行李牌 EXT 上的重量相符。

(2) 检查速运行李的包装是否完整无损,如有破损,对破损的部位和程度做记录。破损行李需进行包扎或另装容器,并上铅封。

(3) 查看速运行李牌 EXT 上所列的各项内容。

(4) 通知旅客其前来提取认领行李。

(5) 行李到达站收到行李或旅客认领后,应拍发收到速运行李电报给运送行李的有关航站查询部门。

5. 拍发结案电报

速运行李交付给旅客后,应即使给有关航站行李查询部门和行李查询中心拍发结案电报(CFI),见例 4.4.20。

［例 4.4.20］

```
QD SHALLMU NRTAPMU NRTLLJL
.PEKLLCA 120420 /RG
CFI
OHD SHAMU 12089 FVR PAX JOHN /KOTTER
TN JL 123456 EXT MU 345678
DULY RECD N RESTORED TO PAP ON 10 JUN
```

6. 速运行李的交付

（1）的站收到速运行李后，应尽快通知旅客提取或按旅客要求，在征得当地海关同意后，将行李运送至旅客住地。

（2）行李交付旅客时，应查对旅客的领取凭证和证件。请旅客在速运行李牌上签收，收回旅客所持的"行李运输事故记录"。

（3）协助旅客办理海关手续，将行李亲自交付旅客，尽量避免转手交付。

（4）属于其他承运人的速运行李，收到行李后，应交给该承运人处理，双方办理交接手续。

（5）旅客可委托他人来认领速运行李，但被委托人必须出示委托书、旅客护照或证件的复印件以及被委托人的身份证件。

（6）在交付时，旅客提出赔偿要求，应根据责任与赔偿有关规定办理。

7. 速运行李手工信息电报及"WT"系统电报

1）速运行李手工信息电报

（1）出发航班多收行李速运电报。

```
QD HKGLLMU
.SHALLMU 041615/JI
FWD
OHD SHAMU04010
NM JOHN/KOTTER
TN MU037842
TC BK01WXX
FD YY/01JAN
RT SHA/YY
XT MU002345(XT:速运行李牌)
NF MU509/04JAN(NF:新航班)
NR SHA/HKG(NR:新航程)
SI BAG POSS MCH A HKGMU10733 X PLS RETURN BAG IF NOT MCH X(A:AHL)
THK N RGDS/JI
```

（2）到达航班多收行李速运电报。

```
QD PEKLNCA
.SHALNMU 041415/ST
FWD
OHD SHAMU04610
NM TON/HUICAI MR
TN MU659012
TC BU25PXX
FD MU5104/01APR
RT PEK/SHA
XT MU735074
NF MU5101/01APR
NR SHA/PEK
SI PAX FLEW BACK TO PEK ON 03APR X
- WLD U PLS CTC PAX TO PUP BY TEL 010-6897890 X(“-”表示项目组未结束)
TKS N RGDS/SHALNMU/ST
=
```

2）速运行李“WT”系统电报

```
QN TAOLLMU HKGLLMU
.ATLWMXS 110900/CDGLLCX
FOUND BAG FORWARD MESSAGE
ORIGINALLY ON RK102/08SEP/CX260/09SEP/ABJ/CDG/HKG
NOW ON BOARD CX260/10SEP/MU598/11SEP/CDG/HKG/TAO
NM LIN/HAILONG
TN RK061354/RK061356
XT KA064794/KA064791
FS HKG
RL 77(RL:原因)
TI01 DUE TO BAG TAG TO HKG ONLY N PAX AGREE GO W/S BAG X
TI02 ATTN TAOKA PLS CFM RCVD X THKS
AG KELVIN(AG:表示代理人)
END OF REPORT
=
```

4.4.5 行李破损、行李内物短少

旅客托运的行李在储存、运输过程中，因行李的外部受到损伤或改变行李的形状，而使行李的外包装/内装物品的价值受到损伤，称为行李破损（DPR：Damage/Pilferage）。

行李内物短少是指旅客的托运行李由于破损或其他因素而造成行李内物部分物品的遗失。

行李破损分为明显破损和不明显破损。明显破损是指行李外包装有明显的破损痕迹或外包装变形。不明显破损是指行李外包装完好或看不出有破损的迹象,但内物受到损伤。

发生行李破损，应立即查明行李破损的原因，明确责任。如果属于在运输过程中的正常现象，应向旅客解释，因为在正常的行李运输过程中，行李箱包也会受到一定损耗，如轻微的摩擦、凹陷或表面沾染少量的污垢等。这些轻微擦碰，承运人不负运输责任。

1. 行李破损的处理

1) 装卸时行李破损的处理

在装卸或传送行李时发生或发现行李破损,应会同行李装卸人员,按照规定填制行李装卸事故签证,并采取必要的补救措施。如果出港行李发生或发现破损,一般要求将破损行李修整,符合运输条件后方能运出。如果一时无法运输,在运出时,应拍发行李破损(DMG)电报,通知行李目的站或/和有关中转站。

2) 提取时行李破损的处理

(1) 旅客提取行李时提出其行李损坏,应立即会同旅客检查行李的外包装和内包装的损坏情况,并尽可能明确是承运人的责任,还是旅客的责任,检查内容包括:

① 有无人为开、撬现象,破损痕迹的新旧;

② 行李本身包装是否符合运输规定;

③ 整件行李的重量是否超过其包装所用承受的负荷;

④ 有无栓挂“免除责任行李牌”,是否已免除相应的责任;

⑤ 必要时可将破损行李过秤,核对旅客客票上填列的托运行李重量与实际重量是否相符,以确定行李的内容是否缺短。

(2) 行李破损属承运人的责任时,应会同旅客填制“破损行李记录表”(见附录 4.1),一式三份,一份交旅客收执,作为赔偿的依据;一份留受理部门存查;一份随行李索赔单交财务部门。

(3) 如行李外包装完好无缺,除旅客提出证明系承运人过失造成的外,对旅客向承运人提出的行李内装物品因破损而遭受损失的声明,可不予受理。

(4) 挂有“免除责任行李牌”的行李发生破损时,应查看免除责任行李牌上打“×”的项目,如属免除承运人的责任的项目,可不负破损责任。

(5) 如果代理其他承运人处理行李破损时,应请该承运人驻本场代表在“破损行李记录表”上签字,将“破损行李记录表”交该承运人代表直接处理。

根据国际航空协会规定:行李于国际运输过程中受到损害,应于损害发生 7 日内以书面向运送人提出申诉。但航空公司表示,最好在机场就作出反应,否则事后还需要另外填写一份报告书解释为何没有立刻发现行李毁损。

2. 填写“行李运输事故记录”的补充说明

在 DAMAGED INFORMATION 栏中分别在行李的正反视图、左右视图、上下视图标出行李受损部位,并在 TYPE OF DAMAGE 栏中根据行李受损程度在 MINOR(轻微)、MAJOR(严重),COMPLETE(完全破损)3 个方框中选择其中一项打“×”,表示破损程度。在 DESCRIPTION OF DAMAGER 栏中以文字形式描述行李受损情况。常见的破损部位和破损程度见表 4.9。

表 4.9　常见的破损行李部位和破损程度

破损部位	TOP 顶部	END 两端	SIDE 侧面	BOTTOM 底部
破损程度	MI 轻微 MINOR	MA 大部分 MAJOR	TL 全部 TOTAL	
	01 把手 HANDLE	02 锁 LOCK	03 穿孔 HOLE	04 撕裂 TORN
破损代码	05 刮伤 SCRATCHED 09 框架 FRAME	06 底部/导轮 FOOT/GUIDE 10 碎裂 CRUSHED	07 拉链 ZIPPER 11 污损 STAINED	08 绑带 STRAP 12 结合部 BINDINGS
	13 铰链 HINGES	14 凹陷 DENTED	15 内物 CONTENTS	16 其他 OTHER

3. 行李破损登记

发生或发现行李破损，应立即填写“行李装卸事故签证”或“行李运输事故记录”，并根据破损行李赔偿标准的有关规定办理赔偿，每月终了，填写行李破损登记表上报有关部门（见表 4.10）。

表 4.10　行李破损登记表式样

日期	编号	旅客姓名	客票号码	航班号/日期	航程	行李牌号码	行李损坏情况	处理情况（赔偿金额）	处理情况	经手人备注

4. 人工查询电报及“WT”系统查询电报

1）人工查询电报

```
QD HFELNMU
.SHALLMU 120730/RG
P/LOST
FR SHAMU12003
NM JIANG/MING MR
TN MU123456
TC BK27WXX
RT HFE/SHA
FD MU5507/07DEC
SI PAX MISSING ONE CAMERA(BRAND FUJI)
PLS CHK YR END N REPLY ASAP TKS STP
AG SHAMU/RG
=
```

2）“WT”系统查询电报

```
QN SHALLMU
.ATLWMXS 220130/HKGLLMU
DDP HKGMU10731
    /DRY/ 1 BAG CREATED 20AUG99/0606GMT
WT - 20AUG
    /PAX/
NM01 CHENG                              .IT01 JC
NM02 JIAN
PT MR
PA01 HONGKONG
PN01 852 - 26395680
TK 781 - 6523892010
PP A02015945
   /BAG/
BW 1/20KGS          .BL SHA             .DB HKG
   /BAG01/
TN01 MU025012                           .CT01 BK02HWX
TD01 TOP/01TL/BOTT/04MA(代表破损类别)
    /RTI/
RT SHA/HKG
FD MU535/20AUG
   /CLM/
RL 80          .FS SHA
CS1 F/HKG300
   /OSI/      AREA EMPTY
   /MCH/      AREA EMPTY
END OF REPORT
=
```

4.4.6 无人认领行李

无人认领行李是指多收行李、旅客遗失的自理行李/手提行李/安全限制物品，经多方查询仍无法找到失主，保管期超过规定时限的行李物品。

（1）无主行李物品从开始保管之日超过90天，可作为逾期无人认领行李。

（2）处理逾期无人认领行李/物品工作，由当地行李查询部门负责，在处理前应做好清点，编制“无人认领行李/物品登记表”，上级有关部门批准后，按以下规定进行处理：

① 无价移交物品：

· 军用品向当地军属部门移交；

· 违禁品向当地公安部门移交；

· 历史文物、珍贵图书向当地文化部门移交；

· 海关监管物品向海关移交；

· 金银珠宝向中国人民银行移交。

② 有价移交物品：

· 生产资料交当地有关物资部门处理；

· 生活资料交当地商业部门付款收购；

· 粮食、植物油料交当地粮食部门付款收购。

③ 鲜活、易腐或其他保管有困难的物品、报经上级批准处理。

④ 处理所得款项，应先扣除行李保管费、处理费用、付关税，余款交财务部门保管。如旅客在处理之日起 30 天内，前来认领行李，在提供适当证明并经承运人确认后，可将余款交还失主，否则余款上交国库。

⑤ 属于运输事故，并已由承运人赔偿的行李，其变卖款须全部由承运人所有。

4.4.7 临时生活用品补偿费

临时生活用品补偿费是指旅客的托运行李，由于承运人的工作差错造成行李迟运、错运等运输差错事故，未能与旅客同机到达，给旅客日常生活带来困难，承运人可根据实际情况，在经停地或目的地等候行李期间，按规定主动付给旅客临时生活用品补偿费，作为购买洗漱用具和换洗衣裤等生活日用品的费用。

(1) 补偿费标准：最高不得超过人民币 100 元。承运人可一次性发给旅客 100 元，也可参照当地物价做出其补偿费标准。补偿费的发放一般要满足下列条件：

① 旅客提出要求；

② 晚到行李当天不能运达；

③ 过站旅客(本站不是旅客永久居住地)；

④ 不是逾重行李，但因载量不足被拉卸。

(2) 对重要旅客、重要商务旅客和知名人士的临时生活用品补偿费经请示可适当增加。

(3) 支付临时生活用品补偿费时，应填开“临时生活用品付款单”(一式三份，见附录 4.2)，请旅客在收据上签字，补偿费收据的旅客联交旅客，存根联附在“行李运输事故记录”上，财务联做报销用，交财务部门。

(4) 将所支付的临时生活用品补偿费金额填写在“行李运输事故记录”的日用品补偿费栏目内。经过查询，确定旅客的托运行李已丢失需要赔偿时，赔偿金额应扣除已付的临时生活用品补偿费。如旅客的托运行李经查询后找到了，临时生活用品补偿费不需偿还。

(5) 代理其他航空公司处理行李不正常运输时，此项临时生活用品补偿费除与该航空公司另有协议外，一般不代其预付临时生活用品补偿费，请旅客与承运的航空公司直接联系。

4.5 行李的赔偿

行李的运输是旅客运输不可缺少的部分，每名旅客在旅行中都会携带或多或少的行李，可能是衣物、礼物以及其他物品。由于航空运输一般都是联程联运的，特别是国际运输，经常要换机中转，涉及的承运人也往往不止一家，而行李毕竟不是人，不会识别什么时候该上哪架飞机。因此，从某种意义上来说，行李的运输比旅客的运输要复杂得多。

一般来说,行李的运输要经过6个步骤,即登记交运(Check - in)、分类整理(Make - up)、装运(Loading)、中转(Transfer)、卸载(Unloading)、提取认领(Claim area)。现在行李运输的处理采用一种叫做“牌照”体系(Lisence Plate Concept)的方法,原理其实很简单,就是在行李登记的时候,为每件行李分配或指定一个唯一的号码,就像汽车牌照号一样,这样在行李运输的整个过程中,就能准确地识别和进行跟踪。这个号码以可直接读取和条形码两种方式印在行李牌上。通过专门的扫描仪、激光笔等可以对条形码进行解码读取,以准确地了解行李的信息,大大提高行李运输的效率和准确性。

但是,由于行李本身所具有的多、杂、碎等特点,以及处理环节较多,加之航空运输的国际性、多边性和复杂性,行李的破损遗失几乎是不可避免的。对于航空公司,只能加强各个环节的管理监督,以尽可能减少此类事件的发生。行李是旅客的个人财产,在运输过程中发生破损、遗失、被盗以及延误都会给旅客带来损失。如果是由于承运人的过失使旅客的行李全部或部分遭受损坏、丢失、短缺或延误运输,承运人应当按《华沙公约》以及IATA决议为旅客办理赔偿。旅客的自理行李、随身携带行李物品经承运人同意由旅客自行负责照管,除非旅客能提出证明是承运人的过失所造成的损失外,承运人不承担赔偿责任。

4.5.1 行李赔偿责任的划分

1. 承运人的责任

(1) 旅客的托运行李在承运过程中,由于承运人的过失,发生丢失、损坏、短缺或延误运输,承运人应当负赔偿责任。旅客的自理行李和随身携带物品发生损失时,除能提出证明是承运人的过失所造成外,承运人不负赔偿责任。所谓承运过程是指从旅客交运行李时起,直到收到交付行李时止,由承运人掌管的期间。

(2) 如果行李的损失只是全部托运行李的一部分,不管其损失的价值如何,只能按该损失行李的重量在全部重量中的比例承担。

(3) 在其他承运人航班上运输的行李所发生的损失,作为代理人的航空公司不承担赔偿责任,但可代为受理旅客的赔偿要求,并将此要求转给有关承运人驻本站的代表。

(4) 承运人对行李运输事故所负责任,应依据有关国际航空公约或议定书确定。

2. 承运人责任的免除

(1) 交付行李时,旅客没有对行李的完好提出异议,也没有填写“行李运输事故记录”或“破损行李记录”,承运人不负赔偿责任。

(2) 对于逾重行李的逾重部分,如未付逾重行李费,承运人不承担赔偿责任。

(3) 由于行李发生损失而引起的间接损失不负责赔偿。

(4) 行李在航空运输中因延误造成的损失,承运人应当承担责任,但是,承运人证明本人或者其受雇人、代理人为了避免损失的发生,已经采取一切必要措施或者不可能采取此种措施的,不承担责任。

(5) 由于下列原因造成托运行李的损失,承运人不负赔偿责任:

① 拴挂“免除责任行李牌”的行李,按牌上用“*”符号所标明的项目,免除相应的运

输责任。

② 行李的外包装完整无损，除非旅客能提出证明是承运人的过失所造成，否则对行李的内包装物品的损坏不负赔偿责任。

③ 自然灾害或其他无法控制的原因造成的损失。

④ 承运人遵守本国或运输过程中有关国家的法律、政府规章、命令和旅行条件的规定或由于旅客没有遵守这些规定。

⑤ 行李本身的性质、缺陷或内部物品造成。

⑥ 行李内装有承运人规定不能夹入托运行李内运输的物品，如易碎物品、易腐物品、货币、珠宝、贵重金属、金银制品、可流通票证、有价证券和其他贵重物品，以及公务文件、护照和其他旅行证件的损失，不论承运人是否了解，都不负赔偿责任。

⑦ 易碎(FRAGILE)、易腐(PERISHABLE)、包装不符合要求、锁扣不完善(UNSUITABLE PACKED)物品发生损坏或短缺。

⑧ 迟到(LATE CHECK - IN)、候补(STANDBY)旅客的行李，以及旅客自理行李超过规定的体积或重量，不准带入客舱，临时作为托运行李处理，(NOT ADMISIBLE IN CABIN)发生延误运输时。

⑨ 收运行李本身有破损或缺陷的行李(RECEIVED DAMAGED)，且已在免除行李牌上注明其部位以及由此而扩大损伤的部分。

⑩ 行李超重或超大。

⑪ 鲜活物品或小动物。

3. 旅客的责任

由于旅客本身的责任，或由于行李内部的物品或行李内装有承运人规定不能携带、夹入行李内运输的物品，或由旅客本身造成承运人或其他旅客行李的损失，应由该旅客负责赔偿。

例如，有一旅客带有一箱海鲜物品，由于包装不完善造成其他旅客行李污损，此种损失由该旅客承担。

4.5.2 行李的赔偿

1. 托运行李的赔偿

1) 遗失行李的赔偿

(1) 属国内运输的托运行李发生遗失，赔偿金额每千克不超过人民币 100 元。如果行李的价值每千克低于人民币 100 元时，按照实际价值赔偿。已收取的逾重行李费退还给旅客。

(2) 属国际运输(包括构成国际运输的国内航段)的托运行李发生遗失，赔偿金额每千克不超过 20 美元。如果行李的价值每千克低于 20 美金时，按照实际价值赔偿。

(3) 旅客丢失行李的重量按照实际托运的重量计算，无法确定重量时，每一旅客的丢失行李最多只能按照旅客享受的免费行李额赔偿。

(4) 已赔偿的旅客丢失行李找到后，承运人应迅速通知旅客领取，旅客应将自己的行李领回，退还全部赔款。临时生活用品补偿费不退。但发现旅客有明显欺诈行为，承运人有权追回全部赔偿款。

2）破损、污染或内物短少行李的赔偿

(1) 属国内运输的托运行李全部或部分损坏、污染或者内物发生丢失，赔偿金额每千克不超过人民币 100 元。如果行李的价值每千克低于人民币 100 元时，按照实际价值赔偿。已收逾重行李费退还。

(2) 属国际运输（包括构成国际运输的国内航段）的托运行李发生全部或部分损坏、污染或者内物发生丢失，赔偿金额每千克不超过 20 美元。如果行李的价值每千克低于 20 美金时，按照实际价值赔偿。

(3) 旅客托运行李部分遭受损失，不管其损失价值如何，只能按照占损失行李全部重量中的比例赔偿。但是由于部分损失影响同一件或同一批行李的其他物品的价值时，应当将受到影响的物品的重量一并计算入行李赔偿重量。

(4) 行李损坏时，按照行李降低的价值赔偿（每年 20% 的折旧率）或负担修理费用。

(5) 损失的部分行李物品在无法准确得知实际重量时，可以参照 IATA1744 规定的行李物品重量折算表估算出损失物品的重量。比如一件男士 T 恤重量为 0.12kg，一双女士靴子重量为 1.4kg，一架迷你相机重量为 0.5kg，一个 75cm Delsey 牌的行李箱重量为 6kg，一台 64cm 彩电重量为 32kg 等。

3）临时生活用品补偿费的赔偿

因航空公司原因造成旅客的托运行李未能与旅客同机到达，使旅客的生活发生不便，应根据实际情况向旅客一次性交付临时生活用品补偿费并填写临时生活用品付款单。不同航空公司临时生活用品补偿费的最高限额不同，而且同一航空公司不同航站标准可能也有所不同。以东方航空公司为例：

国际航班：	头等舱旅客	人民币 500 元
	公务舱旅客	人民币 400 元
	经济舱旅客	人民币 300 元
国内航班：	头等舱旅客	人民币 300 元
	公务舱旅客	人民币 200 元
	经济舱旅客	人民币 100 元

4）限制运输行李物品的补偿

对于下列物品的缺失，航空公司按照一般托运行李承担赔偿责任：

(1) 货币、珠宝、金银制品、贵重金属、贵重物品、古玩字画。

(2) 易碎品、易腐品。

(3) 流通票证及有价证券。

(4) 重要文件和资料、外交信袋、护照和其他证明文件或者样品。

5）已办理声明价值手续的行李的赔偿

旅客遗失、破损、污染或内物短少行李如果已经办理声明价值，应按照声明价值赔偿，最高不超过人民币 8000 元，声明价值附加费不退。行李的声明价值高于实际价值时，应按照实际价值赔偿。

2．旅客随身携带物品的赔偿

(1) 旅客的随身携带物品经承运人同意由旅客自行负责照管，除非旅客能提出证明是承运人所造成的过失外,承运人不负赔偿责任。

(2) 由于发生在上、下航空器期间或航空器上的事件造成的自理行李和随身携带物品灭失,承运人的最高赔偿金额为:国际航班每位旅客不超过 400 美元,国内航班每位旅客不超过人民币 3000 元。

4.5.3 提出赔偿要求的地点、时限、诉讼

1. 提出赔偿要求的地点

旅客提出的赔偿要求一般应由目的站或事故发生的航站受理,如事故的发生不在始发站,旅客在始发站提出时,也可以受理,但应当与原处理站,即填写行李运输事故记录的航站,取得联系,并得到该站正式委托函后方可办理。

2. 提出赔偿要求的时间

旅客在要求赔偿时,一般要书面通知航空公司。对于不同类型的索赔,期限如下:

(1) 对于行李损坏,应当在交付行李时,立即向承运人提出索赔要求,最迟不得超过从收到行李之日起 7 天内提出。

(2) 对于行李遗失,最迟不得超过从行李应当交付给旅客之日起 21 天内提出。

(3) 对于行李延误,最迟不得超过从行李交付给旅客之日起 21 天内提出。

3. 行李赔偿的诉讼

旅客对承运人的赔偿如有不同意见,可在受理站、处理站、承运人所在地、目的地的法院提起诉讼,诉讼应当从飞机到达目的之日起,或从飞机应当到达之日起,或从运输停止之日起两年内提出,否则就丧失诉讼权。

4.5.4 办理赔偿的程序

1. 少收行李的赔偿

(1) 航空公司的少收行李案件如果在规定的期限之后仍未找到,案件交由赔偿员处理。

(2) 赔偿员接案后,与查询员联系了解案件查询的情况,并进一步向旅客了解行李的详细情况。查看赔偿所需资料是否齐全,如有不全,应要求旅客提供。若该少收行李是与其他行李一起合并交运的,应具备所有同行旅客的全程机票和身份证件复印件。

(3) 根据旅客所提供哟关行李的进一步详细情况,对行李实施广泛查询,必要时使用传真及长途电话。若发现相似的行李,应与旅客逐一仔细核对。如系帮助查询,应告知旅客责任范围,并向旅客提供责任航空公司的联系方式。

(4) 自旅客到达之日起 21 填后若行李仍未找到,即开始理赔。根据机票复印件、合并交运行李的人数、托运行李的总件数、总重量以及收到的行李的件数及重量,检查 PIR 单上的旅客姓名与机票上是否一致,了解行李是否逾重、是否买过行李保险等一系列因素,然后初步决定处理意见及赔偿金额。

(5) 赔偿金额的具体计算。

① 国内行李赔偿:(旅客托运行李总重量 - 已收到的行李重量) × 100 元人民币/kg。

② 国际计重制行李赔偿:(旅客托运行李总重量 - 已收到的行李重量) × 20 美元/kg。

——加入旅客机票或行李牌上未标明旅客实际托运的行李总重量,则应将旅客的最大免费行李额作为上述公式中的旅客托运行李总重量,即持成人及儿童票的旅客:头等舱40kg,公务舱30kg,经济舱20kg。国际航班持10%婴儿票的旅客:10kg,国内航班持10%婴儿票的旅客无免费行李额。

——如机票上所列明的重量高于最大免费行李额,应检验其是否具有相应的逾重行李票。如有,旅客托运行李的总重量应为旅客的最大免费行李额+逾重行李票上所列的行李逾重重量。如无法出具,则应以最大免费行李额为标准计算。

③ 国际计件行李赔偿

——如可以确定遗失行李的重量,则该件行李的赔偿金额为:遗失行李重量×20美元/kg。

——如遗失行李的重量无法得知,应按计件行李的最高重量限额(32kg×20美元/kg)计算。持10%婴儿票的旅客享有1件32kg的免费行李额。

(6) 以上所计算得出的赔偿数额,应同旅客的索赔价额相比较,取低者。

(7) 联系旅客,向其说明航空公司有关行李赔偿的规定,就行李赔偿金额与旅客达成一致意见。

(8) 填制行李赔偿费收据(须两人经手签字),交室主任及部门主管精力审批签字。

(9) 通知旅客取款日期,安排取款事宜。如旅客要求航空公司汇款,应请旅客将已签字的行李赔偿费收据寄回,然后将款项汇至旅客指定地点。如旅客因特殊情况要求航空公司送款,可联系快递公司将款项送至旅客指定地点。

(10) 如旅客不方便在本站赔偿,希望在其他航空公司办事处或外展办理,可以根据实际情况授权对方处理,必要时可将赔偿资料转给该站。

2. 破损、污染行李的赔偿

(1) 遇有行李破损、污染当场无法解决的,转由负责赔偿工作的人员处理。

(2) 工作人员应分析行李的损坏是运输过程中的正常损耗还是非正常破损。如系前者,应向旅客说明航空公司对下列行李运输的正常损耗不负责任:

① 行李箱包表面正常的轻微磨损或玷污。

② 重量超常或内物接近行李箱容量极限的破损。

③ 行李箱包牵引带的遗失。

(3) 了解旅客的索赔金额,要求旅客填写旅客行李索赔单,参照航空公司有关赔偿规定,根据行李的破损、污染程度向旅客提出赔偿意见,并可以按以下方案处理:

① 以现金方式向旅客赔偿因行李破损、污染造成的损失。

② 提供给旅客新的箱包作为赔偿并收回旧箱。

③ 由旅客购买与受损箱包相同或相似的箱包后凭发票包销,应事先告知旅客航空公司能接受的金额范围,并请旅客在购箱发票上签字。

④ 如旅客的箱包的价格昂贵,不能接受航空公司提出的赔偿价额,且破损程度较小可以修复,应视情况将该破损的箱包送到箱包修理公司予以修复后再送交旅客。但应事先告知旅客,航空公司提供的修复并不能保证行李行李箱包与破损前一模一样。

⑤ 旅客亦可自行修理箱包后凭发票包销修理费,但应事先告知旅客航空公司能接受的金额范围并请旅客在修理发票背面签字。

⑥ 无论旅客接受何种赔偿方式，均须填制行李赔偿费收据，其他手续同行李遗失赔偿的手续。

3. 内物破损、污染的赔偿

行李内物发生破损，应根据受损物品的实际重量给予赔偿。行李内物发生污染，若通过清洗可以继续使用的，可适当赔偿旅客清洗费；若无法继续使用的，可根据受污染物品的重量赔偿旅客损失费。

4. 内物短少的赔偿

(1) 行李内物短少、查无下落且旅客不同意当场解决的，该案由负责赔偿的工作人员处理。

(2) 负责赔偿的工作人员应详细了解行李内物短少的情况和旅客索赔金额，要求旅客填写旅客行李索赔单和遗失物件问卷。

(3) 旅客行李内物短少，如有原始及现时重量记录，应按原始重量－现时重量所得的重量赔偿。

(4) 旅客行李内物短少，也可视情况参照 IATA1744 规定的行李物品重量折算表估算出短少物品的重量。

5. 办理赔偿的要求

(1) 办理行李丢失或延误运输的赔偿必须具备的条件：

① 行李牌识别联；

② 客票旅客联；

③ 行李运输事故记录；

④ 来往查询电报、信函(3 次以上查询电报的底稿和有关地点的回电)；

⑤ 丢失行李调查表；

⑥ 旅客索赔申请书；

⑦ 行李赔偿调查报告；

⑧ 其他有关行李损失的详细资料；

⑨ 对逾重行李或声明价值行李的赔偿，还应有逾重行李票或声明价值附加费收据(复印件)。

(2) 办理行李破损的赔偿必须具备的条件：

① 破损行李记录表；

② 旅客行李索赔单(见附录 4.3)；

③ 行李装卸事故签证；

④ 来往函电。

4.5.5 行李赔偿的分摊与结算

1. 行李赔偿的分摊

当旅客的整个航程是联程运输的时候，如果发生行李的遗失破损或被盗，其损失的赔偿可能涉及一家或几家航空公司。为了旅客索赔的方便，往往航程的最后一个承运人代表其他航空公司进行理赔。当然，如果方便的话，旅客也可在应负赔偿责任的几家航空公司中任选一家进行索赔。这时理赔航空公司支付给旅客的赔偿金实际应由负赔偿责任的几家航空公司共同承担，这就要求理赔公司按照分摊原则进行合理分摊计算，再向有关责任公司开账要回其先期垫付的部分。

其中某个承运人的分摊赔款超过 300 美元时，应发“分摊赔偿通知”事先征得该承运人的同意。对不超过 50 美元的，承运人不需发“分摊赔偿通知”，凭行李运输事故记录或行李损坏记录和来往查询函电向其结算。

1）分摊原则

在一些情况下，可以很明确地看出造成行李赔偿过错的是哪一家航空公司，这时全部赔偿金额都由其承担；但是在有些情况下，特别是行李遗失的情况下，很难确定究竟是哪一家航空公司的责任。还有一些情况，可以确定两家或多家航空公司应对过错负责。所以如果是由多个承运人或责任不清的情况下，赔偿金需要在承运人之间进行分摊，不涉及旅客。分摊本着互惠、平等、一致的原则，如发现任何不平等，可以追索，即使过了很长时间。

2）分摊标准

如何进行分摊，这需要一个标准。在航空公司间平均分配，显然是不公平的。早先，运价作为分摊的基础，但是准确的运价很难得到，特别是存在长航程低运价的情况，也造成了不公平。因此，分摊赔偿费用采用里程作为分摊基础，即使用航协客票点里程手册(IATA TPM)，按照参加承运的承运人运输行段的里程计算各承运人占运输总里程的百分比，然后根据各承运人占总里程的百分比乘以赔偿费计算出分摊赔偿费用。

［例］

一旅客旅行的航程为

670　　1123　　6737

PEK——SHA——TYO——NYC

MU　　NW　　NW

旅客遗失一件托运行李，重 32kg。计算各承运人应承担的赔偿费用。

解：PEK——SHA 由 MU 承运，分摊比例为

$$670/(670+1123+6737)=0.0785=8\%\text{（四舍五入）}$$

后两段均为 NW 承运，分摊比例为

$$(1123+6737)/(670+1123+6737)=0.9214=92\%$$

被分摊额为

$$20\text{USD}\times 32=640\text{USD}$$

即

$$\text{MU}:640\times 8\%=51.20\text{（美元）}$$

$$\text{NW}:64092\times 92\%=588.80\text{（美元）}$$

3）被分摊额

被分摊额一般就是理赔航空公司支付给旅客的赔偿金额。但由于支付方式不同，被分摊额会与实际支付的赔偿金额有所区别。

当理赔公司以运输方式代替现金支付全部旅客赔偿金额时，不能进行分摊计算，即被

分摊额为 0,全部赔偿由理赔公司承担;如果理赔公司使用运输方式代替了赔偿金额的一部分,则只有剩余的现金支付部分作为被分摊额,进行分摊计算。

2. 结算

理赔航空公司在支付给旅客赔偿金后 60 天内,必须向其他责任公司发出分摊通知以及相关票证、文件,要求其支付分摊金额,如果没有及时发出,则其他责任公司有权自行决定是否接受。

责任航空公司在接到分摊通知后,必须在分摊通知发出之日起 60 天内付款。若在此期限内没有付款或答复,则意味着同意理赔公司直接向其开账收取。

发出分摊通知提供的材料:票证、文件,包括旅客行李票复印件或票号、行李牌号复印件、旅客索赔文件复印件支付旅客赔偿金的每个承运人的分摊金额说明书,若分摊金额大于 100 美元,还应提供 PIR 报告(行李清单)或尽力追查的证明。

分摊结算的最低限额为 50 美元及等值货币额,若赔偿金额或分摊金额低于 USD50 或等值货币额,不能向其他责任航空公司要求支付,即不进行分摊结算。如果索赔涉及国际运输,并且经分摊计算某些责任航空公司需承担的分摊金额超过了 USD1500,理赔公司在支付给旅客赔偿金前需发“分摊赔偿通知”,通知这些责任航空公司,请求授权。如这些航空公司在通知发出之后 30 天内没有答复,则意味着同意授权处理索赔。

分摊金额的支付既可以通过 ICH 或 ACH 支付,也可以要求直接支付。前者效率高些。

思考题

1. 行李的概念及类别。
2. 什么是免费行李额? 具体标准是什么?
3. 重体系和计件体系分别适用于什么情况?
4. 计重体系的逾重行李费率是如何确定的?
5. 计件体系下费率的使用主要考虑哪几个因素? 具体如何使用?
6. 计算

1) F　　　Y

A——B——C,全程行李重量 50kg,计算逾重行李费。

2) 某旅客从 SIN——BKK——HKG,SIN——BKK 为 Y 舱,BKK——HKG 为 F 舱。该旅客有 60kg 托运行李。计算旅客的逾重行李费。

3) 旅客带有滑雪板(SKI)一套,请在计重体系下,分别按普通和特殊方法计算逾重重量。

普通行李	滑雪装备	按普通行李计算	滑雪装备单独交运	逾重行李重量
1/10	1/7			
1/17	1/14			
1/27	1/13			
1/33	1/9			

4）旅客带有高尔夫装备一套，请分别按普通和特殊方法计算逾重重量。

普通行李	高尔夫装备	按普通行李计算	高尔夫装备单独交运	逾重行李重量
1/9	1/12			
1/22	1/13			
1/17	1/17			
1/27	1/18			

5）某旅客交运行李情况如下：两件行李，重量分别为 31kg 和 17kg；一只小动物重 12kg；一套高尔夫装备和一套滑雪装备，重量分别为 15kg 和 10kg。计算计件体系下逾重行李费。

7．一旅客王明乘坐上海至洛杉矶航班，旅客交运行李 1 件，重 4kg，申报价值为 1500USD，旅客乘坐经济舱，票价为 6550 元人民币。根据上述情况计算逾重行李费和声明价值附加费（银行比价：1USD = 8.6954CNY）。

8．一旅客带有一小狗乘坐上海至广州航班，狗重 3kg，笼和食物共重 2kg，旅客乘坐经济舱，票价为 700 元人民币。计算小动物的运费。

9．一旅客带有一外交信袋，乘坐上海至巴黎航班，外交信袋需占座位，重量 47kg，旅客乘坐经济舱，票价为 7540 元人民币，计算应收费。

10．为什么要对行李进行安全检查？

11．交运行李和非交运行李对于包装的要求如何规定？

12．如何处理违章行李？

13．行李的保管规定？

14．不正常运输的定义是什么？

15．解释出港航班行李少收的处理程序。

16．解释行李赔偿的处理程序。

17．上海航站发现 2 件行李未按预定航班运往广州，现将此行李运往到达站，日期为 9 月 25 日，MU5323 航班，速运牌号为 MU032245，请拍发运送行李电报。

18．描述以下电报的含义。

```
QD PVGLNFM
.PVGLNFM 201607
AHL
FR PVGFMA030104
NM LV SHENG
TN FM123456
TC BK01CWH
RT SHE/PVG
```

```
FD FM100/01JAN
BI CROWN MARK
CN BOOKCLOTH
FI FWD PVGLNFM T/D PVG L/S SHE
PLS RUSH OHR N ADY PVGFM EVEN IF NEG
TKS COOP
```

19. 旅客张明 1996 年 1 月 27 日乘坐 MU5124 航班从北京至上海，共托运 2 件行李，重 20kg，其中，一件未收到，重量为 8kg，颜色为黑色，1 型带轮行李箱，行李箱上有北京国际饭店的标牌，行李内有毛衣、皮鞋和食品，行李牌号 CA064475。根据上述情况，请向北京拍发少收行李电报，并填写 PIR 单(有关信息自编)。

20. 昆明航站在青岛至昆明的 3Q4566 航班上发现两件挂有非本站行李牌的行李，其中一件号码为 MU642391，黑色，2 型，无轮；另一件号码为 MU642361，红色，3 型，有轮。根据上述情况，请拍发多收行李电报。

21. 行李赔偿责任如何确定?

22. 承运人在何种情况下可以免除责任?

23. 对于不正常运输的行李，旅客提出赔偿要求的时限如何规定的?

24. 国内和国际的行李赔偿限额为多少?

25. 旅客陆海生乘坐 LH1003 航班于 1995 年 5 月 24 日从 DUS 至 FRA，并于当天乘 LH736 航班从 FRA 至 HKG，于 1995 年 5 月 25 日乘坐 MU536 航班从 HKG 至 SHA。旅客遗失一件棕色 1 型行李箱，带轮子，内有衣服、书籍和收录机一台，行李重量 20kg，牌号 LH537177，旅客客票号 999 440 069 3185，根据上述情况，填写 PIR 单，并发少收电报通知始发站。因行李失踪，决定赔偿给旅客，实际距离：

118　　5698　　754

DUS——FRA——HKG——SHA

根据上述情况，按国际行李赔偿规定，计算各自承担的赔偿金额。

26. 旅客郭江华于 1995 年 12 月 31 日乘 MU501 航班从 SHA 至 HKG，并转当日 CX402 航班由 HKG 至 TPE。现旅客遗失一件重 20kg 的行李，行李牌号为 MU009387，行李箱为黑色，23 型，带轮，内有衣服、字画、书籍。根据上述情况，拍发少收行李查询电报。因行李无法找到，计算承运人应承担的赔偿金额。实际距离为：

754　　492

SHA——HKG——TPE

27. 编号为 PVGMU09012 的少收行李情况如下：

旅客 YANG/SHIHOU 报失一件蓝色带拉杆的软箱，行李的品牌为 SPORT，里面装有旅客的衬衫、玩具熊等。旅客上海住万豪大酒店，至 25 日离开。根据以上情况及旅客机票、行李牌、身份证复印件。

(1) 填写 PIR 单；

(2) 请拍发少收行李查询电报；

(3) 航空公司当场支付临时生活用品补偿费 100 元，请填写临时生活日用品付款单。

附录4.1 破损行李记录

<table>
<tr><td colspan="8">破损行李记录
SAL DAMAGED BAGGAGE REPORT(DBR)</td></tr>
<tr><td colspan="4">编号
REFERENCE NO.LLCA</td><td colspan="2">破损行李件数
PIECE OF DAMAGED BAG</td><td>旅客姓名
PASSENGER'S NAME</td><td>称呼
TITLE</td></tr>
<tr><td colspan="4">旅客航程 Passenger's itinerary</td><td colspan="4" rowspan="3">旅客临时住址及电话号码 Passenger's temporary address and phone No.</td></tr>
<tr><td>航空公司
Airline</td><td>航班号
FLT NO.</td><td>月日
Month/Date</td><td>自至
From To</td></tr>
<tr><td></td><td></td><td></td><td></td></tr>
<tr><td></td><td></td><td></td><td></td><td colspan="4" rowspan="2">旅客永久住址及电话号码 Passenger's permonant address and phone No.</td></tr>
<tr><td></td><td></td><td></td><td></td></tr>
<tr><td colspan="4" rowspan="3">声明价值
EXCESS VALUATION PURCHASED □未付 NO
□已付 YES 金额 THE SUM OF</td><td colspan="4">以前报告过 PREVIOUSLY REPORTED
□没有 NO □已报告过 YES 在 AT______</td></tr>
<tr><td colspan="4">客票号 TICKET NO.</td></tr>
<tr><td colspan="4">声明价值票 EXCESS VALUATION TICKET NO.</td></tr>
<tr><td colspan="4">索赔内容 CONTENT CLAIM 1___ 4___
□有 YES 如有 IF YES 列出清单和破损情况 2___ 5___
□无 NO > - > LIST ITEMS AND 3___ 6___
DESCRIBE DAMAGE</td><td colspan="3">现款支付 CASH SETT LEMENTACCEPTED
□已接收 YES □未接收 NO</td><td>借用箱提供
LOANER BAG PROVIDED
□已借 YES
□未借 NO</td></tr>
<tr><td>行李牌号码
Bagg. Tags erial No.</td><td>行李类型和颜色
Bagg. Type and clour</td><td>质地
Material</td><td>商标
Brand name</td><td colspan="2">购买日期
Date of purchase</td><td>价值
purchas value</td><td>现在价值
present value</td></tr>
<tr><td></td><td></td><td></td><td></td><td colspan="2"></td><td></td><td></td></tr>
<tr><td></td><td></td><td></td><td></td><td colspan="2"></td><td></td><td></td></tr>
<tr><td colspan="4">破损说明
DESCRIBE DAMAGE</td><td colspan="4" rowspan="6">在图表上标出破损部位
MARK DAMAGED AREA ON DLAGRAMES</td></tr>
<tr><td colspan="4"></td></tr>
<tr><td colspan="4">破损原因——如果知道
CAUSE OF DAMAGE——IF KNOW</td></tr>
<tr><td colspan="4"></td></tr>
<tr><td colspan="4">经手人姓名电话号码
CAAC Official's name phone No.</td></tr>
<tr><td colspan="4">旅客签字
Passenger's signature</td></tr>
</table>

当您乘坐上航航班时您的行李发生了破损，为此我们深表歉意。PLEASE ACCEPT OUR SINCERE APOLOGIES FOR THE DAMAGE TO YOUR BAGGAGE WHICH APLE YOU WERE A PASSENGER ON SAL FLIGHT.

上航感谢您光临，我们期望您今后能愉快地乘坐上航旅行。SAL APPRECIATE YOUR PATRONAGE ON OUR FLIGHT AND LOOK FORWARD TO YOUR FUTURE TRAVEL WITH SAL UNDER HAPPIER CIRCUMSTANCE.

请注意：本表格不涉及购买新的行李，购买新的行李必须得到上航工作人员的特别允许。PLEASE NOTE: PURCHASE OF REPLACEMENT BAGGAGE IS NOTE COVERED BY THIS FORM AND MUST BE SPECIFICALLY AUTHORIZED BY SAL AGENT.

附录4.2 临时生活日用品付款单

临时生活日用品付款单

RECEIPT FOR ACCOMODATION

FOR DAILY NECESSITIES

PIR No.

编号

Reference No. LLCA ______

兹有我(签名人)在乘坐__________航班旅行时未收到我的交运行李,愿接受承运人支付的如下金额以购买临时生活必需品。我理解并同意将来如找不到我的行李,如下金额将计算入承运人对我的赔偿款项内。

I, The undersigned , received from carrier, the following sum for the Purchase of temporary Necessary Personal items due to the non – delivery of my checked baggage during the course of my travel on ______ Flight, it is understood and agreed that above payment will be applied and credited to any future aduustment made to me by carrier, in the event that may baggage is not located.

旅客姓名 客票号码

Passenger's name ____________________ Ticket form and serial No. ________________

地址

Address ____

航班/日期

Flight/Date ____

行李牌号码

Bagg. Tag serial No. ____

金额

The sum of ____

旅客签字 日期

Passenger's signature ____________________ Date ____________________

经手人 批准人签字

Prepared by ____________________ Approved by ____________________

附录 4.3 旅客行李索赔单

上 海 航 空 公 司

SHANGHAI AIRLINES

旅 客 行 李 索 赔 单

CLAIM FORM

DAMAGE OR LOSS OF PASSENGER BAGGAGE

旅客姓名

Passenger's name ____________

地址

Address ____________

工作单位

Profession Service ____________

客单、行李牌

Ticket and Tag No.____________

航班号 月 日 航班号 月 日

Flight No.____________ Month __ Date ____ Flight No.____ Month ____ Date ____

发生事故的日期和地点

Date and Place of Occurance ____________

损失或遗失的主要情况

Details of Damageor loss ____________

件数 重量 声明价值

No. of Piece ________ Weight ________ Declare Value ________

行李内容

List of Contents ____________

索赔金额

Amount Claimed ____________

索赔人签字或盖章 日期 地点

Signature of Claimant ____________ Date ____________ Place ____________

附录 4.4 常用电报简语

Telex Abbreviationfor Baggage Tracing

缩写	全 称	含 义
ABT	ABOUT	关于
ABV	ABOVE	以上
ACC	ACCODING	依照
ACK	ACKNOWLEDGE	确认接受
ACPT	ACCEPT	接受
ADD	ADDRESS	地址
ADV	ADVISE	通知、告知
AFT	AFTER	在之后
AGT	AGENT	代理人
AHL	ADVISE IF HOLD	如有把握建议
AMT	AMOUNT	数量
ANS	ANSWER	回答
APREC	APPRECIATE	感谢
APT	AIRPORT	机场
ARPL	ARRIVIAL	到达
ASAP	AS SOON AS POSSIBLE	尽快
ASST	ASSIST	帮助
ATA	ACTUAL TIME OF ARRIVAL	实际到达时间
ATD	ACTUAL TIME OF DEPARTURE	实际起飞时间
ATTN	ATTNTENTION	注意
AUTH	AUTHORISE	当局授权、允许
AVAIL	AVAILABLE	可利用
AVIH	ANIMAL IN HOLD	装在货舱里的动物
AWB	AIR WAY BILL	航空货单
BLND	BLIND PASSENGER	盲人旅客
BSCT	BASSINET CARRYCOT BABY BASKET	婴儿摇篮
BTWN	BETWEEN	在之间
CBBG	CABIN BAGGAGE	手提行李
CFM	CONFIRM	确认
CHK	CHECK	检查
CHD	CHILD	儿童
CLM	CLAIM	索赔/提取
CN	CONTENTS	内物
CNTR	CONTAINER	集装箱
CNX	CANCEL	取消放弃
CPY	COPY	抄

(续)

缩写	全称	含义
CTC	CONTACT	联系
CTSY	COUTESY	礼仪性的
DAPO	DO ALL POSSIBLE	尽一切可能
DB	DENIED BOARDING	超售
DEAF	DEAF PASSENGER	聋哑人
DEPO	DEPOTEE	遣返者
DEST	DESTINATION	目的地
DFLD	DEFINITELY LOADED	确实转机
DLV	DELIVERY	运送
DLY	DELAY	延误
DMG	DAMAGE	降舱
DOCU	DOCUMENT	文件资料
DOM	DOMESTIC	国内
DPR	DAMAGE/PILERAGE	破损/内物短少
DTE	DATE OF ISSUE	今天
DUP	DUPLICATE	重复
FRAG	FRAGILE	易碎
FOC	FREE OF CHARGE	免费
FRAV FLT	FIRST AVILABLE FLIGHT	最早可用航班
FVR	FAVOR	受益人
FWD	FORWARD	运送
FYI	FOR YOUR INFORMATION	有关你的信息
GRP	GROUP	团体
INF	INFANT	婴儿
INFM	INFORM	通知
IMMI	IMMIGRATION	边防局
ISO	INSTEAD OF	代替
L/B	LEFT/BEHIND	遗留
MAAS	MEET AND ASSITANT	接机并给予帮助
MCH	MATCH	匹配
MSG	MASSAGE	信息
MNFST	MANIFEST	显示
MPQ	MISSING PROPERTY QUESTIONNAIRE	遗失物品问卷
NBR	NUMBER	号码、数字、数目
NEG	NEGATIVE	没有/否定
NIL	NOTHING	未装物品,没有物品或登舱单
O/E	OUR ENDS	我方
O/T	ORIGINAL TAG	原始行李牌
OHD	ON HAND BAGGAGE	多收行李
OSI	OTHER SERVICES INFORMATION	其他服务事项
P/L	PILFERED/LOST	被偷/遗失
PDM	POSSIBLE DUPLICATE MESSAGE	可能重复电报
PLS	PLEASE	请
PPT	POSSPORT	护照

(续)

缩写	全 称	含 义
PAX	PASSENGER	旅客
RPLY	REPLY	回复
RQST	REQUEST	已申请的座位
RSLT	RESULT	结果
RSTR	RESTORE	交付
RT	ROUTING	航段航程
RYT	REGARDING YOUR TELEX	根据你的电报
S/S	SHORT SHIPPED	漏运
SND	STILL NEED	仍然需要
STN	STATION	航站
STP	STOP	结束句号
TEL	TELEPHONE	电话
TKS	THANKS	谢谢
TRSF	TRANSFER	中转
TTL	TOTAL	总计
U/XT	UNDER RUSHTAG	挂有速运牌
UM	UNACCOMPANIED MINOR	无人陪伴儿童
VIA	BY WAY OF	经过
XBAG	EXCESS BAGGAGE	逾重行李
XT	RUSH TAG	速运行李牌

行李运输差错代码

10 Tagging Errors
20 Shortshipped Errors
30 Loading Errors
40 Arrival Errors
50 Transfer Baggage Errors
60 Airport Congestion
70 Miscellaneous
80 Damage
90 Pilferage

附录 4.5　行李电报举例

一、AHL 少收报

QD PEKLNCA

.SHALNFM 141617

AHL

FR SHAFM000805

NM WANG WEI

TN FM108254

TC BK01CWH

RT PEK/SHA

FD FM102/14AUG

BI "CROWN" MARK

CN BOOK CLOTH

FI FWD SHALNFM T/D SHA L/S PEK

PLS RUSH CHK N ADV SHAFM EVEN IF NEG

TKS COOP

二、CFI 结案报

QD PEKLNCA

.SHALNFM 141638

CFI

RE O/E AHL/SHAFM000803

WE RCVD N DLV TO PAX

PLS CFI

TKS COOP

三、FNL AHL 最后查询报

QD PEKLNCA

.SHALNFM 141617

FNL TRACE

FR SHAFM000805

NM WANG WEI

TN FM108254

TC BK01CWH

RT PEK/SHA

FD FM102/14AUG

BI “CROWN” MARK

CN BOOK CLOTH

FI FWD SHALNFM T/D SHA L/S PEK

PLS RUSH CHK N ADV SHAFM EVEN IF NEG

TKS COOP

四、DMG 破损报

QD SHALNFM

.XIYLNCR 131701

DMG

TDY FLT FM201/13AUG HV DMG 2PCS BAG TN 035603/035604

TC GN25XXX/BK22HWX WE PAID RMB100.00YUAN

(RMB50.00YUAN FOR EACH BAG)

WE WL TRANS IT TO YU TKS COOP

五、FWD 速运报

QD PEKLNCA

.SHALNFM 131309

FWD

WE WL FWD 1PC BAG TO Y/E O/B FM107/13AUG

TC BU25XXX

TN FM102563

R/T FM002533

PLS CFM RCVD N RE STORE TO PAX

六、NEG 否定报

QD PEKLNCA

.SHALNFM 141640

NEG

RE Y/E AHL/PEKCA7026

WE CHK D BUT O/E NEG SRY

七、OHD 多收报

QD PEKLNCA

.SHALNFM 141617

OHD

FR OHD/SHAFM000805

NM NIL

TN FM108254

TC BK01CWH

RT PEK/SHA

FD FM102/14AUG

BI “CROWN” MARK

CN NIL

PLS CHK N ADV SHALNFM IF U NEED TKS

八、ROH 认领报

QD CANLNCZ

.SHALNFM 141642

ROH

RE Y/E OHD/CANCZ000813

PLS RUSH FWD SHALNFM BY FRAV FLT

TKS COOP

九、SND AHL 继续查找报

QD PEKLNCA

.SHALNFM 141617

SND

FR SHAFM000805

NM WANG WEI

TN FM108254

TC BK01CWH

RT PEK/SHA

FD FM102/14AUG

BI “CROWN” MARK

CN BOOK CLOTH

FI FWD SHALNFM T/D SHA L/S PEK

PLS RUSH CHK N ADV SHAFM EVEN IF NEG

TKS COOP

第5章 值机和引导

5.1 概 述

5.1.1 旅客运送流程

1. 国内旅客出发流程

1) 行李托运、换登机牌

旅客到达机场后,可到出发大厅指定的服务台评客票及本人有效身份证件按时办理乘机和行李交运手续,领取登机牌。

持电子客票旅客凭本人身份证件到值机柜台(或自助值机柜台)办理乘机和行李交运手续,领取登机牌。

飞机离站前30min停止办理乘机手续。

2) 安全检查

通过安全检查时,旅客应首先向工作人员出示登机牌、有效身份证件和客票(电子客票除外)。为了飞行安全,旅客及随身携带行李物品必须接受安全检查。行李物品要经过X射线机检查,旅客要走金属探测器门。

3)候机及登机

旅客可以根据登机牌所显示的登机口号在相应的候机厅候机休息,听广播提示进行登机。

2. 国内旅客到达流程

1) 领取交运行李

到达目的地后,确认航班号,到相应的行李转盘领取交运行李。

2) 进入到达大厅

到达大厅接客处设有市区各大宾馆接待柜台,出租车和公交巴士站台位于国内到达出口处。

3. 中转登机流程

1) 国际转国内

旅客下飞机后过检验检疫、边防检查、自行到行李转盘提取行李、携带行李至中转厅办理中转手续即入境海关检查、托运行李/换登机牌,安全检查,候机,登机。

2) 国内转国际

旅客下飞机后自行到行李转盘提取行李、携带行李至中转厅办理中转手续即航空公司有关部门负责为旅客办理值机手续——换登机牌、托运行李,之后旅客从中转厅到出发大厅过海关、检验检疫、边防检查、安全检查、候机、登机。

3) 国内转国内

旅客下飞机后自行到行李转盘提取行李、携带行李至中转厅;航空公司有关部门负责为旅客办理值机手续——换登机牌、托运行李。之后，旅客出中转厅到出发大厅过安检，候机，登机。

5.1.2 旅客运送的规定

1. 一般规定

(1) 旅客应当在航空公司规定的时限内到达机场，凭客票及本人身份证件(电子客票旅客只需持本人有效身份证件)按时办理客票查验、托运行李、领取登机牌等乘机手续。

(2) 如旅客未能按时到达航空公司的乘机登记处或登机门，或未能出示其有效身份证件及运输凭证，或未能做好旅行准备，航空公司为不延误航班可取消旅客已定妥的座位。对旅客由此所产生的损失和费用，航空公司不承担责任。

(3) 航空公司开始办理航班乘机手续的时间一般不迟于客票上列明的航班离站时间前90min，截止办理乘机手续时间为航班离站时间前30min。航空公司应将上述时间以适当方式告知旅客。

(4) 航空公司及地面服务代理人应按时开放乘机登记处，按规定接受旅客出具的客票，快速、准确地办理乘机手续。

(5) 乘机前，旅客及其行李和免费随身携带物品必须经过安全检查。

2. 载运限制

1) 拒绝运输

属于下列原因之一者，承运人根据自己认为合理的考虑，可以决定对任何旅客拒绝运输或拒绝续程运输(包括要求旅客中途下飞机)或取消已定妥的座位：

(1) 为了保证安全，遵守国家有关法律、法令。

(2) 旅客的行为、精神或健康情况需要承运人给予特殊照顾，或对其他旅客会造成不舒适或反感，或者对其本人、其他旅客或财务可能造成任何危害及危险。

(3) 旅客不遵守承运人的规定，或不听从承运人的安排和劝导。

(4) 有特殊恶臭，外型怪异或特殊怪癖，可能对其他旅客造成不良影响者。

(5) 患有传染性疾病者。

(6) 精神状态可能对其他旅客及其自身造成危害者。

(7) 避免旅客的行为、年龄、身体和精神状况可能对其自身或其他旅客造成伤害。

2) 不予载运

当航班输运能力不足时，承运人有权根据自己合理的判断决定不予载运的任何旅客、行李或其他物品。

3) 有条件载运

无成人陪伴儿童、病残旅客、婴儿、孕妇、醉酒旅客、盲人和犯人等特殊旅客，只有在符合承运人规定的运输条件下，并经承运人同意方予载运。

4) 载运限制的补偿

(1) 根据上述规定被拒绝运输和拒绝续程运输(包括要求中途下飞机)或取消已定妥座位的任何旅客，承运人不给予该旅客的补偿，只限按照非自愿退票规定办理退票。

(2) 由于座位超售而不予载运的旅客，承运人按照有关超售补偿规定予以经济补偿，经济补偿应参照有关承运人具体规定办理。

5.2 值　机

值机指的是为执行航班任务的飞机所做的服务工作的总和，即为航班能够安全正点地飞行所做的一系列服务工作，主要包括接送飞机、办理旅客乘机手续、收运和交付行李、计算飞机的载重与平衡、编制随机业务文件和载重电报、候机楼旅客服务工作，以及处理有关的业务函电等。本节所讲的“值机”仅指为旅客办理乘机手续和收运行李。如图 5.1 所示。

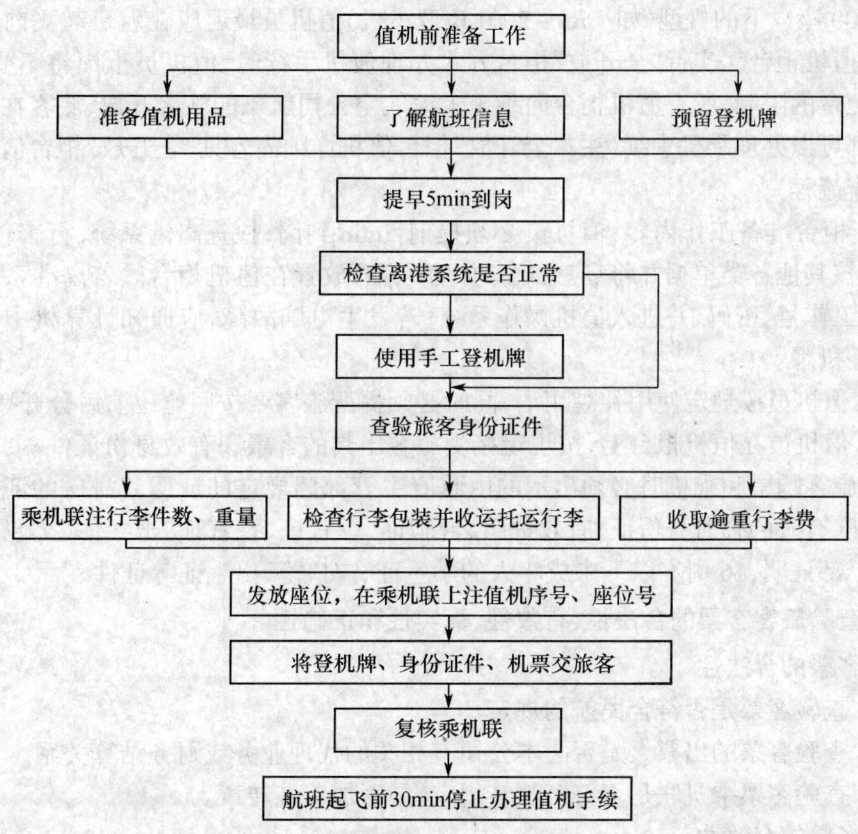

图 5.1　值机岗位工作流程图

5.2.1 值机准备工作

(1) 查看当天航班预报，了解执行航班的机号、机型、离站时间、航程、经停站、目的站；了解执行航班的各舱位等级旅客定座人数、重要旅客和特殊旅客服务的要求。

(2) 准备好执行航班的打印登机牌、打印行李牌。

(3) 其他应备物品：免责行李牌、“小心轻放”贴纸、头等舱旅客行李牌、重要旅客行李牌、《F 舱、特殊服务旅客交接单》、《老、弱、病、残、孕旅客服务交接单》、《无成人陪伴儿童服务交接单》、头等舱旅客休息室邀请卡、计算器、订书机、应急出口旅客须知、候补旅客登记表、岗位证书。

(4) 遇航班有重要旅客或需要照顾的旅客时,按照旅客所定舱位等级情况及人数,预留出相应的登机牌。

5.2.2 柜台值机

1. 柜台准备工作

(1) 柜台准备工作的一般原则如下。

① 对于200座以上的机型,值机员最迟应在航班起飞前120min上岗。

② 200座(含200座)以下的机型,值机员最迟应在航班起飞前90min上岗。

③100座以下的机型(如CRJ-200LR型飞机)值机员最迟应在航班起飞前60min上岗,开放值机柜台。实行"全开放"柜台方式办理值机手续时,值机员上岗将不受机型、指定值机柜台的限制,所有值机柜台向乘坐上海航空公司航班的旅客开放,旅客在任意开放的柜台都可以办理乘机手续(注:"全开放"柜台值机详细内容见"全开放"柜台值机工作程序和操作流程)。

(2) 柜台准备工作内容:值机员必须提前5min到岗,检查离港系统、行李传送带、打印机,复核其他各类单据并将《应急出口旅客须知》放置在值机柜台。若离港系统电脑正常,输入工作号、密码,并进入值机操作系统;若发生电脑故障,应通知计算机中心并准备好手工登机牌。

(3) 值机员按规定使用礼貌用语,同时必须提醒旅客要按照舱位前后分开登机。

(4) 值机员在值机柜台上,按规定接受旅客出具的客票和有效身份证件。"有效身份证件"指旅客购票和乘机时必须出示的由政府主管部门规定的证明其身份的证件。如居民身份证、有效的临时身份证、有效护照、台胞证、军官证、警官证、士兵证、文职干部证或离退休干部证明,16周岁以下未成年人的学生证、户口簿、出生证等证件。

2. 查验旅客客票的合法性、有效性、真实性和正确性

1) 客票的合法性

(1) 查验客票是否符合民航的规定。

(2) 查验客票的出票人是否与本公司有相关的代理业务或财务结算关系。

(3) 查验客票乘机联是否符合签转规定,是否加盖签转章。

2) 客票的有效性

(1) 查验所接受客票乘机联的运输有效航段、承运人(黑框内),必须与实际承运的航段和承运人一致(代号的共享航班,乘机联所列承运人可能与实际承运人不同)。

(2) 查验客票的各联是否齐全,所接受的客票应具备乘机联和旅客联,不能接收无旅客联的单独乘机联。客票必须按顺序使用。

(3) 查验客票填写的内容是否完整,内容应包括旅客姓名、航程、承运人、航班号、乘机日期、舱位等级、定座情况、票价、出票日期、出票地点、出票人签名和出票单位盖章。如果接受不定期客票,须将承运人、航班、日期、定座情况补填在客票上,此类不定期客票方属有效。

(4) 查验客票是否在有效期内。客票的有效期为一年,旅客必须在客票有效期内完成客票上列明的中途分程、联程、回程的全部航程。

3) 客票的真实性

客票的真实性指客票本身和客票上所反映的情况都是真实的,不是伪造或经涂改的。

4) 客票的正确性

客票的正确性指客票乘机联上的内容正确无误。

(1) 承运人实际承运的航段与乘机联上黑框内的航段一致(代号的共享航班,乘机联所列承运人可能与实际承运人不同)。

(2) 实际承运人与乘机联上指定的承运人一致(代号的共享航班,乘机联指定承运人可能与实际承运人不同)。

(3) 客票所采用的运价正确,与舱位等级、航程、折扣、特种票价一致。

(4) 客票上所用的各种代号正确。

3. 接收旅客

(1) 使用离港系统接受旅客时,必须使用在离港系统中提取旅客记录编号的方式。收取旅客乘机联,为旅客安排座位,并将旅客的序号与座位号记录在旅客客票的乘机联上并收下乘机联。

(2) 值机员必须在离港系统中正确输入有关信息以便于结载(成人、儿童、婴儿、行李件数和重量)。

(3) "全开放柜台"值机时,应根据航班目的地对乘机联进行分类整理。

(4) 值机员应利用值机空隙时间对所接受的乘机联进行复核以保证正确性。

(5) 每位军人旅客在所持客票相应等级外另享有 10kg 的免费行李额,并提供头等舱休息室邀请卡。

(6) 正确输入常旅客完整卡号,数字前必须加 FM(国际航空公司常旅客乘坐上海航空公司航班出示知音卡时,应正确输入常旅客完整卡号,数字前必须加 CA)。

4. 安排座位

为了提高客运服务质量,要保证航班正点和确保飞行安全,根据飞机客舱座位布局、旅客定座情况和飞机载重平衡的要求,预先安排座位,以使旅客登机入座时有良好的秩序。旅客乘坐飞机必须严格按照登机牌的座位号登机、对号入座。登机牌的样式如图5.2 所示。

图 5.2 登机牌的样式

1）座位安排的一般原则

安排座位应尽可能满足旅客的要求。座位安排的具体要求如下：

(1) 尽可能满足旅客的要求，为旅客挑选合适的座位（前舱/后舱/窗口/走廊）。

(2) 安排座位应符合飞机载重平衡的要求。

(3) 伤病残旅客、行动不便的旅客、儿童、孕妇和携带婴儿的旅客不得安排在靠近客舱应急出口处的座位，按指定的座位发放。

(4) 重要旅客和需要特殊照顾的旅客一般安排在客舱前部靠近乘务员的座位，以便于乘务员提供服务。

(5) 团体旅客、同行旅客、同一家庭成员或需要相互照顾的旅客，座位尽量安排在一起，发给座位号连在一起的登机牌。

(6) 携带外交信袋的外交信使、押运货物的押运员的座位应安排在客舱门附近，以便于上下飞机。

(7) 不同政治态度和不同宗教信仰的旅客不要安排在一起。

(8) 国际航班国内段载运国内旅客时，应将国内旅客的座位与国际旅客的座位分开安排。对有中途站的航班安排座位时，应给中途站预留适当的座位。

(9) 应急出口座位要严格发放。

需要注意的是：不占座的婴儿应发给无座位号的婴儿牌。登机牌打印后，要复核登机牌上的信息是否与机票一致，是否与旅客的需求一致。

2）应急出口座位的发放

应急出口座位是指旅客从该座位可以不绕过障碍物直接到达出口的座位，和旅客从离出口最近的过道到达出口必经的成排座位中的每个座位。以上海航空公司各机型的出口座位安排为例，如表5.1所列。

表5.1　应急出口座位位置

<table>
<tr><th>机型</th><th>机号</th><th>应急出口位置</th></tr>
<tr><td>B767-300</td><td>2563、2567、2570、2498</td><td>17排AB、CDE、FG
18排AB、CDE、FG</td></tr>
<tr><td rowspan="2">B757-200</td><td>2808、2809、2810</td><td>9排BC
17排ABC、DEF
18排ABC、DEF</td></tr>
<tr><td>2833、2834、2842、2843</td><td>8排BC
15排ABC、DEF
16排ABC、DEF</td></tr>
<tr><td rowspan="2">B737-700</td><td>2631、2632、2997</td><td>11排ABC、DEF</td></tr>
<tr><td>2913、2577、2663</td><td>10排ABC、DEF</td></tr>
<tr><td>B737-800</td><td>2153</td><td>13排ABC、DEF
14排ABC、DEF</td></tr>
<tr><td>CRJ</td><td>3018、3020、3011</td><td>8排AC、DF</td></tr>
</table>

(1) 应急出口座位旅客应完成如下职责（所具备的能力）：

① 确定应急出口的位置；

② 认出应急出口开启机构；

③ 理解操作应急出口的指示；

④ 操作应急出口；

⑤ 评估打开应急出口是否会增加由于暴露旅客而带来的伤害；

⑥ 遵循机组成员给予的口头指示或手势；

⑦ 收藏或固定应急出口,以便不妨碍使用该出口；

⑧ 评估滑梯的状况,操作滑梯,协助他人从滑梯离开；

⑨ 迅速地经应急出口通过；

⑩ 评估选择和沿着安全路线从应急出口离开。

(2) 应急出口座位旅客不能由于下述原因而不具备上述所列的应当具备的一项或多项能力：

① 该人的两臂、双手和双腿缺乏足够的运动功能、体力或灵活性导致能力缺陷；

② 该人不足 15 岁,或者如没有陪伴的成年人、父母或其他亲属的协助,缺乏履行(1)中所列的一项或多项能力；

③ 该人缺乏阅读和理解本条要求的、由公司制定的出口座位旅客须知卡的能力,或者缺乏理解机组口头命令的能力；

④ 该人在没有隐形眼睛或普通眼睛以外的视觉器材帮助时,缺乏足够的视觉能力导致缺乏履行(1)中所列的一项或多项能力；

⑤ 该人在没有助听器以外的帮助时,缺乏足够的听觉能力听取和理解乘务员的大声指示；

⑥ 该人缺乏足够的能力将信息口头传达给其他旅客；

⑦ 该人具有可能妨碍其履行(1)中所列的一项或多项适用功能的情况或职责,例如要照料幼小的孩子,或者履行前述功能可能会导致其本人受到伤害。

(3) 应急出口座位发放的规定：

① 值机人员应将出口座位旅客须知卡摆放在值机柜台前显著置处,让旅客便于阅读；

② 航班预计旅客人数不需占用出口座位时,不得将旅客安排在出口座位,需要使用出口座位时,应提前安排有能力的旅客就座出口座位；

③ 在办理出口座位乘机手续时,必须用明确的语言询问旅客是否愿意履行出口座位须知卡上列明的职责,在得到旅客的承诺以前值机人员不得将旅客安排在出口座位。

5. 收运行李

关于行李的运输请参照第 4 章。

了解行李内有无夹带禁运品、违法品或危险品,易碎易损、贵重物品或不能作为交运行李的物品。

检查行李的包装是否完善、牢固,能够承受正常装卸和运输。交运的行李包装不符合要求,应拒绝收运。如果依据具体情况同意收运时必须在行李上拴挂“免除责任行李牌”,并视行李包装情况在“免除责任行李牌”上注明免除责任的项目,并请旅客签字,向旅客说明由于包装不符合要求而造成行李损坏时,航空公司将不负责任。

检查行李的体积、重量是否符合规定。超大、超重的行李应要求旅客按货办理交运手续。如果依据具体情况同意收运时,也必须在行李上拴挂“免除责任行李牌”,在“逾限行李”栏注明。

行李过秤应准确,交运行李件数和重量填入客票的相应栏内,并在旅客联上复印下来,即视为已填开行李票。

收运行李时,应将原来拴挂在行李上的行李牌撕掉。拴挂四联行李牌时,应将行李牌上的旅客提取行李凭证联撕下贴在旅客客票上,将一小识别联撕下贴在客票的乘机联上,将另一小识别联撕下贴在旅客的行李上;将剩下的两联一起拴挂在旅客的行李把手上,其中的最后一小识别联由行李装卸工撕下保存以备查核。

每位旅客享有一定的免费行李额,如旅客托运的行李超出免费行李额规定的部分,应按规定向旅客收取逾重行李费。

对团体旅客的行李,也在值机柜台完成收运。

对速运行李,应检查是否拴挂速运行李牌,速运行李方向是否与所办航班一致,速运行李的件数应在交接单上注明。

对于旅客的托运行李,要通过机场安检的 X 射线机安全检查。若托运行李未能通过安全检查,请旅客配合机场安检进行开箱检查,取出违禁物品,重新通过安全检查后方可托运。

旅客办完乘机手续后,应将旅客的机票、证件、登机牌等物件一一交于旅客,并将有关事宜交代清楚。请旅客和其随身行李通过机场安全检查后,到指定登机口登机。

实行“全开放”柜台方式办理值机手续时,值机员为旅客办理更换座位、补交运行李手续时,应再次查验客票、登机牌、身份证件,将离港系统切换至旅客所搭乘航班的界面后办理。

实行“全开放”柜台方式办理值机手续时,旅客办理值机手续后返回值机柜台提出终止旅行,应再次查验客票、登机牌、身份证件,删除离港系统中旅客信息并退还乘机联。

5.2.3 值机柜台关闭

(1) 航班离站前 30min,停止接收旅客,清点乘机联和行李牌。实行“全开放”柜台方式办理值机手续时,航班控制人员将在航班规定的离港时间前 25min 在离港系统中初始关闭。航班初始关闭后,值机柜台将不能再接收被关闭航班的旅客。

(2) 航班控制人员按候补名单顺序接收候补旅客。已持有非本次航班机票且客票符合签转条件的旅客,在接收时可直接在其客票上改签,贴上改签条。在航班结束后,加盖改签章。

接收候补的顺序一般按下列原则:

① 重要旅客;

② 重要公务旅客;

③ 由于航空公司原因未能搭乘上一航班的旅客;

④ 持本次航班机票,但未定妥座位的旅客;

⑤ 持候补票的旅客;

⑥ 由于非航空公司原因未能搭乘上一航班的旅客;

⑦ 要求提前搭乘航班的旅客。

(3) 航班控制根据离港系统中的旅客接收信息,进行结载工作。

(4) 值机柜台与行李装卸队的交接。交接内容包括:

① 航班控制员根据离港系统中的信息填写《行李交接单》。

② 必须在航班起飞前 25min 准确填写完毕《行李交接单》,并将《行李交接单》置于指定的行李交接箱内李送出;必须在航班起飞前 20min 同装卸队交接完毕。

③ 航班起飞前 20min(与装卸队行李交接完毕以后),加收的行李必须拴挂“免除责任行李牌”,同时向旅客说明情况。

《行李交接单》的填写:

——收运行李:填写散客在值机柜台所交运的行李。

—— 速运行李:填写从国内行李查询室或国际行李查询室移交值机柜台并拴挂有“速运行李牌”的行李件数和重量。

——备注栏:填写迟运行李和中转行李的件数、重量以及特殊事项。

——总数栏:填写收运行李、速运行李、迟运行李、中转行李的总和。

(5) 航班控制人员至登机桥口,帮助登机口工作人员查找未及时登机的旅客。对在规定的航班离站时间仍未登机的旅客,应立即通知商务调度室,将其从总登机人数中减去,如果该旅客有行李,必须同时将其行李落下。

(6) 控制人员在旅客登机完毕后,填写交接单,与乘务员交接并签字确认。

5.2.4 航班结束

(1) 控制员将《出口航班业务交接单》,交平衡室。

(2) 票联结算人员清点乘机联交财务。

5.2.5 “全开放”柜台值机

“全开放”柜台值机,可以使旅客不受航班和值机柜台的限制,在规定的时间内,到任何“开放”的值机柜台办理乘机手续和交运行李(工作流程见图 5.3)。

1. 准备工作

(1) 根据航班预报旅客人数及现场旅客流量安排开放柜台数量。

(2) 根据航班预报旅客人数按平衡要求进行初步航班控制并确定出港航班登机口。

(3) 值机员在上岗前应准备好各类表、牌、单据。

(4) 打开离港系统主机和打印机,装入打印登机牌和打印行李牌,检查离港系统的运行是否正常。

(5) 值机员必须在离港系统中输入自己的离港工作号和密码。

2. 值机工作

(1) 将需要发放应急出口座位的信息通知值机员,要求值机员提前将应急出口座位发放给符合就座要求的旅客。值机主任负责处理旅客无定座记录需用 GO SHOW 接收等特殊情况。

(2) 值机员按照规定的旅客接收方式为所有乘坐本航空公司航班的旅客办理乘机手续和收运托运行李。在旅客的托运行李通过安检仪器后将登机牌和客票交于旅客。提醒较早前来办理值机手续的旅客按要求提前前往登机口,并注意航空公司的航班信息告示牌。

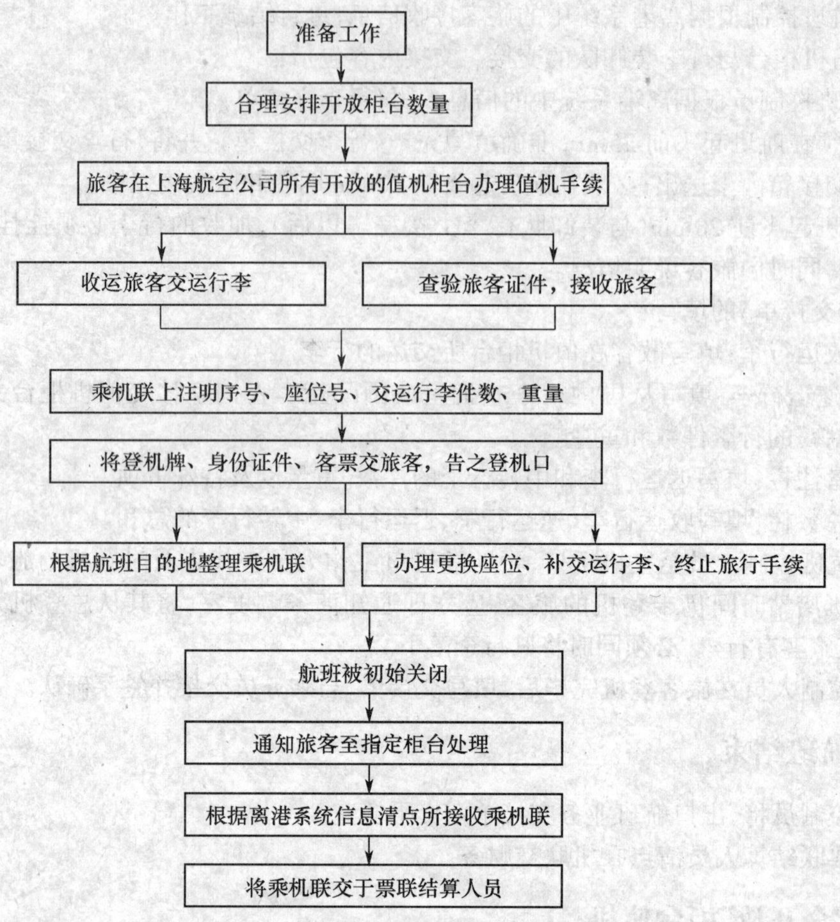

图 5.3 “全开放”柜台值机工作流程图

(3) 值机员在值机过程中应使用定座记录编号接收旅客(除代号共享航班)并正确输入有关信息(包括成人、儿童、托运行李件数和重量、特殊服务信息等),并根据平衡的要求由前向后按顺序发放座位。值机员不能使用 GO SHOW 接收无定座记录的旅客。

(4) 值机员在值机过程中应根据航班的目的地对乘机联进行清点、分类、复核、整理,保证所接收乘机联的正确性。

(5) 值机员为旅客办理更换座位、补交运行李手续时,应再次查验客票、登机牌及身份证件,将离港系统切换至旅客乘机航班界面后办理(原则上应由原承办值机员负责办理)。

(6) 旅客办理值机手续后返回值机柜台提出终止旅行,值机员应再次查验客票、登机牌及身份证件,将离港系统中的旅客信息删除后退还乘机联(原则上应由原承办值机员负责办理)。

(7) 航班控制员负责在柜台巡视过程中处理特殊情况(如特殊餐食的申请等),并在值机关闭前对所主管航线乘机联进行初步清点复查。

(8) 在航班规定的离港时间前 40min,主管该航线的航班控制员在条件允许的情况下应负责通知尚未办理乘机手续的旅客集中至“候补旅客柜台”柜台办理手续。

3. 结载工作

(1) 在航班规定的离港时间前25min,值机柜台不再接收旅客。由航班控制员在离港系统中做航班初始“关闭”(CI)。

(2) 航班控制员根据离港系统中的旅客接收信息,进行结载。

(3) 由航班控制员在“候补旅客柜台”柜台负责处理候补旅客(航班做CI、CCL关闭后的晚到旅客由领班在控制员柜台处理)。

4. 交接工作

(1) 主管该航线的航班控制员至登机口监控旅客登机情况。

(2) 航班登机完毕后,航班控制员负责与乘务员交接。

(3) 航班出港后,票联结算人员根据乘机联签收单清点乘机联并交财务。

5.3 引 导

候机楼服务应提供便民服务,如为旅客提供报纸、杂志、针线、娱乐用品,同时要做好重要旅客、无成人陪伴儿童、孕妇、残疾旅客、担架旅客、病伤旅客、老年旅客的服务工作。

5.3.1 出港航班的服务工作

出港航班的流程如图5.4所示。

1. 登机前的准备工作要求

(1) 问询员在航班开始值机时间前5min上岗,带好必备的工作用品。

(2) 准备好当日航班的各项信息牌,认真核对,并检查航班显示是否正确。

(3) 及时将航班信息准确记录在日常航班记录本上。

(4) 如有VIP和特殊旅客信息,及时记录在航班记录本上。

(5) 开启离港系统的电脑,输入航班号,准备登机时扫描登机牌。

(6) 如遇电脑故障,通知电脑中心,并做好手工登机的准备。

(7) 认真回答旅客的各种询问。回答问题时称呼在先,并能习惯使用礼貌用语。对待客人的提问要做到不厌其烦。无法解答的问题应向旅客提供能够正确回答旅客疑问的电话或指明方向。

(8) 随时掌握候机大厅的旅客动态,对需要特别服务的旅客提供相应服务。

2. 登机口的检票工作要求

(1) 引导员接到商务调度出港的航班上客通知后,主动了解该航班人数及各种信息,将该航班的人数报商务调度。

(2) 通知引导商务做好上客准备,及时把“登机”告示牌挂在登机动态栏内。

(3) 电话通知信息中心某航班的登机信息,通知旅客登机。

(4) 登机时,头等舱旅客和特殊服务旅客优先登机,如飞机停靠桥位时,经济舱旅客实行分批登机,分批登机的要求是后舱旅客先登机,前舱旅客后登机。同时为保障航班准点控制登机时间,先后两批旅客登机的衔接要求以不堵塞登机通道为标准。旅客前后舱分批的原则如下:

① 在旅客登机时,引导员或控制员应使用区域广播提醒旅客按秩序分批登机。对于

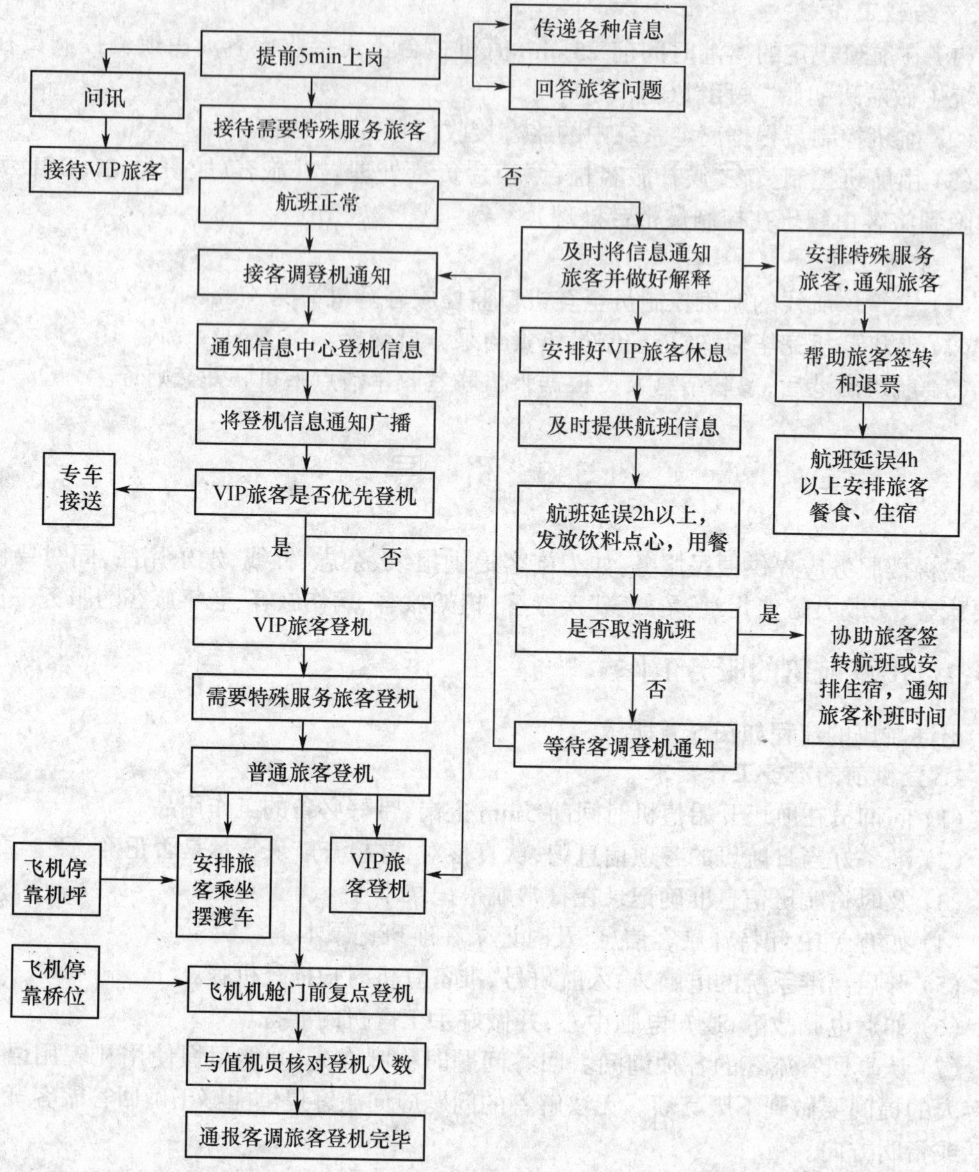

图 5.4 出港航班的流程

不按秩序登机的旅客,引导员和控制员应做好旅客的劝阻和解释工作。

② 在登机口撕牌的引导员应将廊桥通道里旅客排队的情况及时通知登机门的工作人员,合理控制旅客流量。

③ 团队旅客则按照团队所在舱位同批登机,同批旅客中不再另行区分前后舱登机;同行旅客恰好分舱时,也同批登机不再另行分批。

④ 后舱旅客晚到时,应安排旅客在前舱旅客基本登机完毕后再行登机。

⑤ 如航班遇特殊情况时,控制员可根据现场和旅客需求另行决定旅客登机次序,但必须保障航班的准点和现场的登机秩序。

(5) 检票时,严格查验登机牌是否本次航班,严格查验旅客安全检查情况。登机牌上无安检章的旅客，将视作未进行过安全检查不予放行，应立刻交航班控制员处理。

(6) 检票时，要主动使用礼貌用语。

(7) 上客时，发现旅客携带体积大于 20cm × 40cm × 55cm 或重量大于 10kg 的大件行李，请旅客暂缓登机，向旅客说明情况后，交航班控制员补办行李交运手续，上海虹桥机场可请登机口安检贴上有关标签；上海浦东机场需要在廊桥口填写《客舱行李交接、装机单》，请安检签字后，方可交货运装机。

(8) 上客时，若该航班人数有变化，及时通知客运调度。

(9) 根据离港系统显示迅速查找未登机旅客的姓名，广播寻找。

(10) 如未用离港系统，通过旅客登记表和乘机联寻找未登机旅客姓名，并广播查找。

(11) 航班上客完毕后，清点已上客人数，并与航班控制员最后核对人数后报客调。

(12) 在“航班记录本”上正确记录航班的登机人数、登机时间和登机完毕时间。

3. 引导工作

1) 飞机靠近廊桥时

(1) 引导旅客登机时，引导员走在第一名旅客前，引导速度以大多数旅客能跟上为宜，将旅客引导到客舱门口。

(2) 复撕每位旅客的登机牌和复查登机牌上安检章，以防止登机口漏撕或非本次航班的旅客错乘。

(3) 各廊桥转弯处、楼梯口和登机路线不明应有人员负责引导。

2) 飞机停靠停机坪时

(1) 由两名引导人员带领旅客乘坐摆渡车至停机坪。

(2) 安排 1 名 ~ 2 名发车人员。发车引导员要根据航班的人数情况合理安排摆渡车。

(3) 发车人员要准确地向摆渡车司机报所上航班号和目的地。

(4) 机坪复撕登机牌，商务人员最后上第一辆摆渡车与旅客一同前往停机坪。

(5) 摆渡车到达停机坪后，引导员要先下车，旅客由前后客梯上飞机，在客梯口复撕每位旅客的登机牌。

(6) 旅客登机完毕，引导员与值机员核对人数，再与乘务员核对总人数。

(7) 引导员要密切注意旅客上下摆渡车、客梯的安全。

(8) 引导员与该航班值机人员核对人数无误后离开。

4. 特殊旅客服务工作

1) 重要旅客

(1) 接到 VIP 的通知，值班主任提前做好安排，让负责引导的商务做好准备。

(2) 头等舱值机员将重要旅客安排好后，应与引导员做好交接工作，登机口引导员在交接单上签字。

(3) 引导员在航班记录本上简单注明重要旅客的休息室号、座位号等简单情况。

(4) 引导员登机前拿好交接单到贵宾休息室等候迎送重要旅客。

(5) 对重要旅客上飞机的先后次序，应事先征得重要旅客的同意。

(6) 登机时，应由专人负责引导重要旅客上机。如飞机停靠远机位，应事先安排好车辆送。

(7) 重要旅客上飞机时，做好与乘务人员的交接工作，要求乘务人员在交接单上签字。

(8) 送完重要旅客后要对交接单进行留存、记录。

(9) 不愿公开身份的重要旅客乘坐飞机时,免去迎送工作,一切乘机手续按普通旅客办理,但在旅客上飞机地点引导员应做好地面服务工作,并通知机组做好机上服务工作。

2) 无成人陪伴儿童

(1) 引导员在接到无人陪伴儿童的通知后,应提前做好准备。

(2) 值机工作人员将无人陪伴儿童带入候机厅内,与引导员进行交接。登机口引导员应在交接单上签字。

(3) 引导员在航班记录本上简单注明无人陪伴儿童的情况。

(4) 引导员妥善安排无人陪伴儿童在候机厅内指定地点休息,为儿童保管文件袋。

(5) 航班登机时,由引导员带领儿童登机,起飞前交给乘务员,并与乘务人员交接签字。

(6) 送完儿童后对交接单进行留存、记录。

3) 轮椅旅客

(1) 引导员在接到轮椅旅客的通知后,应提前做好准备。

(2) 值机工作人员将轮椅旅客带入候机厅内,与引导员进行交接。登机口引导员应在交接单上签字。

(3) 引导员在航班记录本上简单注明轮椅旅客的情况。

(4) 引导员妥善安排轮椅旅客在候机厅内指定地点休息。

(5) 航班登机时,由引导员带领轮椅旅客登机。

(6) 送完轮椅旅客后对交接单进行留存、记录。

4) 担架旅客

(1) 引导员在接到担架旅客的通知后,应提前做好准备。

(2) 值机工作人员与引导员进行交接,引导员应在交接单上签字。

(3) 引导员在航班记录本上简单注明担架旅客的情况。

(4) 引导员妥善安排担架旅客在候机厅内适当位置休息。

如担架旅客的救护车需要进入机坪,则应注意:

① 与商务调度联系了解救护车到达的时间,并报告救护车车辆号;

② 通知安检部门,协助安检人员做好担架旅客的安检工作;

③ 引导员在预定位置等候救护车,从指定机场入口将救护车带入机坪。

(5) 航班登机时,由引导员带领担架旅客登机。

(6) 登机时担架旅客从后客梯上飞机。

(7) 引导员应与乘务员进行交接,告知乘务组该担架旅客、陪同人员的座位、特殊要求等情况。

(8) 对有关交接单进行留存、记录。

5) 其他特殊旅客(老人、孕妇、盲人、病伤旅客等)

(1) 对家庭式温馨服务中规定的服务对象做好服务工作。

(2) 引导员在接到特殊服务的通知后,应提前做好准备。

(3) 值机工作人员将特殊旅客带入候机厅内,与引导员进行交接,引导员应在交接单上签字。

(4) 引导员在航班记录本上简单注明特殊旅客的情况。

(5) 引导员妥善安排特殊旅客在候机厅内适当位置休息。

(6) 航班登机后,由引导员带领特殊旅客登机。

(7) 引导员应与乘务员进行交接,告知乘务组该特殊旅客情况。

(8) 对有关交接单进行留存、记录。

引导人员必须在航班离港后 20min,方可离开工作岗位。

5.3.2 进港航班的服务工作

进港航班的流程如图 5.5 所示。

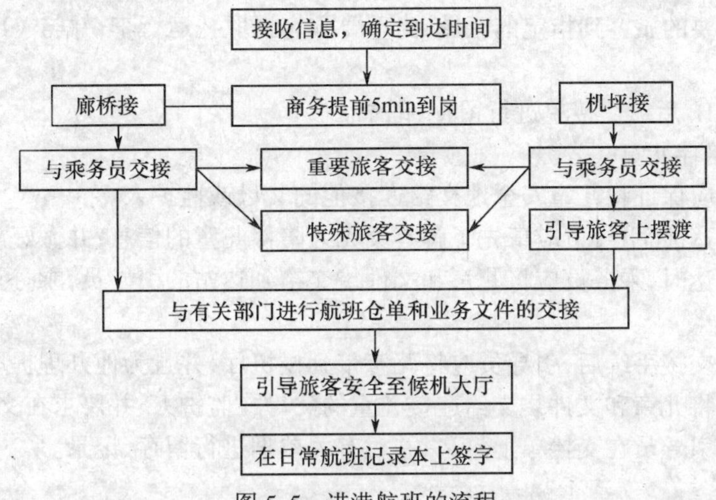

图 5.5 进港航班的流程

1. 准备工作

(1) 了解当日进港航班信息,并准确记录在航班记录本上,做好接机准备工作。

(2) 如果进港航班有 VIP 旅客,或者进港航班需轮椅、担架服务,应安排好车辆以及特种服务设施(担架、轮椅等)。

(3) 值班主任及时了解进港航班的信息,做好接机的人员安排。

2. 引导工作

1) 飞机靠廊桥时

(1) 两名引导员提前 5min 到达登机廊桥,等待进港航班。

(2) 一名引导员在廊桥靠稳后,与乘务人员进行平衡载重表和其他业务文件的交接,并向登机口通报飞机进港情况(桥位、机号)。

(3) 另一名引导员走在第一位旅客的前面,引导速度以大多数旅客能跟上为宜,将旅客引导至到达大厅,直至最后一位旅客方可离开。

2) 飞机停靠停机坪时

(1) 两名引导员提前 5min 到达停机坪,等待进港航班。

(2) 一名引导员在客梯车靠稳后,与乘务人员进行平衡表和其他业务文件的交接,并向登机口通报飞机进港情况(机位、机号),随第一辆乘坐摆渡车的旅客前往入口处。

(3) 另一名引导员注意旅客乘坐摆渡车的安全,并根据航班人数通知摆渡车司机发车,随最后一辆摆渡车前往入口处。

(4) 摆渡车到达入口处,引导员必须在车门口等候最后一名旅客下车后才能离开。

(5) 进港航班舱单、业务文件等由引导员交至行李查询室并记录保存。

(6) 引导员接机完毕后在日常航班记录本上签字,如有特殊情况应做好记录。

3. 特殊旅客服务工作

1) 重要旅客

(1) 在接到 VIP 的预报后,值班主任提前做好安排,让负责接机的商务做好准备。

(2) 如飞机停靠远机位,事先安排好车辆。

(3) 飞机到达引导员与乘务人员做好交接工作,并在交接单上签字。

(4) 引导重要的旅客到指定的区域,为重要旅客提取托运行李,并与 VIP 接待人员进行交谈。

(5) 接完 VIP 后对交接单进行留存、记录。

2) 无成人陪伴儿童

(1) 到达站应保证将儿童安全地交给迎接他的父母或监护人。

(2) 飞机到达前,引导员应事先了解有关无人陪伴儿童的信息,并做好准备。

(3) 飞机到达时,乘务员应将儿童和文件袋交给到达站的引导员,乘务员和引导员办理交接手续。

(4) 在办完交接手续后,引导员应将儿童带到候机厅,并且为他办理提取行李手续。

(5) 引导员将儿童和文件袋交给迎接儿童的父母或监护人,并要求在交接单上签字。

(6) 完毕后引导员在交接单上签名,并对有关单据进行留存、记录。

3) 轮椅旅客

(1) 飞机到达前,引导员应事先了解有关轮椅旅客的信息,并做好准备。

(2) 飞机到达时,乘务员应将轮椅旅客交给到达站的引导员,乘务员和引导员办理交接手续。

(3) 在办完交接手续后,引导员应将轮椅旅客带到候机厅,必要时为旅客办理提取行李手续。

(4) 引导员将轮椅旅客安全送到机场出口。

(5) 完毕后引导员在交接单上签名,并对有关单据进行留存、记录。

4) 担架旅客

(1) 飞机到达前,引导员应事先了解有关担架旅客的信息,并做好人员配备等准备工作。

(2) 根据飞机到达情况与救护中心联系好救护车到达的时间,把救护车的车牌号报给商务调度。

(3) 引导员在预定位置等候救护车,从指定机场入口将救护车带入机坪。

(4) 飞机到达时,乘务员应将担架旅客交给到达站的引导员,乘务员和引导员办理交接手续。

(5) 在办完交接手续后,引导员应将担架旅客送上救护车,必要时为他办理提取行李手续。

(6) 完毕后引导员在交接单上签字,并对有关单据进行留存、记录。

5) 其他特殊旅客(老人、孕妇、盲人、病伤旅客等)

(1) 飞机到达前,引导员应事先了解有关特殊旅客的信息,并做好准备。

(2) 飞机到达时,乘务员应将特殊旅客交给到达站的引导员,乘务员和引导员办理交接手续。

(3) 在办完交接手续后,引导员应将特殊旅客带到候机厅,必要时为旅客办理提取行李手续。

(4) 完毕后引导员在交接单上签字,并对有关单据进行留存、记录。

5.4 误机、漏乘、错乘

5.4.1 误机

误机是指旅客未按规定时间办妥乘机手续或因旅行证件不符合规定而未能乘机。

(1) 旅客如发生误机,应到乘机机场或原购票地点办理改乘航班、退票手续。

(2) 旅客误机后,如要求改乘后续航班,在后续航班有空余座位的情况下,承运人应积极给予安排,不收误机费。

(3) 旅客误机后,如要求退票,承运人可以收取适当的误机费。

① 已获得误机确认的旅客,如要求改乘后续航班,可在上述地点或原购票点办理变更手续,航空公司应在航班有可利用座位的条件下予以办理,免收误机费一次。但持有在航班规定离站时间前 72h 以内变更过航班、时间的客票的旅客,应交付客票价 5%的误机费。

② 未获得误机确认的旅客,如有要求继续旅行,应交付客票价 20%的误机费。

③ 旅客误机变更后,如要求再次变更航班、日期,应交付客票价 50%的变更手续费。

④ 旅客误机或误机变更后,如要求改变承运人或要求退票,均应按自愿退票的规定办理,应交付客票价 50%的误机费。

5.4.2 漏乘

漏乘指旅客在航班始发站办理乘机手续后或在经停站过站时,未搭乘上指定的航班。发生旅客漏乘应首先查明漏乘原因,根据不同原因进行处理。

1. 旅客原因

(1) 发生在航班始发站,按误机有关规定处理,即旅客可办理改乘后续航班,也可以办理退票。

(2) 发生在经停站,不得改乘后续航班,按旅客自动终止旅行处理,该航班未使用航段的票款不退。

2. 承运人原因

承运人应尽早安排旅客乘坐后续航班,并按航班不正常的有关规定,承担漏乘旅客等候后续航班期间的膳宿费用。

无论旅客在始发站或经停站要求退票,均按非自愿退票办理。

5.4.3 错乘

错乘指旅客乘坐了不是客票的适用乘机联上列明的运输地点的航班。

1. 旅客原因

(1) 在始发站发现错乘,承运人应安排错乘旅客搭乘飞往旅客客票乘机联上列明地点的最早航班,票款不补不退。

(2) 在中途站发现,应中止其旅行,承运人应安排错乘旅客搭乘飞往旅客客票上列明的目的地的直达航班,票款不补不退。

2. 承运人原因

承运人应向旅客赔礼道歉,妥善安排旅客,并应承担错乘旅客在等候后续航班期间的膳宿费用。

(1) 在始发站发现旅客错乘,承运人应安排错乘旅客搭乘飞往旅客客票乘机联上列明地点的最早航班。如旅客要求退票,按非自愿退票处理。

(2) 在中途站发现旅客错乘,应中止其旅行,承运人应安排错乘旅客搭乘飞往旅客客票上列明的目的地的直达航班。如旅客要求退票,按非自愿退票处理,退还自错乘地点至旅客客票上列明的目的地的票款。但是,在任何情况下退款都不得超过旅客实付票款。

5.5 特殊旅客服务

旅客分为一般旅客和特殊旅客。特殊旅客是指需要给予特别礼遇和照顾的旅客,或由于其身体和精神状况需要给予特殊照料,或在一定条件下才能运输的旅客。

特殊旅客的运输与普通旅客有一定差别,特殊旅客的情况比较复杂,不同的特殊旅客又有不同的运输条件、手续和注意事项,为了使特殊旅客能愉快、安全地出行,航空公司均会制定比较详细的承运规定,对凡是符合承运条件的特殊旅客,都必须做好相应的准备,保证万无一失,防止因公司的原因造成拒运,给旅客造成不应有的损失和影响航空公司的社会责任感形象。对因条件限制而不能承运的特殊旅客,要给予合理的和恰当的解释,防止因条件不具备而承运给旅客造成不应该的损失和给公司的安全运行造成影响。各有关部门在办理特殊旅客运输时,必须认真、负责地按照各有关规定,根据具体情况,谨慎、细致地处理。对于代理人而言,因不涉及特殊旅客的处理,因此,仅对相关规定做一定的了解,便于回答旅客的问题和提高代理人的服务质量。

关于特殊旅客的运输办法,是由各航空公司自行制定规定的。因此,凡是接受需要与其他空运企业联合运输的特殊旅客,必须事先取得各有关航空公司的同意,并遵照各航空公司提出的要求办理。

特殊旅客的种类包括重要旅客、病残旅客(轮椅、担架)、无成人陪伴儿童、孕妇、盲人、醉酒旅客及犯人。旅客的行为、年龄、身体和精神状况不适合航空旅行,或是其他旅客不舒适或反感,或对其自身或其他人员或财产可能造成任何危险或危害,航空公司可以根据合理的判断,有权拒绝运输旅客及其行李。

5.5.1 重要旅客

重要旅客(VIP)是指航空公司对具有一定的身份、职务或社会知名度的旅客,从购票到成绩的整个过程都将给予特别的礼遇和特殊的照顾。重要旅客的手续因涉及多个相关部门,例如售票、值机、调度、服务、乘务等部门,因此重要旅客的手续只能由相关的航空公司进行处理。

1. 重要旅客的接收范围

(1) 部级以上负责人,外国国家元首、政府首脑。

(2) 大军区级以上负责人。

(3) 公使、大使级外交使节。

(4) 由各部、委以上单位或我国驻外使馆、领馆提出要求按重要旅客接待的客人。

(5) 我国的科学院和工程院院士。

(6) 承运人认为需要给予此种礼遇的旅客。

2. 重要旅客的接收规定

(1) 售票部门在接受重要旅客定座时,应要求经办人详细填写“旅客定座单”,并问清其职务、级别和所需要提供的特殊服务。征求旅客本人或接待单位的意见,如愿意向承运人公开身份的,应在定座电脑的 PNR 的 OSI 项目中注明重要旅客的身份、职称和特殊服务要求。

(2) 座位控制部门对重要旅客的定座要求,应优先予以保证,并及时派发答复电报;重要旅客需要预定联程、回程座位及其他服务时,要及时向联程、回程站或有关承运人派发定座电报。

对重要旅客乘坐航班,除各个部门必须提供良好服务外,还应注意做好保密工作,遇到问题时多请示报告。

3. 运送重要旅客的工作程序

(1) 重要旅客定座,接单单位需出示单位介绍信。承运人应优先安排并予以保证,如因人数较多安排确有困难时,应立即向上级部门反映。

(2) 接受定座时需问清以下情况,并做好详细记录:

① 航班(含联程和回程)、起飞时间和目的地;

② 姓名、职务;

③ 特殊服务要求;

④ 随行人员人数;

⑤ 联系电话、联系人;

⑥ 是否愿意公开身份。

(3) 建立 PNR,并在重要旅客定座记录的 OSI 组注明 VIP 姓名和职务。例如:OSI CA XU/BEICHEN MR BINHAI SHI SHIZHANG

(4) 出票时除按规定填写客票外,在重要旅客的姓名后加注“VIP”字样,在客票封面加盖“重要旅客”专用章。客票内所填项目与定座记录逐一核对,并交值班主任检查,确保航班号、日期和起飞时间正确无误。

(5) 按照 VIP 信息传递图传递重要旅客运输信息。

(6) 办理乘机手续柜台应预留好重要旅客和随同人员的座位。在重要旅客的托运行李上拴挂 VIP 行李标识牌,填制“特殊旅客服务通知单”。重要旅客乘机手续应随到随办,然后由服务人员引导到贵宾室等候登机。

登机时,由服务人员引导上机,并与机上乘务长办理交接,请其在“特殊旅客服务通知单”上签字。

(7) 向经停站和目的站拍发 VIP 运送电报。

5.5.2 无成人陪伴儿童

无成人陪伴儿童(UM)是指年龄在5周岁(含)以上12周岁以下的无成人陪伴、单独乘机的儿童。上述年龄儿童与成人一起旅行,舱位不同,某些航空公司也会视为无成人陪伴儿童。年龄在5周岁以下的无成人陪伴的儿童,不予承运,年龄在12周岁(含)以上的无成人陪伴的儿童按成人办理。

1. 无成人陪伴儿童的运输条件

(1) 无成人陪伴儿童必须有儿童的父母或监护人陪送到上机地点,并在儿童的下机地点安排人员迎接和照料。

(2) 运输的全航程包括两个或两个以上的航班时,不论是由同一个承运人或不同的承运人承运,在航班衔接站应有儿童的父母或监护人安排人员接送和照料,并应提供接送人的姓名、地址和电话号码。

(3) 如果儿童的父母或监护人,在航班经停站安排人员接送和照料有困难,而要求承运人或由当地雇用服务人员照料儿童时,应预先提出并经承运人同意后,方可接受运输。

(4) 儿童父母或监护人所提供的,在航班衔接站和到达站安排的接送人,需经承运人接到核实无误的复电后,方可接受运输。

(5) 无成人陪伴儿童乘坐国际航班的申请应在航班起飞前一星期提出,否则不予受理。

(6) 销售代理人不得办理此项业务。

2. 无成人陪伴儿童的办理程序

(1) 值机人员根据机票上所附的 SPA/UM 电报,核对无成人陪伴儿童运输申请书的内容,如核对无误,方能予以乘机。

(2) 在办理乘机手续时,值机人员应将无成人陪伴儿童安排在前排适当座位便于客舱乘务员照料,但不能安排在紧急出口座位。

(3) 由值机人员填写"特殊旅客服务通知单"一式三份,一份由值机室存档,两份交给服务人员。

(4) 值机人员通知服务人员到柜台来迎接无成人陪伴儿童,指定专人协助办理各项乘机手续。

(5) 服务人员接到值机部门通知后,除协助办理各项手续外,还应检查无成人陪伴儿童是否已将文件袋挂在胸前,如没有,应查明原因,必要时予以补发。

(6) 值机人员将无成人陪伴儿童的登机牌、证件、一份"无成人陪伴儿童乘机申请书"和两份"特殊服务单"交给服务人员,一份"无成人陪伴儿童申请书"和两份"特殊服务通知单"由服务人员在无成人陪伴儿童登机时交给客舱乘务长,办妥交接手续后,其中一份"特殊服务通知单"由客运服务部门存档备查。

(7) 值机人员在航班结束后,拍发 SPA 电报给前方站,同时将无成人陪伴儿童的资料连同改航班其他资料一并存档备查。

5.5.3 病残旅客

由于身体和精神上的缺陷或病态,在航空旅行中不能自行照管自己的旅途生活,需由他人帮助照料的旅客,称为病残旅客(MEDA)。

1. 病残旅客的分类

(1) 身体患病。

(2) 精神患病。

(3) 肢体伤残。

(4) 担架旅客。

带有先天残疾,已习惯于自己生活的人,如跛足、聋哑人等,不应视为伤残旅客。年迈体弱,虽然身体上并未患病,但在航空旅行中显然需要他人帮助时,也应视同病残旅客给予适当的照料。

2. 不予承运的病残旅客

(1) 下列情况之一者,承运人有权拒绝运输:

① 患有传染性疾病;

② 精神病患者,易于发狂、可能对其他旅客或自身造成危害者;

③ 面部严重损伤,有特殊恶臭或有特殊怪癖,可能引起其他旅客厌恶者;

④ 在飞行途中需要特别照顾,但无合适的陪伴者;

⑤ 由于续程航班没有订妥,可能在中途中断旅行者。

(2) 患有下列疾病的旅客,除为了挽救生命且经承运人同意进行特殊安排之外,不予承运:

① 处于极严重或危机状态的病患者,如严重的心力衰竭,出现紫绀症状和心肌梗塞者(在旅行前6周之内曾发生过梗塞者);

② 严重的中耳炎,伴随有耳咽管阻塞症的患者;

③ 近期患有自发性气胸的病人或近期做过气胸造型的神经系统病症的患者;

④ 大纵膈瘤,特大疝肿及肠梗阻的病人,头部损伤颅内压增高及颅骨骨折,下颌骨骨折最近使用金属线连接者;

⑤ 在过去30天内患过脊髓灰质炎的病人,延髓型脊髓灰质炎患者;

⑥ 带有严重咳血、吐血、出血、呕吐及呻吟症状的病人;

⑦ 近期进行过外科手术,伤口尚未完全愈合者。

3. 病残旅客的接收

病残旅客要求乘机必须具备下列条件。

1) 诊断证明书

病残旅客要求乘机,需交验“诊断证明书”一式三份,“诊断证明书”需由医疗单位填写旅客的病情及诊断结果,并经意向书签字、医疗单位盖章。

在航班起飞前96h以内填开“诊断证明书”方为有效;病情严重的旅客,则应备有航班起飞前48h以内填开的“诊断证明书”。

2) 特殊旅客(病残)乘机申请书

病残旅客要求乘机旅行,需填写“特殊旅客(病残)乘机申请书”一式两份,以表明如旅客在旅途中病情加重、死亡或给其他人造成伤害时,由申请人承担全部责任。

“特殊旅客(病残)乘机申请书”应由旅客本人签字,如本人书写有困难,也可由其家属或监护人代签。申请书上应包括:旅客的年龄、性别、国籍、病情,“诊断证明书”是否齐备、旅客是否需要躺在担架上乘机等内容。

4. 轮椅旅客

轮椅旅客(WCHC/WCHS/WCHR)是指在航空旅行过程中,由于身体的缺陷或病态,不能独立行走或步行有困难,依靠轮椅代步的旅客。

(1) 当需要轮椅的旅客联系定座时,工作人员应详细询问旅客或其代理人有关旅客的伤残情况,以便决定旅客属于哪一种情况。

WCHC:“C”为客舱座位(CABIN)。旅客完全不能自己行动,前往和离开飞机或移动时需要轮椅,在上下客梯和进出客舱座位时需要背扶。

WCHS:“S”为客梯(STEPS)。旅客不能自行上下客梯,但可自己进出客舱座位,远距离离开或前往飞机时需要轮椅,但在上下飞机客梯时需要背扶。

WCHR:“R”为机坪(RAMP)。旅客可以上下客梯,可以自己进出客舱座位,但远距离前往或离开飞机时,如穿过停机坪、廊桥时需要轮椅。

(2) 轮椅旅客的值机与服务。

① 根据旅客要求,值机员迅速通知服务室人员带轮椅到现场,并按规定填写“旅客特殊服务通知单”,一份存档,两份交服务人员。

② 如果旅客自备轮椅,值机员应帮助旅客将自备轮椅当托运行李托运,换坐承运人提供的轮椅。

③ 为旅客优先办理乘机手续,并将旅客的座位尽量安排在靠通道的方便旅客进出的位子上,但不可安排在紧急出口座位。

④ 轮椅可以当场申请,不收取任何费用,旅客也可以无人陪同。

⑤ 航班结束后,拍发 PSM 电报,并将有关资料存档。

注:目前承运人所使用的机型不同,每一航班载运需要轮骑的旅客的数量限制也不同,具体应联系相关的承运人以确定是否愿意接收。

目前国内航线为需要轮椅的旅客提供的限额是:WCHS 和/或 WCHC 只限两名,并需要为旅客安排运输工具和抬旅客的人员;WCHR 不限人数。

5. 担架旅客

担架旅客(STCR)是指病残旅客在旅行中不能使用机上的座位,只能躺卧在担架上的旅客。担架旅客除遵照病残旅客运输的有关规定外,还应根据下列规定办理。

1) 担架旅客的一般规定

① 需要担架的旅客必须在定座时提出申请,申请一般不得迟于航班起飞前 48h。在每一航班的每一航段上,一般只限载运一名担架旅客,办理时向相关的承运人咨询。除特别同意外,头等舱和公务舱拒绝接受任何担架旅客。

② 担架旅客必须至少由一名医生或护理人员陪同旅行。经医生证明,病人在旅途中不需要医生护理时,也可由其家属或监护人员陪同旅行。

③ 受理旅客使用担架的申请时,售票处要求旅客必须提供医院书面证明,证明旅客在飞机上不会发生生命危险和传播疾病;旅客自己同时要提供书面担保,承担对由于自身原因发生生命危险和传播疾病的全部责任。

④ 担架旅客需支付的费用可能因航空公司而不同,办理时应参照相关航空公司的规定。一般情况下,担架旅客的票价,由担架旅客的个人票价和担架附加票两部分组成。个

人票价根据旅客占用的座位等级票价计，不得使用特种票价或折扣票价(儿童票价除外)。担架附加费，不论安放担架所需的座位数额多少，均根据担架占用座位的等级计收票款。

2) 担架旅客的值机与服务

① 值机室接到航班有担架旅客的通知后，应立即向总调了解机上为担架旅客预留的座位排号(总调事先通知有关部门拆除这部分座位，以便安放担架)。

② 优先为担架旅客办理乘机手续，将陪同人员的座位安排在担架旅客一起，旁边尽可能不再安排其他旅客。接收旅客的托运行李时应注意，担架旅客的免费行李额有80kg。

③ 值班主任应填写一式三份"特殊旅客服务通知单"，并通知服务室工作人员前来帮助引导。

④ 航班结束后，拍发 PSM 电报，并将有关资料存档。

5.5.4 盲人

盲人旅客(BLND)是指双目失明、单独旅行、需要承运人提供特殊服务的旅客。眼睛有疾病不属于盲人旅客，应按照病残旅客有关规定办理。

1. 有成人陪伴或有导盲犬引路的盲人旅客

(1) 有人陪伴同行的盲人旅客，只限以成人旅客陪伴同行。该盲人旅客按一般旅客接受运输。

(2) 有导盲犬引路的盲人旅客。盲人旅客携带导盲犬，按下列规定办理(持有医生证明的聋人旅客携带助听犬乘机的也同样适用)：

① 经承运人同意携带的导盲犬，连同容器和食物，可以免费运输而不计算在免费行李额内。

② 带进客舱的导盲犬，必须在登机前为其带上口罩和系上牵引绳索，并不得占用座位和让其任意跑动。装在货舱内运输的，其容器必须坚固。该容器应当防止小动物破坏、逃逸和伸出容器外损害行李和货物，并能防止粪便渗溢，以免污染机上器设备和其他物品。

③ 旅客携带导盲犬必须经承运人和有关连续承运人同意。

④ 导盲犬必须具备中华人民共和国和运输过程中有关国家动物出境、入境和过境所需的有效证件。

⑤ 在中途不降停的长距离飞行航班上或者在某种型号的飞机上，不适宜运输导盲犬的，承运人可以不接受运输。

2. 无成人陪伴的盲人旅客

(1) 盲人旅客单独旅行，需要承运人提供特殊服务的，必须在定座时提出申请，经承运人同意后方可购票乘机。

(2) 单独旅行的盲人旅客，在上下机地点应有人照料迎送。

(3) 一般应避免安排在旅客比较拥挤的航班上。

(4) 在办理乘机手续时，应及时通知工作人员，并填写"特殊旅客服务通知单"一式三份。一份存档，两份交工作人员。

(5) 航班结束后，拍发 PSM 电报，并将相关资料存档。

5.5.5 孕妇及新生儿

1. 孕妇

由于在高空飞行中,空气中氧气成分相对减少,气压降低,因此孕妇运输需要有一定的限制条件。尽管有研究表明妊娠期的任何阶段乘坐飞机都是安全的,但为了慎重起见,航空公司通常对孕妇乘机制定了一些规定,只有符合运输规定的孕妇,承运人方可接受其登机。

1) 运输条件

(1) 怀孕32周或不足32周的健康孕妇,可按一般旅客运输。

(2) 怀孕超过32周的孕妇,且经医生诊断不适宜乘机者,一般不予接受。如有特殊情况,怀孕超过32周但不足36周的健康孕妇,如有特殊情况需要乘机,应在乘机前72小时内交由医生签字、医疗单位盖章的"诊断证明书"一式两份,内容包括旅客姓名、年龄、怀孕时期、预产期、旅行航程和日期、适宜乘机以及在机上需要提供特殊照料的事项,经承运人同意后方可购票乘机。

(3) 怀孕超过36周的孕妇不予接受。

2) 办理程序

(1) 在接收孕妇时必须先判断该孕妇是否符合承运人所规定的承运条件。

(2) 检查孕妇是否具备在起飞前72h由医生开具的诊断证明书。

(3) 如一切手续齐全,则可按照一般旅客手续办理,不需要填写"特殊旅客服务通知单",也无需拍发电报。

2. 新生儿

由于新生儿的抵抗力差,呼吸功能不完善,咽鼓管又较短,鼻咽部常有黏液阻塞,飞机升降时气压变化大,对身体刺激大,新生儿又不会做吞咽动作,难以保持鼓膜内外压力平衡。因此,对婴儿乘坐飞机要有一定的限制条件。航空公司规定新生婴儿出生不足14天不能乘机,早产儿不足90天不能承运。

5.5.6 醉酒旅客与犯人

1. 醉酒旅客

醉酒旅客是指酒精、麻醉品或毒品中毒,失去自控能力,在航空旅行中明显会给其他旅客带来不愉快或可能造成不良影响的旅客。

醉酒旅客的运输规定:

(1) 承运人有权根据旅客的行为举止、言谈、着装打扮、携带物品、散发气味对旅客是否醉酒旅客自行判断决定。属于醉酒旅客,承运人不接受运输。

(2) 在旅客上机地点,对于酒后闹事,有可能影响其他旅客的旅途生活的醉酒旅客,承运人有权拒绝运输。

(3) 在飞行途中,发现旅客处于醉态,不适合旅行或妨碍其他旅客时,机长有权在机上采取措施,制止其行为或令其在下一个经停地点下机。

(4) 醉酒旅客被拒绝乘机,如需退票时,按非自愿退票处理。

2. 犯人

由于犯人是受我国现行法律管束的,在办理犯人运输时,应与有关公安部门配合。

1）一般规定

（1）公安部门应在定座时提出犯人运输申请，经承运人同意后方可购票乘机。

（2）在运输犯人的全航程中，有关公安部门必须至少派两人监送，并对监送犯人负全部责任。

（3）监送人员如需携带武器，应由机场安检部门处理。

（4）除民航总局特别批准外，只能在航班上监送犯人运输。

（5）办妥售票手续后，应给始发站、中途站和到达站拍发犯人运输电报。

2）犯人运输的值机工作

（1）当为被押送的犯人办理乘机手续时，值机员应注意将犯人及其押解人员安排在机舱尾部的座位上，如航班座位较宽裕时，尽可能将他们与其他旅客的座位隔开几排。

（2）犯人押解人员需要携带的手铐、警棍等物品，应事先与安检部门联系。

（3）旅客登机时，犯人最先登机，安置妥当后，其他旅客再登机。

（4）旅客下机时，安排其他旅客先下机，犯人最后下机。

思考题

1. 国内旅客出发、到达流程是什么？
2. 值机的准备工作有哪些？
3. 查验客票时都查验客票的哪些性质？
4. 哪些旅客属于特殊旅客？
5. 特殊旅客的值机和引导，需要注意哪些问题？

附录 5.1　重要旅客乘机通知书

上海航空股份有限公司
SHANGHAI AIRLINES CO.,LTD.

重要旅客乘机通知书

航班号	日期	自	至	记录编号

姓名	职务	座位等级

随行人员　　　　人　　　　舱位等级：　　　　PNR No:

特别服务要求：

2005年　　月　　日　　时　　分　报总控＿＿＿＿＿＿

上海航空股份有限公司 中心售票处　经办人＿＿＿＿＿

附录5.2 无成人陪伴儿童乘机申请书

无成人陪伴儿童
乘机申请书　　№ 010480

儿童性名	年　龄	性　别

儿童简况		
儿童乳名	身体状况	日常习惯

个人爱好	特殊要求

航程			
航班号	日期	自	至

航站	接送人 (姓名) (证件)	与儿童 (UM) 关系	地址、电话号码
始发站			
到达站			

第一联　售票处留存

售票处＿＿＿＿＿＿　申请人＿＿＿＿＿＿　日期＿＿＿＿＿＿

注：1.无成人陪伴儿童的接机人原则上应为其父母或监护人，如因故委托他人接送，则需提供书面委托书及被委托人的姓名、证件、地址、联系电话。
2.无成人陪伴儿童办理乘机手续时，需提供“无成人陪伴儿童乘机申请书”。

附录 5.3　特殊服务申请书

上海航空股份有限公司
SHANGHAI AIRLINES CO.,LTD.

特殊服务申请书

申请服务项目				
航班号	日期	始发站	到达站	定座记录编号

旅客姓名	特殊服务要求

如有必要，请填写以下内容：

送站人姓名	联系电话	联系地址
接站人姓名	联系电话	联系地址

申请人		申请日期	

2002年　　月　　日　　时　　分　报总控____________

上海航空股份有限公司 中心售票处　经办人__________

第 6 章　计算机离港系统

航空运输市场竞争激烈,航空公司需要更科学化、规范化和现代化的管理,现代机场也需要提高服务水平,为旅客提供更广泛、优质的服务。计算机离港系统是对现代化航空运输业的技术支持,是航空企业在生产竞争中争取主动地位的有力武器。本章将以中国民航信息集团公司开发的离港系统为例介绍离港系统的概况,离港系统配载平衡的操作及控制的重要指令,离港系统配载平衡的实例以及模拟操作。

6.1　计算机离港系统基础知识

计算机离港系统(DCS:Departure Control System)在很大程度上为旅客,尤其是联程航班旅客提供了更方便的服务。另外,在确保飞行安全正点、节省油料、提高航班座位利用率、方便旅客查找行李等方面也提供了有力的支持与帮助。根据《中国民航信息系统建设“九五”规划和 2010 年远景规划》的要求,我国将于两年内在全国 45 个干线机场建立集中式离港系统,这些机场的年处理旅客能力可达到 7600 万人次,旅客量将占全民航出港量的 90%,同时在全国范围内逐步使用 EDIFACT 做联程登机牌打印机,开发 ATB 磁卡自动机票和登机牌系统,建立登机门控制,实行值机柜台共用。到 2010 年,离港系统将覆盖全国所有机场。

6.1.1　离港系统产生的背景及发展历史

随着当今航空市场竞争的日趋激烈,旅客对航空地面服务提出了更高的要求。要想在市场竞争中处于领先地位,单靠现有硬件的优势是远远不够的。如何为旅客提供优质服务,确保旅客迅速、有效地办完乘机手续已成为机场和航空公司亟待解决的问题。南方航空公司、上海虹桥国际机场等率先在中国民航选用旅客离港系统,大大地提高了旅客服务质量,同时也标志着中国民航在经营管理上有了新的飞跃。

中国民航离港系统建设于 1988 年,是引进美国 UNISYS 公司的 USAS 产品,经过几次的改造,1999 年离港系统主机升级为 UNISYS2200/644,采用美国 UNISYS 公司的硬件和软件,已建成覆盖全国各机场,连通全世界的通信网络。中国民航离港系统属于为航空公司和机场旅客服务的大型网络系统,该系统与中国民航订座系统紧密联系,便于各航空公司和机场有效地管理旅客离港、行李和飞行信息。该系统自 1988 年 9 月在南方航空公司(白云机场)的国际航班正式投产以来,到目前为止,国内有 36 家机场使用离港系统,有 8 家机场将投入使用离港系统,合计有 44 家国内机场已经使用或即将投入使用离港系统(包括所有旅客吞吐量排名前 30 位的机场);此外,在国内航空公司通航境外的 32 家机场中,已有 4 家使用离港系统。2001 年离港系统年处理旅客量达到 4700 万人次,占全年旅客出港量的60%。同年使用离港系统办理配载的航班数量达**48万架次**。

我国使用离港系统的历史简述如下：

1988年离港系统在广州白云机场南方航空公司国际航班投入使用；

1990年首都机场国际航班投入使用；

1991年离港系统主机升挡为UNISYS1100/74,同年,上海虹桥机场东方航空公司国际航班投入使用；

1993年开始建设卫星通信系统,解决离港系统数据通信的瓶颈问题；

1994年离港系统升挡,主机升挡为UNISYS2200/622,软件为USAS2000；

1995年香港机场中国民航航班由英航转入中国民航的离港系统,之后与华航、国泰开通海峡两岸经香港的一票到底业务,同年,澳门机场使用中国民航离港系统；

1996年南方航空公司广州白云机场全面使用,虹桥机场全面使用；

1997年中国国际航空公司,厦门航空公司,南方航空公司贵阳、深圳分公司全面使用,外国航空公司如港龙航空有限公司、日本航空公司、泰国航空公司、俄罗斯航空公司、新加坡圣安航空公司等开始使用；

1999年民航总局在《民航信息化"十五"规划》中提出要加快干线机场的离港系统建设；

2002年离港系统工程建设被列为"民航信息化年"内的八大标志性骨干工程之一;同年,"百家机场离港工程"全面启动。

6.1.2 离港系统的功能简介

计算机离港系统为航空公司和机场在旅客服务质量、登机准确性、平衡配载精确程度以及各项工作效率等方面提供保障,利用系统网络的优势来提高企业竞争力。计算机离港系统作为一种在国际航空运输业中最广泛应用的先进计算机自动化生产管理系统,它是中国民航首先在国内引进美国UNISYS公司的航空公司旅客服务大型网络事务处理系统。它包括旅客值机CKI:Check - in、配载平衡(LDP: Load - Planning)、航班数据控制(FDC: Flight Data Control)三大部分,是通过卫星、光纤等网络技术连接起来的先进系统。

1. 总体功能

该系统的功能可以从三个角度来理解。

1) 离港系统为航空公司提供的管理和功能

(1) 多舱位功能。

(2) 代码共享。

(3) 客票的验证和假票的识别。

(4) 联程和异地值机。

(5) 对电子客票和Internet值机功能的支持。

(6) 常旅客系统的数据来源。

(7) 为收益管理等运营决策分析系统提供必备的数据源。

(8) 通过与货运系统的连接可以有效利用载量。

2) 离港系统是现代化机场不可缺少的重要组成部分

(1) 有利于候机楼值机柜台、登机口等资源的合理分配利用。

(2) 有助于建立经营管理信息数据共享机制。

(3) 是实现行李自动分检的前提。

(4) 实现联程与异地值机。

(5) 与机场其他管理系统相连,提高机场管理和服务水平。

3) 离港系统给旅客提供的服务

(1) 订票时即订座。

(2) 提供更多的常旅客优惠。

(3) 通过代码共享使旅客便捷地转机。

(4) 联程值机,行李中转,免除了旅客转机过程中再值机的烦恼。

(5) 酒店值机。

2. 旅客值机系统

旅客值机是旅客购买机票后上飞机前必经的程序,包括核对旅客姓名、确认机上座位、发放登机牌、交运行李等一系列操作。旅客值机系统是一套自动控制和记录旅客登机活动过程的系统,能详细记录旅客所乘坐的航班、航程、座位证实情况,记录附加旅客数据(如行李重量、中转航站等),记录接收旅客情况或将旅客列为候补情况。旅客值机系统可以顺序接收旅客、候补旅客,也可以选择接收;旅客也可以一次办理多个航班的登机手续。

1) 旅客值机系统办理值机的方式

旅客值机系统在为旅客办理值机的时候可以有四种方式,且每种方式都可以有座位选择:

(1) 姓名方式(Name)。这种方式是值机员通过旅客姓名的方式来确认旅客,是最常用的方式。旅客值机系统具有搜索旅客姓名全称能力(与订座系统相似),允许候补 GO-SHOW、无记录、订座未值机以及超售等因素的协调。

(2) 序号方式(Numberic)。以序号方式接收未订座旅客。根据订座旅客数和飞机的实际载客量来接收未订座旅客。旅客订座情况可从票面识别,其姓名输入到订座及离港系统中。对于未订座旅客或持折扣票旅客,其姓名随后显示。

(3) 部分以姓名方式(Partial Name)。这种方式办理值机基本与以序号办理值机方式相似,不同之处为旅客姓名必须与系统上的旅客姓名完全吻合。

(4) 手工方式(Manual)。非自动旅客值机系统,旅客值机系统允许自动和非自动办理航班。

2) 旅客值机系统的特点

(1) 可以在任何有定义的航空公司的终端上使用,每个终端可以同时办理多个航班。反过来,每个航班可以在任何一台终端办理。当一个航班开始办理旅客值机手续时,该航班所有航段的起始航站可同时办理旅客值机手续,起始站进行座位分配,其余的航站都留有可利用的座位。

(2) 设计为简洁的工作人员、旅客与系统之间的对话方式。当旅客值机系统存有旅客数据时,值机员可提取旅客记录为其办理乘机手续。旅客被接收后,系统自动分配座位号和登机号。当旅客在离港系统中没有记录,或旅客记录未被证实时,该旅客被接收时,被列为候补旅客,系统不会接收,而是产生候补号。当飞机仍有剩余座位时,再将其正式接收。在接收这类旅客时,系统同时为旅客建立订票记录编号及其他数据记录。当旅客需换乘其他航班时,系统设计了相应的换乘航班指令。

3）旅客值机系统的功能

旅客值机系统作为DCS中的子系统并不是一个简单的座位分配系统，它是与订座系统RES和配载平衡相联接的，一般情况下，旅客值机的航班由FDC系统自动生成。在这一过程中，旅客值机系统将从FDC系统中获得航班的静态数据，从RES中获得旅客的名单数据(PNR)，从而建立起整个航班的数据记录。当旅客值机系统同FDC或RES中断联络，旅客值机系统也提供了相应的后备指令，可以手工建立航班的数据记录即PNR。

旅客值机系统流程图如图6.1所示。

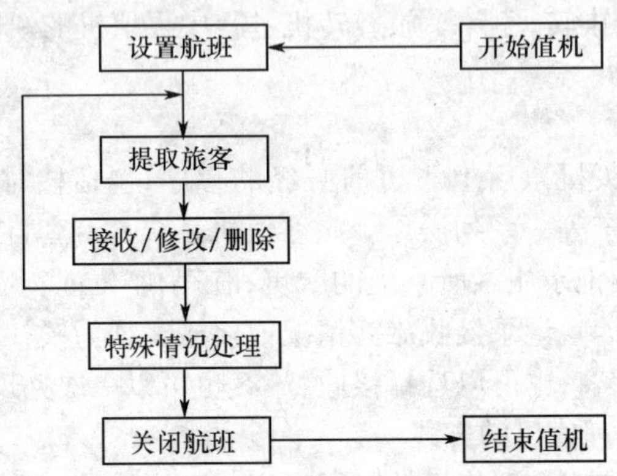

图6.1 旅客值机系统操作流程图

旅客值机系统的主要功能是为旅客在始发地一次性办妥全程乘机手续(包括办理外航的联程航班)，自动打印登机牌和行李牌，通过登机口阅读器及时提取未登机旅客姓名及其行李牌号码，以便及时找出未登机旅客的行李，确保飞行安全和航班正点。在为旅客办理乘机手续时候，可根据系统内存储的RES发来的旅客名单报，准确无误地接收旅客，对未订座旅客接收，可通过设定限额进行控制。另外RES系统在规定时间内预先向旅客值机系统提供有关信息锁定有关旅客特殊服务的信息，如担架、轮椅，旅客值机系统会根据这些信息锁定座位或预留座位。航班控制人员也可以通过一系列指令对航班载量、起飞时间、机型布局、座位图、候补旅客接收等实施控制，当完成旅客的登机手续后，将实施航班关闭。

同时旅客值机系统可以处理机场税和超重行李税。旅客值机系统需要来自航班操作数据和订座系统的信息，一般情况下，所有的数据都自动存放在FDC系统中，订座系统自动向离港系统传送数据。当有意外情况发生，系统不能自动提供所需信息时，离港系统设置了手工备份指令，以保证系统的正常使用。

利用旅客值机系统可以实现以下几种具体功能：

(1) 联程值机。利用旅客值机系统完成联程航班操作的主要形式有两种，一种是与其他系统的联程值机电子数据交换技术(EDIFACT)，一种是与本系统的联程值机。

离港系统可支持多种形式的联程值机，既可采用IATA标准的EDIFACT与外国航空公司离港系统相连，实现一票到底(IATCI)功能，也可实现本系统内部的联程值机；同时对于2日内即返回的航空旅客，系统还提供了回程值机功能(又叫HappyReturn)，旅客可在出发时就将回来的乘机手续办好。

(2) 异地值机。异地值机是指在航班始发机场以外的其他场所，如酒店、航空公司办事处和其他城市等为旅客办理乘机手续。异地值机的主要形式是市内值机，旅客可以在售票处及宾馆等地办理值机手续，这样可以缓解机场值机柜台的压力，减少值机员的工作量，缩短旅客在机场的等候时间，提高旅客的服务质量。但异地值机的缺点是只能对没有行李托运的旅客开展该项业务，如果旅客有行李要托运，也还要到机场办理值机手续。

目前开展异地值机的城市有北京、广州、深圳、长沙、哈尔滨等。

(3) 代码共享。代码共享是指两个或两个以上的航空公司在某一特定的航班上，采用不同的航班号，共同使用一架飞机来完成对旅客的服务，航空公司之间可按有关协议来实现对此航班座位的销售。

通过旅客值机系统，对有代码共享的航班办理值机手续的好处可以从两个角度理解：首先，对于航空公司而言，可以“飞到”更多的目的地，共享伙伴公司的设施而节省相关费用。同时，通过在代码共享的航班上提供机上座位预订和联程值机服务而吸引更多的旅客，还可以使一些小的航空公司学习先进的航空公司管理经验。其次，对于旅客而言，由于他面对的只是一个公司，因此，他可以安心地享用从始发地开始的同意连贯服务，而且代码共享提供旅客便捷的转机和缩短旅行时间，可以让旅客享受更多的常旅客计划。

离港系统最多可实现 6 家航空公司共享一个航班代码。不久的将来，代码共享将继续引领国内航空公司向跨国化、集团化趋势发展。

目前，在国内，互相开展代码共享的航空公司有：上海航空公司(FM)与南方航空公司(CZ)，上海航空公司(FM)与中国国际航空公司(CA)，南方航空公司(CZ)与四川航空公司(3U)，深圳航空公司(SZ)与山东航空公司(SC)。

与外国航空公司开展代码共享的航空公司有：中国国际航空公司(CA)与美国西北航空公司(NW)，南方航空公司(CZ)与韩亚航空公司(OZ)，南方航空公司(CZ)与日本航空公司(JD)。

3. 航班数据控制

航班数据控制系统(FDC)是为旅客值机、飞机载重平衡等系统提供后台数据支持的系统。它具有航班信息的建立、生效以及航班数据的维护等功能，同时具有离港信息数据库的完整性校验功能。其流程如图 6.2 所示。

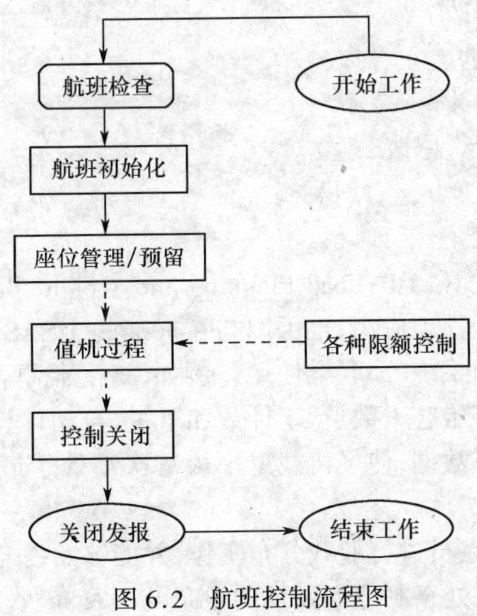

图 6.2 航班控制流程图

航班数据可按周期一次性装载，如将夏、秋季或冬、春季航班时刻表一次性载入数据库，也可以装载短期的临时加班航班的数据。而且，工作人员可以对航班数据进行修改和删除。每天晚上，航班数据控制系统会自动生成第二天的动态航班记录。该系统一般由机场的离港控制人员进行操作管理。

航班数据控制系统在离港系统整个运作过程中起着总控的作用，与离港系统各个子系统之间都有接口，航班数据控制系统主要向旅客值机系统和飞机载重平衡系统提供航班的数据信息，并对航班数据进行集中控制。

1）航班数据控制系统与旅客值机系统的关系

当离港控制员在航班数据控制系统中建立起周期航班的数据，航班数据被系统确认生效后，航班数据控制系统将把包含航班起始/到达站、起飞/到达时间、机型、座位布局等航班的相关数据在内的信息发送给旅客值机系统，旅客值机系统接收到航班信息后方可向订座系统索取旅客名单，并接着完成航班的座位控制和旅客值机手续的办理。同时，航班数据控制系统还提供实时修改功能，离港控制员可以根据实际的飞机安排，随时对航班数据进行修改，如航班的起飞到达时间、航班的登机口位置、航班机型变化、座位布局调整等。航班相关数据修改后，航班数据控制系统同样会将信息及时发送给旅客值机系统，实现前台、后台信息一致。

2）航班数据控制系统与飞机载重平衡系统的关系

为了保证离港系统的两个前台子系统，即旅客值机系统与飞机载重平衡系统内的航班数据的一致性，航班数据控制系统在给旅客值机系统发送航班信息的同时，也向飞机载重平衡系统发送航班的信息，以支持配载员根据准确的航班信息进行航班的配载平衡操作。主要负责值机系统的数据管理工作；通常旅客值机航班由航班数据控制系统编辑，将季节航班表生成在系统中，为旅客值机做准备工作。重要的工作是向订座系统申请得到旅客名单。

3）主要实现的功能

航班数据控制系统的主要功能为：

(1) 航班信息显示/修改。

(2) 定期航班时刻表的建立/修改。

(3) 航班记录显示/修改。

(4) 飞机布局表的显示、修改、建立。

4. 配载平衡系统

1）概述

计算机配载与重量平衡(LDP:Load Planning and Weight Balance)系统是离港系统的一个子系统，它可以完全独立地应用，也可以与在标准的 USAS 环境中其他的子系统(客运值机系统，航班数据控制系统等)联合使用。例如，该配载平衡系统通过与客运值机系统的连接，可随时获得航班旅客人数、行李件数和重量，自动计算飞机客货载量，合理分配舱位，计算飞机重心及配平数据，使飞机载重平衡每次都处于最佳状态，以利于飞行安全和节省油料。

该系统协助配载工作人员进行业载分布工作，并能够始终监控在特定条件下，飞机增加业载时的状态，确保飞机处于制造商要求的重量与平衡条件。任何非法的或超过允许范围的状况都会被检查出来并显示给工作人员。同时,当航班关闭后,这套系统能打印 IATA 标准格式的装载表(LOADSHEET),包括提供给机长的重量和平衡数据(装载表的内容见本书第 7 章)。

飞机起飞前工作人员进行业载分配工作,配载员综合考虑影响飞机平衡的各种因素,确定飞机业载分布,取得飞机起飞前必须的重量、重心等数值,确定飞机重量、重心是否在规定范围内。因此,配载平衡是确保飞机处于制造商要求的重量与平衡条件内的重要工作。

传统的手工配载方式工作程序复杂,环节较多,人为因素影响大,容易产生错误。计算机配载将配载员从繁琐的手工方式中解脱出来,大大提高了配载工作效率,提高配载准确性,已为世界航空界广泛采用。

计算机配载平衡系统的使用将极大地减轻载重平衡人员的工作强度,缩短制表时间。该系统还具有自动向目的站、经停站拍发载重电报和箱板分布电报的功能,从而省去了人工发报,加快电报的传递速度,使航班各站联为一体。

2) 主要实现的功能

航班数据控制系统的主要功能为:

(1) 建立配载航班信息。

(2) 根据飞机平衡要求确定业载分布。

(3) 做出航班的舱单。

(4) 发送相关的业务报文。

6.1.3 离港系统与其他系统的关系

离港系统在航空公司核心系统中扮演了数据源的重要角色,它的及时性、准确性是其他渠道获得的信息所不具备的。

1. 离港系统与订座系统

离港系统的应用是与订座系统紧密相连的,如图 6.3 所示。在办理值机前,订座系统向离港系统传送旅客名单报 PNL 和旅客名单增减报 ADL。值机结束后,离港系统向订座系统传送最终销售报 PFS,向订座系统提供详细的最后登机人数、头等舱旅客名单、候补旅客人数、订座未值机人数,以便于订座部门控制人员了解航班实际使用情况。

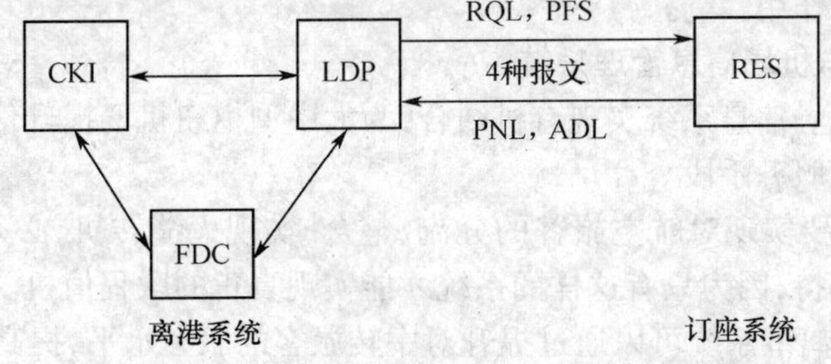

图 6.3 计算机离港系统与订座系统关系

LDP—航班配载平衡模块; FDC—航班数据控制模块; CKI—值机控制模块;
RQL—名单申请报,初始化航班时向订座系统发送; PNL—旅客名单报,订座系统向离港系统发送;
ADL—名单增减报,初始化后实时发报; PFS—最终销售报; RES—订座系统。

2. 离港系统与常旅客系统

常旅客是保护航空公司高价值客户群体忠诚度的有效手段，也是稳定航班收入的基础。因此，现在很多航空公司为了开展竞争，都开展了常旅客服务，而且随着科学技术的发展，一些具有一定规模的航空公司已经建立了常旅客系统（FFP：Frequent Flyer Plan）。通过离港系统与航空公司常旅客系统直联，引进国际先进的“里程银行”概念，将使常旅客服务跨越到新的高度，里程查询和消费成为一种时尚。多种崭新服务功能如在离港系统中直接进行里程查询、机场贵宾室里程消费、升舱里程消费、机场免税商品里程消费、可转让的里程消费等，可以从本质上改变传统的常旅客里程券服务孤立、单一的局面。

常旅客系统通过与离港系统的连接，提供离港系统的原始的准确数据，解决航空公司常旅客系统对数据需求的准确性和及时性要求。在离港系统中，可以接收带有常旅客名单报。接收旅客时，加入常旅客信息，还可以拍发带常旅客信息的 PFS 销售报，或常旅客信息报。而在这个过程中，常旅客系统将展示其强大数据提供和处理中心的地位，将对离港系统的服务进行强有力的补充，将同航空公司运营生产单位一起利用现有资源，发挥各自优势，不断充实信息服务内容。

常旅客系统是航空公司为旅客提供个性化服务、培育忠诚旅客、扩展市场份额的重要手段，也是稳定航班收入的基础。对于那些经常进行公务旅行的白领阶层，具有很大的吸引力。常旅客系统的核心数据源——旅客服务数据库——记录着与旅客旅行有关的数据，便于航空公司有针对性地提供优质服务，也是商务信息系统中其他子系统获取旅客信息的主要渠道。然而，如果没有完善的离港系统予以配合，旅客的飞行里程就无法自动控制。常旅客计划的实施也会非常困难。

3. 离港系统与收益管理系统

收益管理系统是正确预测市场、优化子舱位结构、动态控制票价的手段，该系统需要大量的准确详细数据。收益管理系统正常工作的关键是操作层信息系统（主要是订座、离港、货运与结算系统）能否提供准确无误的数据。欧美大多数先进航空公司均能应用收益管理系统对它们的航线和航班的客/货流量作出比较精确的预测，使价格政策的制定建立在更加科学的基础上，从而使航空公司获取最大的市场份额与经济效益。

离港系统提供的数据是航空公司效益分析和结算的主要信息源，离港系统拥有丰富的航班/旅客数据资源，可以向收益管理系统发布旅客信息，它对航空公司收益管理系统将起到重要的支持作用。

4. 离港系统与机场信息管理系统

离港系统与机场信息系统实现有机结合，为大中型枢纽机场提升信息化管理水平，为小型机场增强旅客服务手段。

(1) 枢纽机场要实现对航空旅客的分流、整合，实现无缝转机，必须得到大型实时集中式离港系统的支持，因为只有这样的系统才能实现真正的联程值机。

(2) 中国民航离港系统可以通过提升对中转旅客的服务水平，提高航空公司的收益。同时，依靠民航网络化信息服务，众多转机旅客资料的查询也变得极为简便、及时和准确。

(3) 枢纽机场往往伴随代码共享的需求，而常旅客则是枢纽机场的主要旅客，同时也是航空公司最稳定、最重要的经济来源和重点服务对象。中国民航离港系统则可以支持代码共享，并实现对常旅客的完全自动化处理。

(4) 就机场业务而言，离港系统绝对是整个机场弱电系统的核心，因为它不仅提供了机场业务的实现载体和实现方式，更重要的是，离港系统是其他子系统最重要的数据信息来源。例如，离港系统中的信息包括航班和旅客信息，这两个信息构成了机场最主要的信息源，不仅需要提供给航显、广播系统，用以及时将信息通知旅客，还需要将实时航班信息提供给指挥调度系统，以便随时确认和变更。此外，像行李分拣、货运系统、机位分配、登机口分配、柜台分配、信息查询甚至楼宇自动控制等子系统都可以从离港系统获取相应的实时数据，以维系该子系统的正常运作。

6.2 值机控制操作

6.2.1 提取旅客记录

1. 显示旅客名单(PD)

显示航班某一航段或航班始发站到各个经停站的旅客信息显示从 RES 系统传到 DCS 的 PNL。

输入格式：

>PD:FLT/DATE/CLASS/SEG,ITEM1,ITEM2,……

>PD＊,ITEM1,ITEM2,…… （设置缺省航班号）

ITEM 选项：

ACC	已接收旅客	STCR	担架旅客
NACC	未接收旅客	DEL	被删除的旅客
VIP	重要旅客	EDI	与其他主机系统有数据交换的旅客，主要是与外航联系的转港、联程旅客
PSM	特殊服务旅客	EXBG	行李超重的旅客
INF	带有婴儿旅客	UPG	升舱的旅客
CHD	儿童	DNG	降舱的旅客
GRP	团名，不是旅客本身，团名 0 开头	EXST	额外占座的旅客
NGRP	不包括团名	FF	常旅客
AEC	AEC 换飞机后未确定座位的旅客	NREC	无记录旅客，离港无记录，订座有
AECX	AEC 换飞机后，座位号与原座位号不同的旅客	URES	候补旅客，离港无记录，订座无
I	IN-BOUND 旅客	SBY	候补状态旅客
O	OUT-BOUND 旅客	GRIB	团体中的所有旅客 GRI+团名(B)
ASR	预留座位的要客 VIP	Z	转换航班旅客
CRS	值机留座的旅客	BN	按登机号显示
RES	预留座位的团体旅客	BAG/ALL	所有有行李的旅客
WCH	轮椅旅客	XRES	被取消订座记录的旅客
BLND	盲人		
DEAF	耳聋旅客		

[例 6.2.1]

```
PD: CA1511/02APR01 * PEK                                              OP/NAM
737/3J6I GTD/34    POS/GATE BDT1515 SD1545 ED1545   SA1805   FT0220
CAT/006/075 + 45MOML
  1. 1AHMED/NASS +        E9 BN007   22B        Y KHN KDGR9 SPML
  2. 1ASHRAF/MOHA +       D9                    Y KHN KDFP0 SPML
  3. 1ASHRAF/HAMI +       B7                    Y KHN K94XW SPML
  4. 1CAISHIZHI                                 Y KHN HBRMH
  5. 0CA/SIX              Z14        GROUP      Y KHN L075V
```

说明:当提取记录中既有旅客又有团名时,无法一次接收。

2. 提取旅客详细纪录(PR)

输入格式: > PR: NUM　　(NUM 为上次显示中序号)

[例 6.2.2]

```
PR: CA985/19JAN01TPEK,2          PNR   RL   H0L2L
                                 CRS   RL   MBP6G
1. LIU/XIAOHONG          BN190   14E    T SFO FF/CA 102013085 RW
                                        BAG1/21/0 M1
   BAGTAG/0999596860/PHX
   O/UA2358/19JAN                       V PHX
   ACC PEK12632 AGT10452/19JAN1311
   BAG PEK12632 AGT10452/19JAN1311/PHX
   MOD PEK12632 AGT10452/19JAN1311
```

说明:

PNR RL　H0L2L	订座系统航空公司记录编号
CRS RL　MBP6G	代理人系统记录编号
1. LIU/XIAOHONG	旅客姓名
BN190	登机号
14E	座位号
T	舱位
SFO	目的地
FF/CA 102013085	有常旅客卡/卡号
RW	申请靠窗座位
BAG1/21/0	一件行李 20kg
M1	成人男 1
BAGTAG	行李牌
0999596860	行李牌号

PHX　　目的地
O　　有联程航班
UA2358/19JAN　　联程航班号日期
V　　舱位
PHX　　目的地

选项的含义：

ACC	接收	MOD	修改
BAG	行李牌放出或重新放出	DEL	被删除，包含 DEL 之前的信息
RES	订座留座	PRC	行李与他人合计，记录在本人身上
PDN	行李与他人合计，记录在别人身上	I	转港航班信息
SBY	候补状态	SEA	自动换飞机后重新分配座位的旅客
R	重新打印行李牌	ASR	所占座位为预定 VIP 座位
Z	转换航班的旅客	NPA	对未办手续旅客做修改，接收 PAX 之前的一些修改
XBT	不打印行李牌		

3. 提取旅客记录的几种简化格式（RL/RN/FB/FSN）

提取旅客记录的种类	输入格式	举例
根据记录编号提取旅客记录	>RL: H0L2L［,ITEM］	>RL:H0L2L,NACC,NGRP
根据姓氏提取旅客记录	>RN:NAME［,ITEM］	>RN:LI,NACC
根据登机号提取旅客记录，接收完旅客	>FB:BN　登机号	>FB:12
根据座位号提取旅客记录，接收完旅客	>FSN:SEAT　座位号	>FSN:1A

6.2.2　接收旅客(PA)

1. PA 指令功能

(1) 离港系统中，正常 PA 接收旅客，系统会自动给出旅客的座位号，同时，与终端相连的登机牌打印机、行李牌打印机自动打印旅客的登机牌和行李牌。

(2) 如果旅客没有订座记录，或座位未确定，GS 没有限额，执行 PA 指令会将该旅客自动列为候补，给出候补号。

(3) 为换乘航班旅客办理值机手续(旅客在原航班未办理)。

(4) 为未到旅客预留座位。

使用条件：

① 指令可以单独使用，也可据 PD，SB，PR 等输出按序号方式接收；

② 每个旅客仅限带一名婴儿，一次仅能接收一名婴儿；

③ 多个旅客接收，行李信息记录在第一个旅客后面；

④ 旅客为未接收旅客。

2. 指令格式

输入格式	含　义
> PA:NUM,ITEM	NUM 为上次 PD 显示中序号
> PA1	接收一名无行李旅客
> PA1,1/10,M1	接收一名带 10kg 行李的男性旅客。一名女性为 F1
> PA1-4	接收多名无行李旅客
> PA1-4,3/30	接收多名有行李旅客
> PA1,1/20;3,CHD1;4;6	接收团体内几名旅客；隔开不同序号
> PA1,UM1	接收无人陪伴
> PA1,EXST	接收额外占座，占用一个 GO-SHOW 限额
> PAY1LI/LI,URES	接收候补旅客。PA——舱位 1 姓名；URES——接收 GO-SHOW 旅客
> PAYXIY1LI/A,URES	多航段航班接收候补旅客，要加上旅客到达站
> PA1,INF1LI/LI	接收带婴儿旅客，LI/LI 为婴儿姓名
> PA1,OCA101YHKG,URES	接收联程旅客，多用于将旅客行李牌打印到终点站
> PA1,R1A	接收旅客到指定座位 1A
> PA1,SNR1A	将旅客强行接收到 1A 座位，申请到特殊符号的座位，如 CG 等
> PA:#1,R1A	为未到旅客留座，预留座位
> PA1,RW	安排靠窗的座位。W——窗口；I——走道；C——中间座；E——紧急出口；F——靠前；A——靠后；L——靠左；R——靠右；U——上舱；X——下方宽敞
> PA1,FFCA/108738498	接收常旅客
> PA1P1,1/10;1P3,CHD1	接收同一序号下部分旅客： 如 1.3 HOSHI/MMR　　Y　PEK　J1234 HOSHI/MMS TOM/CHD
> PA1,UPGF	接收旅客并升舱到 F 舱，需要 GO-SHOW 限额
> PA1,DNGY	接收旅客并降舱到 Y 舱，需要 GO-SHOW 限额
> PA1,T/CA/123456	接收旅客并手工输入行李牌号
> PA1,BLND (DEAF,STCR,WCHR)	接收盲人(聋、担架、轮椅)旅客
> PA1,XBT (XBP)	接收旅客不打印行李牌(不打印登机牌)
> PA1,PETC1/10	接收带宠物上客舱旅客
> PA1,AVIH1/10	接收带宠物旅客，宠物放在货舱
> BC1,R	重新打印登机牌
> BAG1,R	重新打印行李牌

说明:接收同一序号下旅客最多 40 个;一次最多接收 30 个序号的旅客;接收候补旅客如果一次超过 10 个,需要加航班号。例如:

>PACA1511Y20PAX,URES

6.2.3 修改旅客记录(PU)

旅客为已经接收的旅客。

1. 修改未接收旅客记录

输入格式	含义
>PU:#1,R1A	预留座位功能同 PA:#1,R1A
>PU:#1,PUPGF	预升舱,# 标志旅客没有到
>PU:#1,PDNGY	预降舱
>PU:#1,NAM1LI/LI	修改未接收旅客姓名, 1LI/LI 新姓名

2. 修改已接受旅客记录

>PU1,1/10	加一件行李,原有数+新数
>PU1,NAM1LI/LI	修改旅客姓名
>PU1,UPGF	升舱,要 GO-SHOW 限额 F 舱
>PU1,DNGY	降舱,要 GO-SHOW 限额 Y 舱
>PU1,R1A	换座位
>PU1,OCA101YHKG,URES	加联程航段
>PU1,1/10,T/CA/123456/PEK	加行李,输入行李牌号
>PU1,INF1LI/LI	加婴儿
>PU1,CHD1	将旅客修改为儿童
>PU1,FFCA/10876433	给旅客加常旅客卡号
>PU1CA101YCAN	CI 后,仍为候补的旅客,可将其接收到别的航班上,若 CA101 有 GS,被接收;无,则仍为候补
>PUYHKG0,1/10	速运行李,无人行李,在 SY 中用 UB 显示 0(零)表示没有旅客

6.2.4 删除旅客记录或记录中数据项(PW)

>PW:-1	删除一名旅客记录,整个接收记录如果重新接收,BN 号不变
>PW:-1-5	删除多名旅客记录
>PW:-1,XRES	取消已接受旅客订座记录,PD*看不到,可以使用 PD*,XRES 提取记录
>PW1,XRES	取消未接收旅客订座记录,PD*看不到,如果看到使用 PD*,XRES
>PW1,BAG	减去所有行李
>PW1,1/10	减去一件行李
>PW1,FF	减去常旅客卡号
>PW1,INF	减去婴儿,加时要带姓名

（续）

>PW1,1/10,BT/123456	减去一件行李,并删掉一个行李牌号
>PW1,1/10,T/CA/123456	减去一件行李,并删掉手工行李牌号
>PWYPEK0,1/10	减去运行李 PEK 目的地
注:PW 指令中 有无"-"号的区别,有表示删除旅客的接收记录,无"-"表示减掉旅客记录中的某项。旅客被删除后,其 BN 被保留,若被再次接收,BN 与以前相同	

6.2.5 候补状态旅客处理

用 PD 显示出来,在 BN 位置[Y1],显示 SBXXXX(XXXX 为候补号)。

1. 产生 SBY(候补状态旅客)原因代码

AEC	自动换飞机被拉下旅客
STL	座位分配原因,AL 分配本站 A 用完,只有 O
URES	GS 限额限制
CAP	可用座位数不够
PAD	超过 ID 人数限制
WTL	业载不够限制
LM	超过登机人数限制

航班关闭时,不允许有 SBY 存在。

2. 接收 SBY 旅客,已经接收过 SB/JC/AC

JC　91 级　　　JC 在接收 URES 时,需占用 GO-SHOW 限额

AC　82、81 级　AC 在接收 URES 时,不占用 GO-SHOW 限额

输入格式:

>SB*　　　　显示 SBY 旅客 或 >PD*,SBY

说明:SB*显示 NEED NOTIFICATION 需要通知,涉及旅客本人的操作,要通知旅客本人,如升/降舱等。

输入格式:

>JC1

输入格式:

>JC1-6

输入格式:

>JC2PD 上一次作 PD 显示中的序号 2 的旅客

输入格式:

>JC2SB 上一次作 SB 显示中的序号 2 的旅客

AC 格式同 JC。

6.2.6 值机操作程序

值机操作程序如图 6.4 所示。

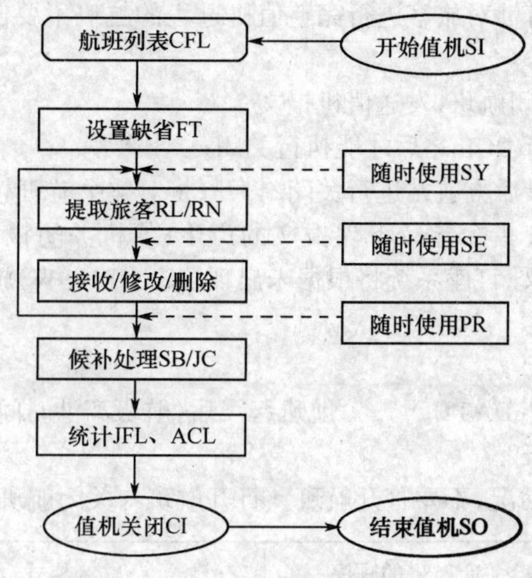

图 6.4 值机流程图

6.2.7 关闭航班及发报

1. 关闭航班

1) 航班初始关闭 (值机柜台关闭,CI)

(1) 指令功能:

① 柜台在办理完值机手续之后,使用此指令关闭,一般不再接受旅客了;

② 如需再接收旅客,可以将航班打开,接收后再关闭;

③ 最好由主办值机员负责关闭其办理的航班;

④ 如果航班结束后,直接输入 CI 指令,航班便完成了初始关闭;

⑤ 多航段航班的后方航站 CI 之后,前方航站不能再将航班打开。

(2) 指令格式:

>CI:FLT/DATE　　　　发报通知控制室

(3) 处理过程:值机关闭后,系统自动显示航班当前的一些旅客信息,如需要通知的旅客、候补旅客、本地和转港的持折扣票旅客。同时向控制室终端发报 CCI,通知航班已经初始关闭。

2) 航班中间关闭(CCL)

(1) 指令功能。当控制室收到报文后,关闭航班,结束值机过程。

发送 CCL 报用于通知配载部门,开始进行结载工作,不发送值机报文。

(2) 使用条件。限于控制室终端进行此操作;航班必须在执行 CI 之后才能执行关闭;控制员确定已经 CI 后再无值机操作,应及时使用 CCL 通知配载部门。

(3) 输入格式:

>CCL:FLT/DATE　　　　通知配载室

3）航班最后关闭(CC)

(1) 指令功能：

① 控制员确定航班已经起飞后，应及时使用CC发送报文，一般在起飞后10min；

② 生产系统中没有针对旅客进行完整值机过程的航班不要使用CC发送报文，以免影响数据的完整性；

③ CC用于完全关闭航班，发送值机报文；

④ 航班必须在执行CCL之后才能执行关闭；

⑤ 多航段航班在最后方航站进行关闭/打开，将对整个航班起到关闭/打开作用。

(2) 处理过程。CC指令导致下列报文的产生：值机关闭报文(COM)；显示候补旅客；送往订座系统的报文，订座系统将根据未出现(NO-SHOW)旅客信息进行注销；送往FDC系统的航班报告。

(3) 输入格式：

>CC:FLT/DATE　　　航班起飞后(航班离港时间以后)发报

2. 打开已关闭航班

关闭后，没有特殊情况，不要打开航班。打开航班与关闭航班顺序相反。

打开已关闭航班的顺序	输入格式
打开最后关闭航班	>CC: - FLT/DATE
打开中间关闭航班	>CCL: - FLT/DATE
打开值机关闭航班	>CI: - FLT/DATE

3. 发报

1）自动发报

航班最后关闭时，系统自动发报，报文类型在CSM中定义，发报地址可通过CM指令查询。

CM:AIRLN/CITY 一个航空公司在一个航站有一个收报地址表。

输入格式：

>CM:CA/PEK

[例6.2.3]

>CM:CA PEK0

DFL,1016	CCL,12680	CCL,CD	MLA,3434	MLA,3435
MLW,3435	MLW,3434	PFS,INTZZCA	PFS,PEKXPCA	PSM,PEKKICA
PTM,PEKUTCA	PTM,PEKLLCA	PTM,PEKUOCA	PTM,PEKUDCA	PTM,SELAPCA
PTM,PEKAPCA	PTM,PEKTRNW	SOM,PEKKLCA	SOM,PEKKNCA	SOM,PEKAPCA
SOM,PEKUOCA	SOM,PEKUDCA	TPM,PEKUDCA	TPM,PEKUOCA	CCI,3434

(续)

CCI,3435	CCI,12680	CCI,12688	CCI,CD	CCC,12680
CCC,CD	MVT,PEKZPCA	MVT,PEKZBCA	MVT,PEKUACA	MVT,PEKUOCA
注:DFL—没有定义地址报文的公用地址;CCL,12680—发送 CCL 报在 PID12680 上;CCL,CD— 定义了 EF 后发报文终端使用 EF 定义的 PID #				

2) 手工发报 LR

输入格式:

>LR:FLT/DATE/CITY/MSG - TYPE/ADDR

注:>LR:航班号/日期/始发城市/电报类型/7 字地址或 PID # 。

MSG - TYPE :报文都是 IATA 标准信息。

IDM	INDUSTRY DISCOUNT MESSAGE	公司折扣报	发下一站	过站的 PAD 旅客信息
PFS	PASSENGER FINAL SALES	最后销售报	发订座系统	实际航班离港各舱位人数, GO - SHOW, NO - SHOW 姓名,常旅客
PSM	PASSENGER SERVICE MESSAGE	旅客特殊服务报	发后续所有航站	有 CHD INF 等特殊服务项旅客信息
PTM	PASSENGER TRANSFER MESSAGE	旅客转港报	发后续所有航站	所有转港旅客信息
SOM	SEAT OCCUPIED MESSAGE	占座报	发下一个航站	航班座位占用情况
TPM	TELEX PASSENGER MANIFEST	电传旅客名单报	发下一个航站	下一站下机旅客信息
PIL	PAX INFORMATION LIST	旅客服务信息报	发本站	给机组人员一些参考服务信息
COM	CLOSE OUT MESSAGE	关闭报	发本站及后续所有航站	关闭时间等关闭信息

3) 旅客登机名单的产生(JL)

使用 JL 指令产生登机旅客名单,送至指定的地址。名单可按需求,按座位号排列、登机号排列、以姓名的字母顺序排列。

旅客名单格式为报文格式,可使用翻页指令,而非 IATA 格式,也不能自动产生。

输入格式:

>JL:OPT/FLT/DATE/CLASS/SEG/ADDR

说明:>JL:选项/航班号/日期/舱位/航段/目的地址。

OPT：

A——按值机员分类显示；

B——按登机号顺序显示；

N——按姓名顺序显示；

S——按座位顺序号显示；

NX——按姓名字母顺序，并注明旅客详细情况；

BX——按登机号排列，并注明到达站旅客详细情况（PSM、进港/出港航班、值机员号、团体代号、行李件数等）。

4）系统内部发报 MSG/TLX

(1) 向终端发报。

输入格式：

```
>MSG:PID#/LEV(PDQ 级别)
HELLO!!（自由格式正文）
```

[例 6.2.4]

```
>MSG:1056/1
HOW  ARE  YOU!!
```

(2) 向起始地址发报。

输入格式：

```
>TLX:SHAAPCA        收报地址
    .PEKAPCA        发报地址
    HELLLO!!!!!!    （自由格式正文）
```

6.3 配载平衡操作

配载平衡系统能按照取得最佳平衡位置的原则对旅客、货物在飞机中的位置自动进行分配和计算，或为人工选择最佳位置提供参考数据。配载平衡人员在工作过程中，可随时查看当时飞机的平衡位置，并通过实时系统来了解旅客接收情况的最新进展。LDP 还可以根据机场气候对起飞重量的影响以及机场跑道对飞机起降重量的限制计算出飞机的最大商务载重和各种限制，确定最佳平衡位置重心，并据此对货物、邮件和行李在飞机中的位置做出合理安排。在航班的沿线各站，机组人员可通过电脑系统实时提取和修改航班信息、机场信息、各型飞机商务和机务数据、油料曲线、集装设备数据、飞机座位布局等信息，使整个航班的始发站、经停站和到达站有机地联合在一起，有助于上、下站之间的协调与合作，有利于各站商载的安排和装载工作的准备，减轻了配载人员的工作量，也减少了差错的发生。

由于飞机的绝大部分数据（静态数据）已由计算中心工作人员在投产前输入离港系统，所以每次只需配载人员输入加油量等几个数据，系统即可自动算出飞机的起飞、着陆平衡重心的情况，快速、准确，并且非常方便；同时，根据飞机的静态数据、输入的油料数据、业载数据及调整后的航班操作数据，配载系统可以自动计算出飞机的起飞、着陆、无油等状态时的平衡状态，并提示用户：飞机的平衡状态是头重、尾重还是正好，用户可根据计算结果对飞机业载数据进行调整，从而避免了人工描绘平衡图所发生的种种误差。配载做完后航班完全关闭，系统会按事先定义好的系统内电报地址自动拍发各类电报，减少了手工输入报文工作流程，提高了工作效率。在另一方面，加强配载数据的规范化管理也成为飞行安全的重要保障。

本节主要的内容是配载的操作流程和基本指令内容，关于配载的基本概念和配载的原则方法，将在第7章做详细阐述。

6.3.1 配载平衡系统的功能指令

1. 功能指令操作顺序

表6.1列出了配载平衡系统的功能指令操作顺序。

表6.1 功能指令操作顺序表

序号	指令代号	指令说明
1	LCFD/LCFU	通过航班数据控制系统FDC自动建立航班，或用LCFD/LCFU指令建立或提取航班数据（输入航节、航班号、飞机号、起飞降落时间等）
2	LWXD/LWXU	用该指令输入航站气象数据，如温度、风向、风速等，有时省略
3	LODD/LODU	显示或修正航班的操作数据（如航班基本重量和指数、空机操作重量和指数、允许起飞重量、允许落地重量、加油方式、起飞和落地襟翼等）
4	LPAD/LPAU	显示业载使用情况（包括客运值机的旅客行李数据，货物、邮件的数据等）
5	LFFD/LFFU	显示油量信息
6	LFSD/LFSU	查看航班状态
7	LPDD/LPDU	检查航班的平衡状态
8	LMSD/LMSU	航班补充信息显示
9	LFSD、LLSP	关闭航班、打印装载表
10	LLPM/LLDM/LCPM/LUCM/LZFW	报文发送
11	LFSD	释放航班
注：以上操作指令中，第4项~第8项的顺序可以调整		

2. 指令介绍

1）建立航班指令（LCFD/LCFU）

（1）指令功能。显示一张已经存在的配载航班数据表格，指令自动转化为修改命令LCFU；显示一张待填入的航班空表格，指令自动转化为修改命令LCFU。

（2）使用条件。如果与值机系统连接且航班配置等数据是准确的，在值机系统中由控制员用FU指令加上飞机注册号码，值机系统会自动向配载系统发送ASM报文建立航班。

航班的经停站、注册号码、布局需要更改时，返回信息一般是ACK – CHECK WT &

BALANCE DATA,即有可能影响油量、客货、邮件的信息,所以还要重新修正这些数据。

(3) 输入格式:

> LCFD:FLIGHT/DATE/LEGS

[例 6.3.1] 若航班还未建立。

输入指令:

> LCFD:CA109/15JAN

输出空表格:

```
LCFU:          CA109/15JAN                      DATE/TIME:  15JAN00/12:34:38
STN      A/C        CONFIGURATION       ARVL     DPTR         GATE  CONT-WAB  Y
____   _______   __________________             _____         _____
____   _______   __________________    _____    _____         _____
____   _______   __________________    _____    _____         _____
____                                   _____                  _____
```

[例 6.3.2] 若航班已经建立。

输入指令:

> LCFD:CA109/15JAN

输出有内容显示的表格:

```
LCFU:          CA109/15JAN00                      DATE/TIME:15JAN00/12:34:38
STN      A/C        CONFIGURATION         ARVL    DPTR         GATE  CONT-WAB  Y
PEK      B2458_  F18C40Y249PP7VVB___              1300_        _____
HKG      _______ _______________         1600_    _______      _____
____     _______ _______________         _____    ____________________
____                                     _______                _____
```

[例 6.3.3]

输入指令:

> LCFD:CA1511/19NOV/PEK

输出格式:

```
LCFU:          CA1511/19NOV                   DATE/TIME: 19NOV99/12:47:43
STN      A/C        CONFIGURATION       ARVL     DPTR      GATE  CONT-WAB·Y
·PEK     ·B2947_   ·Y148 _________               ·1530_    ·____
·KHN     ·_____    ·___________         ·1740_   ·_____    ·____
·____    ·_____    ·___________         ·_____   ·_____    ·____
·____                                   ·_____             ·____
```

[例 6.3.4] 建立新的航班

输入指令:

>LCFD:CA984/14JAN00

输出格式:

```
LCFU:          CA0984/14JAN00                        DATE/TIME:15JAN00/20:09:38
STN       A/C        CONFIGURATION          ARVL     DPTR            GATE   CONT-WAB  Y
LAX       B2456      F18C40Y249PP7VVB__              1430            23__
PEK       _______    _______________        1910+1   2030+1          ___
SHA       _______    _______________        2205+1   _______         ___
___                                         _______                  ___
```

① 说明:

STN:航站信息,三字代码。

A/C:航班使用飞机注册号,第一航节必须输入,以后如不输入则相同。

CONFIGURATION:航班使用飞机的布局,在 LLAF 中看,第一航节必须输入,以后如不输入则相同。

ARVL:到达时间(为到达航站当地时间),可加日期变更标识。(+)、(-)分别代表后几天和前几天,如(+1)为明天,(-1)为昨天。若是起点站,则不输入。

DPTR:始发时间(为始发航站当地时间),可加日期变更标识。若是起点站,则不输入。

GATE:航班的出港登机门,可不输入。

配载航班通常情况下是由 CKI 添加飞机注册号,将航班数据传过来,自动建立配载航班。由于特殊原因,也可以手工建立配载航班。

② 建立航班修改(LCFU):

指令功能:判定输入飞机注册号和布局是否在系统中存在;

判定输入航站名称在系统中是否存在;

修改已存在的航班信息;

输入新的航班数据到数据库中。

LCFU 指令是使用 LCFD 指令的输出来输入或修改航班数据的,所以必须先做 LCFD 指令。

③ 一般来说,配载人员在始发航班,或者是前方站没有离港系统的情况下才建立航班,有时离港控制人员会在工作中已建好始发航班,配载人员要注意检查该航班是否正确。

2) 航站天气显示指令(LWXD)

指令功能:对一特定航站,显示已存在的天气信息包括最近一次修改的时间;

提供一表格用于特定航站的天气信息的建立。

输入格式:

>LWXD:AIRLINE/STATION

[例 6.3.5] 对已存在数据的航站。

输入指令:

> LWXD:CX/HKG

输出格式:

```
LWXD:STN:CX/HKG TEMP: - 30 C WIND - DIR/V:01  03  DATE/TIME:03JUN02/15:43:59
```

[例 6.3.6] 没有数据输入的航站。

输入指令:

> LWXD:UW/MSP

输出格式:

```
LWXD:STN:UW/MSP TEMP:________ WIND - DIR/V:________ DATE/TIME:______ /______
```

① 说明:

STN:航空公司代码/航站代码。

TEMP:温度,包括温度数以及"C"(摄氏),"F"(华氏)代码。" - "表示零下温度。

WIND - DIR/V:前两位表示风向,从 01 到 36;后两位表示以航节计的风速,数值从 00 到 99。

DATE/TIME:上次修改的时间。

② 配载人员一般不用此指令。

3) 航班操作数据显示和修改指令(LODD/LODU)

操作数据主要指航班操作空重、操作空重指数、最大起飞重量、最大落地重量、机组调整等。

系统飞机数据中记录通常情况下飞机操作空重、操作空重指数,结构性最大重量限制。但针对不同情况,特定航班需要对这些参数进行调整,主要有:

(1) 增减机组。

(2) 增减各种补给品。

(3) 有加座旅客。

(4) 由于种种原因,对最大起飞重量进行限制。

(5) 由于种种原因,对最大落地重量进行限制。

指令功能:显示和修改航班操作空重和空重指数;

修改航班最大起飞重量;

修改航班最大落地重量。

输入格式:

LODD:FLIGHT/DATE/STATION(Station 为出发航站,如航班 pek - can 可输入 pek 或 pekcan;如航班 pek - pvg - cdg,若输 pek 则显示 pek - pvg 内容)

[例 6.3.7]

```
LODU:CA0985/12DEC/PEKCAN      A/C   B2460     747-4J6     12DEC00/10:09:54
WEIGHT   KG     TEMP   0___                    ETD 2000    GATE     CREW   3 13 0
J/S PAX/AA                  PAX/BB______  ___________  ___________
CONF   F18C40Y249PP7VVB    CPM ______________   OTH   F18C40Y249PP7VVB__
EQUP A                  N    EQUP B               N   EQUP   C             N
EQUP D                  N    EQUP E               Y   EQUP   F             Y
EQUP G                  N    EQUP H               N   EQUP   I             N
OEW-ADJ               INDEX           DESCRIPTION:CREW   COMPLEMENT
      300             ___0.20                      CATERING REQUIREMENT
                                                   DECK VERSION NONE
   ___300             ___0.30                      ADJUSTMENT A__________
   ___200             ___0.10                      ADJUSTMENT B__________
BASIC:WGT   181773   IDX   __57.47     DRY OPERATION:WGT   182933   INX   58.07
ADJ:   ATOGW___   CLIMB___   CERT___   LNDING NXT   STP_____
REASON:______________________________________________
FWR/FLAP_____  _____  _____  _____  _____ DEC VERSION __/__
RUNWAY   31L-_____  _____  _____  _____  _____   PFD-LND-RNY   21L-___
ATOGW   385553_____  _____  _____  _____  _____ A-LND-WT   __285762
CLIMB_____  _____  _____  _____  _____  _____ MODE STD
OTH LIMIT_____  _____  _____  _____  _____ LND-FLAP-___
```

① 说明:

第1行:

LODU:功能指令。

CA985/12DEC/PEKCAN:航班号/日期/航节。

A/C B2460 747-4J6:飞机号/机型。

12DEC00/10:09:54:上次修改时间。

第2行:

WEIGHT:重量单位(KG或LB)。

TEMP:气温。

ETD:预计起飞时间(可带日期变更符)。

GATE:登机门。

CREW:驾驶舱机组人数,客舱机组人数,占旅客座位的附加机组人数。

第3行:

J/S:加座旅客姓名。

第4行:

CONF:飞机座位布局。

CPM:在CPM/LPM中使用的集装箱板布局代码。

OTH:包括子舱的完整的布局代码。

第5行~第7行:

EQUP:设备调整描述(共9组)。“Y”表示在航班中应用此调整;“N”表示在航班中不应用此调整。

第8行:

OEW—ADJ:操作空机重量与指数的修正。修正时,要相应地填入被修正的项目。增减标准机组人数时,系统自动修正重量(由LADD:CREW决定)与指数(由LLAL:FLEET决定)。

第9行:对餐食重量的调整值(可由LCWD决定,也可直接修改),可以为负数;指数调整值或力臂值。

第10行:不使用。

第11行~第12行:其他重量调整值;指数调整值或力臂值;其他重量调整原因描述。

第13行:

BASIC:WGT,飞机操作空重。

IDX或ARM:飞机操作空重指数或力臂值。

DRY OPERATION:WGT,航班操作空重。

IDX或ARM:航班操作空重指数或力臂值。

第14行:根据风力、天气等对起飞重量的调整值。

第15行:ADJ调整原因。

第16行:(暂不用)

PWR/FLP:动力比率/襟翼角度。

DECK VERSION:货舱装载分布。若执行了自动分舱,则由系统自动提供。

第17行:(暂不用)

RUNWAY 31L-:起飞跑道。

PFD-LND-RNY 21L-:下站降落跑道。

第18行:

ATOGW:直接调整航班最大起飞重量值。

A-LND-WT:直接调整航班最大落地重量值。

第19行:

CLIMB:直接调整航班最大爬升重量值。

MODE:ALT或STD,航班加油方式。

第20行:不使用。

② 航班操作空重计算:

航班操作空重=飞机操作空重+各项调整重量

航班操作空重为LODD显示中的DRY OPERATION:WGT。

调整重量一般情况下为机组和餐食。

航班操作空重指数=飞机操作空重指数+各项调整重量指数。

航班操作空重指数为DRY OPERATION后的IDX数值。

③ 直接修改ATOGW值,适用于在某些特殊的情况下,对航班最大起飞重量进行限制。

④ 直接修改A-LND-WT值,适用于在某些特殊情况下,对航班最大落地重量进

行限制;对航班最大落地重量的限制也会对航班最大起飞重量产生影响。

4) 业载数据显示和输入指令(LPAD/LPAU)

指令功能:显示已输入的各航站业载利用情况;如未输入任何数据,则显示一个待输入的空表格,用以输入货物、旅客重量。

输入格式:

>LPAD:FLIGHT/DATE/CODE/STATION

注:业载种类 CODE 说明:

CGO/CGO1:货物(货物、邮件、行李),此为货物情况第一页,最多为 7 项 CGO2 - 7。

PAX:已办理登机手续的旅客和过站旅客的情况。

PAX1:过站旅客性别和等级。

PAX2:已办理登机手续的本航站上机旅客的性别、等级和已交运的行李重量。

PAX3:本站订座旅客等级和性别及转港行李重量。

① 配货:LPAD…CGO1。

输入指令:

>LPAD:FLT/DATE/CGO1

[例 6.3.8]

输入指令:

>LPAD:CA1511/./CGO1/PEK

输出格式:

```
LPAU:CA1511/19NOV99/CGO1      PEK   KHN   A/C   B2947         Y148         ETD 1530
WEIGHT KG                       737 - 3J6                 DATE/TIME: 20NOV99/13:10:02
   LFSD:·__ LPDD:·__   CUMULATIVE CHECKS:·Y   RESTHOLD POSITION·____   WGT·____
                       PAYLOAD REMAINING:    5865     STATUS          FINAL
DEST   ACTWGT ESTWGT TYPE SERIAL IND CONT POS /PRI RESTRICED CARGO DST
·KHN__ ·____300  ·   300  ·BY__            __      ·1H·A0____1  ·__________·____
·KHN  ·     259  ·   259  ·BY                      ·4H·A0 1  ·
·KHN  ·      96  ·    96  ·C                       ·4H·A0 1  ·
·KHN  ·     305  ·   305  ·M                       ·4H·A0 1  ·
·KHN  ·     300  ·   300  ·BY                      ·4H·A0 1  ·
```

说明:

第 1 行:

LPAU:功能指令。

CGO1:货、邮、行显示第一页(最多 7 页)。

PEK KHN:航节始发航站和到达航站。

A/C B2947:飞机注册号。

Y148:飞机布局。

ETD 1530:航班预计起飞时间,可带日期变更。

第 2 行:

WEIGHT:重量单位(kg 或 lb)。

737 - 3J6:飞机机型。

DATE/TIME:上次修正的时间/日期。

第 3 行:

LFSD:如需显示航班状态,输入"Y"。

LPDD:如需显示业载分布,输入"Y"。

CUMULATIVE CHECKS:如需检查各舱累积载量,输入"Y"(根据 LCLD 显示中数据决定)。

(注:以上三种功能,每次只能要求一种显示。)

RESTRICED POSITIONWGT:暂不使用。

第 4 行:

PAYLOAD REMAINING:剩余业载。

STATUS FINAL:第 5 行 ~ 第 21 行标识。

第 5 行:第 6 行 ~ 第 21 行标识。

DEST:货物到达站代码。

ACTWGT:业载实际重量。

ESTWGT:业载预计重量,预计重量≥实际重量。

TYPE:业载种类:

C	货物
M	邮件
S	装箱
BF	头等舱行李
BY	普通舱行李
T	与上列代号同时出现,表示过站业载(BT 为过站行李;CT 为过站货物)
X	空箱

SERIAL IND:集装设备(ULD)的编号,如 AKE3304CA、P6P6746CA 等。

IND:不使用。

CONT:集装箱板型号或散装货号,如 P6P　LD3(由 LADD:CA/飞机号/CGO1:定义可以装载的集装箱类型)。

POS:集装箱板或散装货位置标识(LADD:CA/飞机号/CGO2 定义货舱货位标识)。

(装载散货舱飞机需填 DEST + ACTWGT + TYPE + POS;装载集装箱飞机需填 DEST + ACTWGT + TYPE + POS + CONT)

/PRI:集装箱板分配方式及 ULD 的体积代码。

分配方式代号:A　系统自动分配

B　手工分配

省略时为自动分配

ULD 体积代码:0　没有可用体积

1　还有 1/4 体积可用

2　还有 1/2 体积可用

3　还有 3/4 体积可用

RESTRICTED CARGO:货物限制,自由格式,最多五组,用/分隔的限制货物(目前暂未用)。

DST:最终到达站。

第 6 行~第 21 行:按各到达站显示具体装配情况。

若输入系统显示 POS 时,表示输入的货位标识错误,请检查系统定义。输入货物信息时注意各个舱位、货位的联合限重。LADD:CA/飞机号/CGO1 中定义。

② 本站旅客数:LPAD…PAX。

输入指令:

>LPAD:FLT/DATE/PAX　　本站登机旅客数(本站值机旅客+过站旅客)

[例 6.3.9]

输入指令:

>LPAD:CA1511/19NOV/PAX/PEK

输出格式:

```
LPAU:CA1511/19NOV99/PAX     PEK     KHN    A/C    B2947   Y148              ETD 1530
WEIGHT KG                         737 - 3J6                 DATE/TIME: 20NOV99/13:10:02
 LFSD·__   LPDD·__   GENDER REQD Y
                               M    F    C    I    T          RANGE
AVG PSGR WGT:                  75   75   38   10           LOW: HIGH:
PASSENGERS:   Y    104                                      ·___  ·___

              TTL   104
                                 0A   0B   0C
COMPARTMENT CAPACITY:  48   52   48
COMPARTMENT COUNT:     ·33 ·46 ·25                                        USE·Y
COMPARTMENT DISTR:     34   36   34
PAYLOAD REMAINING:     7818   AVERAGE BAGGAGE WGT: ·__20
CARGO SPECIAL HNDLG:·____________________
              REMARKS:·____________________
```

说明:

第 3 行:

LFSD:如显示航班状态输入"Y"。

LPDD:如需要业载分布输入"Y"。

GENDER REQD　Y:如需按性别计算旅客重量,则输入"Y";

N:不需按性别计算,则输入"N"。

注:如与 CKI 有接口,则此域由 CKI 决定,无法改动。

第 4 行:第 5 行~第 12 行的标识,RANGE 不使用。

M:男性旅客栏(仅在 GENER REQD Y 时出现)。

F:女性旅客栏(仅在 GENER REQD Y 时出现)。

A:成人旅客栏(仅在 GENER REQD N 时出现)。

C:儿童旅客栏。

I:婴儿旅客栏。

T:过站旅客栏。

第 5 行:

AVG PSGR WGT:旅客平均体重。如与 CKI 无接口,则可修改。

第 6 行 ~ 第 10 行:

PASSENGERS Y:不同舱位等级接收旅客数量显示(最多 5 个等级,每个 1 行)。

第 12 行:TTL,各等级舱位旅客统计总数。

第 13 行:旅客客舱区域代号栏目(OA、OB、OC)。

第 14 行:

COMPARTMENT CAPACITY:各区域最大可容座位数。

第 15 行:

COMPARTMENT COUNT:各区域计算旅客实际数量占用情况,自动加入(婴儿不占座位)。

USE:通常为“Y”。

第 16 行:

COMPARTMENT DISTR:系统根据订座旅客人数做出的区域占用建议。

第 17 行:

PAYLOAD REMAINING:剩余业载重量。

AVERAGE BAGGAGE WGT:旅客行李平均重量(LAFD:PAX 显示)。

第 18 行:

ARGO SPECIAL HNDLG:货物特殊装载信息(可不输入)。

注:在此输入的信息,将在 LFSD 中和舱单上显示。

第 19 行:

REMARKS:航班备注栏(可不输入)。

注:在此输入的信息,将在 LFSD、LPDD 中和舱单上显示。

注:当航班值机、配载都使用离港系统时,PAX 表中数据不用手工输入,由系统自动传过来。旅客总数指占座数,既包括儿童,不包括婴儿。当航班单独使用配载时,PAX 表中数据需要手工输入。

③ 过站旅客:LPAD…PAX1。

输入指令:

>LPAD:FLT/DATE/PAX1　　　　过站旅客数

[例 6.3.10]

输入指令:

>LPAD:CA1511/19NOV99/PAX1

输出格式:

```
LPAU:CA1511/19NOV99/PAX1      PEK     KHN    A/C   B2947    Y148              ETD  1530
WEIGHT KG                     737-3J6                 DATE/TIME: 20NOV99/13:10:02
                                 * * * * * TRANSIT * * * * *
    PAX BY GENDER    SEATS OCC.    BY CLASS TOT
DEST   M   F   C   I       Y
KHN  .____.____.____.____.____                         0

                                       TOTALS          0
```

第 3 行:* TRANSIT * 过站旅客标志。

第 4 行:PAX BY GENDER SEATS OCC:根据旅客性别。

BY CLASS TOT:根据舱位前站(如果使用离港系统做配载平衡,过站数据可以通过前站释放过来。前站未使用离港系统,过站数据要手工输入)。

④ 本站 CKI 旅客数:LPAD…PAX2。

输入指令:

>LPAD:FLT/DATE/PAX2

[例 6.3.11] 已办理 CKI 手续的本站登机旅客业载。

输入指令:

>LPAD:CA1511/19NOV/PAX2

输出格式:

```
LPAU:CA1511/19NOV99/PAX2      PEK     KHN    A/C   B2947    Y148              ETD  1530
WEIGHT KG                     737-3J6                 DATE/TIME: 20NOV99/13:10:02
                                 * * * * * CHECKED * * * * *
    PAX BY GENDER    SEATS OCC. BY CLASS TOT                BAG WEIGHT
DEST       M   F   C   I   Y                             PREF     OTHR    TRAN
KHN  .104.____.____.____.104              104            .____   .____859  .____

                              TOTALS    104                   0        859      0
```

说明:

第 3 行:

* * * * * CHECKED * * * * *:已办手续本站登机旅客业载显示标志。

第 4 行:

PAX BY GENDER:表示分别统计不同性别旅客数量。

(或 NO GENDER:表示不分性别、只统计成人旅客数量。)

SEATS OCC. BY CLASS:各舱级旅客数量标识。

TOT:各舱级旅客总数量标识。

BAG WEIGHT:行李重量标识。

第5行:

DEST:到达站标识。

M F C I 或 A C I:旅客类别标识。

F C Y:舱级代码。

PREF:优先舱级旅客行李栏目。

OTHR:一般旅客(普通舱)行李栏目。

TRAN:有联程航班旅客(过站旅客)行李栏目(不包括在 PREF 和 OTHR 中)。

第6行~第17行:至不同到达站的旅客和行李的情况(对应第4行、第5行相应数据)。

第18行:

TOTALS:占座旅客总人数及各栏目行李重量合计。

5) 油量数据显示和修改指令(LFFD/LFFU)

指令功能:从历史记录或前面已修改过的航班中提取已存在的油量数据;如果油量数据不存在,则提供一表格输入数据。

输入格式:

LFFD:FLIGHT/DATE/STATION

[例 6.3.12]

输入格式:

>LFFD:CA1511/19NOV/PEK

输出内容:

```
LFFU:CA1511/19NOV99 PEK   KHN     AC    B2947      Y148              GATE 37
WEIGHT KG        737-3J6   ETD 1530   DATE/TIME: 20NOV/12:59:53
FUEL - ARVL:·______                                          WEIGHT     INDEX
     -  ADD:·__ 8500  MIN:·____ 453    FUEL BALLAST :·______  ______
                      MAX:  14365      WATER INJECT :·______  ______
                      SUG:·__ 8500   TANKERING      :·______  ·______
   - TAXI:·__ 227   TOF:   8500     TYPE:·______
   -  B/O:·__ 5000
TOTAL FUEL:  8727 MODE:·STD  DENSITY:·6.7__
FUEL DISTRIBUTION:
TTL-WT TANK1 TANK2 TANK3 TANK4 CENTER   R1     R2     R3     R4
REMARKS:·________________________________________
FUEL DISTRIBUTON NOT FOUND
ACK-FUEL DISTRIBUTION NOT FOUND
```

① 说明:

第1行:

指令输出,航节始发站、到达站、飞机注册号、飞机布局、登机口。

第2行:

WEIGH:重量单位 KG 或 LB,由 LLAL:FLEET 中值决定。

737 - 3J6:飞机型号。

ETD:航班起飞时间,可加日期变更标识。

DATE/TIME:上次更新时间。

第3行:

- ARVL:航班到达剩余油量。

WEIGHT:第4行~第6行标识。

ARM 或 INDEX:第4行~第6行标识,由 LLAL:FLEET 中输入决定。

第4行:

- ADD:航班加油量。

MIN:飞机最小油量。

FUEL BALLAST:只用于平衡的油量;平衡油对航班操作空重重心的影响。

第5行:

MAX:航节允许最大加油量。

WATER INJECT:不使用。

第6行:

SUG:建议总油量,默认为总油量。

TANKERING:不使用。

第7行:

- TAXI:滑行用油,默认值为 LADU:CERT 中输入值。

TOF:起飞时油量。

TYPE:用油型号,可不输入。

第8行:

- B/O:航节耗油量。

第9行:

TOTAL FUEL:总油量,为滑行油量与起飞油量之和。

MODE:加油方式,ALT 或 STD,默认值为 STD。

DENSITY:油量密度。

第10行~第12行:油量分布,不使用。

第13行:

REMARKS:油量数据附注。

② 离港系统有记忆油量的功能,所以大多数油量数据不需要输入。但在新航线,或航线换飞机等情况下,记忆功能几乎为零,因此要重新输入。另外,即使系统的油量数据没有变更,也应该详细检查核对。

6) 航班状态显示指令(LFSD/LFSU)

指令功能:显示航班某一航节的配载状态;

更改航班状态。

输入格式:

> LFSD:FLIGHT/DATE/STATION

[例 6.3.13]

输入指令:

> LFSD:CA985/17NOV00

输出格式:

```
LFSU:CA0985/17NOV      PEK   PVG      A/C   B2460    ETD    1410   GATE  01
LCWS__   LISP__         747-4J6               DATE/TIME:17NOV/16:10:33
STATUS-FLT:R  CKI:C FUEL:N  CGO:    CONF      F18C40Y249PP7VVB
WEIGHT      ACTUAL KG                         ACTUAL  MAXIMUM        MINIMUM
THRU        000000       PAYLOAD       048197   74266
CARGO       030280       ADJ OEW       182013
BAGS        002698/0102  ZFW           230210   256279
PSGRS       014640/ 183  FUEL STD     _31000    57069       005000
MAIL        000579       TOGW ZFW      261210   287279
RANGE   F   000/018   C  000/040   Y   000/249
TO  PWR/FLAP     00      LNDG    FLAP     00     WX       TO  RWY   ALT   RWY
    HLD1      HLD2      HLD3      HLD4      HLD5     TRIM      005.00MD  31L-
AFT LIM   000000   000000    000000    000000     000000 A   TOMAC      21.54%
FWD LIM   000000   000000    000000    000000     000000 A   ZFMAC      22.59%
ACT LIM   5700      6720      5068       0         939   A   DLMAC      30.14%
CGO   SPECIAL   HNDLG:
        REMARKS:NONE
UP CMPT
FWD
  P-A   S-A   R-A
REAR  001385   009340   004405
```

说明:

第 1 行:

LFSU:功能指令。

CA985/17NOV:航班号/日期。

PEK PVG:航节始发航站和到达航站。

A/C:飞机注册号。

ETD:预计起飞时间。

GATE:登机门号。

第 2 行:

LCWS:若回答“Y”,则将装载表的重量和平衡数据显示在终端。

LLSP:若回答“Y”,则要求打印装载表。

747－4J6:机型。

DATE/TIME:上次修改的时间和日期。

第3行:

STATUS－FLT:LDP航班状态。

C——关闭;

O——开放;

R——释放。

CKI:CKI的航班状态。

C——CKI航班关闭;

M—— CKI航班手工;

O——CKI航班开放;

U——修改状态,与CKI的联系中断。

FUEL:FUEL SHEET是否打印显示。若为“N”,则FUEL SHEET没有打印;若为“Y”,则说明FUEL SHEET已打印。

CGO:USAS CGO状态显示(未用)。

CONF:客舱布局。

第4行:第5行~第9行的标识;客、行、货、邮重量(实际、最大、最小)。

第5第~第9行:

THRU:过站货物、行李和邮件总重量。

CARGO:货物重量。

BAGS:行李重量/行李件数。

PSGRS:旅客重量/旅客数量。

MAIL:邮件重量。

PAYLOAD:业载总重量,包括THRU,CARGO,BAGS,PSGRS。

ADJ OEW:修正后航班操作空量。

ZFW:航班无油重量。

FUEL:加油方式(STD或ALT);航节实际油量。

TOGW:航班最大起飞重量的限制原则。

CERT:根据额定值限制;

CLIMB:根据爬升重量限制(LODD中);

LNS:根据落地重量限制;

OTHER:根据OTHER(LODD中)限制;

W/T:根据风力、温度调整限制(LODD中);

ZFW:根据无油重量限制。

第10行、第11行:不使用。

第12行:

HLD1 HLD2 HLD3 HLD4 HLD5:第13行~第15行标识。

TRIM:配平度。

水平尾翼设置:DN—偏下;

MD—适中；

UP—偏上。

第 13 行：

AFT LIM：将业载尽可能向飞机后部分配的极限。

A：表示实际的 TOMAC。

TOMAC：起飞重心的平均空气动力弦值。

第 14 行：

FWD LIM：将业载尽可能向飞机前部分配的极限。

A：表示实际的 ZFMAC。

ZFMAC：无油重心的平均空气动力弦值。

第 15 行：

ACT LOAD：每个下货舱业载的实际重量。

A：表示实际的 DLMAC。

DLMAC：恒载重心的平均空气动力弦值。

第 16 行：

CGO SPECIAL HNDLG：在 LPAU 指令中输入的货物特殊操作要求。

第 17 行：

REMARKS：LPAU 指令中输入的航班注释。

第 18 行：

UP CMPT：前部主货舱标识(最多 10 组)。

"A"—实际重量；

"E"—预计重量(包括未分配货位的货物)。

第 19 行：

FWD：每个前部主货舱中重量(最多 10 组)。

第 20 行：后部主货舱标识(最多 10 组)。

"A"—实际重量；

"E"—预计重量(包括未分配货位的货物)。

第 21 行：

REAR：每个后部主货舱中重量(最多 10 组)。

(注：第 18 行 ~ 第 21 行只对混合布局或全货机才有。)

7) 实际业载分布显示(LPDD)

指令功能：提供一张表格显示已分配货位的航班货物与行李的位置。

输入格式：

>LPDD：FLIGHT/DATE/STATION/NBR

(注：NBR，页数，每页可显示 12 个位置)

[例 6.3.14]

输入指令：

>LPDD：CA101/25MAY/PEKHKG/2

输出格式：

```
LPDD:CA0101/25MY/PEKHKG/2              A/C        B2464      F18C40Y348
WEIGHT   KG            747 - 4J6B                    ETD    0750        GATE  11
PAX    013/032/124
POS      DEST    WGT    TYPE    PR    SERIAL - NBR    CONT - TYPE   RESTRICTED   CARGO
12P      HKG    01795    C      01     PMC67467CA         P6P
21P      HKG    00845    C      01     PMC6957CA          P6P
23P      HKG    01325    C      01     P1P3423CA          P1P
31P      HKG    01575    C      01     P1P0916CA          P1P
33L      HKG    00557    C      01     AKE24003CA         LD3
33R      HKG    00512    M      01     AKE23448CA         LD3
41L      HKG    00762    C      01     AKE23528CA         LD3
41R      HKG    01004    M      01     AKE23684CA         LD3
42L      HKG    00465    C      01     AVE0672CA          LD3
42R      HKG    00525    BY     01                        LD3
43L      HKG    00499    BY     01                        LD3
TOTAL WGT:014067
ZFW(KG):210426   FWD LIMIT CG:15.07 ZFWMAC:19.07    AFTLIMIT CG:30.08
CARGO SPECIAL HNDLG:
REMARKS:
```

①说明:

第 1 行:

LPDD:输入指令。

PEKHKG:航节始发航站和到达航站。

2:页数编号,最多 9 页。

A/C:飞机注册号。

F18C40Y348:客舱布局。

第 2 行:

WEIGHT LB:重量单位为磅。

747 - 4J6B:机型。

ETD:预计起飞时间。

GATE:登机门。

第 3 行:

PAX 003/014:各等级旅客人数(例如头等舱 13 人/公务舱 32 人/普通舱 124 人)。

第 4 行:

POS:由系统分配或由配载人员指定的集装设备位置(在 LADD:CGO2 中定义过的)。

DEST:到达站。

WGT:每个集装设备上的载重量。

TYPE:业载种类代号(参见 LPAD)。

PR:优先等级。

SERIAL - NBR:集装设备编号。

CONT - TYPE:集装设备型号(LADD:CGO1 中定义)。

RESTRICTED CARGO:最多五组用“/”分隔的限制货物代码。

第5行~第16行:货舱各位置上的业载分布。

第18行:

TOTAL WGT:货舱所装物品总重。

第19行:

EZFW(KG):预计无油重量(单位为 kg)。

FWD LIMIT CG:无油重心前缘极限。

EZFMAC:根据现有预计无油重量计算所得的无油重心。

AFT LIMIT CG:无油重心的后缘极限。

第20行:

CARGO SPECIAL HNDLG:在 LPAU 指令中输入的货物特殊操作要求。

第21行:

REMARKS:在 LPAU 指令中输入的航班备注。

② LPDD 指令可以显示出航班无油重量下无油重心范围的前限和后限值,若配载人员认为无油重心不合适时,可以参考前限和后限及时调整,使无油重心更加理想。

③ 业载分布修改指令(LPDU)。

指令功能:用于加入,修改交换取消货物、邮件、行李在各舱位和各舱装位置上的分布。

输入格式:

LPDU:FLIGHT/DATE/STATION/CODE POS

注:CODE 为功能代号。

C　11/12:改变位置。如将货物从 11 换到 12 位置,12 位置必须为空。

S　11/12:交换位置。如将 11 位置货物与 12 位置货物对换,11 与 12 位置必须不为空。

R　11:取消某一位置上的货物。如将 11 位置货物拉下 11 位置不为空。

POS 为货舱具体位置编号。

当输入正确,屏幕显示“ACCEPTED”。

8) 报文补充信息显示和修改(LMSD/LMSU)

指令功能:补充信息为自由格式,工作人员可对四种电报(LPM,LDM,CPM 和 UCM)以及装机单(LDSP)进行输入,工作人员还可以指定航节加入补充信息,这部分信息将在报文中 SI 标识后出现。LMSD 指令提供一表格用以建立或修改补充信息。

输入格式:

LMSD:FLIGHT/DATE/MSG - TYPE/STATION

注:MSG - TYPE 可选择项为:LLPM——装载预配报;LLDM——载重报;LCPM——箱板分布报;LUCM——ULD 控制报;LDSP——装机单的打印。

[例 6.3.15]

输入指令:

LMSD:CA985/./LLDM/PEK

输出格式:

```
LMSU:CA0985/05JU/LLDM/PEKPVG        AC   B2469     ETD 1445      UPDATED:04JUL/16:
04:42
            LLDM MESSAGE SUPPLEMENTARY INFORMATION
_____________________________________________________________
_____________________________________________________________
_____________________________________________________________
_____________________________________________________________
```

9) 装载表打印(LLSP)

(1) 指令功能。此功能用来打印装载表,在航班出发前呈送机长并签字;LLSP 必须在航班关闭之后,但没有释放时才能执行,并且所有的重量都必须在限制范围之内(通常情况下航班在使用 LFSD 指令关闭时,只需在 LLSP 处设为 Y,系统将自动打印舱单,但是如果需要重复打印,可直接用本指令输出)。

(2) 使用条件。使用指令的航站必须在航班的经停航线上,而且航班已经关闭但还未释放,航班处于平衡状态;在 LAID 收报地址表定义了收报地址。

(3) 输入格式:

>LLSP:FLIGHT/DATE/STATION/ADDR

(注:STATION 为航班航节的出发城市。省略则为终端所在城市。若后面一项(ADDR)有输入,则

此项不能省略。ADDR 为装载表打印的地址,有效值为 1~5。这些地址定义在航站数据 LAID 中。)

输出格式:屏幕输出 ACCEPTED,同时将舱单打印到指定的 7 字地址上。

[例 6.3.16]

输入指令:

>LLSP:CZ3472/./KMG/PEKXXCA

输出格式:

```
QD PEKXXCA
.CTURRSZ 251123
CAAC-CZ
L O A D S H E E T               CHECKED                APPROVED       EDNO
ALL WEIGHTS IN KG                                                     01
FROM/TO FLIGHT              A/C REG VERSION            CREW       DATE        TIME
KMG CTU CZ3472/25MAY     B2941      Y148             4/4/0      25MAY01 1923
```

（续）

```
                         WEIGHT                DISTRIBUTION
LOAD IN COMPARTMENTS           531 1/0 2/0 3/37 4/494 0/0
PASSENGER/CABIN BAG         10463 139/1/0           TTL 140 CAB 0
MAX TRAFFIC PAYLOAD           13923 PAX 140
TOTAL TRAFFIC LOAD          10994 BLKD 3
DRY OPERATING WEIGHT        33090
ZERO FUEL WEIGHT ACTUAL   44084 MAX   48307        ADJ
--------------------------------------------------------
TAKE OFF FUEL               7319
TAKE OFF WEIGHT   ACTUAL   51403 MAX   61235        ADJ
--------------------------------------------------------
TRIP FUEL                   2623
LANDING WEIGHT    ACTUAL   48780 MAX   51709   L    ADJ
--------------------------------------------------------
BALANCE AND SEATING CONDITIONS      LAST MINUTE CHANGES
DOI       38.29 DLI        43.79     DEST  SPEC    CL/CPT + - WEIGHT
LIZFW     44.61 MACZFW 19.36
LITOW     41.39 MACTOW 17.63
LILAW     41.12 MACLAW 17.54
                DLMAC    19.54
STAB TO    4.7 MID
SEATING
0A/45 0B/52 0C/43
UNDERLOAD BEFORE LMC         2929                LMC TOTAL + -
LOADMESSAGE AND CAPTAINS INFORMATION BEFORE LMC
BW   33090 KGS            BI     38.29
TZFW/CTU   33727 KGS
LDM
CZ3472/25.B2941.Y148.04/04
-CTU.131/1/0.0.T494.4/494
.PAX/132.PAD/0
-CGO.8/0/0.0.T37.3/37
.PAX/8.PAD/0
SI
  BW 33090 BI 38.29
  CTU FRE 0 POS 0 BAG 494 TRA 0 BAGP 46
  CGO FRE 0 POS 0 BAG 37 TRA 0 BAGP 46
```

10）手工报文发送指令（LLDM、LLPM、LCPM 和 LUCM）

（1）指令功能。根据报文种类不同，使用不同的指令将 LDM、LPM、CPM、UCM 发送到指定的 7 字地址上。7 字地址在 LAID/LAIU 中定义。

>LLDM:FLT/DATE/CITY　　　　发载重报

>LLPM:FLT/DATE/CITY　　　　发预配报

>LCPM:FLT/DATE/CITY　　　　发箱板报

>LMSD:FLT/DATE/MSG - TYPE/CITY　　　添加补充信息,原有电报内容 + 补充信息

MSG - TYPE:LLDM　　LCPM　LLPM

(注:添加补充信息时,只需输入正文,不用加 SI ,否则报文将被拒绝。)

(2) 输入格式:

XXXX:FLIGHT/DATE/STATION/SP - STATION

[例 6.3.17]

输入指令:

LLDM:CA0101

输出格式:

```
        LDM
        CA0101/03.B2456.F18C40Y249PP7VVB.03/12
        - HKG.222/0/1.0.T10040.1/1480.3/5282.4/940.5/648.SR/900
    .SL/790
    .PAX/4/11/207.PAD/0/0/0
    SI
    BW 183213 BI 61.16
    HKG FRE 6065 POS 695 BAG 1665 TRA 1615/0/0/0/1615 BAGP 159
     *
```

说明:

第 1 行:报文名称。

第 2 行:航班号/日期、飞机注册号、布局、驾驶舱机组人数/客舱机组人数。

第 3 行、第 4 行:到达站;成人/儿童/婴儿数量;随身行李重量;恒载重量;货舱序号/每个货舱中业载重量。

第 5 行:旅客标识/每舱级旅客数量;PAD 标识/每舱级 PAD 旅客。

第 6 行 ~ 第 8 行:补充信息,包括系统自动生成部分和 LMSD 指令中手工输入部分。

11) 辅助指令

(1) 修改航班操作数(LODD)。

输入指令:

>LODD:FLT/DATE　　　　修改航班操作数,调整飞机的重量

[例 6.3.18]

输入指令:

>LODD:CA1511/./PEKKHN

输出格式:

```
LODU:CA1511/19NOV99/PEKKHN        A/C B2947      737 - 3J6          20NOV99/13:48:05
WEIGHT   KG   TEMP·0 ____                  ETD 1530       GATE 37       CREW·_ 3·_ 5   0
J/S ·_______________·_______________·_______________·_______________
CONF Y148                  CPM·________                 OTH·Y148 _______
                          ·N                    ·N                          ·N
                          ·N                    ·N                          ·N
                          ·N                    ·N                          ·N
OEW - ADJ                  INDEX             DESCRIPTION: CREW COMPLEMENT
      ·______              ·______                  CATERING REQUIREMENT
                                                    DECK VERSION NONE
      ·______              ·______                 ·______________________
      ·______              ·______                 ·______________________
BASIC:   WGT 33284     IDX·-39.57     DRY OPERATION: WGT       33284    IDX·39.57
ADJ:   ATOGW·______   CLIMB·______   CERT·______   LNDG NXT STP·______
REASON:·____________________________________________________________
PWR/FLAP   ·___·00·___·00·___·00·___·00·___·00·___·00  DECK VERSION·__ /__
RUNWAY    ·31L - _    ·___ ·___ ·___ ·___ ·___        PFD - LND - RNY 01 _ - _
ATOGW     ·_ 61234    ·___ ·___ ·___ ·___ ·___        A - LND - WT·__ 51709
CLIMB·    ·___        ·___ ·___ ·___ ·___ ·___         MODE      STD
OTH LIMIT ·___        ·___ ·___ ·___ ·___ ·___        LND - FLAP·__
```

主要适用于加减机组,修改飞机操作空重。

说明:

第2行:

CREW:额定机组数重量。在 LADD:CA/…/CERT 定义,在修改机组时,修改后 XMIT 如果 OEW - ADJ 有变化说明系统有数据,自动加入。如果系统中没有机组配置数据则需要手工输入修改。机组调整参考 LADD:…/CREW 可能有几种不同的配置。

第6行:

BASIC:飞机基本重量标准机组在内。

IDX:飞机基本指数。

DRY OPERATION:操作空重(包含修改机组数量)。

IDX:调整以后的指数。

第11行:

ATOGW:实际起飞重量

(2) 显示配载航班预配重心(LPDD)。

输入指令:

>LPDD:FLT/DATE

[例 6.3.19]

输入指令:

>LPD : CA1511 /19NOV99/PEKKHN/2 AC B2947 Y148

输出格式:

```
WEIGHT KG          737-3J6                                    ETD 1530   GATE 37
PAX 104
POS DEST   WGT    TYPE PR   SERIAL-NBR CONT-TYP          RESTRICTED CARGO
1   KHN   00300   BY   01
4   KHN   00259   BY   01
4   KHN   00096   C    01
4   KHN   00305   M    01
4   KHN   00300   BY   01
TOTAL WGT: 001260
ZFW (KG):042344 FWD LIMIT CG:9.74 ZFWMAC: 16.63 AFT LIMIT CG: 28.55
CARGO SPECIAL HNDLG:
REMARKS:
```

说明:

第3行:PAX 旅客数量,在接收之前不会有数。

第4行:与 LPAD 相同。

第5行:TOTAL WG 预配总数(不包括旅客)。

第6行:ZFW (KG) 零油 FWD LIMIT CG 前限 ZFWMAC 实际重心,偏中间最好 AFT LIMIT CG 后线。

(3) 显示航空公司飞机注册号及布局(LLAF)。

输入指令:

>L AF:CA

(4) 显示配载有效航班(LFLD)。

输入指令:

>LFLD: A/19NOV99

(5) 显示配载报文地址定义(LAID)。

输入指令:

>LAID:AIRLN/CITY

[例 6.3.20]

输入指令:

>LAID:CA/PEK

```
LAIU:                                                  DATE/TIME: 15JUL99/17:14:54
IATA CODE: PEK                      AIRLINE: CA            MECH IND:  CKI·Y   LDP·Y
NORMAL TAKEOFF RUNWAY: ·31L - _               NORMAL LANDING RUNWAY: ·31L - _
LOAD SHEET ADDRESS:·PEKLSPR                        FUEL SHEET  ADDRESS:·PEKLSPR
LOAD INSTR ADDRESS:·PEKLSPR
      EZFW ADDRESS:·PEKUOCA                        REJECT CITY CODE   :·PEK
```

（续）

```
LDM ·A·PEKKLCA   ·A·PEKUTCA ·N·PEKVTCA   ·N·PEKTZCA  ·N·BJSTDCA
    ·A·PEKKUCA   ·A·PEKUDCA ·A·PEKUOCA  ·A·PEKUACA   ·A·PEKKNCA
LPM ·A·PEKWHCA   ·_·_______   ·_·_______      ·_·_______     ·_·_______
    ·_·_______   ·_·_______   ·_·_______      ·_·_______     ·_·_______
CPM ·A·PEKKLCA   ·N·PEKTZCA  ·A·PEKKUCA   ·N·SHAKLMU    ·A·PEKUACA
    ·A·PEKFCCA  ·_·_______     ·A·PEKUOCA   ·A·PEKUDCA   ·A·PEKUDCA
UCM ·N·PEKKLCA   ·A·PEKAPCA ·_·_______       ·A·PEKKUCA   ·A·NKGTZCA
    ·A·PEKKNCA   ·_·_______   ·_·_______      ·_·_______     ·_·_______
LDP ·PEKLNCA   · PEKL2CA   ·PEKL3CA    · PEKL4CA     ·PEKL5CA
CGO ·A·PEKTZCA   ·_·_______   ·_·_______      ·_·_______     ·_·_______
REJ      LPI      COM     ASM   LPM     LDM     CPM     SOM     GEN     UWS
OFF/CD ·003/LO ·003/LO ·003/LA ·003/LO ·003/LO ·003/LO ·003/LO ·003/LO ·003/LO
RUNWAYS:·31L-_·31R-_·18L-_·18R-·______·______·______·______
              ·______·______·______·______·______·______·______·______
```

说明：

第 2 行：CKI LDP 都是 Y，才可使用 LDP。

第 4 行：LOAD SHEET ADDRESS LLSP 缺省的舱单打印机地址。

如果机场无数据，则无法建立航班。

(6) 显示飞机基本数据(LADD)。

输入格式：

> LADD:AIRLN/注册号/OPT

[例 6.3.21]

> LADD:CA/B2947/CERT	显示飞机基本操作重量及指数
> LADD:CA/B2947/CREW	显示机组配置
> LADD:CA/B2947/CGO1	定义货舱载重、力臂、箱板定义
> LADD:CA/B2947/CGO2	显示货舱标识和允许的集装箱/板

6.3.2 应用举例

以中国国际航空公司 CA1316 航班为例，详细讲授航班离港结算中载重平衡的操作方法。航班说明：CA1316 航班执行 CAN(广州白云国际机场)——PEK(北京首都国际机场)的飞行任务，使用集装设备货舱的 B747-400 机型。

1) 建立航班，显示及修改航班数据

已知：航班 CA1316/07FEB 的飞机号为 B2447，客舱布局为 F18/C40/Y348，在 14 号登机门登机。航程 CAN——PEK，广州起飞时间为 15:35，18:16 到达北京。

输入指令：

> LCFD:CA1316/07FEB

```
LCFU          CA1316/07FEB       DATE/TIME:07FEB02/15:10:47
STN     A/C     CONFIGURATION  ARVL        DPTR        GATE      CONT-WAB  Y
CAN     B2447   F18C40Y348 __              1536        14
PEK     ______  ____________   1816        ______      ____
____    ______  ____________   ______      ______      ____
____
```

2) 航班数据及修正

输入指令:

> LODD:CA1316/07FEB

```
LODU:CA1316/07FEB/CANPEK      A/C B2447     747-4J6B               02FEB02/08:59:50
WEIGHT   KG   TEMP·0____             ETD 1535    GATE 14         CREW·__3·__18   0
J/S ·____________·______________·______________·______________
CONF Y148                CPM·____________            OTH·F18C40Y348______
                         ·N                  ·N                          ·N
                         ·N                  ·N                          ·N
                         ·N                  ·N                          ·N
OEW-ADJ                  INDEX               DESCRIPTION: CREW COMPLEMENT
     ·_____                   ·_____                       CATERING REQUIREMENT
                                                          DECK VERSION NONE
     ·_____                   ·_____                      ·____________
     ·_____                   ·_____                      ·____________
BASIC:   WGT 182748     IDX·_57.85    DRY OPERATION: WGT     182748    IDX·57.85
ADJ:  ATOGW·_____  CLIMB·_____  CERT·_____   LNDG NXT STP·_____
REASON:·__________________________________________________________
PWR/FLAP   ·___·00·___·00·___·00·___·00·___·00·___·00   DECK VERSION·__/__
RUNWAY     ·21L-_  ·_____·_____·_____·_____·_____       PFD-LND-RNY 01_-_
ATOGW      ·_385553·_____·_____·_____·_____·_____       A-LND-WT·__51709
CLIMB      ·_____·_____·_____·_____·_____·_____         MODE      STD
OTH LIMIT  ·_____·_____·_____·_____·_____·_____         LND-FLAP·___
```

本航班为标准机组,LODD 指令中机组人数不做修改,按 F12 键输出。

3) 航班油量数据显示和修改

输入指令:

> LFFD:CA1316/07FEB

输出格式:

```
LFFU:CA1316/07FEB   PEK   KHN      AC    B2447    F18C40Y348         GATE 14
WEIGHT KG        747-4J6B    ETD 1535    DATE/TIME: 07FEB/22:35:53
FUEL - ARVL:·________                                      WEIGHT     INDEX
   -  ADD:·_ 49000   MIN:·___ 2267      FUEL BALLAST :·_____    _____
                     MAX:      75676    WATER INJECT :·_____    _____
                     SUG:·_ 49000       TANKERING      :·_____ ·_____
   - TAXI:·___ 1000  TOF:      49000    TYPE:·_____
   -  B/O:·___ 25200
TOTAL FUEL:  50000     MODE:·STD        DENSITY:·                  0.78
FUEL DISTRIBUTION:
TTL-WT TANK1 TANK2 TANK3 TANK4 CENTER    R1      R2      R3      R4
REMARKS:·_____________________________________________
FUEL DISTRIBUTON NOT FOUND
ACK-FUEL DISTRIBUTION NOT FOUND
```

在显示中输入加油量49000,滑油1000,耗油25200,其他不变。按输出键F12。

4) 航班的货、邮、行分舱显示及修改

输入指令:

>LPAD:CA1316/07FEB/CGO1

输出格式:

```
LPAU:CA1316/07FEB/CGO1     CAN    PEK   A/C   B2447        F18C40Y348        ETD 1535
WEIGHT KG                   747-4J6B                  DATE/TIME: 07NOV02/22:36:39
  LFSD:·_ LPDD:·_   CUMULATIVE CHECKS:·Y   RESTHOLD POSITION·___    WGT·___
          PAYLOAD REMAINING:     26676      STATUS                           FINAL
DEST   ACTWGT   ESTWGT  TYPE  SERIAL IND     CONT POS  /PRI RESTRICED CARGO DST
·PEK   ·_ 1870   _ 1870   C__   PIP0057CA__   PIP   11P  A0 1 _______________ ___
·PEK   ·1366     1366     C                   PIP   12P  A1 1 _______________ ___
·PEK   ·1680     1680     C                   PIP   21P  A0 1 _______________ ___
·PEK   ·1510     1510     C                   PIP   31P  A1 1 _______________ ___
·PEK   ·1505     1505     BY     AKE70051CA   LD3   43L  A0 1 _______________ ___
·PEK   ·701      701      BY                  LD3   43R  A0 1 _______________ ___
·PEK   ·665      701      BY                  LD3   44L  A0 1 _______________ ___
·PEK   ·47       300      T                   BULK 52    A0 1 _______________ ___
·PEK   ·100      100      C                   BULK 52    A0 1 _______________ ___
```

在显示中输入到达PEK的货物分别为1870、1366、1680、1510、1505、100,装载位置分别为11P、12P、21P、31P、32P、52;行李分别为701、701、665,装载位置分别为43L、43R、44L;过站业载47,装载位置为52。最后按输出键F12。

输入指令:

LPAD:CA1316/07FEB/PAX

```
LPAU:CA1316/07FEB/CGO1     CAN    PEK   A/C   B2447          F18C40Y348      ETD 1535
WEIGHT KG                  747 - 4J6B                 DATE/TIME: 07NOV02/22:36:39
LFSD·__       LPDD·__                 GENDER REQD N
                            A      C      I      T                        RANGE
AVG PSGR WGT:               75     38     10                          LOW: HIGH:
PASSENGERS:   F   6                                                   ____  ____
              C   6                                                   ____  ____
              Y   294         4                                       ____  ____
            TTL 306           4
                              OA     OU     OB     OC     OD     OF
COMPARTMENT CAPACITY:         18     40     56     76     90     126
COMPARTMENT COUNT:            _6     _6     _45    _73    _73    107     USE Y
COMPARTMENT DISTR:            6      6      48     65     77     108
PAYLOAD REMAINING:       26676              AVERAGE BAGGAGE WGT: ·_ 20
CARGO SPECIAL HNDLG:·__________________________________________
           REMARKS:·__________________________________________
```

在显示中输入旅客总人数 306 人,其中 F 舱 6 人,C 舱 6 人,Y 舱 294 人。各舱位分配人数 OA,6;OU,6;OB45;OC,73;OD,73;OF,107。最后按输出键 F12。

输入指令:

LPAD:CA1316/07FEB/PAX2

输出格式:

```
LPAU:CA1316/07FEB/CGO1     CAN    PEK   A/C   B2447       F18C40Y348      ETD 1535
WEIGHT KG                  747 - 4J6B                 DATE/TIME:
                             * * * * * CHECKED * * * * *
       NO GENDER             SEATS OCC. BY CLASS          TOT        BAG WEIGHT
DEST       A      C     I        F        C         Y              PREF    OTHR    TRAN
PEK       306   __4   __        _6       _6        299    310     _____  ·__1692 __47


                             TOTALS    310          0        1692       47
```

显示广州始发至北京的总人数为 310 人,其中包括 4 名儿童。

5) 航班状态显示及修改

输入指令:

LFSD:CA1316/07FEB

```
LFSU:CA1316/07FEB        CAN   PEK        A/C      B2447              ETD      1535    GATE   14
LCWS __            LLSP __     747 - 4J6B          DATE/TIME:07FEB/22:37:46
STATUS - FLT:C   CKI:C     FUEL:N                  CGO:               CONF F18C40Y348
WEIGHT         ACTUAL   KG               ACTUAL                    MAXIMUM      MINIMUM
THRU           000000           PAYLOAD  033247                    59923
CARGO          008031           ADJ OEW  182748
BAGS           002114/0138          ZFW  215995                    242671
PSGRS          023102/310       FUEL ST D _ 49000                  75676         002267
MAIL           000000           TOGW LNS 264995                    291671
RANGE          F     000/018         C         000/040         Y        000/348
TO PWR/FLAP          00       LNDG   FLAP     00          WX      TO   RWY    ALT    RRWY
        HLD1          HLD2         HLD3         HLD4         HLD5      TRIM      004.6MD 21L-
AFTLIM 000000        000000       000000       000000       00000 A   TOMAC     23.60%
FWDLIM  000000       000000       000000       000000      00000 A    ZFMAC     24.41%
ACTLOAD 3236         2680         2000         3035        2067   A   DLMAC     21.18%
CGO SPECIAL:HNDLG:
    REMARKS:NONE
```

从显示中可知,本航班实际业载为33247(有剩余业载),航班为关闭状态(FLT:C),值机已关闭(CKI:C)。重心位置:起飞重心为23.60%,无油重心为24.41%,落地重心为21.18%。

6) 实际业载分布显示

输入指令:

LPDD:CA1316/07FEB/CANPEK/2

输出格式:

```
LPDD:CA1316/07FEB/CANPEK/2                A/C        B2247      F18C40Y348
WEIGHT   KG            747 - 4J6B                  ETD    1535        GATE   14
PAX     006/006/298
POS     DEST    WGT     TYPE   PR   SERIAL - NBR    CONT - TYPE   RESTRICTED   CARGO
11P      PEK    01870     C      01                   P1P
12P      PEK    01366     C      01                   P1P
21P      PEK    01680     C      01                   P1P
31P      PEK    01510     C      01                   P1P
32P      PEK    01505     C      01                   P1P
43L      PEK    00701     BY     01                   LD3
43R      PEK    00701     BY     01                   LD3
44L      PEK    00665     BY     01                   LD3
52       PEK    00047     T      01                   BULK
52       PEK    00100     C      01                   BULK

TOTAL WGT:010145
ZFW(KG):215995   FWD LIMIT CG:15.01 ZFWMAC:24.41    AFTLIMIT CG:30.14
CARGO SPECIAL HNDLG:
REMARKS:
```

在显示中可查看到,航班无油重心前限为15.01,后限为30.14,本次配平24.41,在正常范围内。

7) 装载表的打印

输入指令：

LLSP:CA1316/07FEB

请机长在打印好的装载表上签字。

8) 起飞后拍发载重电报

输入指令：

LLDM:CA1316/07FEB

输出格式：

```
QD PEKTZCA
.CANTZCZ  071550
LDM
CA1316/07.B2447.F18C40Y348.3/18
-PEK.306/4/0.0.T3462.11P/1870.12P/1366.21P/1680.31P/1510.32P/1505
.43L/701.43R/701.44L/665.52/47.52/100
.PAX/6/6/294.PAD/0/0/0
SI
  BW 182748   BI 57.85
  PEK FRE 8031 POS 0 BAG 2114 BAGP 138
=
```

9) 操作结束，释放航班

输入指令：

LFSD:CA1316

6.3.3 配载操作流程图

配载操作流程如图 6.5 所示。

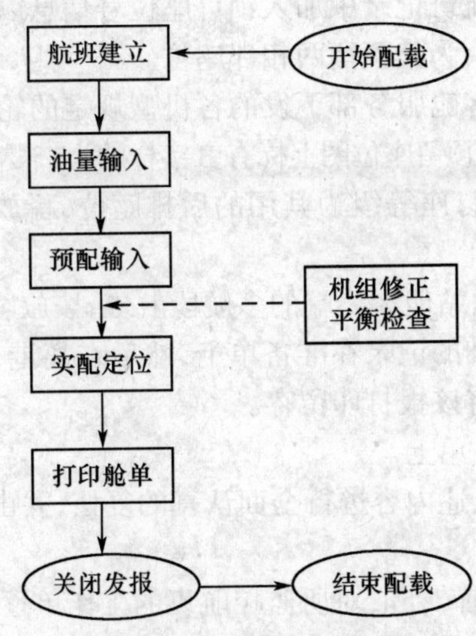

图 6.5 配载操作流程图

6.4 离港工作活动

6.4.1 控制室工作程序

1. 准备航班

（1）根据订座系统所用的机型及各等级旅客订座数，在离港系统中选定相应的座位布局表号，然后根据当日的航班预报调整布局表号。

（2）初始航班，将订座系统的旅客名单转入离港系统。

（3）填写航班准备单。

① 航班号。

② 出港时间。

③ 座位布局表号。

④ 准备人。

⑤ 飞机各等级座位数。

⑥ 飞机各等级中可利用的座位数。

⑦ 机组及保卫员占用座位数。

⑧ 根据旅客订座人数设置备站各等级旅客可候补人数并输入电脑。

⑨ 设置从本站出发至各站的最大允许登机人数。

⑩ 根据旅客订座记录提取重要旅客、信袋、担架、轮椅、无人陪伴儿童、带婴儿的特殊服务旅客，并逐一为其预留座位，同时提取需特殊餐食的旅客名单，并做好记录。

——重要旅客及随行人员，按其订座等级预留该等级中最舒适座位。

——无人陪伴儿童，留在各机型中固定的座位上。

——担架旅客，根据客舱服务部下发的各机型规定担架座位或商调所通知机务实际拆除的座位加以锁定，并在航班记录中加入锁订座位号信息以供值机人员办理手续时用。

——有信袋占座的旅客，为其预留两相邻座位。

——带轮椅旅客，根据客舱服务部下发的各机型规定的轮椅旅客及轮椅位置留座。

——带婴儿的旅客，为其预留座位图上标有B字样的为带婴儿的旅客专设的特殊座位。

⑪ 提取团体旅客，按其订座等级为其用的后排座位，释放该系统中为候补团体预留的座位。

⑫ 对于下一航站为国内站但无终端的多航段航班，按旅客订座数为下一站的旅客分配座位，并将这些座位号详细的记录在准备单上，然后在离港系统中用了TLX形式给下一航站拍发座位占用报，并将该报打印留存。

⑬ 将餐食数填写在准备单上。

⑭ 班组长及复核人对上述内容进行全面认真的复核，并由复核人签名。

2. 监控航班

（1）监控员在航班起飞前2.5h，对所监控航班的工作单逐一进行核对检查，若订座人数有增无减时，要及时调整候补旅客限额和各站登机旅客限额。

（2）在航班起飞前40min，按航班各段各等级仍可利用但未利用的座位数逐步放出候补旅客限额,在航班起飞前,以便柜台接收候补旅客从而达到最大利用航班座位率。

(3) 当国内或国际在一方作初始关闭后,立即将仍可利用的座位调整给另一航段使用(国际航班必须保证下一航站不超售)。

3. 关闭航班

(1) 当柜台做初始关闭后,监控员应通过关闭打印信息终端确认国际和国内已全部关闭后,方可做中间关闭。最后一次初始关闭和中间关闭之间不得超过 3min。

(2) 中间关闭后,在工作单上详细记录各航段实际出港旅客人数、行李件数、重量。国内航班向控制中心手工拍发 PFS 报。

(3) 处理需要通知的旅客。

(4) 国际航班出港时间 15min 后,通过电话与柜台进行联系,保证航班起飞后做最后关闭,向沿途各站自动发送所需电报。在正常情况下,中间关闭和最后关闭之间不得超过 20min。

4. 当班班长收集各航班工作单汇总并留存

6.4.2 配载电脑操作流程

1. 航班准备工作

(1) 飞机起飞前 6h,检查航班是否初始化。如有不使用电脑办理旅客乘机手续的航班,配载可使 LCFD 指令自行建立航班,使航班初始化。如在北京过站的航班要查看进港的 LDM 报和 CPM 报,如无则要及时催要,并做好记录。

(2) 根据航务部或机组送的机组名单使用 LODD 指令,修正航班基本重量及基本指数,如必要也可修正飞机的其他数据,根据航班的要求准备总申报单一式七份或拍发机组名单报。

(3) 使用 LFFD 指令,修正或输入本航段的起飞油量及航程耗油量。

(4) 使用 SY 指令提取订座人数,根据订座旅客人数及各航线人均行李重量大致规律估算出航班各站旅客行李所需行李箱数,并通知行李室和集装控制室,并且用 LDAD 指令把预计行李重量输入电脑,同时在航班配载表上做好记录。

(5) 将货运部门所报的货、邮情况记在航班配载表上并使用 LPAD 指令输入电脑,如是集装箱,集装板,就将箱、板重量加上货、邮重量一同输入并将集装箱、板号输入电脑。

(6) 国际航班由于航线较长,旅客一般都会对座位提出一定的要求,旅客愿意坐在靠前的座位,配载员在预配时要考虑此因素,如果调整下货舱的货、邮、行仍不能获得较好的飞机平衡状态,就要通知离港控制室锁定座位并提出方案,并在航班配载表上做好记录。

(7) 将业载内容输入预定位置及舱位后,检查各项重心位置是否在允许范围内,如不理想可用 LPAD 指令对货、邮、行位置进行合理调整,直到重心位置理想为止,并做好记录。

2. 航班监控和实施

(1) 自航班开始接收旅客起,本航班即进入实施阶段,配载部门即可对航班的实施进行监控。

① 使用 LPAD 指令查看实际行李重量的变化,并随时调整系统内本航班各行李箱的重量。

② 使用 LPDD 指令查看预计无油重心的变化。

③ 使用 SY 指令查看值机柜台实际接收旅客的进程,旅客实际占座布局以及旅客人

均行李重量。

(2) 在航班初始化后如更换飞机,配载人员应立即用 LODD 及 LFFD 指令重新修飞本航班的基重及起飞油量、耗油量;如本航班已完成预配并且所换飞机不是同一机型,则应重新输入货、邮、行箱板位置及舱位。

(3) 在航班实施的最后阶段,可使用 LFSD 指令查看本航班实际无油重心、起飞重心、起飞油量、旅客人数、货、邮、行李重量及实际业载等数据,此时,如有警告显示,如超载、重心超出前后权限等,应立即采取补救措施。

(4) 利用监装反馈信息对 LPAD 指令内的内容做最后修正。

(5) 航班起飞前 20min,柜台关闭航班,同时配载部门收到航班关闭报,此时配载应用有关指令对航班的各项数据及状态做最后的检查。

(6) 航班起飞前 15min,配载使用 LFSD 指令作航班关闭,并打印出载重平衡表一式四份。

(7) 检查业务袋内的各项随机文件是否齐全,并查看有无需带出的公邮袋。

(8) 负责本航班的配载员在载重平衡表上签字,并将业务袋和公邮袋送上飞机与机长和乘务长办理交接手续,将机组签字后的裁重平衡表和公邮票证交接单带回留存。

3. 航班起飞后的工作

(1) 航班起飞 10min 内,配载使用 LLDM 指令拍发 LDM 报,如班机为集装设备飞机则需用 LCPM 指令拍发 CPM 报,如有补充内容,可在发 LDM 和 CPM 报之前使用 LMSD 指令输入航班各种补充信息。

(2) 目前凡是经停上海、广州、深圳出境的航班,必须在飞机起飞后 10min 用 LFSD 指令释放航班。

(3) 将本航班的航班配载表、载重平衡表、装机单、LDM 报、CPM 报各 1 份装订成册备存,并进行业务统计。

6.4.3 柜台 DCS 系统办理乘机手续操作规程

1. 准备航班

(1) 了解航班有关信息:

① 起飞时间;

② 航班号、机型;

③ 座位布局;

④ 各等级实际载客数;

⑤ 各等级可利用座位数;

⑥ 重要旅客、轮椅旅客、无人陪伴儿童、额外占座位数;

⑦ 本站出发的 GS 限额。

(2) 按规定时间提前 5min 到达岗位,检查电脑、打印机、磅称、传送带。

2. 办理航班

(1) 设定省略航班。

(2) 查验客票。

(3) 接收旅客:

① 接收单个正常旅客；

② 接收团体旅客；

③ 接收额外占座旅客，必须是两个相邻座位；

④ 接收担架旅客，需事先查看锁定座位，有无相关手续证件及陪同人员；

⑤ 接收候补旅客时，若航班订座人数较少可随时接收候补旅客，若订座较满，必须在起飞前40min陆续接收。

3. 关闭航班

(1) 初始关闭必须在航班起飞前30min完成。

(2) 抄写已办理手续的旅客人数，舱位等级，行李件数/重量。

(3) 查看JFL值机员表，检查表上的数字与自已所撕下的票联数是否相同。

(4) 填写“值机员工作单”，清点票联，交结果联复核人。

6.4.4 离港系统办理航班的全过程

离港系统办理航班的全过程如图6.6所示。

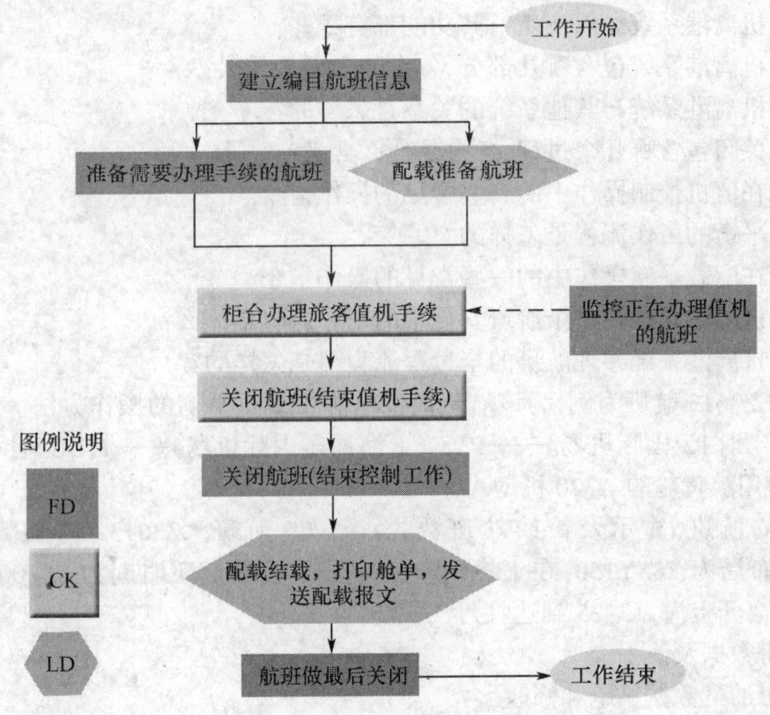

图6.6 离港系统办理航班的全过程

1. 建立编目航班信息

BF：T指令建立航班T—CARD

2. 准备需要办理手续的值机航班

准备航班包括：

(1) 初始化航班：IF。

(2) 对航班座位进行控制：BS，RS，AL，SU，BT，RA，JCS。

3. 监控正在办理值机的航班

监控值机航班状态,保证值机手续的正常办理:GS,HL,ID,SL,PO,EF,AK。

4. 柜台办理旅客值机手续

值机员通过离港系统办理旅客值机手续:PD,PR,RL,RN,FB,FSN,PA,PU,PW,BC,BAG,JC,AL,SB。

5. 关闭航班

柜台做初始关闭,控制室做中间关闭。

6. 配载结载,打印舱单,发送配载报文

配载员在航班中间关闭后,对航班进行配载平衡,打印舱单。

7. 航班做最后关闭,发送 CKI 报文

当航班起飞后控制员对航班作最后关闭,系统自动向相关航站发报。

思 考 题

1. 计算机离港系统如何产生?其功能都有哪些?
2. 计算机离港系统包含哪几部分,各自的含义是什么?
3. 计算机离港系统与其他系统的关系是怎样的?
4. 值机关闭包含哪几个过程,各自是什么含义?
5. 了解在值机控制操作中的一些常见的操作指令。
6. 配载平衡的工作流程是怎样的?
7. 了解在配载平衡操作中的一些常见的操作指令。
8. 计算机离港系统在整个航班安排中的工作内容是什么?
9. 计算机离港系统办理航班的全过程流程图是怎样的?
10. 以 CZ3613 航班为例,为该航班离港结算中载重平衡的操作方法。CZ3613 航班执行 CAN(广州白云国际机场)——PVG(上海浦东国际机场)——MDG(牡丹江机场)的飞行任务,使用散货舱的 A320 机型。

(1) 建立航班,显示及修改航班数据。已知:航班 CZ3613/07FEB 的飞机号为 B2345,客舱布局为 F8/Y150,在 13 号登机门登机。广州起飞时间为 08:00,09:40 到达上海,10:35 离开上海,13:25 到达牡丹江机场。

(2) 航班数据及修正。

(3) 航班油量数据显示和修改。

(4) 航班的货、邮、行分舱显示及修改。

(5) 航班状态显示及修改。

(6) 航班补充信息显示及修改。

(7) 实际业载分布显示。

(8) 装载表的打印。

(9) 拍发载重电报 LLDM。

(10) 操作结束,释放航班。

第 7 章　配载平衡

载重平衡工作是航空运输生产的重要环节，主要是根据飞机的有关性能数据和执行航线添加的燃油重量以及客货销售、待运情况等，准确计算飞机每次飞行的载运能力，并按照飞机客、货舱布局，合理地装卸货物、行李、邮件以及安排旅客座位，以便使飞机重心在起飞、着陆及无燃油等情况下符合要求，保持良好的平衡状态，保证飞行安全。这项工作也称为飞机载重平衡计算。

飞机的载重与平衡工作主要集中在航空公司的配载平衡室。平衡室的工作主要是负责本航空公司　港及转港飞机的载重平衡工作，在整个航空公司商务工作中起着重要的作用。平衡室工作人员还应积极协调各有关部门的关系，使航空运输工作顺利有序地进行；汇总货、邮舱单，平衡图等文件，座位随机业务文件送交机组；在班机起飞后及时拍发有关业务电报等。

载重平衡是航空公司商务工作的最后一个环节，工作的性质决定了平衡室和航空公司的客运、货运、装卸队、航务、生产调度、地面服务、机组之间有着紧密的工作联系，是地面商务和空中飞行的一个衔接环节，认真做好载重平衡工作，不仅可以弥补和避免商务工作其他环节的不足和差错，而且可以确保每一个航班的安全飞行，确保航班正点。同时，在航空公司经济效益方面也发挥积极作用。一名业务熟练的载重平衡人员可以根据不同机型的平衡要求，合理利用载量和舱位，既达到较高的载运比率，又取得该机型所要求的最佳配平和重心位置。这样不仅可以提高飞机载重比率，而且对飞行安全、飞机结构都有益，并且，可以在飞行中节省耗油量，从而降低营运成本。

7.1 飞机基本机型介绍

7.1.1 空客系列

1. A320 系列简介

A320 系列是欧洲空中客车工业公司研制的双发中短程 150 座级客机，包括 A318、A319、A320 及 A321 四种客机(见图 7.1)，这 4 种客机拥有相同的基本座舱配置，飞行员只要接受相同的飞行训练，就可驾驶以上 4 种不同的客机。这种共通性设计也降低了维修的成本及备用航材的库存。A320 是一种真正的创新的飞机，为单过道飞机建立了一个新的标准，A320 由于较宽的客舱给乘客提供了更大的舒适性，因而可采用更宽的座椅和更宽敞的客舱空间，它比其竞争者飞得更远、更快，因而具有更好的使用经济性。接着在此基础上又发展了较大型和较小型，即 186 座的 A321 和 124 座的 A319、107 座的 A318。

A320 系列客机在设计中采用“以新制胜”的方针，采用先进的设计和生产技术以及新的结构材料和先进的数字式机载电子设备，是世界上第一种采用电传操纵系统的亚音速民航运输

图 7.1　A320 系列

机。其机翼在 A310 机翼的基础上又进行了改进,双水泡形机身截面大大提高了货舱中装运行李和集装箱的能力。其客舱舒适而宽敞是当前最受欢迎的 150 座级的中短程客机。

1）主要型号

(1) A320。空中客车 A320 是该系列的基本型号。1979 年 7 月宣布 A320 客机方案,1982 年 3 月正式启动研制计划,可选装 CFM56－5 或 V2500 两种发动机,1987 年 2 月 22 日首飞,1988 年 2 月获适航证并交付使用,1988 年 3 月开始交付首位用户法国航空公司。A320 飞机机长 37.57m,在典型的两级客舱布局下能载客 150 人(如进行低成本运营载客量可增至 180 人),航程 5700km/3000 海里。A320 系列有两个型号:A320－100 和 A320－200。由于 A320－100 产量很小,从第 22 架开始生产 A320－200,A320－200 是主要型号。A320－200 增加了翼尖小翼和为增加巡航距离而增大的油箱。

(2) A321(见图 7.2)。A320 的加长型,是 A320 系列飞机的最大型号,与 A320 相比,机身加长 6.93m,增加 24%的座位和 40%的空间,在机翼前后各增加两个应急出口,对机翼进行局部加长和改进,起落架被加固。于 1989 年 5 月启动该项目,1993 年 3 月 11 日首航,同年 12 月 17 日获欧洲适航证,1994 年 1 月交付使用。航程可达 5600km/3000 海里。在典型的两级客舱布局下能载客 185 人(在包机或低成本运营时载客量可增至 220 人),是第一种在德国汉堡空客客车工厂进行最后组装的空客飞机。主要型号有:

① A321－100 型:基本型。

② A321－200 型:加大航程型,1995 年 4 月启动该项目。

(3) A319(见图 7.3)。A320 缩短型,与 A320 相比,机身短 3.73m,机翼上应急出口

图 7.2　空中客车 A321

图 7.3　空中客车 A319

减少一个,机身后部散货舱取消。1993 年 6 月启动,1995 年 8 月 25 日首飞,1996 年 4 月获型号合格证,5 月交付使用。由于使用与 A320 - 200 相同的燃料容积以及较少的载客量,两级客舱布局载客量 124 人、航程 6800km/3700 海里的标准型是 A320 系列里航程最长的机型。空中客车公司还应航空公司的订购要求,提供了其他选择,为了增加座位效益,典型单一座位布局增至 156 座。A319 在德国汉堡空客工厂进行最后组装。

(4) A319CJ:公务机型(见图 7.4)。该型号又称为 ACJ(Airbus Corporate Jet),客舱内部空间按公务机进行装饰,其他与 A319 基本型差别很小,在货舱格间附加油箱,航程可达到 12000km。

(5) A318(见图 7.5)。是 A320 家族里面最小的成员。A318 是 A319 缩短型。项目起源于 AE31X 计划,在 1993 年 1997 年 5 月 15 日中国航空工业总公司(AVIC)和空中客车亚洲公司(AIA)签署 AE31X 支线客机项目合作协议,新加坡、韩国方面也参与到该计划,由于在技术转让以及工作分工上出现重大分歧,1998 年 9 月空客宣布终止 AE31X 项目。1999 年空客决定独立开发 A318 项目,A318 最初选用的普惠(Pratt & Whitney) PW6000 涡轮风扇发动机问题,导致研制计划不断推迟。A318 也可选装 CFM56 - 5 发动机。A318 在德国汉堡空客客车工厂进行最后组装。A318 在 2002 年 1 月首飞。2003 年 7 月投入运营。机长 31.44m,比 A320 标准型短了 6m,轻了 14t。典型两级客舱布局下载客量为 107 人,采用单级客舱布局时载客量可增至 132 人。A318 飞机航程 6000km/3250 海里,该机型起降性能与同级别飞机相比所需的跑道较短,从而为运营商提供了前往各种机场的更大的灵活性,主要用于定期航线,也用于中型城市之间的短程,低密度航线。

图 7.4　空中客车 A319CJ

图 7.5　空中客车 A318

2) 基本数据

表 7.1 列出了 A320 的基本数据。

表 7.1　A320 基本数据

项目	A320 - 200	A321 - 100	A319	A318
翼展/m	34.09			
机长/m	37.57	44.51	33.84	31.44
机高/m	11.76			
标准两级客舱布局载客/人	150	186	124	107
货舱容积/m^3	37.42	51.76	27.64	21.21
商载/t	16.3	21.6	12.9	11.1

(续)

<table>
<tr><td>项目</td><td>A320 - 200</td><td>A321 - 100</td><td>A319</td><td>A318</td></tr>
<tr><td>空机重/t</td><td>41</td><td>47.7</td><td>40.1</td><td>38.4</td></tr>
<tr><td>最大油箱容量/L</td><td colspan="4">23860</td></tr>
<tr><td>最大起飞总重/t</td><td>73.5</td><td>83</td><td>64</td><td>59</td></tr>
<tr><td>最大巡航速度/Ma数</td><td colspan="4">0.82</td></tr>
<tr><td>航程/km</td><td>5000</td><td>4350</td><td>3550</td><td>2800</td></tr>
<tr><td>动力装置</td><td colspan="4">两台涡扇发动机型号</td></tr>
<tr><td>发动机型号</td><td colspan="3">CFM 公司 CFM56 - 5 系列
IAE 公司 V2500 系列</td><td>普惠 PW6000</td></tr>
</table>

2. A330/340 系列

空中客车 A340 是一种由空中客车公司制造的四发动机远程双过道宽体商用客机，设计上类似于双发空中客车 A330，但是装备多了 2 台发动机，达到 4 台。A340 最初设计目的是要与波音 747 竞争，后来则是要与波音 777 竞争远程与超远程的飞机市场。除了发动机的数量和与发动机相关的系统外，这两种机型有很大的共同性，它们有 85% 的零部件可以互相通用，采用同样的机身，只是长度不同，驾驶舱、机翼、尾翼、起落架及各种系统都相同，这样可以降低研制费用。

1）主要型号

(1) 空客 330。空客公司从 20 世纪 70 年代初即开始远程客机的研制，初定名 A300B9，80 年代重新开始该计划，新机定名为 TA9，TA 即双通道的英文缩写；1986 年改名为 A330，1987 年开始制造。

① A330 - 300 型(见图 7.6)：飞机于 1987 年 11 月 2 日首飞，1993 年年底投入运营，在典型的两级客舱布局下可载客 335 人，三级客舱布局时可载客 295 人，全经济客舱则可载 440 人。航程达 10500km/5650 海里，具有适应各种航线飞行的灵活性。除此之外，货机版本的容量也颇高。与 A340 - 300 型相比，机身相同，只是发动机只有两台，与发动机相关的系统也有所不同，航程较短。

② A330 - 200 型(见图 7.7)：飞机于 1997 年 8 月首飞，1998 年 5 月开始交付投入运营，该机型从机身较长的 A330 - 300 中衍生而来，A330 的远程、短机身型，A330 - 200 型较 300 型机身短 5.3m，加高垂直尾翼，加强了机翼结构。其特点是具有更大的业载，其最

图 7.6 港龙航空 A330 - 300

图 7.7 阿联酋航空 A330 - 200

大起飞载量为275t,载油容量加大,改进的发动机,随后生产的新A330－300飞机也采用了改进的发动机。两级客舱布局下293座,采用标准三级客舱布局时载客量为253人。A330－200航程达12500km/6750海里,可轻松地执飞诸如东京至西雅图、旧金山等美国西海岸主要城市或巴黎等城市的直飞航线。

(2) 空客340。A340是空客公司在A330基础上设计的,初定名A300B11,后定名为TA11,TA即双通道的英文缩写,1986年改名为A340。1987年正式开始研制,在研制过程中曾希望使用一种CFM56或V2500基础上改进设计的特高涵道比的"超级风扇"发动机。计划失败后,只能依靠现有发动机改进型来达到最初设计目标,同时,为此也对机翼进行了改进。

① A340－300型:在三级客舱布局共295名乘客的情况下,航程可超过12400km/6700海里。这是最初的型号,于1991年10月25日首次飞行,并于1993年3月正式加入德国汉莎航空及法国航空提供服务。4台CFM56－5C发动机推动,与A340－200型使用的相似。有未经证实的谣传指对比其他A340型号及波音同类型飞机,由于发动机推力的问题,A340－300型的爬升速度显得差强人意。

② A340－300E(X)型:300型的远程型,最大航程13520km,1996年开始交付新加坡航空。

③ A340－200型(见图7.8):在三级客舱布局共261名乘客的情况下,航程可达13000km/7450海里;在239座位的布局下,其航距更可达14800km/8000海里。200型机身较A340－300型短,4台CFM56－5C发动机推动。A340－200于1992年4月1日首次飞行,1993年2月2日开始交付德国汉莎航空公司投入运营。

④ A340－600型(见图7.9):设计为与早期的波音747竞争,A340－600能在三级客舱布局共380名乘客(二级客舱布局:419名)的情况下飞越超过13900km/7500海里,A340－600由遄达500发动机为动力,这种一共有20个隔框(超过A340－300)的A340超长型飞机的载客能力与波音747的载客量相近,但底舱的货盘装运能力是747的2倍。而平均旅程及座位成本比波音747低。A340－600的波音同类型客机为B777－300ER。A340－600的机身比－300型延长超过10m,A340－600为历史上机身最长的民航客机,比B747－400长超过4m。4台推动力达249kN的Trent 556涡轮风扇发动机推动,机身中央底部亦有一组由4个机轮组成的主起落架,用来承受增加了的最大起飞重量(MTOW)。起初7架已交付的A340－600的机翼过重,新的飞机已修正,这些机翼超重的飞机后来以较低的价钱售予国泰航空及西班牙国家航空(Iberia)。

⑤ A340－500型(见图7.10):2003年开始首次商业飞行时为续航距离最长的商业民航客机(KC－10空中加油机为历史上续航距离最长的飞机),直至2006年初才被B777－200LR Worldliner所取代。A340－500能在运载313名乘客的情况下飞越超过16000km/8650海里。4台推动力分别达236kN的Trent 556涡扇发动机推动,可开辟扩展距离目的地更远的不经停航线。新加坡航空使用此型号营运不停站来往美国新泽西州纽瓦克及新加坡间的航线,全程需时18h,乃全球最长的不停站商业航线,这是因航空公司减少了载客及载货量,以及增设额外燃油。据说A340－500甚至能不停站由英国伦敦飞往澳洲佩思。A340－500于2002年2月11日首飞,2002年12月3日交付阿联酋航空。与A340－300比较,A340－500型有以下分别:机身加长3.3m,较大的机翼面积,大

幅提升的运载燃油量(比300型多出近50%),较小的垂直控制面,较大的水平控制面,A340-500型/A340-600型的机身底部及垂直控制面上附设摄录机,于滑行时让机械师更易控制飞机。

图7.8 A340-200

图7.9 A340-600

图7.10 A340-500

2)基本数据

A330/A340的基本数据见表7.2。

表7.2 A330/A340基本数据

项目	A330-200	A330-300	A340-200	A340-300	A340-500	A340-600
翼展/m	60.3	60.3	60.3	60.3	63.5	63.5
机长/m	59	63.6	59	63.6	67.9	75.3
机高/m	17.9	17.9	16.7	16.7	17.1	17.3
标准两级客舱布局载客/人	293	335	239	295	313	380
货舱容积/m³	136	162.8	100.2	162.8	153.6	207.9
空机重/t	120.5	124.5	129	129	170	177
商载/t	36.4	45.9	30.8	43.5	43.3	55.6
最大油箱容量/L	139090	97530	141500	155040	214810	194880
最大起飞总重/t	230	230	275	275	365	365
航程/km	11850	10400	14850	13250	16050	13900
动力装置	2台涡扇发动机		4台涡扇发动机			
发动机型号	普惠公司PW4000系列		CFM公司CFM56-5系列		罗尔斯—罗伊斯公司遄达500系列	
	罗尔斯·罗伊斯公司遄达700系列					
	通用电气公司CF6-80系列					

3. A380(见图7.11)

空中客车A380是欧洲空中客车工业公司研制生产的四发远程550座级超大型宽体客机,投产时也是全球载客量最大的客机。A380为全机身长度双层客舱四发客机,采用最高密度座位安排时可承载850名乘客,在典型三舱等配置(头等-商务-经济舱)下也可承载555名乘客。A380于2005年4月27日首飞成功,并于同年的11月11日,首次跨洲试飞抵达亚洲的新加坡。现时全球有十几家航空公司订购A380。该型号的原型机于2004年中首次亮相,至2005年1月18日,空中客车公司于图卢兹厂房为首架A380举

图 7.11　空中客车 A380

行出厂典礼,序号为 001,登记号码为 F－WWOW。2000 年推出的这款飞机被空中客车公司视为 21 世纪的“旗舰”产品。原计划定于 2006 年正式交付投入运营。空中客车 A380 优势所在,首先在单机旅客运力上有无可匹敌的优势,在飞行员改装成本上也较其他机型要低,且时间更短。

一直以来,大型远程民用运输机市场被波音公司的 B747 系列所垄断,空中客车在其他机型上都有与波音公司竞争的机型,但只有在这个市场上一直是一个空白,虽然空中客车公司推出了 A340,但仍然不能撼动波音 747 在这个机型上的绝对优势,空中客车公司开发了 500 座～800 座级大型民航运输机 A380,意在抢夺由波音 747 把持的大型客机市场,最初该计划被称为“A3XX”。这个耗资百亿美元的计划提出了对未来民用航空发展的推断:未来世界民航运输机发展将继续向大型化发展,并以此提出了“枢纽辐射”的理念,即旅客通过支线航班汇聚到干线机场,再由大型运输机运送到另一干线机场,最后再乘坐支线客机到达目的地。

20 世纪 90 年代空客公司宣布了其 A380 超大型运输机计划。空客认为,改善 21 世纪空中交通拥挤的最好办法是增加运力;空客推出 A380 超大型运输机计划项目曾引起不少人担忧,空客则认为大型客机市场还是一块无人争斗的黄金宝地,对市场前景十分乐观,同时为了完善空客的民机系列,占据更有利的位置与波音竞争,值得冒着巨大的商业风险发起 A380 计划。

A380 在投入服务后,打破波音 747 在远程超大型宽体客机领域统领 35 年的纪录,A380 的出现结束了波音 747 在大型运输机市场 30 年的垄断地位。成为世上载客量最大的民用飞机,不过载重量最大的民用飞机仍是苏制的 An－225 梦想式运输机。

1) 主要型号

(1) A380－800:基本型,标准客舱布局 555 座,双层客舱,2000 年 7 月 24 日,阿联酋酋长国航空 Emirates 为计划中的 A3XX 超大型运输机签下订单,促成了这款巨无霸飞机的问世,2006 年,A380 将开始进行测试飞行,预计持续 15 个月,飞行 2200h。2007 年第三季度交付新加坡航空公司,逐步投入商业运营。

(2) A380－800F: 全货运型,联邦快递(Federal Express)是发起用户,A380 可在载重 150t 情况下飞行 10000km,预计 2008 年 8 月首架 A380－800F 将交付发起用户 FedEx 投入运营。

(3) A380－700:缩短型,标准客舱布局 460 座。

(4) A380－900:加长型,标准客舱布局 656 座。

2）性能数据

A380 分为客机和货机两种，A380－800 为双层客机，可载 555 人及持续飞行 14800km；而 A380－800F 则为货机，可载 150t 货物及持续飞行 10400km。空客 A380 全长 78m，是 A320 的 2 倍，翼展总长为 80m，总重量为 583t。它有两种机型，小型的有效载荷为 85t，可搭载 555 人，大型的有效载荷为 95t，可搭载 625 人。A380 机舱比通常客机宽 43%，乘客活动空间增加 48%。A380 客机还可以从基线机型衍生出加长型、缩短型和延程型机型，最多可载客 1000 多人。

A380 的基本数据：

用途　　　　民航运输

主要机组　　2

首航　　　　2005 年 4 月 27 日

首次商业飞行　2007 年

制造商　　　空中客车

尺寸

　　长度 73m/239 英尺 6 英寸

　　翼展 79.8m/261 英尺 10 英寸

　　高度 24.1m/79 英尺 1 英寸

　　机翼面积 $845m^2$　9100 英寸^2

重量

　　空机 280000kg/617300lb

　　最大起飞重量 560000kg/1235000lb

客运能力

　　最多 555 人（三级）

　　最多 840 人（一级）

货运能力　38LD3s 或 13pallets

动力

　　发动机 4 台　罗尔斯·罗伊斯公司 Trent900 或 发动机联盟 GP7200 涡扇发动机

推力　1208kN　271560lb

性能

　　巡航 Ma 数　0.85（约 902km/h）/561 英里/h

　　最高 Ma 数　0.89（约 945km/h）/587 英里/h

　　飞行距离　15100km/9383 英里

　　飞行高度　13100m/43000 英尺

空载降落滑行距离 2000m

7.1.2　波音系列

1. B737 系列

波音 737 飞机是波音公司生产的双发动机中短程运输机，被称为世界航空史上最成功的民航客机。在获得德国汉莎航空公司 10 架启动订单后波音 737 飞机于 1964 年 5 月开始研制,1967 年 4 月原型机试飞,12 月取得适航证,1968 年 2 月投入航线运营。

波音 737 飞机基本型为 B737 - 100 型。传统型 B737 分 100/200/300/400/500 型 5 种,1998 年 12 月 5 日,第 3000 架传统型 B737 出厂。目前,传统型 B737 均已停止生产。

1993 年 11 月,新一代波音 737 项目正式启动,新一代波音 737 分 600/700/800/900 型 4 种,它以出色的技术赢得了市场青睐,被称为卖得最快的民航客机。截至 2001 年底,已交付超过 1000 架。

2000 年 1 月,波音 737 成为历史上第一种累计飞行超过 1 亿小时的飞机。

1) 传统机型

(1) B737 - 100 型(见图 7.12):基本型,装两台 JT8D - 7 或 JT8D - 9 涡扇发动机,仅生产 30 架。1967 年 4 月 9 日首飞,1968 年 2 月交付德国汉莎航空公司使用。

(2) B737 - 200 型(见图 7.13):100 型的加长型;在 100 型的机身上加长 1.8m,在空气动力方面加以改进,同时还增加了反推装置、修改了襟翼等,至 1988 年 8 月停产,共生产 1114 架。根据使用重量,可使用 JT8D - 9 至 JT8D - 17 多种型号发动机。

(3) B737 - 200 基本型:最初生产型。

(4) B737 - 200 先进型:200 型生产第 280 架后,进一步改进机翼、制动系统和起落架后,形成先进型,可在机腹货舱加装油箱,1987 年 12 月 18 日,最后一架出厂的 B737 - 200 先进型(注册编号 B2524)正在我国厦门航空公司运营中。

(5) B737 - 200C/QC 客货两用型:机身和地板进行了加强,客舱加开了一个舱门。客型和货型可以快速转换,共生产 104 架。

(6) B737 - 200 远程型:总燃油量增加到 22598L,下货舱后部还有一容积为 3066L 的备用油箱,其航程比标准型 B737 - 200 增加 1200km。

图 7.12 B737 - 100

图 7.13 全日空 B737 - 200

(7) B737 - 300/400/500 型:改装 CFM56 - 3 发动机,它们的平均客座数为 120 ~ 170。与 200 型相比,还装有彩色气象雷达、数字飞行管理系统和自动油门,其中:

① B737 - 300 型:为标准型,机身比 200 型加长 2.64m(机翼前机身加长 1.12m,机翼后机身加长 1.52m,共加长 2.64m),该机型于 1981 年 3 月正式开始研制,1983 年中开始总装,1984 年 1 月第一架原型机出厂,同年 2 月 24 日首次试飞,11 月 28 日首次交付使用。

② B737 - 400 型:在 300 型的基础上再加长 3.05m(机翼前机身加长 1.83m,机翼后机身加长 1.22m,两段机身共加长 3.05m),安装了尾撬,起飞时保护后机身,同时由于最大起飞重量增加到 54885kg,对机翼和起落架进行了加强。

③ B737－500 型：300 型的缩短型，波音公司为了更充分地占有 100 座～150 座中短程客机各个挡次，于 1987 年 5 月 20 日宣布发展 B737－500。将 B737－300 的机身缩短 6.7m，载客量 108 人，最大起飞重量 52163kg。首架 B737－500 于 1989 年 6 月 30 日首飞，1990 年 2 月 12 日获得美国联邦航空局的型号合格证。1990 年 2 月 28 日首次交付美国西南航空公司使用。

目前 B737－300/400/500 型已停止生产。

2）新一代波音 737 机型

（1）B737－700 型：标准型，可以载客 126 人～149 人，1993 年 11 月 17 日开始研制，1997 年 2 月 9 日首飞，1997 年底交付启动用户美国西南航空使用。

（2）B737－800 型（见图 7.14）：加长型，可以载客 162 人～189 人，1994 年 9 月 5 日开始研制，1997 年 7 月 31 日首飞，1998 年 4 月交付德国的哈帕克·劳埃德航空公司使用。

（3）B737－600 型：700 型的缩短型，可以载客 110 人～132 人，1994 年 9 月 5 日开始研制，1998 年 1 月 22 日首飞，1998 年 9 月开始交付启动用户北欧航空公司使用。

（4）B737－900 型（见图 7.15）：同属新一代 B737，是为了更好地与 185 座空中客车 A321 竞争而发展起来的。在 800 型的基础上在加长 2.6m，机身长达到 42.1m。为该系列中最新、最大的成员，可以载客 177 人～189 人。于 2000 年 8 月 3 日首飞成功，2001 年 4 月 17 日获 FAA 适航证，4 月 20 日获欧洲联合航空局（JAA）适航证，已于 2001 年 5 月投入运营。

图 7.14　B737－800

图 7.15　B737－900

2. B747 系列

波音 747 飞机（见图 7.16）是波音公司生产的四发（动机）远程宽机身运输机，是一种研制与销售都很成功的宽机身客机。1965 年 8 月开始研制，1969 年 2 月原型机试飞，1970 年 1 月首架 B747 交付给泛美航空公司投入航线运营，开创了宽体客机航线服务的新纪元。它的双层客舱及独特外形成为最易辨认的亚声速民航客机。当然也很不幸的成为恐怖分子的首选破坏目标。自 B747 飞机投入运营以来，一直垄断着大型运输机的市场，这种情况近几年都不会改变。

1990 年 5 月起，除 B747－400 型外，其他型号均已停产。

1）主要型号

（1）B747－400 型（见图 7.17）：300 型的改进型，翼尖加装翼梢小翼，减少阻力，可增大航程 3%，翼梢小翼也是其外形上与 300 型的一个明显区别。使用先进铝合金，使机翼和起落架共减重 3.5t，在水平安定面增设油箱。1988 年开始投入使用。属于第二代 B747，为双人机组的 B747，1990 年 5 月后唯一生产的 B747 型号。

图 7.16 “空中巨无霸”

(2) B747 - 400(P)型:最常见的全载客型。

(3) B747 - 400D 型(见图 7.18):400 型的高客容量型,客舱可载客 568 名,此机型是特别为日本国内航线设计。该型机没有一般 400 型都有的翼梢小翼,上层客舱每侧各增加 5 个舷窗。1991 年 10 月获适航证书,共交付 19 架。

(4) B747 - 400F 型:400 型的全货机型。

图 7.17 中华航空 B747 - 400

图 7.18 全日空波音 747 - 400D

2) 基本数据

常见的 B747 - 400 的数据如表 7.3 所列。

表 7.3 常见的 B747 - 400 的数据

翼展:64.4m 机长:70.7m 机高:19.41m 两级座舱布局载客:524 人 货舱容积:170m³ 最大油箱容量:216840L 最大商载:65t 最大起飞总重:362t ~ 395t 最大航程:13570km	动力装置:4 台涡扇发动机 可选发动机型号: 普惠公司 4000 系列 PW4062(最大推力:63300lb) 通用电气公司 CF6 - 80 系列 CF6 - 80C2B5F(最大推力:62100lb) 罗尔斯·罗伊斯公司 RB211 系列 RB211 - 524H (最大推力:59500lb)

3. B757 系列

波音 757 飞机是波音公司生产的双发(动机)窄体中远程运输机。1979 年 3 月开始研制,它与同期研制的波音 767 飞机在设计、制造和操作方面具有互换性,1982 年 2 月第一架波音 757 飞机首飞,同年 12 月取得适航证,投入航线运营。1986 年 12 月获准双发延程飞行。

波音 757 飞机是在波音 727 基础上采用了新机翼和先进发动机并修改了机身外形。

波音 757 飞机的主要设计目标是通过降低油耗、减轻机体重量来降低使用成本。

波音公司于 1996 年 9 月 2 日启动了 B757-300 的新项目,首家用户是德国专营包机业务的康多尔(Condor)航空公司。

目前波音公司已向客户交付了超过 1000 架 B757。

由于市场需求日益减少,同时面临来自空客的竞争,2003 年 10 月 16 日,波音公司正式宣布,将于 2004 年停止生产波音 757 飞机。波音也表示,新一代 B737 系列、B7E7 可以涵盖到 B757 这款 200 座级客机的市场。

1) 主要型号

(1) B757-200 型(见图 7.19):基本型,1982 年 1 月 13 日出厂,同年 2 月 19 日首飞,最初安装的是罗尔斯·罗伊斯公司 RB211 发动机,使用普惠公司 2000 系列的 B757-200 型于 1984 年 3 月 14 日首飞。

(2) B757-200ER 型:B757-200 型的加大航程型。

(3) B757-200PF 型(见图 7.20):货运型 1985 年美国联合包裹公司(UPS)订购后开始制造,1987 年 9 月开始交付使用。

(4) B757-200M 型:客货混合型,保留了标准客舱和客舱其他设备,货舱与 B757-200PF 相同,目前仅生产 1 架于 1988 年交付尼泊尔航空公司使用。

(5) B757-300 型(见图 7.21):B757-300 是 B757-200 的加长型,机身比 200 型加长 7.1m,载客量增加 20%,货运空间增加 50%,其运力介于 B757-200、B767-300 之间。为了适应增加的重量,对机翼、起落架和机身都进行了加强,同时,该型飞机安装了增强型近地警告系统(EGPWS)等先进的新型电子设备。

B757-300 是目前单走道双发客机中最长的,机身长达 54.5m。为此还加装了可收放的尾撬,机组可通过机身触地显示器知道机尾是否触地。首架 B757-300 已于 1999 年 3 月交付给德国康多尔航空公司。

图 7.19 远东航空 B757-200

图 7.20 美国联合包裹公司(UPS)B757-200F

图 7.21 德国 Condor 航空公司 B757-300

2) B757-200 基本数据

常见的 B757-200 的基本数据如表 7.4 所列。

表 7.4 常见的 B757－200 的基本数据

翼展:38.05m 机长:47.32m 全经济布局载客:239 人 货舱容积:43m^3 典型两级座舱布局:192 人 最大商载:25t 最大起飞总重:115t 最大燃油量:42680L 最大载重航程:3560km 最大油量航程:6320km	动力装置:两台涡扇发动机 可选发动机型号: 罗尔斯·罗伊斯公司 RB211 系列 RB211－535E4(最大推力:40200lb) RB211－535E4B(最大推力:43500lb) 普惠公司 2000 系列 PW2037(最大推力:36600lb) PW2040(最大推力:40100lb)

4. B767 系列

B767 飞机(见图 7.22)是波音公司生产的双发动机半宽体中远程运输机,主要是用来争夺 20 世纪 80 年代 B707、DC8、B727 等 200 座机中远程客机由于退役而形成的市场。1972 年提出计划,1978 年 7 月开始全面研制,1981 年 9 月 26 日第一架 B767 飞机首飞,1982 年 7 月获型号合格证,同年 8 月投入航线运营。

图 7.22 B767 家族

B767 飞机采用了全新的机体,机身宽 5.03m,这个宽度及适合采用舒适的双过道客舱布局,用能适应当时已有的标准集装箱和货盘。同时是首次采用两人驾驶制的宽体飞机。

B767 飞机设计上力求保持与 B757 飞机有更多的共同性,飞机研制采用了国际合作方式,波音公司主要承担飞机最后总装,日本三菱、川崎和富士重工及意大利阿莱尼亚公司也参与了研制并各承担研制费和制作工作量的 15%。

1) 主要型号

(1) B767－200 型(见图 7.23):基本型,最初生产的型号,1981 年 9 月首飞,1982 年 8 月交由美国联合航空投入运营。

(2) B767－200ER 型(见图 7.24):200 型的加大航程型,在 B767－200 型的基础上增加了载油量和最大起飞重量,1984 年 5 月 30 日首飞。

(3) B767－300 型(见图 7.25):200 型的加长型,日本航空公司是启动用户,于 1983 年 9 月开始研制生产。这种机型比 B767－200 加长了 6.43m,载客能力增加了 20%,货舱容积也增加了 31%。加强了机身中段和起落架,1986 年 1 月 30 日首飞,1986 年 9 月开始交付使用。

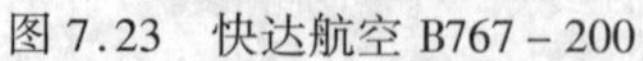
图 7.23　快达航空 B767 – 200

图 7.24　中国国际航空 B767 – 200ER

图 7.25　马丁航空 B767 – 300

(4) B767 – 300ER 型(见图 7.26):300 型的加大航程型,美利坚航空订购 15 架成为该型号启动用户,在 200 型基础上增加了中央翼油箱,提高了最大起飞重量,增加了航程,1988 年开始投入使用。

(5) B767 – 300F 型(见图 7.27):货机型,1993 年美国联合包裹公司(UPS)订购 60 架启动了该型号的研制生产,该型号主舱货柜容量为 336.5m^3,底层货舱为 117.5m^3。在满载 50t 货物的时候可飞行 6000km。1995 年 6 月首飞,同年 10 月交付美国联合包裹公司投入运营。

(6) B767 – 400(ER)型(见图 7.28):在 300 型基础上机身加长 6.4m,气动方面做了改进,增大了翼展和最大起飞重量,并采用了全新的主起落架。首架于 1999 年 8 月 26 日出厂,2000 年 5 月投入使用。

图 7.26　全日空 B767 – 300ER

图 7.27　B767 – 300F

图 7.28　达美航空 B767 – 400

2) 基本数据

常见的 B767 – 300 的基本数据如表 7.5 所列。

表 7.5　常见的 B767 – 300 的数据

翼展:47.57m	动力装置:两台涡扇发动机
机长:54.94m	可选发动机型号:
标准经济布局载客量:269 人	普惠公司 4000 系列
货舱容积:107 m^3	PW4000(最大推力:63300lb)
最大燃油容量:90916L	罗尔斯·罗伊斯公司 RB211 系列
最大商载:25t	RB211 – 514G/H(最大推力:60600lb)
最大起飞总重:187t	通用电气公司 CF6 – 80 系列
最大载重航程:5150km	CF6 – 80C2(最大推力:62100lb)
最大油量航程:11393km	

5. B777 系列

B777(见图 7.29)是美国波音公司研制的双发宽体客机。1990 年 10 月 29 日正式启动,1994 年 6 月 12 日第 1 架 B777 首次试飞,1995 年 4 月 19 日获得欧洲联合适航证和美国联邦航空局型号合格证,1995 年 5 月 30 日获准 180min 双发延程飞行,1995 年 5 月 17 日首架交付用户美国联合航空。波音公司与日本三菱、川崎和富士重工业株式会社签订了风险分担伙伴协议,日方承担 B777 结构工作的 20%。

图 7.29　B777 - 200

B777 的大小和航程介于 B767 - 300 和 B747 - 400 之间,具有座舱布局灵活、航程范围大和不同型号能满足不断变化的市场需求的特点。在设计初期,波音公司和一些航空公司进行了广泛深入的讨论以确定和开发新飞机的结构布局、这些航空公司包括:美国联合航空公司、全日空航空公司、英国航空公司、日本航空公司和香港国泰航空公司,它们在航线结构客流量和服务频率方面全方位地代表了各航空公司现有的营运水平。这些航空公司的参与保证了产品最大限度地满足全世界航空公司的需要。

B777 停在跑道上,其最明显的识别标志之一就是它的三轴六轮主起落架系统和两个前轮,这种结构既有效地分散了路面载荷又使飞机有不超过 3 个起落架支柱。

B777 驾驶舱采用了最新技术的平面液晶显示系统、数字驾驶舱技术,保留了驾驶盘而没有采用侧向操纵杆。B777 的数字驾驶舱技术已经在 B757、B767 和 B747 - 400 飞机上得以验证、许多过去由驾驶员手动的操纵现在都可自动完成,减少了驾驶员的工作负荷。灵活的电传操纵系统具有驾驶员友好界面,既降低重量,又比传统的机械操纵减少了维护了工作量。另外,驾驶舱无论从外部还是从内部来看,飞控系统都是标准的,不同点在于飞行控制都是电子操纵的,这在波音商用飞机上还是首次。

B777 完成了航空史上最复杂的飞行试验项目,一共有 10 架 B777 参加了其中的飞行试验。

1) 主要型号

(1) B777 - 200 型(见图 7.30):基本型。

(2) B777－200ER(IGW)型(见图7.31):200型的加大航程型,通过改变内部结构增加了起飞总重和载油量,使其最大燃油航程可达14000km。

图7.30　国泰航空 B777－200

图7.31　中国南方航空 B777－200ER

(3) B777－300型(见图7.32):200型的加长型,是世界上最长的双发喷气客机,比200型加长10m,比B747－400型还长3.2m。与200IGW型具有同等载油量,航程可以达到11000km。B777－300的载客量与B747－100/200相同,耗油量减少1/3,维护费用

图7.32　阿联酋航空 B777－300

降低40%。这可以满足要更换B747早期型号的客户的需求。

B777－300还是第一架把摄像机作为标准设备的飞机。300型在商用飞机中有最大的轮距,摄像机可以让飞机的驾驶员看到机轮滑行情况,以提高机动性。

1997年10月16日,B777－300从佩恩机场起飞,经过4个小时的成功飞行降落在西雅图的波音公司机场,这是B777－300的第一次飞行。飞机装罗尔斯·罗伊斯公司的遄达892发动机,可供用户选用的发动机还有普惠公司的PW4090和PW4098。1998年5月4日波音同时得到了B777－300的FAA、JAA适航证和180min的双发延程飞行许可证,在同一天得到这三个许可证也是商用客机取证史上的第一次。

购买300型的客户包括香港国泰航空公司、全日空公司、日本航空公司、大韩航空公司、马来西亚航空公司、新加坡航空公司和泰国国际航空公司。300型的典型航线包括:东京—新加坡、檀香山—汉城和旧金山—东京。

2) 基本数据

B777－200的基本数据如表7.6所列。

表 7.6 B777－200 的基本数据

翼展:60.93m 机长:63.73m 标准三级座舱布局载客:320 人 两级布局载客:440 人 货舱容积:160L 最大商载:54t 最大油箱容量:117340L 最大起飞总重:230t 最大航程:9525km	动力装置:两台涡扇发动机 可选发动机型号: 普惠公司 4000 系列 PW4077(最大推力:77200lb) 或通用电气公司 GE90 系列 GE90－77B(最大推力:77000lb) 或罗尔斯·罗伊斯公司遄达 800 系列 遄达 877(最大推力:76000lb)

6. B787(见图 7.33)

图 7.33 B787 系列

B787 梦想飞机(Dreamliner)是波音民用飞机集团正在研制生产中的中型双发(动机)宽体中远程运输机,是波音公司 1990 年启动 B777 计划后 14 年来推出的首款全新机型。B787 系列属于 200 座～300 座级飞机,航程随具体型号不同可覆盖 6500km～16000km。波音强调 B787 的特点是大量采用复合材料,低燃料消耗、高巡航速度、高效益及舒适的客舱环境,可实现更多的点对点不经停直飞航线。2004 年 4 月,随着全日空确认订购 50 架 B787 飞机,该项目正式启动。B787 于 2006 年开始生产,在 2007 年进行首飞和测试,并预计在 2008 年获得认证、交货并开始投入运营。

波音公司在研制 B787 上使用了"声速巡航者"所提出的技术以及机体设计,并决定在 B7E7 的主体结构(包括机翼和机身)上大量采用先进的复合材料。这将使 B7E7 成为有史以来第一款在主体结构上采用先进复合材料的民用飞机。重量比例将达到空前的50%,此前这个比例只有20%。发动机方面,波音787可选装通用电气GE GENX系列或罗尔斯·罗伊斯公司遄达1000系列。此外,B787在民用飞机上还首次为该型飞机配备的两种发动机提供标准的发动机接口界面,从而使B787飞机能够随时配备任一制造商的发动机,不存在不兼容的问题。

由于采用了大量复合材料降低了飞机重量、同时新型的发动机和创新的流线型机翼设计,这些将使B787比目前同类飞机节省20%的燃油消耗,此外B787除了让中型飞机尺寸与大型飞机航程的实现结合,也将以0.85倍声速飞行,这与当代速度最快的民用飞机B747速度是相同的,这也使其点对点远程不经停直飞能力得以更好的体现。

在乘坐舒适性方面B787将增大客舱湿度,还将降低其客舱气压高度,这样客舱环境更湿润,乘客会感到更舒适。机上娱乐、互联网接入将更为完善,机身截面形状采用双圆弧形,顶部空间也进行了优化设计,可为乘客提供更宽敞的空间。

1）主要型号

B787梦想飞机目前有三种型号在研制生产中,以下数据资料为计划和理论设计参数,仅供参考。

(1) B787-8:波音787的基本型号,采用标准三级客舱布局,可载客217人,航程高达15700km,预计2007年完成首飞,2008年投入使用。

(2) B787-3:主要针对高密度短程航线设计,机翼重新进行优化以利于短航程飞行,采用两级客舱布局可载客289人,航程6500km,预计2007年完成首飞,2008年投入使用。

(3) B787-9:B787-8的加长型,机身加长了6m,采用标准三级客舱布局,可载客257人,由于B787-3、B787-8生产计划已排满的原因,目前尚没有确认的B787-9订单,因此B787-9将推迟研制生产,预计2009年完成首飞,2010年投入使用。

2）基本数据

B787系列的基本数据如表7.7所列。

表7.7 B787系列的基本数据

项目	B787-3	B787-8	B787-9
翼展/m	50.3~51.8	58.8	58.8
机长/m	55.5	55.5	61.6
机高/m	16.5		
巡航/Ma数	0.85		
标准客舱布局载客/人	289	217	257
最大起飞总重/t	163	218	226.8
航程/km	6500	15700	15400
动力装置与发动机型号	两台涡扇发动机 可选装罗尔斯·罗伊斯公司遄达1000系列或通用电气公司GE GENX系列		

7.2 计算飞机的最大业务载重量的几个数据

无论任何一种交通工具,由于自身结构强度、客货舱容积、运行条件及运行环境等原因,都必须有最大装载量的限制。飞机是在空中飞行的运输工具,受到本身结构强度、动力装置功率以及运行条件等因素的限制,即每架飞机都有额定的最大装载重量。人们要求具有更加高的可靠性和安全性以及更加好的平衡状态,而装载量和装载位置是直接影响飞行安全和飞机平衡的重要因素。为了确保飞机起飞、着陆和飞行的安全,就要对装载重量严格控制,决不允许超载。

飞机所允许装载量的具体数字是只能在一定条件下所适用的数据,它受到飞机的最大起飞重量,最大落地重量、最大无油重量的限制以及飞机的基本重量、起飞油量、航段耗油量、飞机的最大业载限额(由飞机的设计制造者规定)等因素的制约。所以在飞机的每次飞行前,都要严格地根据当时当地的具体条件来计算这次飞行的最大可用业务载重量,简称最大可用业载,以此作为此次飞行所允许的旅客、行李、货物、邮件全部装载重量的最大限额,以保证飞行安全并充分发挥飞机的载运能力。

计算飞机的最大业载应该迅速、准确,因此,工作人员应清楚地了解计算最大业载所涉及的几个重要数据的意义,熟练掌握最大业务载重量的计算方法。

7.2.1 飞机的最大起飞重量

1. 飞机最大起飞重量

飞机的最大起飞重量也称为飞机的最大起飞全重,简称起飞全重(MTOW:Maximum of Take-off Weight),是指该型飞机根据结构强度、发动机功率、刹车效能限制等因素而确定的飞机在起飞线加大马力起飞滑跑时全部重量的最大限额。

2. 影响飞机的最大起飞重量的因素

1) 大气温度和机场标高

大气温度越高,空气中氧分子活动越频繁,因此单位体积的空气中氧分子的数量越少,燃油燃烧就越不充分,使发动机的推力降低,导致飞机的升力降低。为了保证飞机在起飞过程中一旦发生发动机停车时,仍有最低限额的爬升能力以保证飞机能安全返场着陆,要求飞机的起飞重量不能过大。

机场标高表示机场所处位置的地势高低情况,而地势的高低决定了机场地面的气压情况。因此标高值越大,说明机场地面气压越低,空气中氧分子的密度就越小。同理,导致飞机的最大起飞重量不能过大。

2) 风向和风速

由于飞机与空气的相对速度越大,产生于飞机机翼上的升力越大,因此飞机起飞时应顶风起飞,以加大飞机与空气之间的相对速度,进而增大飞机升力,减小需要的起飞速度和起飞滑跑距离,也可增大起飞重量。

在一定范围内,沿飞机的正顶风向的风速越大,飞机与空气的相对速度越大;与前同理,可增大起飞重量。

3）起飞跑道的情况

跑道长度越长，起飞重量可以越大，因为可供起飞滑跑的距离越大。例如当跑道长度达到3200m时，可以起飞B747－400飞机，其最大起飞重量为385.6t；当跑道长度只有1700m时，可以起飞B737－300飞机，其最大起飞重量为56.5t。

跑道具有一定坡度时，应沿下坡方向起飞，便于飞机加速，可以减少起飞滑跑距离。因此在一定范围内，坡度越大，起飞重量可以越大。

起飞跑道的硬度越大，跑道能够承受的载荷越大，起飞重量可以越大。一般来说，对于水泥跑道，可以起飞上百吨的飞机；碎石跑道，可以起飞几十吨的飞机；土质跑道，只能起飞几吨的飞机。

跑道道面越粗糙或者道面越湿，摩擦力越大，对飞机的阻力越大，飞机滑跑时不易加速，必将延长滑跑距离，因此要求起飞重量越小。

一般来说，飞机的起飞重量大，需要的升力越大，飞机需要的起飞速度就大，起飞滑跑的距离就要长。如果跑道的长度不能满足要求时，飞机或者不能起飞或者可以减重起飞。根据跑道长度计算飞机的许可起飞重量时，要保证飞机在起飞时如果发生一台发动机停车，要继续起飞时能够安全起飞并返场着陆；如果要中断起飞，则能在安全道内停住。

4）机场的净空条件

机场的净空条件是指机场周围影响飞行安全、正常起降飞行的环境条件，例如高建筑物、高山、鸟及其他动物的活动等情况。

在飞机的起飞过程中，有时可能出现一台发动机停车的情况，此时飞机需要继续爬升到一定高度再返场着陆。对于双发飞机来说，当只剩下一台发动机工作时，仍应具有一定的爬高能力，能够安全超越机场周围的障碍物。当机场的净空条件好时，不需要求飞机具有很高的单发爬高能力，因此飞机的起飞重量可以大些。如果机场的净空条件不好，若以最大起飞重量起飞不能安全超越障碍物时，则必须减重起飞。

5）航路上单发超越障碍的能力

飞机在巡航飞行过程中出现一台发动机熄火时，要求飞机靠另外一台发动机能够超越航路中的障碍物。飞机起飞时的重量越大，飞机单发爬高越困难，因此为了能单发超越航路中所有障碍，起飞重量不能过大，必要时需要在起飞时减重起飞。

6）是否使用喷水设备

当使用喷水设备时，往发动机气缸中喷水以冷却降温，使发动机能持续按额定功率工作，因此飞机的起飞重量可以大些。

7）受襟翼放下角度的影响

一定范围内，襟翼放下的角度越大，产生的升力越大，因此飞机的起飞重量可以越大。

8）噪声的限制规定

为了减轻对机场周围居民生活的干扰，很多大型机场对于机场内飞机起降的噪声做出严格的规定，并采取了相应的措施，如对于噪声较大的飞机多收机场使用费用，并限制起降时间等。当飞机的起飞重量大时，需要的起飞速度就越大，产生的噪声就大。当产生的噪声超过限制规定时，飞机就不能以该起飞重量起飞。

3. 飞机最大起飞重量的使用规定

（1）飞机的最大起飞重量是在设计、生产飞机时由生产厂家确定的，是在一定的气候等条件下才能使用的限额值。在具体使用时,如果实际的生产情况与规定的条件有差别时,需要根据当时的实际情况,按照一定的方法对规定的最大起飞重量进行修正。飞机在出厂时,厂家都要提供一些关于飞机性能等方面的资料,其中包括关于修正最大起飞重量的图表资料和方法、规定。

(2) 飞机的最大滑行重量是指飞机在滑行时全部重量的最大限额。最大滑行重量大于最大起飞重量,两者得到的差额就是可以多加的滑行用油重量。滑行用油重量必须在飞机起飞前用完。在任何情况下,飞机都不能超过其最大起飞重量起飞,这是保证飞行安全的必备条件。

(3) 飞机的最大起飞重量只能在符合于使用这个重量的条件下使用。在实际操作中,飞机的最大起飞重量会受到诸多因素的影响,如气象条件和机场标高,跑道长度和承受力,机场净空条件等。因此,应视情况适用平衡图标上的最大起飞重量数据,必要时加以修正。

7.2.2 飞机的最大着陆重量

1. 飞机的最大着陆重量

飞机的最大着陆重量,也称为飞机的最大落地全重,简称落地全重(MLDW:Maximum of Landing Weight,),是根据飞机的起落设备和机体结构所能承受的冲击载荷而规定的飞机在着陆时全部重量的最大限额。

飞机在跑道上着陆时,起落架与跑道之间不可避免地要产生一定的冲击力,飞机着陆时重量越大,该冲击力越大。当冲击力超过机体结构强度和起落架所能承受的冲击载荷时,可导致飞机机体结构或起落架的损坏,造成严重事故。因此,飞机着陆时重量不能过大。

而且飞机在跑道上着陆时,有时由于某种原因需要重新爬高到一定高度后再行降落。即使发生一台发动机停车,也要能达到需要的爬高能力。因此,飞机着陆时的重量也不能过大。

2. 影响飞机最大着陆重量的重要因素

飞机的最大着陆重量和最大起飞重量一样,也受到跑道长度和承受力、机场标高和净空条件等因素的影响,因此在特殊情况下应做相应修正,灵活掌握。通常情况下,应尽可能避免飞机超过落地全重着陆。如在特殊情况下发生超重着陆,该飞机必须经过机务部门检查合格和航行签派室批准后才能继续使用。

1) 大气温度与机场标高

飞机在着陆时,仍需足够的升力,以减少与跑道之间的冲击力。与前同理,当大气温度较高时或机场标高较大,飞机的着陆重量要降低。

2) 风向和风速

飞机着陆时应顶风着陆,既可增大空气的阻力,缩短滑跑距离,也可增大飞机的升力,减小飞机着陆时起落架与跑道之间的冲击力,使着陆平稳。

3) 跑道的情况

飞机着陆时的重量越大,具有的惯性越大,需要滑跑的距离越长,要求所用跑道的长度越大。对于一定坡度的跑道,飞机着陆时应沿上坡方向滑行,以使飞机减速更快,缩短滑跑距离。跑道的硬度越大,能够承受的冲击载荷越大,着陆时可越重。

4) 机场净空条件

机场的净空条件好,飞机可以在更长的时间和更大的空间内降低高度和速度,有利于飞机的平稳着陆,减小飞机与跑道之间的冲击力。

7.2.3 飞机的最大无油重量

飞机的最大无油重量,也称为飞机的最大无油全重简称无油全重(MZFW:Maximum of Zero Fuel Weight),是指除燃油之外所允许的最大飞行重量限额。

无燃油重量是由飞机的基本重量和业务载重量所组成的。飞机的基本重量通常是固定不变的,确定了最大无燃油的重量也就对业务载重量起到了限制作用,使它不得超过最大无燃油重量与基本重量之差。

由于飞机飞行所需的燃油主要是装在两翼内,燃油的重量抵消了一部分由机翼产生的升力,在燃油逐渐减少乃至耗尽的情况下,作用于机翼的升力相应增大,也即增加了机翼向上的弯曲扭力。为了在无油的状态下,机翼不受损坏,许多机型都有最大无油重量的限额。因此,在实际操作中,除燃油以外的全部实际重量不得超过该机的最大无油重量。

7.2.4 飞机的基本重量

飞机的基本重量,简称基重(BW:Base Weight),是指除了业务载重量和燃油外,已完全做好飞行准备的飞机重量,由以下几项组成。

(1) 空机重量:指飞机本身的结构重量、动力装置和固定设备(如座椅、厨房设备等)的重量、油箱内不能利用或不能放出的燃油滑油重量、散热器降温系统中的液体重量、应急设备重量等之和。飞机的空机重量由飞机制造厂提供,记录在飞机的履历册内。空机重量所包含的内容,各机型可能不一致,使用和计算应按各机型的重量项目规定执行。

(2) 附加设备重量:包括服务用品及机务维修设备等。

(3) 空勤组及其随带用具、物品的重量:每种机型的空勤组人数是确定的,称为标准机组或额定机组。机组的组成一般用“驾驶员人数/乘务员人数”的格式表示。如有随机机组,但不承担本次航班任务,则再加“/随机机组人数”。

(4) 服务设备及供应品的重量:每种机型的供应品重量是确定的,称为额定供应品重量。

(5) 其他按规定应计算在基本重量之内的重量:如飞机的备件等。

飞机的基本重量一般是相对固定的。但是,由于每次实际飞行任务的需求不一样,基本重量会因机组人员的增减、供应品的增减等而发生变化。因此,不论哪种机型执行飞行任务,在计算业务载重时都应使用当时该架飞机的基本重量。

在飞机固定基本重量基础上增减设备和服务用品、机组人员、随机器材等重量后所得的基重称为修正后基重。一般每增减 1 名机组人员,按 80kg 计算,其他项目重量按实际重量的增减量计算。修正后的基本重量反映了执行航班任务的飞机的实际情况,因此在计算最大业务载重量时应采取修正后的基本重量。

7.2.5 飞机的燃油重量

飞机的燃油重量也称起飞油量,是指飞机执行任务所携带的航行消耗油量和备用油量的合计数,不包括地面开车和滑行的油量。

1. 航行消耗油量

航行消耗油量通常叫做航段耗油量(TFW: Trip Fuel Weight),是指飞机由起飞站到达降落站这个航段所需消耗的油量。航段耗油量是根据航段的距离、该型飞机平均时速和每小时平均耗油量而确定的。

2. 备用油量

备用油量(RFW: Repare Fuel Weight)是按照飞机到达降落机场不能着陆而需飞抵备降机场上空时,还要有不少于45min油量的原则确定的。因此起飞油量 = 航段耗油量 + 备用油量;航段耗油量 = 飞机平均小时耗油量 × 航程距离/平均时速;备用油量 = (平均小时耗油量 × 降落站至备降站的距离/平均时速) + (平均小时耗油量 × 45/60)。

[例7.2.1] 机号B-2809,B757-200机型飞机FM9103航班执行上海虹桥机场至北京的飞行任务,起飞时间为11:00,到达时间北京首都国际机场时间为12:50。飞行时间为1h50min。备降机场选在天津,北京至天津的飞行时间为30min。该飞机平均每小时耗油2140kg。计算起飞油量。

解:航段耗油量 = (1 + 50/60) × 2140 = 3923(kg)

备用油量 = (30/60 + 45/60) × 2140 = 2675(kg)

起飞油量 = 3923 + 2675 = 6598(kg)

3. 最少油量和最大着陆油量

由于机翼结构强度的限制,有些机型有最少油量的规定,就是飞机按起飞时所加的油量不得少于一定的重量,如果所加燃油少于规定的最少油量时,则应从飞机的最大起飞重量中减去相应的燃油重量差,余数作为允许的最大起飞重量。

根据机翼和机身结合部的结构强度,某些机型有最大着陆油量的规定,即所谓备用油量不得超过一定的限额。

7.3 计算最大业务载重量的方法

飞机的最大业务载重量限额是根据该机型飞机的各种性能所规定的最大可以装载重量,包括旅客、货物、行李和邮件重量的限制数值。值机人员在对飞机进行配载时,所计算的最大可用业载,在一般情况下,不会超过该机型的最大可用业务载重限额。如果最大可用业载超过了业载限额规定,则最大可用业载应按限额的数值执行。

计算最大业务载重量具有重要的意义。

(1) 确保飞行安全,避免超载飞行。

(2) 充分利用飞机的装载能力,尽力避免空载。

计算出飞机的最大业务载重量和实际业务载重量后,就可以知道航班的剩余业载有多少,此时如果还有旅客要求乘坐本次航班旅行或者还有可由本航班运出的货物的话,则可适量地接收旅客和货物,最大限度地减少航班的空载,提高飞机的客座利用率和载运率,进而提高运输经济效益。

飞机型号不同、或在不同的航线上飞行时,其最大可用业载都会不同,因为飞机的最大可用业载与飞机的三大全重数据、基重和起飞油量等有着密切的关系。

1. 根据飞机的最大起飞重量计算

飞机的最大起飞重量是最大业务载重量的一个重要限制条件,主要是根据飞机的起飞能力和安全飞行的要求来决定的。飞机的起飞重量由基本重量、油量和业务载重量组成。飞机的最大起飞重量就包括了基本重量、油量和最大业务载重量。因此:

最大业务载重量 = 最大起飞重量 - 基本重量 - 燃油重量

这是根据飞机的最大起飞重量数据计算的最大业务载重量,记为最大业载 1。

2. 根据飞机的最大着陆重量计算

飞机的最大着陆重量也是最大业务载重量的一个重要限制条件,主要是根据飞机的着陆能力和安全着陆的要求来决定的。飞机在着陆时的全部重量由飞机的基本重量、备用油量和业务载重量三者构成。因此,飞机的最大着陆重量就包括了基本重量、备用油量和最大业务载重量。因此:

最大业务载重量 = 最大着陆重量 - 基本重量 - 备用重量

这是根据飞机的最大着陆重量数据计算的最大业务载重量,记为最大业载 2。

3. 根据飞机的最大无油重量计算

飞机的最大无油重量也是最大业务载重量的重要限制条件,主要是根据飞机机翼与机身的结合关节的强度而提出的对于业务载重量的限制。飞机在无油状态下的全部重量则由飞机的基本重量和业务载重量组成。飞机的最大无油重量就包括了基本重量和最大业务载重量。因此:

最大业务载重量 = 最大无油重量 - 基本重量

这是根据飞机的最大无油重量数据计算的最大业务载重量,记为最大业载 3。

所有机型都规定,由最大起飞重量、最大着陆重量和最大无油重量这三种重量数据计算飞机最大业载,因此,在计算业载时,应根据该机型所受到的全重限制,按照上述三种公式计算最大业务载重量。由于三个全重是不同的方面对重量进行限制,所以计算出的最大可用业载也不相同,应取其中最小数值作为本次飞行的最大可用业务载重量。只有这样才能保证飞机在起飞、降落和无油时不超过该机的限制重量,以确保飞行安全。

实际计算可根据已知数据及它们之间的关系,确定选定公式,不必依次计算。

4. 最大业务载重量限额

最大业务载重量限额是飞机制造厂根据该型飞机的结构强度和各种性能要求所规定的最大业载装载量限额。在对飞机进行装载时,实际装载量不应超过飞机的最大业务载重量限额。也即由上述三种方法计算出来的最大可用业载不能超过最大业载限额。

几种波音飞机机型的最大业载限额如表 7.8 所列。因此最大可用业务载重量 = min(最大业载 1,最大业载 2,最大业载 3,最大业载限额)。

表 7.8 几种波音飞机的最大业载限额

机型	最大业载限额	机型	最大业载限额
B737 - 200	15780	B747 - 400	75283
B737 - 300	16730	B757	24000
B747SP	46400	B767	31570
B747 - 200COM	78000	MD80	18000
B747 - 200	70000		

5. 实际业务载重量——实际业载

实际业务载重量是指飞机上实际装载的旅客、行李、邮件和货物的重量之和,简称实际业载。

计算实际业务载重量时，行李、邮件、货物的重量按照实际重量计算，旅客的重量则不易很准确地计算。最初是对每个旅客进行称重，得出所有旅客的总重量，但随着乘机旅客人数的增多，这种做法既费时又费力，也体现了对旅客的不尊重，因此改为一定的标准折合。折合的原则是折合成的旅客总重量不低于又尽量接近于实际旅客体重的总和，使飞机不超载飞行，又尽量减少空载。中国民航最早规定国内航班每位按成人72kg、儿童36kg、婴儿8kg计算；国际分别按成人75kg、儿童40kg、婴儿10kg计算。但目前由于各地的情况不同，采用的折合标准不尽相同。在具体工作中应按当地的规定执行。

在实际工作中,平衡室工作人员应首先根据三大全重数据计算飞机的最大可用业载,再根据旅客座位预留数视具体情况预留行李吨位数,然后得出可配货物和邮件吨位数,供货运部门配货。飞机的实际业载重量不得大于飞机的最大可用业载重量。

[例] 某航班的实际业载为:旅客105人,其中成人96,儿童7,婴儿2;行李1200kg,邮件300kg,货物1600kg。计算本次航班的实际业载。

解:按照国内规定,一名成人旅客按72kg计算,一名儿童按36kg计算,一名婴儿按8kg计算。则此航班上旅客的重量为:

$96 \times 72 + 7 \times 36 + 2 \times 8 = 7180$(kg)

行李的重量:1200kg

邮件:300kg

货物:1600kg

因此,此航班的实际业载为四者之和,即10280kg。

6. 最大业载计算练习

[练习7.3.1] MD90－30机型飞机,机号B－2250执行CZ6520航班任务,自福州经青岛至沈阳,该机基本重量为37800kg,至青岛的燃油量为11600kg,航段耗油量为8600kg。该机的起飞重量、落地重量和无油重量依次分别为:63230kg、58967kg、55338kg。最大业载限额为13830kg。根据上述数据计算最大可用业载。

解:备用油量 $= 11600 - 8600 = 3000$(kg)

最大业载1 $= 63230 - 37800 - 11600 = 13830$(kg)

最大业载2 $= 58967 - 37800 - 3000 = 18167$(kg)

最大业载3 $= 55338 - 37800 = 17538$(kg)

最大业载限额 $= 15780$

取 $\min = 13830$(kg)

检验过程:

以13830kg为最大业载,则

实际起飞重量 $= 13830 + 37800 + 11600 = 63230$(kg)

实际着陆重量 $= 13830 + 37800 + 3000 = 54630 < 58967$(kg)

实际无油重量 $= 13830 + 37800 = 51630 < 55338$(kg)

以 18167kg 为最大业载,则

实际起飞重量 = 18167 + 37800 + 11600 = 67567 > 63230,矛盾

以 17538kg 为最大业载,则

实际起飞重量 = 37800 + 17538 + 11600 = 66938 > 63230kg,矛盾

[练习 7.3.2] B - 2997 飞机(B737 - 700)执行航班任务,基本重量为 39391kg,增加一名机组人员(按 80kg 计算)。起飞油量 12000kg,航段耗油量 8000kg,飞机的最大起飞重量为 64863kg,最大着陆重量 58059kg,最大无油重量 54657kg。计算本次航班的最大业务载重量。

解:修正后的基重 = 39391 + 80 = 39471(kg)

备用油量 = 12000 - 8000 = 4000(kg)

最大业载 1 = 64863 - 12000 - 39391 = 13472(kg)

最大业载 2 = 58059 - 4000 - 39391 = 14668(kg)

最大业载 3 = 54657 - 39391 = 15266(kg)

取 min = 13472(kg)

7.4 多航段航班各航段可用业务载重量的分配

对无经停站的航班来说,飞机可以全程利用的业载即为飞机在始发站的最大可用业载。然后,对于有经停站的航班来说,情况则比较特殊。这一节将着重讲述有经停站的航班各站可用业载的计算。

经停站的出现,使得同一架飞机先后在航距可能相差很大的两个或多个航段上飞行,最终完成全航程飞行。由于航段距离不同,航段耗油量就不同;由于航班上各站距其备降机场的距离不尽相同,备用油量也会不同。因此,飞机在同一航班各站的起飞油量就不同。仅此一点,就明显说明同一架飞机在航班各站的最大可用业载完全可能不同。

无论航班经停站是否有配额,各站都应最大程度地利用自本站至前方各站的吨位,尽量做到充分利用运程吨位,以体现最好的经济效益。这就要求有关人员全面了解航班各站情况,根据飞机在航班各站的最大可用业载以及各经停站的配额等来确定本站至各前方站的吨位利用情况。

7.4.1 各航段业载分配的原则

1. 最大通程业载

最大通程业载是指由航班的始发站可以一直利用到终点站的载运量。

1) 不考虑经停站配额

对于不考虑经停站配额的航班来说,通程业载依赖于飞机在航班始发站及各经停站的最大可用业载。由其定义可知,各站最大可用业载中的最小值即为通程业载。

[例 7.4.1] 由上海经深圳至三亚的 CJ6752 航班,机型为 MD - 82,其起飞全重、落地全重、无油全重分别为 67813kg、58968kg、55338kg,基本重量为 37177kg,飞机自上海至深圳的起飞油量为 11200kg,其中航段耗油为 9000kg;自深圳至三亚的起飞油量为 9500kg,其中航段耗油为 4000kg。计算通程业载。

解：

第一步：飞机在上海的最大可用业载	第二步：飞机在深圳的最大可用业载
最大业载 1 = 67813 - 37177 - 11200 = 19436(kg)	最大业载 1 = 67813 - 37177 - 9500 = 21136(kg)
最大业载 2 = 58968 - 37177 - (11200 - 9000) = 19591(kg)	最大业载 2 = 58968 - 37177 - (9500 - 4000) = 16291(kg)
最大业载 3 = 55338 - 37177 = 18161(kg)	最大业载 3 = 55338 - 37177 = 18161(kg)
min = 18161kg	min = 16291kg
通程业载为 min(18161,16291) = 16291(kg)	

[例 7.4.2] 由福州经青岛至沈阳的 CJ6518 航班，机型为 MD - 82，其起飞全重、落地全重、无油全重分别为 63230kg、58967kg、55338kg，基重 37800kg，飞机自福州至青岛航段的起飞油量为 11600kg，航段耗油 8600kg，自青岛至沈阳的起飞油量为 10000kg，航段耗油 3500kg。求通程业载。

解：

第一步：飞机在福州的最大可用业载	第二步：飞机在青岛的最大可用业载
最大业载 1 = 6323037800 - 11600 = 13830(kg)	最大业载 1 = 63230 - 37800 - 10000 = 15430(kg)
最大业载 2 = 58967 - 37800 - (11600 - 8600) = 18167(kg)	最大业载 2 = 58967 - 37800 - (10000 - 3500) = 14667(kg)
最大业载 3 = 55338 - 37800 = 17538(kg)	最大业载 3 = 55338 - 37800 = 17538(kg)
min = 13830(kg)	min = 14667(kg)
通程业载 = min(13830,14667) = 13830(kg)	

2) 经停站有配额

对于经停站有配额的航班来说，通程业载的计算不仅依赖于飞机在各站的最大可用业载，而且涉及到预留出各经停站中的固定配额。

固定配额指的是，经与始发站及其他中途站商定，某中途站在每次航班中固定航站装载一定数量的货物，销售一定数量的客票，称为固定配额。一般来说，固定配额都是由该中途站利用到航班的终点站。

[例 7.4.3] 用例 7.4.1 中有关数据，如果深圳有固定配额 4000kg，则通程业载又为多少？

解：深圳原最大可用业载为 16291kg，因为有固定配额 4000kg，所以深圳的可用业载变为 16291 - 4000 = 12291(kg)。

通程业载 = min(18161,12291) = 12291(kg)

[例 7.4.4] 用例 7.4.2 中有关数据，如果青岛配额为 5500kg，则通程业载又为多少？

解：青岛原最大可用业载为 14667kg，因为有固定配额 5500kg，所以青岛的可用业载变为了 14667 - 5500 = 9167(kg)。

通程业载 = min(13830,9167) = 9167(kg)

3）临时索让

一般来说，航班吨位都由航班始发站控制，航班经停站根据原有配额数进行配载。然而，在特殊情况下，有时会发生配额的索让。通常是航班经停站因临时性的需要而向航班始发站索取一定的吨位，但也不避免航班始发站向经停站索取配额。

因此，临时索让指的是在某次航班上，某中途站在其固定配额之外，要求多装载一部分业载和多销售一部分客票，需要向其他站临时索要一部分吨位和座位，称为临时索让。

如果发生配额索让，在计算通程业载时则应根据配额索让情况正确调整。按调整后的配额数进行计算。且在分配固定配额和发生临时索让时，每个座位按 100kg 计算。

［例 7.4.5］用例 7.4.3 中有关数据，如果深圳临时向始发站上海索取 2500kg，则深圳的配额变为 6500kg，即(4000 + 2500) = 6500(kg)，通程业载的计算如下：

上海最大可用业载 18161kg，深圳最大可用业载 16291kg，深圳配额 6500kg，则深圳调整后业载 16291 - 6500 = 9791(kg)。

$$通程业载 = \min(18161,9791) = 9791(kg)$$

一般来说，从经济效益考虑，不应鼓励经停站向始发站索取吨位，在货运充足的情况下，应尽可能利用远程吨位。

［例 7.4.6］用例 7.4.4 中有关数据，如果始发站福州吨位紧张，向青岛索取 500kg 配额，则通程业载的计算为：福州最大可用业载 13830kg，青岛的最大可用业载 14667kg，因为索取 500kg，调整后的配额为 5500 - 500 = 5000(kg)，则青岛的可用业载变为 14667 - 5000 = 9667(kg)。

$$通程业载 = \min(13830,9667) = 9667(kg)$$

2. 剩余业载的利用

所谓剩余业载是指航班的各站从最大可用业载中，减去本站配额和后方站需经过本站的配额，再减去最大通程业载后所的的余额。

对剩余业载的利用仍应体现充分利用远程吨位的原则。从某站出发，有包含航段少的吨位和包含航段多的吨位。相对来说，前者为近程吨位，后者为远程吨位。由于最大通程业载包含的航段最多，因此为远程吨位。

［例 7.4.7］用例 7.4.1 有关数据。计算各航站的剩余业载。

解：上海最大可用业载 18161kg，深圳最大可用业载 16291kg，通程业载 16291kg，因此，上海的剩余业载为 18161 - 16291 = 1870(kg)。

所以就理论上来说，如果通程业载已被充分利用，则上海站的剩余业载为 1870kg，且只能在上海至深圳段利用。

在实际工作中，通程业载往往不会被全部用完，那么，不仅上海站的剩余业载会相应增加，而且深圳航站还可视货舱容积等具体情况对剩余业载加以合理利用。

［例 7.4.8］用例 7.4.2 有关数据。计算各航站的剩余业载。

解：福州最大可用业载 13830kg，青岛最大可用业载 16291kg，通程业载 13830kg。则上海站的剩余业载为 13830 - 13830 = 0(kg)。而青岛站的剩余业载为 16291 - 13830 = 837(kg)。

所以当福州站充分利用通程业载后，青岛仍可利用 837 吨位至沈阳。

由于飞机货舱地板承受力、货舱容积以及飞机重心范围等因素的限制，几乎所有的飞机都不会在数量上完全按允许的最大可用业载配载运输。

3. 航段业载的分配原则

1) 保证前方各中途站的固定配额和临时索让不被占用

沿飞行方向确定前方站和后方站。飞机已经经过的航站为后方站，飞机还没有经过的地方为前方站。所有后方站在配载时要保证不占用前方中途站的固定配额和临时索让，否则会造成如下后果：

(1) 如果前方中途站仍然按照分配到的座位/吨位配载，将造成航班的座位/吨位超载。

(2) 前方中途站的业载中有一部分运不出去，造成该站业载积压，导致该站输运困难。

(3) 前方中途站卸下过站业载，装上由本站出发的业载，造成不正常运输情况的发生和对于卸下的过站业载的查询等。

2) 优先分配远程吨位

优先分配远程吨位，在配载时就可以尽量多的配运远程业载，最大限度地减少后续航段的空载。

7.4.2 各航段业载分配的方法

分配各航段可用业载的方法有划线法和比较法两种。

1. 划线法

1) 步骤

(1) 写出航班各站及其可用座位/吨位情况和固定配额及临时索让情况。

(2) 按照分配各航段业载原则：

① 预留出所有中途站的固定配额和临时索让的座位/吨位，以保证所有中途站的固定配额和临时索让不被占用。

② 分配最大通程业载。因为最大通程业载为最远程吨位，应优先分配。

③ 分配剩余业载。遵循的原则是：本站的剩余业载先由后方站使用；如仍有剩余业载，再由本站自己使用。

(3) 对分配结果进行归纳分析。

2) 中途站没有固定配额，也无临时索让

[例 7.4.9] 某航线情况如下，分配各航段业载(座位/吨位)。

A ———— B ———— C ———— D

48/4460　　48/4480　　48/4320

解：

A	B	C	D
48/4460	48/4480	48/4320	
48/4320	48/4320	48/4320	
0/140	0/160	0/0	
0/140	0/160		
0/0	0/20		
	0/20		
	0/0		

因此,各航段业载的分配结果如下:

A—B:0/0　　　　　　A—C:0/140

A—D:48/4320　　　　B—C:0/20

B—D:0/0　　　　　　C—D:0/0

分析:

从 A 站出发的已分配的座位/吨位为

0/0 + 0/140 + 48/4320 = 48/4460

从 B 站出发的已分配的座位/吨位为

0/140 + 48/4320 + 0/20 + 0/0 = 48/4480

从 C 站出发的已分配的座位/吨位为

48/4320 + 0/0 + 0/0 = 48/4320

由此可见,从各站出发时已经分配的座位/吨位恰好为该站的可用座位/吨位,因此,如果各航段实际配载正好与分配的结果相同时,每一航段都无空载损失,而且由于优先分配了远程吨位,因此即取得了最大的运输效益。

3) 中途站有固定配额,无临时索让

[例 7.4.10] 某航线情况如下。B 站和 C 站固定配额(座位/吨位)分别为 6/600 和 4/400。分配各航段业载。

```
            6/600        4/400
A ―――――――― B ―――――――― C ―――――――― D
48/4400    48/3500      48/4300
```

解:

```
                6/600        4/400
        A ―――――――― B ―――――――― C ―――――――― D
        48/4400     48/3500      48/4300
                    6/600        6/600
                    ―――――――――――――――――――――――
                    42/2900      42/3700
                                 4/400
                                 ――――――
                                 38/3300
        38/2900     38/2900      38/2900
        ――――――――――――――――――――――――――――――――
        10/1500     4/0          0/400
        4/0         4/0
        ――――――――――――――――――――――
        6/1500      0/0
        6/1500                   0/400
        ――――――――                 ――――――――
        0/0                      0/0
```

各航段业载分配:

A—B:6/1500　　　　A—C:4/0

A—D:38/2900　　　　B—D:6/600

C—D:4/400 + 0/400 = 4/800

分析:

从 A 站出发时已分配的座位/吨位为

6/1500 + 4/0 + 38/2900 = 48/4400

从 B 站出发时已分配的座位/吨位为

4/0 + 38/2900 + 6/600 = 48/3500

从 C 站出发时已分配的座位/吨位为

38/2900 + 6/600 + 4/800 = 48/4300

需要说明的是，以上各例的航段业载分配结果只是理想情况，实际配载情况恰好与分配结果相同，就取得了最大运输效益。但有时某些航段的分配结果实际上是不可行的，例如在例 7.4.10 中，A—C 段的分配结果为 4/0，即有 4 个座位可用但无吨位可用。因为吨位数包含了旅客的重量，因此这 4 个座位也不能由 A—C 段使用。另外，B—C 段的分配结果为 0/0，也并不是说在实际配载时这一航段就不能装载客货业载，如果该航段有业载而不装机，将造成后续航段更严重的空载。总之，航段业载分配的结果只是理想的目标，实际配载时只能以此作为参考，要做到实际配载结果和航段业载分配结果完全相同的可能性是很小的，有时甚至是不可能相同的。因为实际配载情况取决于各航段实际有客、货的情况，因此只能要求实际配载结果尽可能接近航段业载分配的结果，达到尽量大的运输效益。

4）中途站即有固定配额，又有临时索让

(1) 中途站向始发站索取吨位。

[例 7.4.11] 某航线情况如下。B 站和 C 站分别有固定配额 15/1500 和 10/1000，B 站和 C 站分别向始发站 A 站索取 4/400 和 2/200 至终点站。分配各航段业载。

解：

A—B	B—C	C—D
	+4/400	+2/200
	15/1500	10/1000
A	B	C —— D
87/7630	87/6280	87/7910
	19/1900	19/1900
	68/4380	68/6010
		12/1200
		56/4810
56/4380	56/4380	56/4380
31/3250	12/0	0/430
12/0	12/0	
19/3250	0/0	
19/3250		0/430
0/0		0/0

各航段业载分配如下：

A—B：19/3250　　　　A—C：12/0

A—D：56/4380　　　　B—D：19/1900

C—D:12/1200 + 0/430 = 12/1630

分析:

从 A 站出发时已分配的座位/吨位为

19/3250 + 12/0 + 56/4380 = 87/7630

从 B 站出发时已分配的座位/吨位为

12/0 + 56/4380 + 19/1900 = 87/6280

从 C 站出发时已分配的座位/吨位为

56/4380 + 19/1900 + 12/1630 = 87/7910

[例 7.4.12] 上例中,B 站向 A 站索取的 4/400 利用至 C,其他情况不变。分配各航段业载。

解:此时 B 站的固定配额和索取吨位应分别计算。

```
              +4/400      +2/200
             15/1500     10/1000
   A ———————— B ———————— C ———————— D
   87/7630    87/6280    87/7910
              4/400
              ———————————
              83/5880     87/7910
              15/1500     15/1500
              ———————————————————————
              68/4380     72/6410
                          12/1200
                          ————————————
                          60/5210
   60/4380    60/4380     60/4380
   ————————————————————————————————————
   27/3250    8/0         0/830
   8/0        8/0
   ———————————————————————
   19/3250    0/0
   19/3250                0/830
   ——————————             ————————
   0/0        0/0         0/0
```

各航段业载分配如下:

A—B:19/3250　　A—C:8/0

A—D:60/4380　　B—C:4/400

B—D:15/1500　　C—D:12/1200 + 0/830 = 12/2030

分析:

从 A 站出发时已分配的座位/吨位为

13/3250 + 8/0 + 60/4380 = 87/7630

从 B 站出发时已分配的座位/吨位为

8/0 + 60/4380 + 4/400 + 15/1500 = 87/6280

从 C 站出发时已分配的座位/吨位为

60/4380 + 15/1500 + 12/2030 = 87/7910

(2) 中途站向后方中途站索取吨位。后方中途站只能在其固定配额的范围内让出座位/吨位,并且让出的座位/吨位可以利用到索取站。

[例 7.4.13] 某航线情况如下。B 站和 C 站的固定配额分别为 8/800 和 4/400,并且 C 站分别向 A 站和 B 站各索取 2/200 至终点站。

解:

		+2/200	
	−2/200	+2/200	
	8/800	4/400	
A	B	C	D
48/4100	48/4200	48/4300	
	2/200		
	46/4000	48/4300	
	6/600	6/600	
	40/3400	42/3700	
		8/800	
		34/2900	
34/2900	34/2900	34/2900	
14/1200	6/500	0/0	
6/500	6/500		
8/700	0/0		
8/700			
0/0			

各航段业载分配如下:

A—B:8/700　　A—C:6/500

A—D:34/2900　　B—C:2/200

B—D:6/600　　C—D:8/800

分析:

从 A 站出发时已分配的座位/吨位为

8/700 + 6/500 + 34/2900 = 48/4100

从 B 站出发时已分配的座位/吨位为

6/500 + 34/2900 + 2/200 + 6/600 = 48/4200

从 C 站出发时已分配的座位/吨位为

34/2900 + 6/600 + 8/800 = 48/4300

(3) 中途站向前方中途站索取吨位。前方中途站只能在其固定配额的范围内让出座位/吨位。

[例 7.4.14] 某航线情况如下。其中 B 站和 C 站的固定配额分别为 3/300 和 2/200,并且 B 站向 C 站索取 1/100 至 D 站,分配航段业载。

解:

+1/100　　－1/100
3/300　　2/200
A —— B —— C —— D
48/2000　48/1900　48/2100
4/400　4/400
44/1500　44/1700
1/100
43/1600
43/1500　43/1500　43/1500
5/500　1/0　0/100
1/0　1/0
4/500　0/0
4/500　0/100
0/0　0/0

各航段业载分配如下:

A—B:4/500　　A—C:1/0

A—D:43/1500　　B—D:4/400

C—D:1/100 + 0/100 = 1/200

分析:

从 A 站出发时已分配的座位/吨位为

4/500 + 1/0 + 43/1500 = 48/2000

从 B 站出发时已分配的座位/吨位为

1/0 + 43/1500 + 4/400 = 49/1900

从 C 站出发时已分配的座位/吨位为

43/1500 + 4/400 + 1/200 = 48/2100

(4) 始发站向中途站收回一部分吨位。

[例 7.4.15] 在例 7.4.10 中,A 站收回 B 站 2/200。分配各航段业载。

解:

－2/200
6/600　4/400
A —— B —— C —— D
48/4400　48/3500　48/4300
4/400　4/400
44/3100　44/3900
4/400
40/3500
40/3100　40/3100　40/3100
8/1300　4/0　0/400
4/0　4/0
4/1300　0/0
4/1300　0/400
0/0　0/0

各航段业载分配如下：

A—B:4/1300　　　A—C:4/0

A—D:40/3100　　　B—D:4/400

C—D:4/400 + 0/400 = 4/800

分析：

从 A 站出发时已分配的座位/吨位为

4/1300 + 4/0 + 40/3100 = 48/4400

从 B 站出发时已分配的座位/吨位为

4/0 + 40/3100 + 4/400 = 48/3500

从 C 站出发时已分配的座位/吨位为

40/3100 + 4/400 + 4/800 = 48/4300

2. 比较法

利用划线法分配航段载量，计算思路清晰，易于理解，但计算步骤较多，费时且易出错。还有一种分配航段载量的方法，是利用航站之间的业载比较，确定相应航段的可用载量，这种方法称为比较法。

1）中途站无固定配额，也无临时索让

[例 7.4.16] 以例 7.4.9 说明比较法的原理和步骤。

解：首先用 A 站的可用座位/可用吨位与 B 站进行比较：

A—B:48/4460 - 48/4480 = 0/ - 20

两站的可用座位之差为 0，说如果在 A 站飞机上有 48 名旅客，则恰好可以通过 B 站，两站的可用吨位之差为 - 20，说明在 A 站飞机上装载 4460 业载时可以通过 B 站，而且 B 站还有 20kg 剩余吨位。由于优先分配远程吨位，因此 A—B 航段的可用业载为 0/0。

再把 A 站和 C 站的可用座位/吨位进行比较：

A—C:48/4460 - 48/4320 = 0/140

两站的可用座位之差为 0，说如果在 A 站飞机上有 48 名旅客，则恰好可以通过 C 站，两站的可用吨位之差为 140kg，说明在 A 站飞机上装载 4460 业载时，只有其中的 4320kg 可以通过 C 站，剩余的 140kg 业载必须在 C 站卸下。因此 A—C 航段的可用业载为 0/140。

从 A 站的最大的可用座位/吨位中扣除已分配给 A—C 航段的可用业载后，剩余部分即为 A—C 航段的可用业载，即为 48/4320。

由于 B 站还有剩余吨位 20kg，而 C 站没有剩余吨位，因此 B 站的 20kg 吨位只能利用到 C 站，于是 B—C 航段的可用业载为 0/20，而 B—D 航段及 C—D 航段均无可用业载。

2）中途站有固定配额，但无吨位索让

对于中途站来说，应先在本站的最大可用座位/可用吨位上减去本站及后方中途站的固定配额，然后用剩余额与他站进行比较。

[例 7.4.17] 用比较法做例 7.4.10。

解：

A—B:48/4400 - (48/3500 - 600) = 6/1500

A—C:(48/4400 - 6/1500) - (48/4300 - 4/400 - 6/600) = 4/ - 400 = 4/0

A—D:48/4400 - 6/1500 - 4/0 = 38/2900

B—D:6/600(48/3500 - 38/2900 - 4/0)

C—D:4/400 + 0/400 = 4/800(48/4300 - 6/600 - 38/2900)

3) 中途站有固定配额,也有临时索让

(1) 中途站向始发站索取吨位。对于中途站来说,应先在本站的最大可用座位/吨位中减去本站及其后方中途站的固定配额及其索取吨位,然后用剩余额参与比较。

[例 7.4.18] 用比较法做例 7.4.11。

解:

A—B:87/7630 - (87 - 15/1500 - 4/400) = 19/3250

A—C:(87/7630 - 19/3250) - (87/7910 - 10/100 - 2/200 - 15/1500 - 4/400)

= 68/4380 - 56/4810 = 12/ - 430 = 12/0

A—D:87/7630 - 19/3250 - 12/0 = 56/4380

B—D:87/6280 - 56/4380 - 12/0 = 19/1900

C—D:87/7910 - 15/1500 - 4/400 - 56/4380 = 12/1630

(2) 中途站向后方中途站索取吨位。对于向后方中途站索取吨位的情况,先不考虑中途站之间的索让问题,在航线载量分配完毕后,再在让出站的相应航段减去,在索进站的相应航段加上索取数额,并注意让出额可使用至索进站。

[例 7.4.19] 用比较法做例 7.4.13。

解:

A—B:48/4100 - (48/4200 - 8/800) = 8/700

A—C:(48/4100 - 8/700) - (48/4300 - (8/800 - 2/200) - 8/800) = 6/500

A—D:48/4100 - 8/700 - 6/500 = 34/2900

B—C:2/200

B—D:8/800 - 2/200 = 6/600(48/4200 - 6/500 - 34/2900 - 2/200)

C—D:4/400 + 2/200 + 2/200 = 8/800(48/4300 - 34/2900 - 6/600)

(3) 中途站向前方中途站索取吨位。

[例 7.4.20] 用比较法做例 7.4.14。

解:

A—B:48/2000 - (48/1900 - 3/300 - 1/100) = 4/500

A—C:(48/2000 - 4/500) - (48/2100 - 3/300 - 1/100 - 1/100) = 1/ - 100 = 1/0

A—D:48/2000 - 4/500 - 1/0 = 43/1500

B—D:3/300 + 1/100 = 4/400(48/1900 - 43/1500 - 1/0)

C—D:2/200 - 1/100 + 0/100 = 1/200(48/2100 - 43/1500 - 4/400)

(4) 始发站向中途站收回一部分吨位。

[例 7.4.21] 用比较法做例 7.4.15。

解:

A—B:48/4400 - (48/3500 - (6/600 - 2/200)) = 4/1300

A—C:(48/4400 - 4/1300) - (48/4300 - 4/400 - (6/600 - 2/200)) = 4/ - 400 = 4/0

A—D:48/4400 - 4/1300 - 4/0 = 40/3100

B—D:6/600 - 2/200 = 4/400(48/3500 - 4/0 - 40/3100)

C—D:4/400 + 0/400 = 4/800(48/4300 - 40/3100 - 4/400)

7.5 实际业务载重量的配算

飞机载重与平衡的计算,除了飞机的最大业务载重量的计算以外,还包括实际业务载重量的配算和载重平衡计算,即飞机重心位置的求算。

实际业载的配算是指航班始发站飞机根据从本站出发的最大允许业务载重量来配算运至各有关前方站的旅客、行李、邮件和货物,也简称配载。

7.5.1 配载的步骤

1. 对航班始发站而言

1) 预配

预配是在计算出最大业载的基础上,根据旅客人数和行李、邮件的估算数,预留货物吨位,并填制货邮装机单。预配货物时,应充分考虑满足飞机的重心要求以保证飞行安全和经济飞行。

2) 调整和结算业务载重量

航班关闭后,实际旅客、行李、邮件和预配货物的合计重量应不超过允许的最大可用业载。两者之差,即为缺载吨位数。有关部门应及时增配货物,对缺载吨位加以合理的利用,以便最大程度地利用可用业载,并最后计算实际业载,这便是实际载重的计算,或称载重结算。

2. 航班经停站的配载

对航班中途站而言,预配是指根据本站配额(如有座位、吨位的索让,即按调整后的配额)和本站预计旅客、行李、邮件的重量预计可配货物重量并选配货物。待收到后方站拍发的航班载重电报后,再根据本站实际出发的旅客、行李和邮件重量对预配货物进行调整和结算。中途站应尽可能利用配额,并充分利用后方站的剩余吨位。

要做好配载,必须了解情况。每个站不但要掌握待运客货的急缓和数量情况,还要了解航班上有关站的待运、实运及配额等情况,必须胸中有数,才能正确决定这个航班的吨位应当怎样利用才更有效、更合理、更符合整体利益,并有最好的经济效益。

7.5.2 配载工作的基本原则、主要规定和要求

配载工作是一项安全性强、责任重、时间紧迫、联系面广的工作。因此,必须遵守相应的原则、规定和服务要求。

(1) 加强安全意识,使每一航班的飞机重心符合飞行要求,并尽量使重心落入最佳重心区域不超载。

(2) 充分利用航班吨位,不缺载,准确反映航班吨位利用情况。利用远程吨位配运远程业载,避免吨位浪费。只有在必要时或者没有远程业载时才能使用远程吨位配运近程业载,因为如果用远程吨位配运近程业载,易加剧后续航班的空载。

(3) 除非没有近程业载,一般不用近程吨位装运远程业载,以免给前方站造成疏运困

难。凡应留给经停站的座位/吨位必须留足(每个座位按100kg计算)。预配时应留有机动吨位,避免预配过剩,造成超载而临时卸货,保证航班正点起飞。

(4) 预留吨位时符合先客后货、先急后缓的原则。

(5) 了解旅客、货邮的临时增减情况和装机情况,保证配载工作符合飞机载重平衡要求。

(6) 航班离站后,发现计算错误或装卸错误,及时拍发电报或电话通知有关前方站。

(7) 计算实际业载重量时,行李、邮件和货物的重量以kg为单位,尾数不足1kg部分四舍五入。旅客重量按折合标准计算。专机旅客每个成人按80kg计算。

(8) 各项计算应严格准确,熟练迅速。

(9) 严格核对有关重量,做到"三相符"。

① 重量相符:载重表、载重电报上的飞机基本重量与飞行任务书相符;载重表、载重电报上的各项重量与舱单相符;配载表、装机单、加拉货物单等工作单据上的重量与舱单、载重表相符。

② 单据相符:装在业务文件袋内的各种运输票据与舱单相符。

③ 装载相符:出发、到达、过站的旅客人数与舱单、载重表相符;各种物件的装卸件数、重量与舱单、载重表相符;飞机上各个货舱的实际装载重量与载重表、平衡表相符。

7.5.3 业载载重量的预配和结算

每个航班,其始发站和经停站都需要进行业载载重的预配和结算。

预配是指在航班起飞前一定时间内根据飞机的可用业载量、预计的旅客人数,预留的行李和邮件重量,对飞机所载货物进行配运,并求出预配重心的过程。

按规定,在飞机起飞前30分钟停止办理旅客乘机手续,此时才能获得旅客人数和行李重量等项目的准确情况。由于飞机起飞前需要做很多工作,如果不进行预配而直接进行结算,就使配载工作在很匆忙的情况下进行,以致一方面可能不能按时完成所有工作,造成航班延误;另一方面可能造成配载错误,影响飞行安全,尤其对出港航班很多的航站更是如此。

因此,始发站的预配,通常在航班起飞前一天下午或当天上午进行,实质是先以始发站至前方各站的可用业载为依据,根据座位销售情况,相应地从自始发站至有关前方站的业载中扣除旅客重量,并根据各航线,季节等具体情况和经验预留出行李、邮件的重量,以便确定可配货物的重量。

通常情况下,为了满足因行李、邮件过多吨位预留不足或临时增加急运货物而产生的需求,便在通常业载中留出一定的备用吨位。预配时应强调"宁加勿拉"、吨位预留宜宽不宜紧。即宁可使飞机在配载后出现空载而再加货物,也不要使飞机在配载后出现超载而拉下货物。

1. 始发站的预配和结算

由于从始发站出发的客货量一般比较多,因此始发站的配载工作量比较大。始发站进行预配时,以本站至其他各站的可用业载为依据,根据各航段预计的旅客人数,预留出旅客、行李和邮件的重量,剩余部分即为本航段的可配货物重量。为了防止行李、邮件留载不足而造成拉货情况以及解决临时发生的急货运输问题,有必要在最大通程业载中留出一定的备用吨位。始发站进行结算后,如果尚有空余吨位,应尽量加以利用,以减少空载。

始发站在进行配载时应注意以下几点：

(1) 近程座位/吨位的超载可以由远程座位/吨位的空载抵消掉，而远程座位/吨位的超载不能由近程座位/吨位的空载抵消掉。

(2) 最大通程业载不能超载。

(3) 前方各中途站的固定配额和所得吨位不被占用。

(4) 飞机起飞时总的业载不能超载。

前两项在预配和结算时注意便可，后两项则需要在预配和结算完毕后对预配和结算的结果进行检验复核。

1) 直达航班的预配和结算

直达航班的预配和结算比较简单，请看下例。

[例 7.5.1] B737-300 型 B-2909 号机，CZ3547 航班，CAN 至 SHA，飞机起飞全重、落地全重、无油全重分别为 61235kg、51709kg 和 48307kg，修正后基重 32936kg，起飞油量 6800kg，其中航段耗油量 4000kg。CAN 至 SHA 的座位预售 138.00.00(注：该机座位布局为 0/148，可售座位 0/146)。

解：(1) 预配。根据三大全重计算本次航班最大可用业载：

最大业载 1 = 61235 - 32936 - 6800 = 21499(kg)

最大业载 2 = 51709 - 32936 - (6800 - 3100) = 15037(kg)

最大业载 3 = 48307 - 39236 = 15371(kg)

最大业载 = min(最大业载 1，最大业载 2，最大业载 3) = 15037(kg)

预留旅客吨位：138 × 72 = 9936(kg)

预留行李吨位：138 × 15 = 2070(kg)

预留协议邮件吨位：50kg

因此，可配货物的吨位为

15037 - (9936 + 2070 + 50) = 2981(kg)

(2) 结算。CAN 至 SHA 的货物存量为 25 件，计 320kg，全配，旅客人数 144.00.00，行李共 70 件，850kg，无邮件。

合计：144 × 72 + 850 + 320 = 11538(kg)

航班空载 = 15037 - 11538 = 3499(kg)

[例 7.5.2] 用例 7.4.1，飞机在 SHA 的允许业载为 18161kg，其中通程业载 16291kg，SHA 至 SZX 可配 1870kg，MD-82 客舱座位数为 0/147。

旅客座位预售情况：SHA 至 SZX：60.01.00；SHA 至 SYX：67.02.00。

(1) 预配。

SHA 至 SZX 的预配	SHA 至 SYX 的预配
预留旅客吨位：60 × 72 + 1 × 36 = 4356(kg)	预留旅客吨位：67 × 72 + 2 × 36 = 4896(kg)
预留行李吨位：61 × 10 = 610(kg)	预留行李吨位：69 × 10 = 690(kg)
合计：4966kg	合计：5586kg

可配货吨位:18161 - (4966 + 5586) = 7609(kg)

MD - 82 飞机客满时,重心偏前,所以把货物主要集中在 3 舱,以便重心向后调整,根据库存情况,预配货物:

SHA—SZX　190kg

SHA—SYX　470kg

合计:660kg < 7609kg

(2) 结算。

SHA—SZX		SHA—SYX	
旅客人数:68.01.01	重量:68 × 72 + 36 + 8 = 4940(kg)	旅客人数:68.02.00	重量:68 × 72 + 2 × 36 = 5040(kg)
行李件数:71 件	重量:501kg	行李件数:54 件	重量:378kg
邮件	79kg	邮件	64kg
货物增配	143kg		
原配货物	190kg	原配货物	470kg
合计	5853kg	合计	5952kg
全程合计业载:5853 + 5952 = 11805(kg)		空载:18161 - 11805 = 6356(kg)	

以上两例,航班分别空载 3499kg 和 6356kg,究其原因,应是多方面的,其中包括货舱的容积、地板承受力,飞机重心范围等因素的限制。当然,也受待运货邮量的影响,因此,片面地强调载运比率,在数量上主观地按最大可用业载进行配载是脱离实际,缺乏可行性的。

2) 多航段航班的始发站的预配和结算

[例 7.5.3] 某航线情况如下:

```
           4/400            6/600
A ——————— B ——————— C ——————— D
48/3500    48/4700          48/4000
```

其中 B、C 站固定配额 4/400、6/600,预配时了解到售票情况为 A—D:20;A—C:8;A—B:2,全部为成人,根据邮局的收寄情况和以往收运情况,预留邮件重量为 A—B:20kg;A—C:50kg;A—D:30kg。

预配时,货运部门选配货物,仓库的库存情况为

A—B:45kg,A—C:107kg,A—D:20kg

办理完乘机手续后实际业载情况如表 7.9 所列。

表 7.9　实际业载情况

航段	旅客/人数	行李	邮件	货物
A—B	3	35	30	50
A—C	8	100	40	107
A—D	22	310	50	40

根据以上情况进行预配和结算。

解:步骤一:各航段可用业载的计算。

用比较法或划线法分配各航段可用业载,结果如下。

由 A 站出发的各航段业载为

A—B:4/0 A—C:6/500 A—D:38/3500

步骤二:预配(工作:对货物进行可配货物吨位的预留),结果如表 7.10 所列。

表 7.10 预配结果

航段	可用业载	旅客/人数	行李	邮件	可配货	合计	备注
A—B	4/0	2/144	30	20	-194/0	2/194	-2/194
A—C	6/500	8/576	120	50	-246/0	8/746	2/246
A—D	38/3000	20/1440	300	30	1230/790	20/2560	-18/-440
合计	48/3500	30/2160	450	100	790/790	30/3500	-18/0

表 7.10 中各栏的说明:

① 可配货物栏,表示“剩余吨位/可配货物重量”,计算公式为

剩余吨位/可配货物重量 = 可用业载 - 旅客重量 - 行李重量 - 邮件重量

当结果为负数时,说明该航段在配运旅客、行李、邮件后已经超载,因此没有吨位配运货物了,故“可配货物重量”应为 0。

当航段没有可用业载或者可用业载少于实际有的业载时,该航段的实际业载应照样进行配运,出现的超载部分可由一个或几个更远航段的空载抵消。如表 7.10 中,A—B 段超载 194kg,A—C 段超载 246kg,而 A—D 段空载 1230kg,因此,可以抵消掉前两个航段的超载共 440kg,剩余的 790kg 才是 A—D 航段的可配货物重量。

② 合计栏,公式为

合计 = (旅客 + 行李 + 邮件 + 可配货物)重量

③ 备注栏,该栏用于判断各航段超载情况,即是否超载或空载。具体计算公式为

备注 = 合计 - 可用业载

如果结果为正,表示相应航段超载数量,如果结果为负,表示相应航段空载数量。

步骤三:选配货物(实配货物重量,其他仍为预配时数据),结果如表 7.11 所列。

表 7.11 选配货物结果

航段	可用业载	旅客/人数	行李	邮件	实配货	合计	备注
A—B	4/0	2/144	30	20	45	2/239	-2/239
A—C	6/500	8/576	120	50	107	8/853	2/353
A—D	38/3000	20/1440	300	30	20	20/1790	-18/-1210
合计	48/3500	30/2160	450	100	172	30/2882	-18/-618

步骤四:对预配结果进行审核

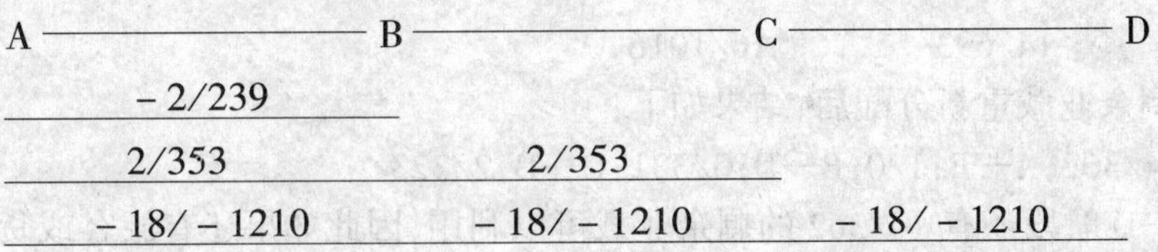

A —————— B —————— C —————— D

-2/239

2/353 2/353

-18/-1210 -18/-1210 -18/-1210

分析:是否预配通过

① A—B 航段: - 2/239 + 2/353 + (- 18)/ - 1210 = - 18/ - 618

说明在 A 站起飞时,飞机的座位/吨位都未超载,符合总业载不能超载的要求。

② B—C 航段:2/353 + (- 18)/ - 1210 = - 16/ - 857

说明在 B 站按其分配到的可用业载装载时,飞机在 B 站起飞时,将还会有剩余座位/吨位为 16/857,因此可知 B 站的固定配额没有被占用,符合要求。

③ C—D 航段: - 18/ - 1210

说明 C—D 航段总的超载座位/吨位为 - 18/ - 1210,C 站按其分配到的可用业载装载时,飞机在 C 站起飞时,将还有剩余座位/吨位为 18/1210,因此,可知 C 站的固定配额没有被占用,符合要求。

对预配结果进行审核后可知,预配的结果可以通过。

步骤五:结算(根据办理完乘机手续后的实际业载,在预配结果的基础上进行调整),得到的计算结果如表 7.12 所列。

表 7.12 结算结果

航段	可用业载	旅客/人数	行李	邮件	实配货	合计	备注
A—B	4/0	3/216	35	30	50	3/331	- 1/331
A—C	6/500	8/576	100	40	107	8/823	2/323
A—D	38/3000	22/1584	310	50	40	22/1984	- 16/ - 1016
合计	48/3500	33/2376	445	120	197	33/3138	- 15/ - 362

步骤六:对实配结果进行审核

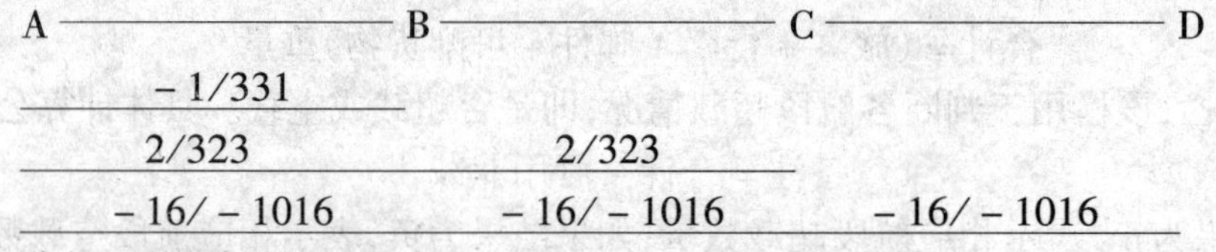

分析:是否实配通过

① A—B 航段: - 1/ - 331 + 2/323 + (- 16)/ - 1016 = - 15/ - 362

这说明,飞机在 A 站起飞时,飞机上还有 15 个座位和 362kg 的吨位没有被利用,即出现了空载。因此飞机总的业载没有超载。

② B—C 航段:2/323 + (- 16)/ - 1016 = - 14/ - 693

这说明 B 站的固定配额没有被占用,而且有空载,符合要求。

③ C—D 航段: - 16/ - 1016

这说明 C 站的固定配额没有被占用,而且有空载,符合要求。

步骤七:对三站的剩余业载再分配(用比较法或划线法)

A ———— B ———— C ———— D

15/362 14/693 16/1016

各航段剩余业载重新分配后,结果如下:

A—D:14/362;A—B:1/0;B—D:0/331;C—D:2/323

可知 A—D 航段还有 14/362 的剩余业载可以利用,因此如果还有旅客或货物可由本站航班运出，则在保证航班不延误的前提下应给予安排。

[例 7.5.4] 某航班在始发站的配载结算结果如表 7.13 所列，检查结果有无错误。

表 7.13 始发站的配载结算结果

航段	可用业载	P(人数)	B	M	实配货	合计	备注
A—B	30/4020	30/2160	600	70	990	30/3820	0/-200
A—C	70/7286	70/5040	1050	180	1216	70/7486	0/200
合计	100/11306	100/7200	1650	250	2206	100/11306	0/0

解：步骤一：对表 7.13 进行配载审核：

A ———————— B ———————— C

0/-200

0/200　　　　0/200

分析：

A—B 航段：0/200+0/-200=0/0，说明在 A 站起飞时，飞机正好满载，符合要求。

B—C 航段：0/200，说明如果 B 站仍然按照其分配到的业载装载时，飞机在 B 站起飞时将超载 200kg，因此说明 B 站的固定配额被占用了 200kg，可能导致 B 站疏运困难，因此，不符合要求。

步骤二：解决方法。

方法 1：当 B 站的实际业载不多，有剩余吨位不少于 200kg，A 站在征得 B 站同意后方可收回 B 站的 200kg，这样飞机就可以在 A 站起飞了。

方法 2：当 B 站没有剩余吨位时，A 站应卸下 A—C 段的货物至少 200kg，得到表 7.14。重新对表的结果进行复核，可知结果可以通过。

表 7.14 调整结果

航段	可用业载	旅客/人数	行李	邮件	实配货	合计	备注
A—B	30/4020	30/2160	600	70	990	30/3820	0/-200
A—C	70/7286	70/5040	1050	180	1016	70/7286	0/0
合计	100/11306	100/7200	1650	250	2206	100/11306	0/-200

3) 解决超载问题的原则

(1) 由于是结算结果，而且总的业载没有超载，只是占用了 B 站的 200kg 吨位，因此应尽量避免拉载，以防止由此变动导致航班延误。因此应首先考虑采用方法 1，此时 B 站应给予协助和配合。如果 B 站不同意让出吨位，再采用方法 2。

(2) 确定需要拉载时，拉载顺序与配运顺序正好相反，即按普通货物、邮件、紧急货物和转港货物、行李、旅客的顺序拉下。

(3) 在本例中，需拉下 A—C 段货物 200kg，但实际上一般很难正好凑成 200kg，因此应坚持宁多勿少的原则。实际工作中为了方便快速，一般采取同一张货运单上的货物同装同卸。具体拉下哪些货物由货运部门决定。

(4) 当只有近程航段出现超载时，则拉载时，先拉近程业载，不足以解决超载问题时再拉远程业载,以减少后续航段的空载。

(5) 当配载完成后,发现同时有几个航站存在问题时,先解决前方航站的问题,再解决后方航站的问题。因为前方航站的问题解决后,可以缓解甚至消除后方航站的问题。

(6) 当座位和吨位都超载时,先解决座位超载,再解决吨位超载。

[例 7.5.5] 某航班始发站的预配结果如表 7.15 所列。判断有无问题?应如何解决?

表 7.15　始发站的预配结果

航段	可用业载	旅客/人数	行李	邮件	可配货	合计	备注
A—B	5/400	6/432	90	40	-162/0	6/562	1/162
A—C	6/100	4/288	60	35	-283/0	4/383	-2/283
A—D	6/500	3/216	45	20	219/219	3/500	-3/0
A—E	7/1100	11/792	165	50	93/93	11/1100	4/0
合计	24/2100	24/1728	360	145	312/312	24/2545	0/445

解:表 7.15 的预配结果是错误的,因为 A—B 和 A—C 段即使不配货也分别有 162kg 和 283kg 的超载,共 445kg。因此 A—D 段的可配货应为该航段的可用业载扣除旅客、行李和邮件的预留后再抵消掉 A—B 段和 A—C 段的超载后的数值。现在 A—D 段剩余吨位为 219kg,抵消掉 445kg 后,仍超载 445 - 219 = 226kg,所以 A—D 段的可配货应为 0。

同理,A—E 段的可配货也应为 0。

正确的预配结果如表 7.16 所列。

表 7.16　正确的预配结果

航段	可用业载	旅客/人数	行李	邮件	可配货	合计	备注
A—B	5/400	6/432	90	40	-162/0	6/562	1/162
A—C	6/100	4/288	60	35	-283/0	4/383	-2/283
A—D	6/500	3/216	45	20	219/0	3/281	-3/-219
A—E	7/1100	11/792	165	50	93/0	11/1007	4/-93
合计	24/2100	24/1728	360	145	-133/0	24/2233	0/133

对表 7.16 进行审核:

A ———— B ———— C ———— D ———— E

1/162

-2/283　　-2/283

-3/-219　　-3/-219　　-3/-219

4/-93　　4/-93　　4/-93　　4/-93

分析:

A—B 段总的超载量为 1/162 + (-2)/283 + (-3)/ -219 + 4/ -93 = 0/133,说明在 A 站起飞时,飞机超载 133kg 吨位,不符合要求。

B—C 段总的超载量为 -2/283 + (-3)/ -219 + 4/ -93 = -1/ -29,说明 B 站的固定配额没有被占用,符合要求。

C—D 段总的超载量为 -3/ -219 + 4/ -93 = 1/ -312,说明 C 站被占用了一个座位,

不符合要求。

D—E 段总的超载量为 4/－93,说明 D 站被占用 4 个座位,不符合要求。

由于 A、C、D 站都有超载,因此先解决 D 站超 4 个座位的问题。

解决方法 1:减少 A—E 航段 4 名旅客。可减少重量(72＋15)×4＝348(kg),得表 7.17。

表 7.17　方法的调整结果

航段	可用业载	旅客/人数	行李	邮件	可配货	合计	备注
A—B	5/400	6/432	90	40	－162/0	6/562	1/162
A—C	6/100	4/288	60	35	－283/0	4/383	－2/283
A—D	6/500	3/216	45	20	219/0	3/281	－3/－219
A—E	7/1100	7/504	105	50	441/215	7/874	4/－226
合计	24/2100	20/1440	360	145	215/215	24/2545	－4/0

对表 7.17 进行复核检查:

A————B————C————D————E

1/162

－2/283　－2/283

－3/－219　－3/－219　－3/－219

0/－226　0/－226　0/－226　0/－226

分析:

A—B 段总的超载量为 1/162＋(－2)/283＋(－3)/－219＋0/－226＝－4/0,说明在 A 站起飞时,飞机不超载,符合要求。

B—C 段总的超载量为－2/283＋(－3)/－219＋0/－226＝－5/－162,说明 B 站的固定配额没有被占用,符合要求。

C—D 段总的超载量为－3/－219＋0/－226＝－3/－445,说明 C 站的可用业载没有被占用,符合要求。

D—E 段总的超载量为 0/－226,说明 D 站的可用业载没有被占用,符合要求。

因此,表 7.17 的预配结果可以通过。

解决方法 2:根据 B、C、D 三站的预售票情况判断能否从某些站的固定配额中收回若干个座位。因为方法 1 需要从 A—E 航段拉下 4 名旅客,承运人需要为此支出费用,不但虚耗了座位,而且会引起旅客的不满,影响承运人的信誉。

能从 B、C、D 站收回几个座位取决于 B、C、D 站有多少个剩余座位。可能的情况很多,但分析方法相似,这里只考虑几种情况。

如果能收回 C 站 1 个座位和 D 站 3 个座位(每个座位按 100kg 计算),则检查复核如下:

A————B————C————D————E

1/162　－1/－100　－1/－100

－2/283　－2/283　－3/－300

－3/－219　－3/－219　－3/－219

4/－93　4/－93　4/－93　4/－93

分析:

A—B 段总的超载量为 1/162 + (- 2)/283 + (- 3)/ - 219 + 4/ - 93 = 0/133,说明在 A 站起飞时,飞机有超载,不符合要求。

B—C 段总的超载量为 - 2/283 + (- 3)/ - 219 + 4/ - 93 = - 1/ - 29,说明 B 站的固定配额没有被占用,符合要求。

C—D 段总的超载量为 - 1/ - 100 + (- 3)/ - 219 + 4/ - 93 = 0/ - 412,说明 C 站的可用业载没有被占用,符合要求。

D—E 段总的超载量为 - 1/ - 100 + (- 3)/ - 300 + 4/ - 93 = 0/ - 493,说明 D 站的可用业载没有被占用,符合要求。

由于只有总业载超载一个问题,因此把 A—B 段、A—C 段、A—D 段的邮件全部卸下,A—E 段的邮件至少卸下 38kg,得表 7.18。

表 7.18 方法 2 的调整结果

航段	可用业载	旅客/人数	行李	邮件	可配货	合计	备注
A—B	5/400	6/432	90	0	- 122/0	6/522	1/122
A—C	6/100	4/288	60	0	- 248/0	4/348	- 2/248
A—D	6/500	3/216	45	0	239/0	3/261	- 3/ - 239
A—E	7/1100	11/792	165	12	131/0	11/969	4/ - 131
合计	24/2100	24/1728	360	12	0/0	24/2100	0/0

经复核检查可知,该表 7.18 的预配结果可以通过。

解决方法 3:只能从 B 站收回 2 个座位,则检查复核如下:

A—B	B—C	C—D	D—E
1/162	- 2/ - 200	- 2/ - 200	- 2/ - 200
- 2/283	- 2/283		
- 3/ - 219	- 3/ - 219	- 3/ - 219	
4/ - 93	4/ - 93	4/ - 93	4/ - 93

分析:

A—B 段总的超载量为 1/162 + (- 2)/283 + (- 3)/ - 219 + 4/ - 93 = 0/133,说明在 A 站起飞时,飞机有超载,不符合要求。

B—C 段总的超载量为 - 2/ - 200 + - 2/283 + (- 3)/ - 219 + 4/ - 93 = - 3/ - 229,说明 B 站的固定配额没有被占用,符合要求。

C—D 段总的超载量为 - 2/ - 200 + (- 3)/ - 219 + 4/ - 93 = - 1/ - 512,说明 C 站的可用业载没有被占用,符合要求。

D—E 段总的超载量为 - 2/ - 200 + 4/ - 93 = 2/ - 293,说明 D 站的座位被占用 2 个,不符合要求。

由于 A、D 站同时有问题,先解决 D 站问题。

从 A—E 段上拉下 2 名旅客,减轻重量(72 + 15) × 2 = 174(kg),因此也可同时解决总业载超载 133kg 的问题,如表 7.19 所列。

表 7.19 方法 3 的调整结果

航段	可用业载	旅客/人数	行李	邮件	可配货	合计	备注
A—B	5/400	6/432	90	40	-162/0	6/562	1/162
A—C	6/100	4/288	60	35	-283/0	4/383	-2/283
A—D	6/500	3/216	45	20	219/0	3/281	-3/-219
A—E	7/1100	9/648	135	50	267/41	9/874	2/-226
合计	24/2100	22 /1584	330	145	41/41	22/2100	-2/0

经复核检查可知,预配结果可以通过。

在任何情况下,都应努力使在 A 站拉下的旅客人数越少越好,以减少因拉下旅客给承运人带来的经济损失和信誉损失。

[例 7.5.6] 某航班各站的最大可用座位/吨位分别为 A 站 86/8800,B 站 86/8900,C 站 86/8900。B 站和 C 站的固定配额分别为 8/800,5/500。

预配时的情况如表 7.20 所列,进行预配。

表 7.20 预配时的情况

航段	可用业载	旅客/人数	行李	邮件
A—B	8/700	5/360	75	0
A—C	5/500	4/288	60	0
A—D	73/7600	70/5040	1050	0
合计	86/8800	79/5688	1185	0

停止办理乘机手续后情况如表 7.21 所列,进行结算。

表 7.21 停止办理乘机手续后情况

航段	可用业载	旅客/人数	行李	邮件	货物
A—B	8/700	5/360	150	0	100
A—C	5/500	4/288	140	0	0
A—D	73/7600	70/5040	1000	0	700
合计	86/8800	79/5688	1290	0	800

办理完乘机手续后,A—D 段又增加了 6 位重要旅客,行李 150kg,应如何处理? 如果中途站座位已经全部售出,又应如何处理?

解:① 根据预配时的情况,进行预配,如表 7.22 所列。

表 7.22 预配情况

航段	可用业载	旅客/人数	行李	邮件	可配货	合计	备注
A—B	8/700	5/360	75	0	265	5/700	-3/0
A—C	5/500	4/288	60	0	152	4/500	-1/0
A—D	73/7600	70/5040	1050	0	1510	70/7600	-3/0
合计	86/8800	79/5688	1185	0	1927	79/8800	-7/0

对表 7.22 所示的预配结果进行复核检查,可知符合要求。

② 根据办完乘机手续后的情况进行结算,如表 7.23 所列。

表 7.23　结果结果 1

航段	可用业载	旅客/人数	行李	邮件	可配货	合计	备注
A—B	8/700	5/360	150	0	100	5/610	-3/-90
A—C	5/500	4/288	140	0	0	4/428	-1/-72
A—D	73/7600	70/5040	1000	0	700	70/6740	-3/-860
合计	86/8800	79/5688	1290	0	800	79/7778	-7/-1022

对表 7.23 的结算结果进行审核,可知符合要求。

③ 办理完乘机手续后,又增加了 6 位旅客。先把 6 名重要旅客加入 A—D 航段,如表 7.24 所列。

表 7.24　结算结果 2

航段	可用业载	旅客/人数	行李	邮件	可配货	合计	备注
A—B	8/700	5/360	75	0	100	5/610	-3/-90
A—C	5/500	4/288	60	0	0	4/428	-1/-72
A—D	73/7600	70/5040	1150	0	700	76/7322	3/-278
合计	86/8800	79/5688	1440	0	800	85/8360	-1/-440

④ 对表 7.24 进行审核,如下:

A———B———C———D

-3/-90

-1/-72　　-1/-72

3/-278　　3/-278　　3/-278

可见:

A—B 航段的座位/吨位超载情况为 -3/-90+(-1)/-72+3/-278=-1/-440,说明在 A 站,飞机总业载不超载,符合要求。

B—C 航段的座位/吨位超载情况为 -1/-72+3/-278=2/-350,说明 B 被占用了 2 个座位,不符合要求。

C—D 航段的座位/吨位超载情况为 3/-278,说明 C 站被占用了 3 个座位,不符合要求。

⑤ 解决方法。如果中途站尚有剩余座位,则 A 可以收回中途站的剩余座位,减少拉客人数。

方法 1:如果能从 B 站收回 2 个座位,从 C 站收回 1 个座位,则变成:

A ———— B ———— C ———— D

-3/-90	-2/-200	-2/-200
-1/-72	-1/-72	-1/-100
3/-278	3/-278	3/-278

可见：

A—B 航段的座位/吨位超载情况为 -3/-90+(-1)/-72+3/-278=-1/-440，说明在 A 站，飞机总业载不超载，符合要求。

B—C 航段的座位/吨位超载情况为 -2/-200+(-1)/-72+3/-278=0/-550，说明 B 站没有被占用，符合要求。

C—D 航段的座位/吨位超载情况为 -2/-200+(-1)/-100+3/-278=0/-578，说明 C 站没有被占用，符合要求。

因此，使用该方法不需要拉下旅客。

方法 2：如果只能从 B 站收回 1 个座位，则变成：

A ———— B ———— C ———— D

-3/-90	-1/-100	-1/-100
-1/-72	-1/-72	
3/-278	3/-278	3/-278

可见：

A—B 航段的座位/吨位超载情况为 -3/-90+(-1)/-72+3/-278=-1/-440，说明在 A 站，飞机总业载不超载，符合要求。

B—C 航段的座位/吨位超载情况为 -1/-100+(-1)/-72+3/-278=1/-450，说明 B 站被占用了 1 个座位，不符合要求。

C—D 航段的座位/吨位超载情况为 -1/-100+3/-278=2/-378，说明 C 站被占用了 2 个座位，不符合要求。

因此，还需要在 A 站拉下 2 名 A——D 航段的旅客。

其他可能的情况还有，分析方法同理。

方法 3：如果中途站的座位全部售出，则只能从 LHW 站拉下 3 名 A—D 航段的旅客。

2. 经停站的预配和结算

经停站的预配，主要依赖于本站固定配额。

中途站的配载工作内容与始发站基本相同，所不同的是中途站的实际可用业载不等于其最大可用业载，而应是从其最大可用业载中扣除其过站业载，即

中途站的实际可用业载 = 最大可用业载 - 该站的过站业载

而该站的过站业载则应由始发站及所有后方中途站拍发给该站的载重电报来确定。由于始发站及所有后方中途站在配载时都应做到不占用该站的固定配额和临时索取吨位，因此一般情况下该站的实际可用业载都不会低于其固定配额和索取吨位。

[例 7.5.7] 用例 7.5.6，福州始发客、行、邮、货情况如下：

福州—青岛		福州—沈阳	
旅客	41.00.00	旅客	96.01.01
行李	176kg	行李	1136kg
邮件	52kg	邮件	43kg
货物	837kg	货物	1030kg
合计重量	4017kg	合计重量	9165kg

则青岛航站可用吨位(含原配额)为从本站最大可用业载中扣除福州经本站至沈阳业务载重后的差。即 14667 – 9165 = 5502(kg)。

<table>
<tr><th colspan="2">青岛—沈阳预配</th><th colspan="2">载重结算</th></tr>
<tr><td>旅客</td><td>46.00.00</td><td>旅客</td><td>43.01.00</td></tr>
<tr><td>行李</td><td>300kg</td><td>行李</td><td>275kg</td></tr>
<tr><td rowspan="2">货物</td><td rowspan="2">960kg</td><td>增配货物</td><td>190kg</td></tr>
<tr><td>(原配货物)</td><td>960kg</td></tr>
<tr><td>合计重量</td><td>4572kg</td><td>合计重量</td><td>4557kg</td></tr>
</table>

航班空载:5502 – 4557 = 945(kg),或 14667 – 9165 – 4557 = 945(kg)

航班中途站的配载工作一般也分为预配和结算两步进行。先按照航段业载分配结果进行预配,在接到后方站发来的航班载重电报后,从本站的最大可用业载中扣除本站的过站业载,计算出本站的实际可用业载并进行航段业载分配,据此进行结算工作。如果后方中途站缺载而本站又可以利用空出的吨位,在本站有待运业载时应加以利用。

如果后方中途站占用了本站的吨位而影响本站的装载时,应根据实际情况决定是否拉卸过站货物。对于多航段航班来说,各站要互相配合,顾全大局,以提高整个航线的运输经济效益。

计算出中途站的实际可用业载后,如果由该站出发的航段只有一条,则可以根据实际可用业载直接进行配载,此时可以把预配和结算合为一步进行。如果由该站出发的航段有多条时,还要把本站的实际可用业载在由本站出发的各航段上进行分配,然后根据航段业载分配结果进行预配和结算。

[例 7.5.8] 现以例 7.5.3 依次说明 B 站和 C 站的配载工作程序。

1) B 站的配载

在例 7.5.3 中,由 B 站出发的各航段的载量分配结果为:B—C:0/800;B—D:4/400。

但由于始发站 A 在配载时,没有完全利用飞机上的座位/吨位,B 站应根据 D 站的配载情况,重新分配由 B 站出发的各航段业载。

对于 B 站来说,A—C 航段和 A—D 航段的实际装载量为其过站业载,因此由表 7.9 可得 B 站的过站业载为 8/823 + 22/1984 = 30/2807。

于是,有 B 站的实际可用业载为 48/4700 - 30/2807 = 18/1893。

由 B 站出发的各航段业载分配如下:

```
           4/400          6/600
A ———————— B ———————————— C ———————— D
           48/4700        48/4000
           8/823
————————————————————————————————————
           40/3877        48/4000
           22/1984        22/1984
————————————————————————————————————
           18/1893        26/2016
           4/400          4/400
————————————————————————————————————
           14/1493        22/1616
                          6/600
                          ——————————
                          16/1016
           14/1016        14/1016
———————————————————————————————
           0/477          2/0
           0/477          2/0
           ——————         ——————————
           0/0            0/0
```

可知:

B—C: 0/477;B—D:14/1016 + 4/400 = 18/1416

预配时 B 站的情况及预配结果如表 7.25 所列。

表 7.25　B 站的预配结果

航段	可用业载	旅客/人数	行李	邮件	可配货	合计	备注
B—C	0/477	4/288	60	20	109	4/477	4/0
B—D	18/1416	2/144	30	10	1232	2/1416	- 16/0
合计	18/1893	6/432	90	30	1341	6/1893	- 12/0
过站业载	30/2807	30/2160	410	90	147	30/2807	
总计	48/4700	36/2592	500	120	1488	36/4700	- 12/0

对表 7.25 的预配结果进行审核,可知符合要求。

办理完乘机手续后的情况及结算结果如表 7.26 所列。

表 7.26　B 站的结算结果

航段	可用业载	旅客/人数	行李	邮件	可配货	合计	备注
B—C	0/477	4/288	70	20	120	4/498	4/21
B—D	18/1416	2/144	50	10	60	2/264	- 16/ - 1152
合计	18/1893	6/432	120	30	180	6/762	- 12/ - 1131
过站业载	30/2807	30/2160	410	90	147	30/2807	
总计	48/4700	36/2592	53	120	327	36/3569	- 12/ - 1131

对表 7.26 的结算结果进行审核,可知符合要求。

2) C 站的配载

由于由 C 站出发的航段只有 C—D 一条,因此一方面 C 站的可用业载即为本站的最大可用业载扣除过站业载的剩余部分而无须再进行分配,另一方面 C 站的预配和结算可以合并成一步进行。

A 站和 B 站拍发来的载重电报,可以确定 C 站的过站业载应为 A—D 航段的实际载重量 22/1984 和 B—D 航段的实际载重量 2/264,共 24/2248,因此可以计算出 C 站的实际可用业载为

$$48/4000 - 24/2248 = 24/1752$$

C 站办理完乘机手续后的情况及直接进行结算的结果如表 7.27 所列。

表 7.27 C 站的结算结果

航段	可用业载	旅客/人数	行李	邮件	可配货	合计	备注
C—D	24/1752	15/1080	240	40	350	15/1710	–9/–42
合计	24/1752	15/1080	240	40	350	15/1710	–9/–42
过站业载	24/2248	24/1728	360	60	100	24/2248	
总计	48/4000	39/2808	600	100	450	39/3958	–9/–42

对表 7.27 的结算结果进行审核,可知符合要求。

总结:在运输生产工作中,由于班期时刻表的安排,航班有规律的重复,其机型相对固定,因此,航班在各站的预配货物重量主要依据客座销售情况的经验积累来确定。实际配运的货物和预配情况一般无较大差异。

预配和结算是航班始发站和各经停站进行配载工作的必要步骤。只有合理的预配,才能对航班的可用业载、货邮待运、装机安排、旅客行李重量等有效全面地了解,并做到心中有数,为航班起飞前短暂时间内的载重结算做好准备,为班机的正点起飞打好基础;载重结算工作的时间性强,责任重大,只有认真复核各项重量数据,准确计算实际业载,才能为求出飞机重心位置提供准确的依据,以确保飞行安全。

7.6 飞机重心的计算

7.6.1 飞机的重心和重心位置的表示

1. 飞机重心

确保飞行安全的要求和条件是多方面的,重要的一点就是要保证飞机平衡。飞机的重心必须在安全的范围内,保证飞机飞行具有良好的操作性和稳定性。

图 7.34 是飞机重心的示意图。飞机各部分重力 G_1、G_2、G_3…的合力叫做飞机的重力 G,即 $G = G_1 + G_2 + G_3 + \cdots$。

飞机重心具有以下特性：

(1) 飞行中，重心位置不随姿态改变。

(2) 飞机在空中的一切运动，无论怎样错综复杂，总可以分解为飞机各部分随飞机重心一道的移动和飞机各部分转绕着飞机重心的转动。

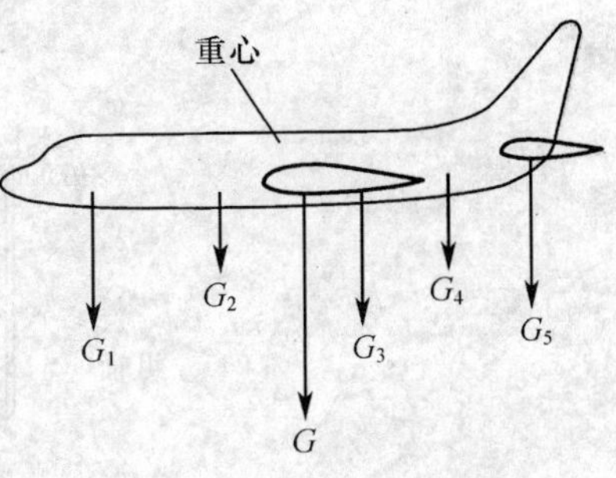

图 7.34 飞机的重心

本节将着重介绍飞机的重心、重心计算的方法，以及飞机的平衡性、稳定性和操纵性。

飞机重心的前后位置，常用重心到某特定翼弦上投影点到该翼弦前缘点的距离，占该翼弦的百分比来表示。这一特定翼弦，就是平均空气动力弦(MAC)，如图 7.35 所示。

所谓平均空气动力弦，是一个假想的矩形机翼的翼弦。该矩形机翼和给定的任意平面形状的机翼面积、空气动力以及俯仰力矩相同。如图 7.36 所示。在这个条件下，假想矩形机翼的弦长，就是给定机翼的平均空气动力弦长。机翼的平均空气动力弦的位置和长度，均可以从《飞机技术手册》上查到。有了平均空气动力弦作为基准，就可以计算飞机重心相对位置。

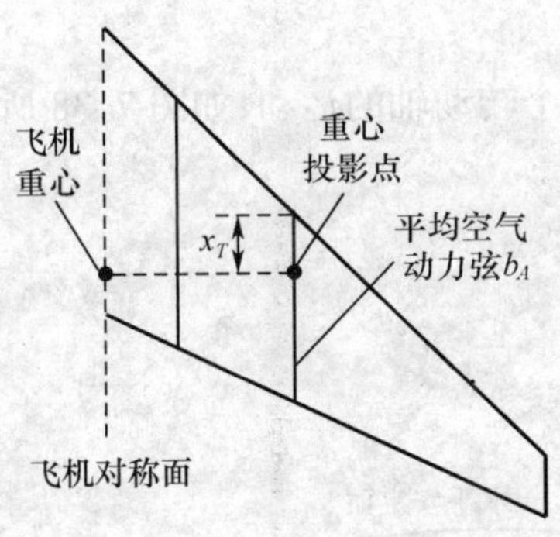

图 7.35 飞机重心相对位置

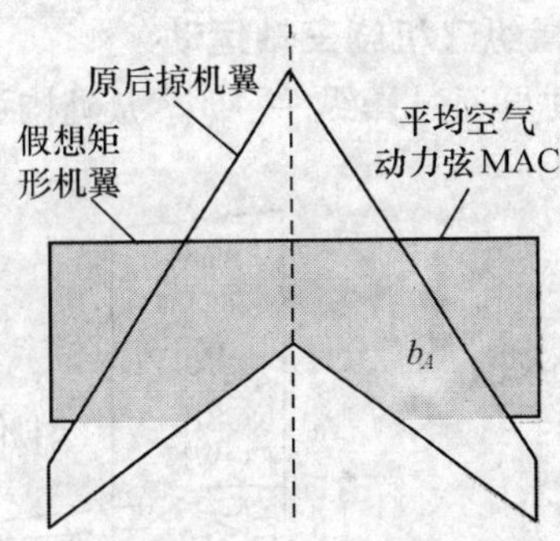

图 7.36 平均空气动力弦

飞机重心位置与装载情况有关，而与飞机飞行状态无关。当载重及其分布情况改变，飞机重心位置就要发生移动。如果飞机前总载重增加，重心位置前移；载重减少，重心位置后移。在飞行中，收放起落架、燃油的消耗等都使飞机重心位置发生变化。

有了平均空气动力弦作为基准，就可以计算飞机重心相对位置。设重心的投影点到前缘点的距离为 x_T，平均空气动力弦长为 b_A，则重心相对位置可用下式表示：

$$\bar{x}_T = \frac{x_T}{b_A} \times 100\%$$

2. 飞机的机体轴

通过飞机重心的 3 条互相垂直的、以机体为基准的坐标轴，叫机体轴，如图 7.37 所示。飞机在空中的运动，可分解为飞机各部分随重心一起的移动和各部分绕重心的转动。机体轴可分为以下三种。

(1) 纵轴：沿机身轴线，通过飞机重心的轴线，叫飞机的纵轴。飞机绕纵轴的转动，叫

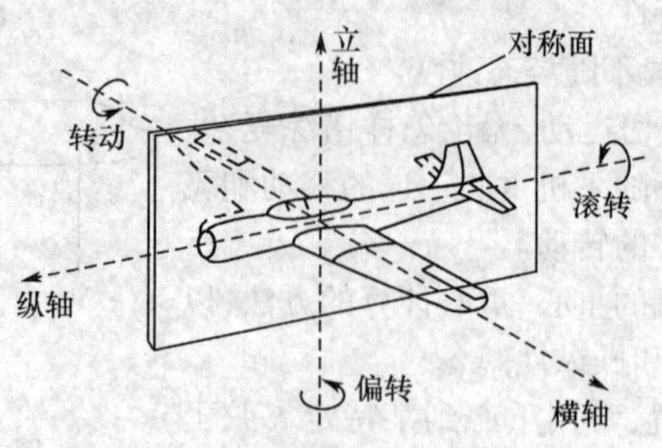

图 7.37　飞机的 3 个转动轴

飞机的横向滚转。操纵副翼可使飞机产生横滚(滚转)运动。

(2) 横轴:沿机翼方向通过飞机重心并垂直纵轴的轴线,叫飞机的横轴。飞机绕横轴的转动,叫俯仰转动。操纵升降舵可使飞机产生俯仰运动。

(3) 立轴:通过飞机重心并垂直于纵轴和横轴的轴线,箭头方向向上,叫飞机的立轴。飞机绕立轴的转动,叫方向偏转。因此立轴又称为偏航轴。操纵方向舵可使飞机产生偏航运动。

3. 操纵飞机绕三轴运动

驾驶员通过操纵手、脚操纵机构可操纵飞机绕 3 个转动轴的运动,如图 7.38 所示。

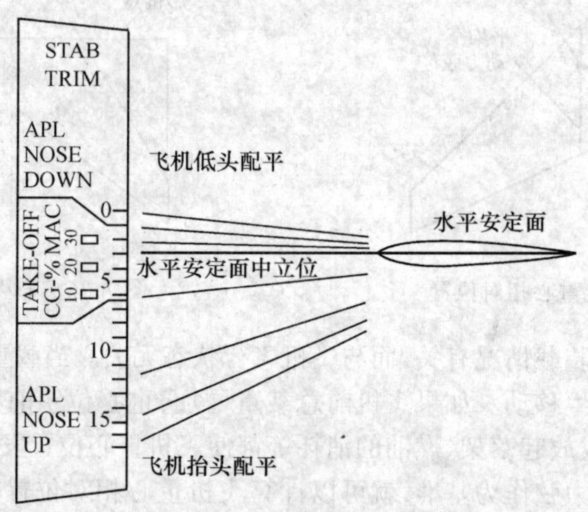

图 7.38　水平安定面的配平

TAKE－OFF—起飞；MAC—平均空气动力弦；CG—重心。

手操纵机构用于操纵副翼和升降舵,转动驾驶盘可操纵副翼,前推或后拉驾驶盘可操纵升降舵的偏转。当向左转驾驶盘时,左侧副翼向上偏转,同时右侧副翼向下偏转,从而导致左侧机翼的升力减小,而右侧机翼的升力增大,这样就产生了使飞机向左滚转的力矩,飞机则向左侧滚转。当向右转驾驶盘时,右侧副翼向上偏转,同时左侧副翼向下偏转,导致右侧机翼的升力减小,而左侧机翼的升力增大,使飞机绕纵轴向右滚转。

当前推驾驶盘时,位于水平安定面上的升降舵向下偏转,使飞机水平尾翼的升力增大，使飞机绕横轴产生下俯（低头）；当后拉驾驶盘时，升降舵向上偏转，飞机水平尾翼的升力减小，使飞机机头上仰（抬头）。

方向舵用于操纵飞机绕立轴的转动。当方向舵脚蹬在中立位置时，即左右脚蹬平齐时，方向舵也处于中立位置。当向前蹬左脚蹬，右脚蹬向后运动时，方向舵向左偏转，作用于垂直尾翼上的空气动力使飞机机头向左偏转。当向前蹬右脚蹬时，方向舵向右偏转，从而使机头向右偏转。

4. 水平安定面

现代大中型飞机由于纵向尺寸大，重心纵向位移量大，如果重心偏前或偏后，需要的纵向操纵量很大，单靠升降舵不能完全实现纵向操纵性，因此大多数飞机的水平安定面的安装角是可调节的。飞机在起飞之前应根据飞机的载重和平衡的情况进行水平安定面的配平。水平安定面在起飞之前必须调节到起飞位，以保证飞机在起飞过程中的纵向操纵。水平安定面起飞前调定的角度就是配平格。

7.6.2 飞机的平衡性

1. 飞机平衡

平衡的问题，在日常生活中会经常遇到，如用秤称东西，秤钩上的重量改变了，要相应地移动秤砣，以求得平衡。飞机在空中飞行，也要求保持平衡。飞机的平衡是指作用于飞机上的各力之和为零，各力对飞机重心所构成的各力矩的代数和也为零。飞机处于平衡状态时，飞行速度的大小和方向都保持不变，也不绕飞机重心转动。反之，飞机处于不平衡状态时，飞行的速度的大小和方向都将发生变化，并绕飞机重心转动。

飞机平衡包括以下两种平衡。

1）作用力平衡

作用力平衡包括升力和重力平衡、推力和阻力平衡。若飞机的升力、重力不平衡，则飞机的高度会发生变化；若飞机的推力、阻力不平衡，则飞机的飞行速度会发生变化。

2）力矩平衡

力矩平衡是指作用于飞机的各力矩之和为零。它包括以下 3 个平衡：

① 俯仰平衡：指作用于飞机各俯仰力矩之和为零。飞机获得俯仰平衡后，迎角不改变，不绕横轴转动。飞机飞行时，水平尾翼也产生一定的升力并且这个升力的大小和方向可利用升降舵的偏转来改变。只要使尾翼上产生的升力对飞机重心的力矩和机翼升力、发动机推力等对飞机重心的力矩大小相等、方向相反，就可以保持飞机的俯仰平衡。

② 方向平衡：指作用于飞机的左偏转力矩和右偏转力矩彼此相等，飞机不绕立轴转动。飞机的偏转力矩主要有：机翼的阻力力矩、发动机产生的拉力力矩、垂直尾翼和方向舵产生的力矩。

③ 横侧平衡：指作用于飞机的左滚力矩和右滚力矩彼此相等，飞机不绕纵轴滚转。飞机的滚转力矩主要有：左、右机翼的升力对重心形成的力矩。

2. 飞机俯仰平衡

飞机的俯仰平衡是指飞机作等速直线运动，并且不绕横轴转动的飞行状态。如图 7.39 所示，保持飞机俯仰平衡的条件是作用于飞机的各俯仰力矩的代数和为零，飞机取

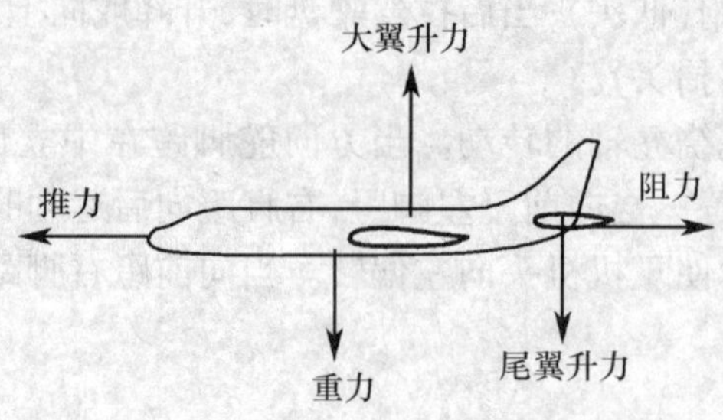

图 7.39　飞机俯仰平衡示意图

得俯仰平衡后,不绕横轴转动,迎角保持不变。影响飞机俯仰平衡的主要因素是机翼和水平尾翼升力产生的俯仰力矩。机翼的力矩主要是机翼升力对飞机重心构成的俯仰力矩。水平尾翼力矩是水平尾翼的升力对飞机重心所构成的力矩。

飞机重心位置的变化对其俯仰平衡具有较大的影响。由于大中型飞机的储油量较多,在飞机飞行过程中,随着燃油的消耗,会使飞机重心的位置发生变化。另外,地面运输人员对飞机进行的各项装载也会影响飞机的重心位置。飞机重心的位置是有严格限制的,如果按照飞机的技术规范进行装载,就不会使飞机的重心超过其允许的重心范围。如果对飞机载重安排得重心不符合规定要求,就会影响飞机的俯仰平衡,同时还会影响飞机的稳定性和操纵性。如果飞机的重心过于靠前,则会使飞机的低头力矩过大;若飞机的重心过于靠后,会使飞机的抬头力矩过大。

3. 保持飞机俯仰平衡的方法

驾驶员可通过控制升降舵的偏转角度保持飞机的俯仰平衡。驾驶员操纵驾驶盘,当前推驾驶盘时,升降舵向下偏转,使水平尾翼的升力增大,从而增大飞机低头力矩。当后拉驾驶盘时,升降舵向上偏转,使水平尾翼的升力减小,可使飞机抬头力矩增大。现代大型飞机由于纵向尺寸大,重心纵向位移量较大,单靠升降舵不能保证在各种飞行状态下的纵向平衡,因此现代大中型飞机的水平安定的安装角大多是可调节的。需要长时间或大角度操纵升降舵时,可以改变水平安定面的安装角实现纵向配平。

4. 飞机的横向平衡及方向平衡

飞机的横向平衡是指作用于飞机的各滚转力矩之和为零,飞机取得横向平衡后,不绕纵轴滚转。影响飞机滚转平衡的主要因素是两侧机翼的升力对飞机纵轴形成的力矩。驾驶员可通过操纵驾驶盘,从而操纵副翼的偏转角,来保持飞机的横向平衡。

重心位置左右移动,会影响飞机的横向平衡。重心位置右移,右翼升力至重心的距离缩短,使飞机向左滚转的力矩减小,左翼升力至重心的距离加长,使飞机向右滚的力矩增大,这将迫使飞机向右滚转。如果左右翼油箱的燃油消耗不平衡,即左右翼油箱的燃油量相差较大,会导致飞机重心左右移动,从而破坏飞机的横向平衡。

飞机的方向平衡是指作用于飞机各偏航力矩之和为零,飞机取得方向平衡后,不绕立轴转动。影响飞机方向平衡的主要因素是垂直尾翼上的气动力。驾驶员可通过操纵方向舵脚蹬,控制方向舵的偏转角来保持飞机的方向平衡。飞机左右配载不平衡,对横向平衡也有一些影响,大型货机通常需要对左右配载总量进行检查,务必在规定的安全范围内。

7.6.3 飞机的稳定性

1. 稳定性

在飞行中,飞机会经常受到各种各样的扰动,如气流的波动,发动机工作的不均衡,驾驶员偶然触动杆舵等,这些扰动会使飞机偏离原来的平衡状态。在偏离后,飞机能否自动恢复原状,这就是有关飞机的稳定或不稳定的问题。

因此,飞机的稳定性就是在飞行中,当飞机受微小扰动(如气流波动)而偏离原来状态,并在扰动消失以后,不经飞行员操纵,飞机能自动恢复原来平衡状态的特性。

要说明如何使飞机在空中稳定地飞行,先来看一下物体,比如说圆球的稳定情况。

一个物体的稳定和它是否平衡有关。例如一个圆球首先应能平衡,然后才有稳定。如图 7.40 所示,当圆球处于平衡状态时,对它稍加一点力,使它离开原来的状态,外力一取消,它立刻就恢复到原来的状态。这种情况叫“稳定平衡”。如果加外力后它就离开了原位,外力取消后,并不能恢复到原来状态,这就叫“不稳定平衡”。如果施加外力后,小球偏离原来的状态,当外力消失时,小球在一个新的位置处于平衡状态,此情况称为随遇平衡或中和稳定。

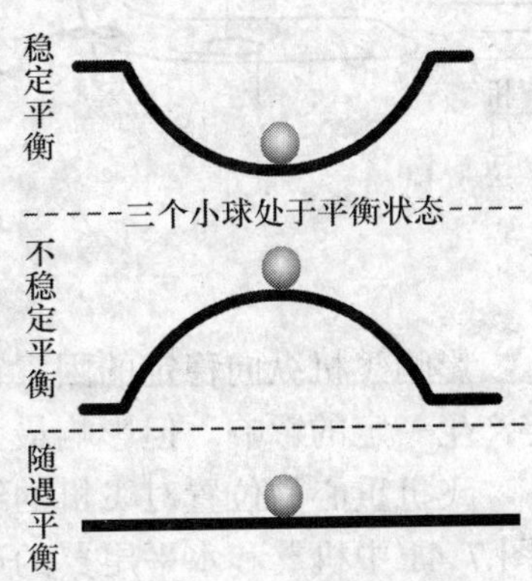

图 7.40　圆球的三种平衡状态

飞机的情况也是一样,也有稳定、不稳定和中和稳定三种情况。

如果飞机在空中做水平直线等速飞行,这时升力等于重力,推力等于阻力,各个力量互相抵消,同时各个力矩也互相抵消,那么,这架飞机处于平衡状态,正在平衡地飞行。

倘若飞机受到一个小的外力短瞬的干扰(例如突然吹来一阵风),破坏了它的平衡,在外力取消后,驾驶员不加操纵,飞机靠自身某个构件产生的力矩,就能恢复到原来的飞行状态,这架飞机就是稳定的。否则就是不稳定的。如果始终保持一定的偏离,或则转入另一种平衡飞行状态,那么,这架飞机就是中和稳定的。飞机在平衡状态下,具有自动恢复平衡状态的能力,这就是飞机的稳定性。

飞机与圆球的运动有一点不同,即飞机是在空间飞行,而圆球是在平面上滚动的,因此,飞机是否稳定须按三个互相垂直的轴来考虑。这三根轴都是通过飞机的重心。飞机重心就是飞机重力的作用点。从机头贯穿机身到机尾的轴叫纵轴,其方向指向前。从左翼通过飞机到右翼,并与纵轴垂直的轴叫横轴,这两根轴同处水平面内。通过重心并和这两根轴垂直的轴叫立轴。飞机绕这三根轴线有纵向、方向和侧向稳定。同时也有三种运动,绕横轴的运动叫俯仰运动,绕立轴的叫偏航运动,绕纵轴的运动叫滚转运动。

2. 飞机纵向稳定性(俯仰稳定性、仰角稳定性)

飞机纵向稳定性指飞机受微小扰动迎角发生变化,自动恢复原来迎角的特性。飞机是通过水平尾翼产生的附加升力,对机场重心形成机头下俯或上仰的安定力矩来获得迎角稳定性的。此外,飞机的重心位置对迎角安定性有较大影响,所以,飞机的配载是很重要的。

影响飞机纵向稳定的一个重要因素是飞机迎角的变化。如图 7.41 所示,当飞机做平衡飞行时,若有一个小的外力干扰,使它的迎角变大或变小,飞机抬头或低头,绕横轴上下摇摆。外力消除后,驾驶员不操纵飞机,而靠飞机本身的构造产生一个力矩,使它恢复到原来的平衡飞行状态,则这架飞机是纵向稳定的。如果飞机不能靠自身的机构恢复原来的状态的,就叫纵向不稳定。如果它既不恢复,也不远离,总是上下摇摆,就叫纵向中和稳定。

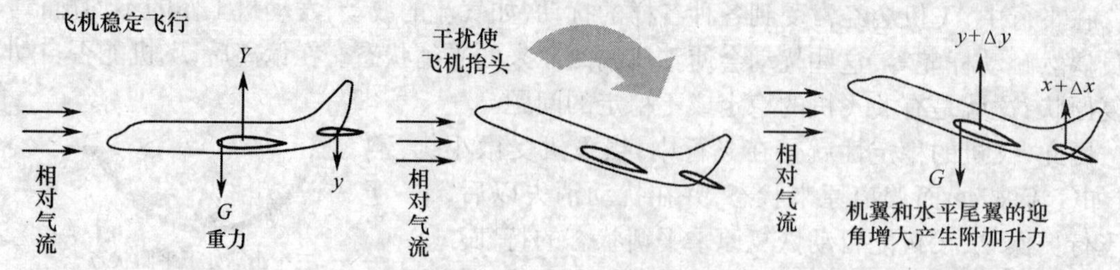

图 7.41　飞机的纵向稳定性

影响飞机纵向稳定的因素很多,差不多飞机上每一个大部件(如机身、机翼等)都对稳定产生一定的影响。但影响最大、起决定作用的因素是水平尾翼和飞机重心位置。

飞机重心的位置对飞机的纵向稳定性具有影响。若飞机重心后移,会导致稳定力矩(图 7.41 中机翼和水平尾翼的迎角增大产生附加升力而形成的相对于飞机重心的力矩)减小,使其纵向稳定性变差,严重时甚至会失去纵向稳定性。为了保证飞机具有足够的纵向稳定性,重心向后移动不允许超过极限位置,此极限位置称为重心后极限。若飞机重心前移,则稳定力矩增大,纵向稳定性增强。但是稳定性过强会使操纵性变差,为了保证飞机具有一定的操纵性,飞机的重心位置不能无限前移,允许重心移动的最前极限位置称为飞机重心前极限。

综上所述,重心位置的变化与飞机纵向稳定性强弱有直接关系,因此,对载重平衡人员来讲,必须认真负责地做好重心位置的计算和载重平衡表的填制,以保证飞机具有纵向稳定性。

3. 飞机方向稳定性

飞机绕立轴的稳定运动叫方向稳定(又叫航向稳定),飞机方向稳定表现为偏航角的变化,偏航角是飞机纵轴同飞行方向之间所夹的角度。

因此,飞机方向稳定性是指飞机受到扰动使方向平衡遭到破坏,扰动消失后,飞机又趋向于恢复原来的方向平衡状态。飞机的方向稳定力矩是在侧滑中产生的。飞机的侧滑是指飞机的运动方向同飞机的对称面不平衡,相对气流是侧前方(左、右侧)流向飞机的飞行状态。飞机主要依靠垂直尾翼的作用产生一个对飞机重心的安定力矩使机头左、右偏转来消除飞机侧滑的。

飞机稳定飞行时,偏航角等于零,如飞机受到一个小的外力干扰,破坏了它的平衡,产生了偏航角,当外力取消后,飞机不需驾驶员操纵,靠其本身的构造就能消除偏航角,自动地恢复到原来的飞行状态,这架飞机就是方向稳定的,否则就是方向不稳定的。

对飞机方向稳定影响最大的是垂直尾翼。如图 7.42 所示,起初飞机做稳定飞行,不存在偏航角,处于平衡状态。倘若一阵风突然吹来,使机头向右偏,便产生偏航角,阵风消失后,飞机仍保持原来的方向,向前冲一段距离。这时相对风吹到垂直尾翼上,产生了一个向右的附加力。这个附加力对飞机重心产生了一个向左的稳定力矩,使机头向左偏,经过一阵短时间的摇摆,消除了偏航角,终于恢复到原有的飞行状态。

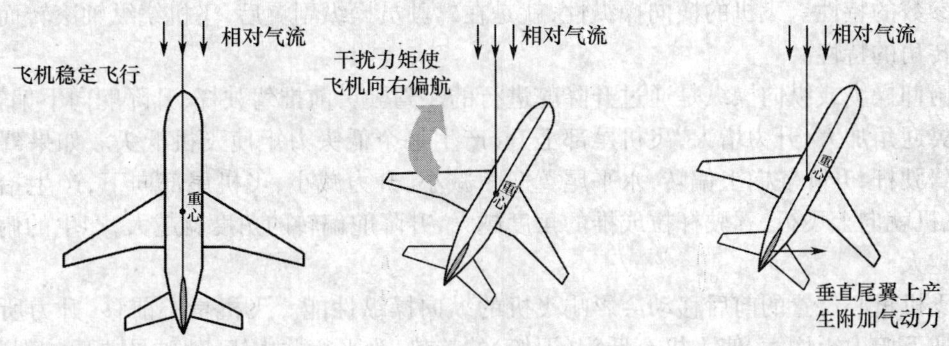

图 7.42　飞机的方向稳定性

4. 飞机侧向稳定性

侧向稳定性飞机绕纵轴的稳定运动叫侧向稳定性。如图 7.43 所示,假定飞机在稳定状态下飞行,如果有一个小的外力干扰,使机翼一边高一边低,绕纵轴发生倾斜。当外力消失后,不需要驾驶员的操纵,飞机靠本身的构造产生了一个恢复力矩,自动恢复到原来的飞行状态,这架飞机就是侧向稳定的,否则就是侧向不稳定的。

图 7.43　飞机的侧向稳定性

因此,飞机侧向稳定性是指在飞行中,飞机受到扰动以致横侧平衡状态遭到破坏,而在扰动消失后,飞机又趋向于恢复原来的横侧平衡状态。飞机的横侧稳定性主要是靠机翼上的反角、后掠角和垂直尾翼的作用产生的。

飞机的方向稳定性和横侧稳定性之间有着密切的关系,不能一个稳定性很大,一个却很小。例如,横侧稳定性过强会使飞机产生飘摆。飞机的重心对侧向稳定性也有一定的影响,一些大型宽体机要求修正飞机的侧向重心。如 B747 客货混装机、全货机、MD-11 货机等。

保证飞机侧向稳定的因素主要是机翼的上反角和后掠角。

7.6.4　飞机的操纵性

飞机的操纵性是飞机跟随驾驶员操纵驾驶杆、脚蹬舵动作而改变其飞行状态的特征。

飞机必须具有可操纵性,能改变原来的平衡状态,实现起飞、降落、转弯等飞行状态的变化。飞机在空中的操纵是通过三个操纵面即升降舵、方向舵和副翼来进行的。转动这三个操纵面,在气流的作用下就会对飞机产生操纵力矩,使之绕横轴、立轴和纵轴转动,以改变飞行姿态。操纵飞机的方向舵,使飞机改变其迎角的能力称为飞机的俯仰操纵性。飞机的方向操纵性,就是在驾驶员操纵方向舵操纵方向之后,飞机绕立轴偏转而改变飞行状态参数的特性。飞机的横向操纵性，就是在驾驶员操纵副翼后，飞机绕纵轴滚转而改变其滚转角的特性。

俯仰操纵或纵向操纵是通过升降舵进行的。驾驶员前推驾驶杆，升降舵向下偏转，水平尾翼迎角加大，升力增大，飞机尾部上升，产生一个低头力矩使飞机低头。如果驾驶员后拉驾驶杆，升降舵向上偏转，水平尾翼迎角减小，升力减小，飞机尾部向下，产生抬头力矩，飞机就向上飞行，驾驶杆拉或推的角度越大，升降舵偏转的角度就越大，产生的俯仰力矩就越大。

飞机重心位置的前后移动会影响飞机的纵向操纵性能。飞机重心前移，升力所形成的附加下俯力矩增大，使飞机有低头(下俯)的趋势，为平衡此力矩，驾驶员要后拉驾驶杆，使升降舵向上偏转，以产生一个上仰操纵力矩；飞机重心后移，升力所形成的下俯力矩减小，飞机有抬头(上仰)趋势，为平衡此力矩，驾驶员要前推驾驶杆，使升降舵向下偏转，以产生一个下俯操纵力矩。因此，重心前移，增大同样的迎角，所需要的升降舵上偏角增大，重心前移越多，上偏角越大，但升降舵上偏角是有一定限度的，重心前移过多，就可能出现即使驾驶杆拉到底，飞机也不能增加到所需要的迎角，因此重心位置应有个前限，称为重心前极限。飞机重心位置靠前，迎角变化时稳定力矩大，使飞机不容易改变迎角，即重心靠前的飞机对俯仰操纵的反应比较迟钝。飞机重心位置靠后，迎角变化时稳定力矩较小，使飞机容易改变迎角，即重心靠后的飞机对俯仰操纵的反应比较灵敏。由此可见，俯仰稳定性强的飞机，俯仰操纵时比较迟钝；俯仰稳定性弱的飞机，俯仰操纵时比较灵敏。

方向操纵由改变方向舵的偏转角度实现，当飞机直线飞行时方向舵在中立位置，和机身纵轴重合，如果要向右转弯，驾驶员踩右脚蹬，方向舵向右转，相对风吹向方向舵，就使方向舵产生一个向左的力，对重心形成右转的力矩，飞机绕立轴向右转。如果要使飞机左转则要踩左脚蹬，方向舵左转产生左转力矩。

横侧操纵是指飞机绕纵轴的横向滚转。它是由操纵副翼实现的，副翼在左右两翼外端后缘各一块(或两块)，它们的运动被设计成相反的，即左侧副翼上偏时，右侧副翼一定下偏。如果要使飞机向左侧倾斜，驾驶员向左转动驾驶盘，这是左侧副翼上偏，右侧副翼下偏。下偏一侧机翼的迎角增大，升力增大，从而使右侧机翼的升力增大，左侧机翼的升力减小，形成向左侧滚转的力矩，飞机向左侧滚转。当驾驶员向右转驾驶盘时，飞机则向右滚转。

一架飞机在稳定飞行时，倘若驾驶员用不大的力施加在驾驶盘或脚蹬上，改变一个操纵舵面的偏转角度，飞机很快做出反应，改变了飞行状态，那么这架飞机的操纵性能是好的；倘若反应很慢，则就是操纵不灵敏。操纵性好的飞机，稳定性必然下降，因此飞机的操纵性和稳定性要达到合理的平衡。

为保证飞机有良好的操纵反应，使飞机的操纵性和稳定性达到合理的平衡，要求稳定性不要过强或过弱，必须限制重心的前限或后限。配载平衡后的飞机，重心在前后极限的范围内是安全的。

7.6.5 飞机重心位置的计算

飞机重心的计算方法有代数法、站位法、指数法、图表法、计算机配载平衡等，其中代数法是各种计算方法的基础。

1. 代数计算法

(1) 定义：以重心到基准点的距离作为未知数 x，按照逐项计算力矩，最后求算重心位置的方法，叫代数计算法。

(2) 原理公式：

重心到基准点的距离 = 总力矩 ÷ 总重量

从俯仰平衡的角度来看，飞机的重心是使下俯力矩和上仰力矩在数量上相等的一点，即上仰力矩之和等于下俯力矩之和。

(3) 计算方法：从其定义和原理公式可知，重心的位置是由重心到基准点的距离来表示，首先要设定基准点；其次应求算总力矩和总重量；即可得出重心距离基准点的长度。

[例] 如图 7.44 所示，AB 长 9m，A 点重量 1kg，B 点重量 2kg。求重心位置。

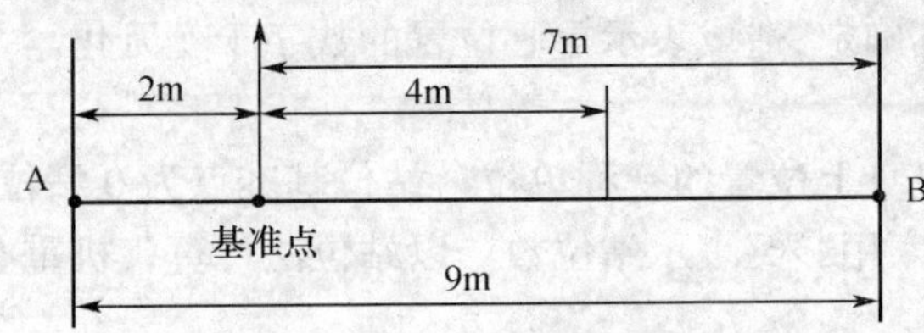

图 7.44　重心位置计算图 1

解 1：设基准点在 A 右方 2m 处，则

$$A点力矩 = (-2) \times 1 = -2(kg \cdot m)$$

$$B点力矩 = 7 \times 2 = 14(kg \cdot m)$$

所以　　重心位置 = (−2 + 14) ÷ (1 + 2) = 4m

即重心位置在基准点右 4m，A 点右面 6m 处。

解 2：设基准点 B 在右边 1m 处（见图 7.45）。

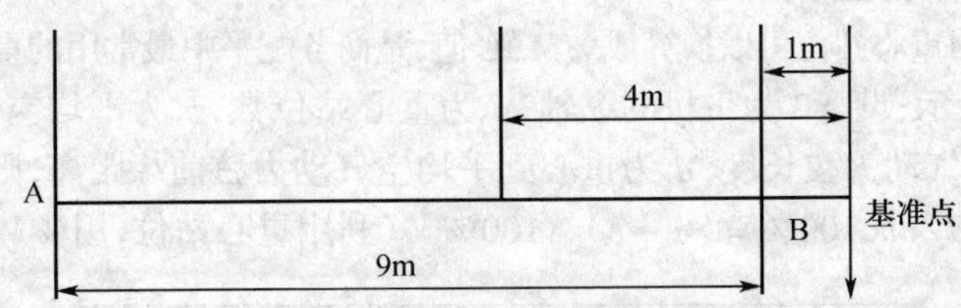

图 7.45　重心位置计算图 2

$$A点力矩 = (-10) \times 1 = -10(kg \cdot m)$$

$$B点力矩 = (-1) \times 2 = -2(kg \cdot m)$$

所以　　重心位置 = (−10 − 2) ÷ (1 + 2) = −4m

即重心位置在基准点左 4m，重心位置仍在 A 点右面 6m 处。

由此可见：计算重心位置不受基准点变化的影响（注意：以上计算中的力臂有方向，力矩数为矢量值）。

(4) 计算飞机重心位置的方法。

① 根据计算的方便随意在飞机的机身纵轴线上假设一个基准点。

计算原理：

在基准点的前面增加重量:(-)力矩

在基准点的后面增加重量:(+)力矩

在基准点的前面减小重量:(+)力矩

在基准点的后面增加重量:(-)力矩

② 把飞机上装载的各项重量个别根据它们距离基准点的力臂长度,逐项算出装载力矩数。

③(每架飞机的空机重量和空机重心位置飞机制造厂已提供,即可求出飞机的空机力矩)以空机力矩数为基础,加上装载力矩数,得出飞机装载后的总力矩。

④ 总力矩再除以总重量,得飞机装载后得重心距离基准点的长度,即重心位置得所在。

代数计算法是计算飞机重心位置的基本方法。计算中基准点的改变不影响重心位置。但由于基准点的不确定,造成表示重心位置的数字千变万化。

2.站位法

站位是用以表示机身上位置的一种单位。站位基准点为0站位。采用英制的国家用"英寸",采用公制的国家用"米"表示站位数。以站位法计算飞机重心,可以具体分为以下三种方法。

1)站位基准点法

应用代数法的计算方式,设定"零站位"点为基准点,逐项计算力矩,最后计算重心位置。与代数计算法相比,站位法固定其基准点为"零站位"点,因此站位法计算出重心位置的数据是唯一的。但以站位数表示的重心位置,在商务配平中不常用(在机务维修中更适合)。

2)平均空气动力弦百分比法

平均空气动力弦(MAC:Mean Aerodynamic Chord)百分比:飞机重心的前后位置,常用重心到某特定翼弦上投影点到该翼弦前缘点的距离,占该翼弦的百分比来表示,这就是平均空气动力弦百分比。

以上结果中的重心站位可以换算成%MAC值,是商务配平中最常用的重心表示方法。

如图7.46所示,设AB为飞机的纵轴,a为重心站位数,b为平均空气动力弦前缘站位数,c为平均空气动力弦长度,d为重心到平均空气动力弦前缘距离,则

$$\%MAC = d/c \times 100\% = (a-b) \times 100\%$$ (利用重心站位,用%MAC表示)

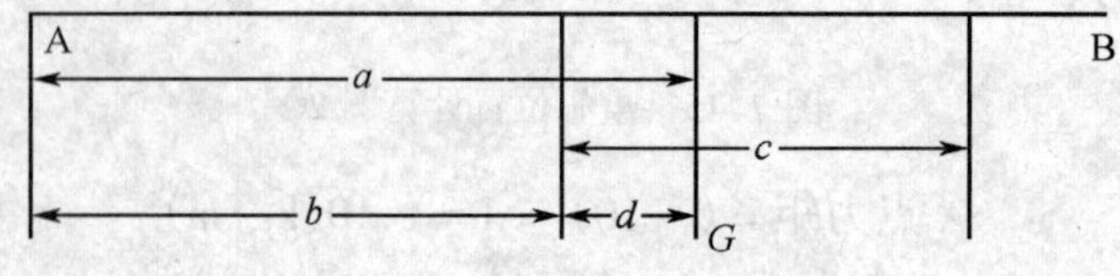

图7.46 重心位置计算图3

3)平衡基准点

有些机型的载重平衡计算,除利用站位基准点的坐标体系外,另外选定一点作为"平衡基准点",所有的力臂长度都以"平衡基准点"为准计算。这就需要把各个装载项目原来以站位基准点为准计算的力臂换成距平衡基准点的长度,再求算重心位置。计算结果是重心距离平衡基准点的长度,但不是重心的站位数。需要把这个长度和平衡基准点的站位数相加,才是重心的站位数,再换成%MAC值。大部分机型均采用平衡基准点作为指标体系。

站位法计算飞机重心有诸多优点，但千篇一律的“零站位”基准点在计算某一机型时可能会带来计算的不便。根据基准点的选择不影响重心位置的原理，为计算的方便，在站位法的基础上，更进一步选择方便计算的基准点（平衡基准点）计算重心位置。因为这种方法方便准确，在商务配平中，大部分机型均采用平衡基准点代替站位基准点为新的坐标体系计算飞机重心。

3. 指数计算法

重心指数是为了便于计算出飞机重心位置而采用的和力矩数具有一定关系的一种数值，用于配载图上。

1）以力矩数为基础的指数

（1）定义：以力矩数为基础的指数是以力矩数作为基数，按照一定的规定换算成指数，这种方法叫以力矩数为基础的指数。

（2）方法：确定两类力矩数。

① 固定力矩数：空机力矩、基本重量力矩数是固定的。

② 变动力矩数：燃油、旅客、货物的重量数是变动的，但客座的位置、货舱的位置、油箱的位置是固定的。可预先计算出每个固定位置的单位载量力矩数。

（3）计算步骤：

① 求单位装载量的力矩数，如第一排载一位旅客，力矩数的多少作为基数，再乘以缩小系数（如 1/1000，1/3000 等，因机型不同而不同），即为单位装载量的指数。

② 把所有的指数相加（包括固定力矩数变动力矩数），得出总力矩指数。

③ 查表得出无油重量的重心、落地重量的重心和起飞重量的重心。

计算表根据计算总力矩、总重量、重心位置的关系，画成表格。计算表的设计目的是通过已知的总力矩指数，求飞机重心的平均空气动力弦百分比。

例如 A300－600R 的重心位置计算。该机型基重指数计算公式如下：

$$\mathrm{BOI}=\frac{(\mathrm{H\sim arm}-30)\times \mathrm{DOW}}{2000}+400$$

式中：BOI 为基本重量指数，有的机型表示为 DOI；H ~ arm 为以米为单位的力臂数（站位数）；30 为平衡基准点站位；DOW 为修正后的基本重量值；2000 为缩小系数；40 为常数。

指数的计算步骤：

① H ~ arm－30，把载量的站位力臂换算成平衡基准点为准的力臂长度。

② （H ~ arm－30）× DOW，力臂乘以重量，得出基本重量的力矩数。

③ $\mathrm{BOI}=\frac{(\mathrm{H\sim arm}-30)\times \mathrm{DOW}}{2000}$，缩小系数得出指数。

④ $\frac{(\mathrm{H\sim arm}-30)\times \mathrm{DOW}}{2000}+40$ 加常数使之为正，更方便计算，得出基本重量指数 BOI。这就是填表时已知的飞机基本重量指数。

⑤ 除加常数 40 外，按照以上计算步骤，再预先求算出单位载量指数。

配载平衡时的计算步骤。

① 根据单位载量指数求算出实际业载的指数。

② 把所有的指数相加（包括基本重量指数），得出总指数。即总力矩数。

③ 查表可求得无油重心位置。加上油量指数，又可查得起飞重量指数。

指数法的特点：以力矩数为基础，在平衡基准点法的基础上，把数字缩小，把大量的计算过程以计算表的形式代替，一步完成多步计算过程，方便快捷。所有的波音飞机与空客飞机都采用这种方法求算重心位置。

2）以平均空气动力弦百分比为基础指数

从计算飞机重心位置的公式和计算以%MAC来表示飞机重心位置的公式中可以看出，在总重量不变的条件下，总力矩和%MAC之间有一定的关系，力矩数越大，%MAC也越大，因而也可以用%MAC作为指数。

原理方法：

(1) 用%MAC作为指数，把空机重心%MAC作为空机指数。

(2) 算出各种装载项目的单位载量对空机重心%MAC的影响数值(即在空机上装了这个单位装载量以后，使空机%MAC重心位置移动多少，通常用Δx%MAC表示)，称为单位装载量指数。

(3) 有了这两种指数，算出飞机装载后的总指数。

(4) 根据总指数和装载量从预先计算和绘制成的表中求出相应的起飞全重重心位置%MAC。

这种计算方法的原理比较抽象，基本指数的修正过程复杂，目前只有少数机型采用，如IL系列、TU系列等。

4. 平衡图表法

平衡图表法是指数法的图表化。它保留指数法中重要的重心位置计算表，以基本重量的指数为基准，折线型的平衡图则利用每格指数的左右移动加总指数。指数型的平衡图更准确地列出各固定载量位置的不同装载指数，计算加总。平衡图表法的原理与指数法完全相同。

5. 计算机配载平衡

计算机配载平衡仍根据代数法的计算原理，它所有的计算过程均由计算机程序代替。在输入飞机数据(飞机基重、基重指数、油量、载量等)后，自动计算重心位置。其优势在于更准确快捷，重心调整更方便，而且可考虑到更多影响细节，这是手工计算无法做到的。

代数法计算重心位置是最基本的方法。站位法中的平衡基准点运用是很常见的。波音的几乎全部机型都是采用以力矩数为基础的指数法，计算机配载平衡也是采用这一原理。

7.7 配载表与平衡图的制法

以波音737－800飞机为例，整架飞机能载客168人，即便是只载50位客人，机场的工作员也不一定会将50名客人都集中在同一个区域，因为顾虑“平衡”的因素，可能会将50位旅客安排坐到客舱中的不同区。其实，B737－800的客舱中有3个区域(只是乘客并不清楚)：1排～3排是A区，有18个座位，6排～18排是B区，有72个座位，19排～31排是C区，有78个座位，旅客平均分散在不同的区域中。而旅客的行李也是以相同方式安放在货舱中，但但货舱却有4个区域，中间有隔板和隔网区域。因为货品、行李都必须安安稳稳的固定好，决不允许在飞行中滑动，所以每个货舱中有多少货？货有多重、多大？都必须确实地记录于“载重平衡表”(见图7.47)，这是飞机放行的重要文件。

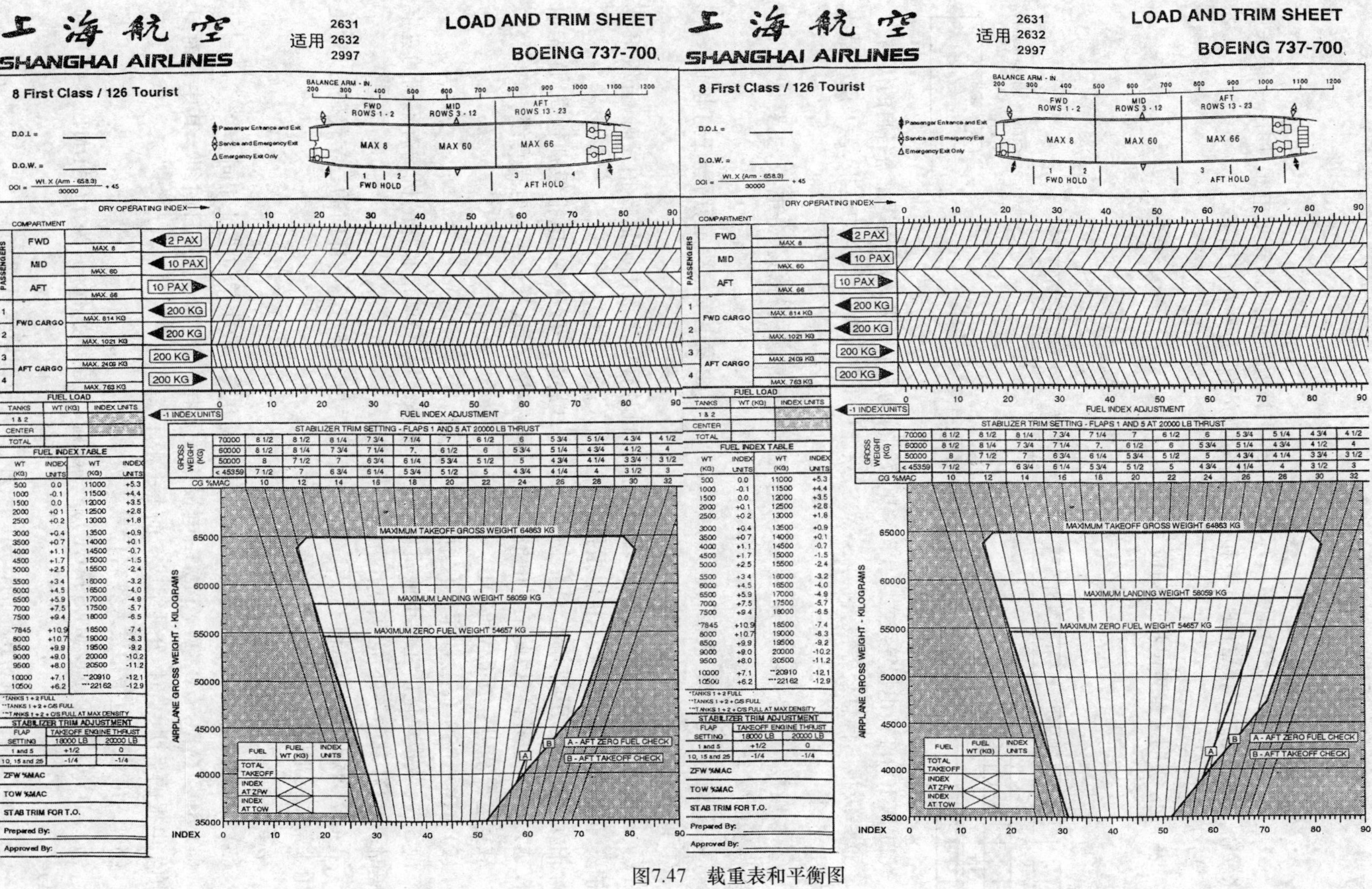

上海航空 SHANGHAI AIRLINES

LOAD AND TRIM SHEET

BOEING 737-700

适用 2631 2632 2997

8 First Class / 126 Tourist

D.O.I. =

D.O.W. =

$DOI = \frac{WT. X (Arm - 658.3)}{30000} + 45$

Passenger Entrance and Exit
Service and Emergency Exit
Emergency Exit Only

BALANCE ARM - IN. 200 300 400 500 600 700 800 900 1000 1100 1200

FWD ROWS 1-2 MAX 8 | MID ROWS 3-12 MAX 60 | AFT ROWS 13-23 MAX 66

1 2 FWD HOLD | 3 4 AFT HOLD

DRY OPERATING INDEX

	COMPARTMENT		
PASSENGERS	FWD	MAX. 8	2 PAX
	MID	MAX. 60	10 PAX
	AFT	MAX. 66	10 PAX
1	FWD CARGO	MAX. 814 KG	200 KG
2		MAX. 1021 KG	200 KG
3	AFT CARGO	MAX. 2409 KG	200 KG
4		MAX. 763 KG	200 KG

FUEL LOAD

TANKS	WT (KG)	INDEX UNITS
1 & 2		
CENTER		
TOTAL		

-1 INDEX UNITS

FUEL INDEX TABLE

WT (KG)	INDEX UNITS	WT (KG)	INDEX UNITS
500	0.0	11000	+5.3
1000	-0.1	11500	+4.4
1500	0.0	12000	+3.5
2000	+0.1	12500	+2.8
2500	+0.2	13000	+1.8
3000	+0.4	13500	+0.9
3500	+0.7	14000	+0.1
4000	+1.1	14500	-0.7
4500	+1.7	15000	-1.5
5000	+2.5	15500	-2.4
5500	+3.4	16000	-3.2
6000	+4.5	16500	-4.0
6500	+5.9	17000	-4.9
7000	+7.5	17500	-5.7
7500	+9.4	18000	-6.5
*7845	+10.9	18500	-7.4
8000	+10.7	19000	-8.3
8500	+9.9	19500	-9.2
9000	+9.0	20000	-10.2
9500	+8.0	20500	-11.2
10000	+7.1	**20910	-12.1
10500	+6.2	***22162	-12.9

*TANKS 1 + 2 FULL
**TANKS 1 + 2 + C/S FULL
***TANKS 1 + 2 + C/S FULL AT MAX DENSITY

STABILIZER TRIM ADJUSTMENT

FLAP SETTING	TAKEOFF ENGINE THRUST 18000 LB	20000 LB
1 and 5	+1/2	0
10, 15 and 25	-1/4	-1/4

ZFW %MAC

TOW %MAC

STAB TRIM FOR T.O.

Prepared By:

Approved By:

FUEL INDEX ADJUSTMENT

STABILIZER TRIM SETTING - FLAPS 1 AND 5 AT 20000 LB THRUST

GROSS WEIGHT (KG)												
70000	8 1/2	8 1/2	8 1/4	7 3/4	7 1/4	7	6 1/2	6	5 3/4	5 1/4	4 3/4	4 1/2
60000	8 1/2	8 1/4	7 3/4	7 1/4	7.	6 1/2	6	5 3/4	5 1/4	4 3/4	4 1/2	4
50000	8	7 1/2	7	6 3/4	6 1/4	5 3/4	5 1/2	5	4 3/4	4 1/4	3 3/4	3 1/2
< 45359	7 1/2	7	6 3/4	6 1/4	5 3/4	5 1/2	5	4 3/4	4 1/4	4	3 1/2	3
CG %MAC	10	12	14	16	18	20	22	24	26	28	30	32

AIRPLANE GROSS WEIGHT - KILOGRAMS

MAXIMUM TAKEOFF GROSS WEIGHT 64863 KG

MAXIMUM LANDING WEIGHT 58059 KG

MAXIMUM ZERO FUEL WEIGHT 54657 KG

A - AFT ZERO FUEL CHECK

B - AFT TAKEOFF CHECK

FUEL	FUEL WT (KG)	INDEX UNITS
TOTAL TAKEOFF		
INDEX AT ZFW		
INDEX AT TOW		

INDEX 0 10 20 30 40 50 60 70 80 90

65000 60000 55000 50000 45000 40000 35000

图7.47 载重表和平衡图

7.7.1 载重平衡表构成

1. 载重表

载重表(LOADSHEET)用来填写航班的载重情况并供遍拍载重电报使用,一般采用3张一份。以B737-700的载重表和平衡图为例介绍,主要内容如下。

1) 基本情况栏

表7.28表明了载重电报的构成。

表7.28 基本情况栏

PRIORITY ADDRESS(ES)

ORIGINATOR

ALL WEIGHTS IN KILOGRAMS

DATE

FLIGHT · A/C REG · VERSION · CREW

(1) PRIORITY:电报等级二字代码。电报划分为5个等级,每个等级都有各自的代码。

① 一级报。特急公务报,代号SS、QS,只能用于涉及生命安全的电报,涉及航空器事故的电报。

② 二级报。代号QC,是通信人员用作澄清特殊情况的特急公务电报,主要是为保护系统性能的安全。

③ 三级报。为急报、快报,代号为QU、QX。可由发电单位决定,用于任何电报。

④ 四级报。没有等级代号。

⑤ 五级报。代号为QD、QK。普通电报。同时有更高级电报需要拍发时,五级报最后拍发,但不得迟于次日上午将电报投递给收电人。

拍发电报要使用国际航空通信协会(SITA)线路。一般来说,电报级别越高,优先拍发权越大,费用也越高,因此拍发电报时应根据具体情况,选择适当的电报等级。

载重电报常用三级报代码QU。

(2) ADDRESS(ES):收报单位地址7字代码。

前3位:收报单位所在城市或机场的三字代码,当某一城市和它的机场有不同的三字代码时,如发往其中一处,必须使用相应的代码。

第4位、第5位:工作部门代号,国际航空通信协会规定了各部门的二字代码,以方便使用。常用的部门二字代码,见附录7.1。

第6位、第7位:航空公司二字代码。

(3) ORIGINATOR:发电单位地址。其组成方式与收报单位地址相同。

(4) RECHARGE/DATE/TIME:电报拍发委托人(付费人)及日时组。其中日时组由拍发电报的日期、小时、分钟组成。前者一般不填写。

(5) INITIAL:电报拍发人签名代号。

(6) LDM(LOADING MESSAGE):载重电报三字识别代码,为LOADMESSAGE的缩写。

(7) DATE:填写航班执行的日期(年、月、日),也即填表日期。

(8) A/C REGN：飞机的注册编号，为 AIRCRAFT REGISTER NUMBER 的缩写。

(9) VERSION：客舱最大可利用座位布局，即各等级舱位可使用座位数。

(10) CREW：机组组成情况，为“飞行人员数/乘务人员数/随机机组人数”。所谓随机机组是指乘坐本航班，但不执行此次航班任务的机组。如 5/08，表示飞行 5 人，乘务 8 人；如有随机机组人员或其他加入机组的人员，但不执行任务，则填写在最后，如 5/08/02。

(1)项～(6)项有关内容一般在配平时可简单填写，如只填写收报和发报的城市三字代码和电报等级等，但在航班起飞后拍发 LDM 报时，必须详细拍发。

2) 飞机操作重量栏

飞机操作重量栏如表 7.29 所列。

表 7.29　操作重量计算栏

BASIC WEIGHT			ADJUSTMENTS TO D.O.W.
CORRECTIONS	+ −		
DRY OPERATING WEIGHT	=		
TAKE-OFF FUEL	+		
OPERATING WEIGHT	=		

(1) “BASIC WEIGHT”栏：飞机的基本重量(包括标准机组及食品)。

(2) “CORRECTIONS”栏：对飞机的基本重量的修正，如机组、食品(PANTRY)的增减等。修正机组的重量，是除去标准机组外，所增加或减少的机组人员的体重。每名按 80kg 计算；有些机型的食品、餐具等项重量未计入基重内，需要在此处进行重量修正。如果额定食品已计入基重之内，但实际的食品重量与额定值不同，则也需在此处进行修正。

(3) “DRY OPERATION WEIGHT”栏：飞机修正后的基本重量(即为前几项代数和)。

(4) “TAKE－OFF FUEL”栏：该飞机本次飞行的起飞油量，不含滑行用油。

(5) “OPERATING WEIGHT”栏：飞机的操作重量，为(3)＋(4)之和。

3) 最大可用业载及剩余业载栏

最大可用业载及剩余业载栏如表 7.30 所列。

表 7.30　最大可用业载计算栏

		ZERO FUEL	TAKE-OFF	LANDING
MAXIMUM WEIGHT FOR				
TAKE-OFF FUEL	+			TRIP FUEL → +
ALLOWED WEIGHT FOR TAKE-OFF(LOWEST OF a,b,c)	=	a	b	c
OPERATING WEIGHT	−			
ALLOWED TRAFFIC LOAD	=			
TOTAL TRAFFIC LOAD	−			
UNDERLOAD	=			

(1) MAXIMUM WEIGHT FOR。

① ZERO FUEL:最大无油重量。

② TAKE - OFF:最大起飞重量。

③ LANDING:最大落地重量。

(2) TRIP FUEL:航段耗油量。

(3) ALLOWED WEIGHT FOR TAKE - OFF(LOWEST OF a、b、c):允许的起飞重量,为 a、b、c 三项的最小者。

① MAXIMUM WEIGHT FOR ZERO FUEL + TAKE - OFF FUEL。

② MAXIMUM WEIGHT FOR TAKE - OFF FUEL。

③ MAXIMUM WEIGHT FOR LANDING + TRIP FUEL。

选其中最小值在相应的栏内计算其他内容。

(4) ALLOWED TRAFFIC LOAD:最大可用业载。

(5) TOTAL TRAFFIC LOAD:该航班实际业载。该项内容可以根据下面的载量计算栏的相同内容填写。

(6) UNDERLOAD:剩余业载。

4) 载量计算与舱位布局栏

载量计算与舱位布局栏如表 7.31 所列。

表 7.31 载量计算与舱位布局栏

DEST	NO. OF PASS			TOTAL		DISTRIBUTION-WEIGHT				
	ADULT	CH	I			1	2	3	4	5
				Tr						
				B						
				C						
				M						
	/	/		T		1/	2/	3/	4/	5/
				Tr						
				B						
				C						
				M						
	/	/		T		1/	2/	3/	4/	5/
				Tr						
				B						
				C						
				M						
	/	/		T		1/	2/	3/	4/	5/
				Tr						
				B						
				C						
				M						
	/	/		T		1/	2/	3/	4/	5/
TOTAL				☒						

(1) DEST(Destination):到达站。填写城市或机场的三字代码。共有 4 栏,一般从最下一栏填写航班最后一站的情况,往上填写倒数第二站的情况,依次类推。对于直达航班,一般将到达站的情况填写在最下一栏内。

(2) NO. of PASS:旅客人数。包括成人(ADULT)、儿童(Ch)、婴儿(I)的人数。

(3) TOTAL:除旅客重量以外的所有业载的重量。

Tr(TRANSIT):过境业载。过站至到达站的旅客人数、行李、邮件和货物的重量之和,如果是集装设备型飞机,此栏数字指集装设备的自重。对于直达航班来说,没有过站的重量,所以此栏空白。

B(BAGGAGE):行李重量。

C(CARGO):货物重量。

M(MAIL):邮件重量。

T(TOTAL):到达该站的所有行李、邮件和货物的重量。

(4) DISTRIBUTION WEIGHT:舱位装载情况。“1”表示1号货舱,“2”表示2号货舱,依次类推。填写到达该站的B、M、C在各货舱的装载重量及总重量。

5) 旅客座位分布栏

旅客座位分布栏如表7.32所列。

表7.32 旅客座位分布栏

PASS		PIECE		
F	Y	B	C	M
F	Y	B	C	M
F	Y	B	C	M
F	Y	B	C	M
F	Y	B	C	M

(1) F为头等舱,Y为经济舱。

(2) PASS:填写到达该站的旅客F、Y各舱的人数。

(3) PIECE:填写到达该站的行李、货物的件数。

(4) TOTAL:填写该航班上在F、Y舱乘坐的旅客总人数。

6) 剩余业载与最后修正栏(LAST MINUTE CHANGES)

剩余业载与最后修正栏如表7.33所列。

表7.33　剩余业载最后修正栏

LAST MINUTE CHANGES				
DEST	SPEC	CL/CMPT	+	−
	LMC+/−TOTALS			

(1) DEST(Destination):目的地。

(2) SPEC(SPECIFICATION):修正项目。

例如增加2名旅客,则写成PASS*2;增加3件行李,则写BAG 3。

(3) CL/CMPT:发生变化的旅客所在舱位及发生变化的B、M、C所在货舱号。

(4) +/-:增加/减少。填写相应的栏。

(5) LMC+/-TOTAS:总共变化的重量。

2. 载重电报

在众多业务电报中,与载重平衡工作直接相关的有2种电报,即载重电报(LDM)和箱板分布电报(LDD)。箱板分布电报一般是紧跟在载重电报后面发出的,它是对货舱区装载情况的详细说明,一般只有对集装设备舱的机型才加发箱板分布电报报。载重电报是前方各站取得飞机的基本资料(BOW、BOI、CREW)和业载情况及其他有关信息的重要文件。

1) 载重电报的作用

拍发载重电报是为了让航班沿线各航站预先得知该航班的实际业载情况,以便各航站了解到达本站的业载情况,做好接机准备。同时,航线有关经停站了解本站的过站业载情况,以准确计算本站实际可用业载,并进行配载与平衡计算。

2) 拍发载重电报的规定

(1) 载重电报应在飞机起飞后 5min 内发出。

(2) 载重电报应根据载重表上最后结算的数字编制,必须和实际载重情况完全相符,因此,电报编好后要认真复核,防止写错、算错或用错代号。

(3) 飞机上如果载有特别重要、紧急的物品或有重要的事项通知前方某航站,可以在电文中用规定的代号或用文字做简要说明。如果文字过长,应另发电报。

(4) 载重电报识别代号为 LDM。由报头、电文和署名三部分组成。报头和署名的写法,以及电报中使用的代号、简语,都与查询行李电报相同。电文有固定的格式,基本内容是飞机的有关数据和运往每一个前方站的载重情况(依到达的先后顺序排列,最后为航班的终点站)。

3) 载重电报的内容与格式

(1) 载重电报的内容:

① 电报级别代码和收电单位地址。

② 发电单位地址及日时组。

③ 电报识别代号。

④ 航班号/当地日期(最多由 11 个字符组成)。

⑤ 飞机注册号(机号)。

⑥ 飞机舱位布局(F 舱座位数/C 舱座位数/Y 舱座位数)。

⑦ 机组人数(驾驶舱人数/乘务员人数)。

⑧ 到达站(指有业载下机的机场,在三字代码前加一个连字符号)。

⑨ 旅客人数(可表示为“成人/儿童/婴儿”或“成人男/成人女/儿童/婴儿”。如果某到达站无旅客下机,只有其他邮件、货物,则在相应地方上填零,如果到达站没有业载下机,就用“NIL”表示)。

⑩ 客舱行李重量。

⑪ 货物、邮件、行李总重量(用“T”表示)。

⑫ 舱位和载量。

⑬ 旅客所占座位(表示为“PAX/F 舱人数/C 舱人数/Y 舱人数”)。

⑭ PAD、SOC、AVI、DIP、FRG 等占用座位情况(表示方法与上类似)。

⑮ 补充信息。规定如下:应在载重报的底下表明,但须另起一行,以“SI”开头,并在其后空一格;如涉及多个到达站,应在每个到达站前加一点;最后修正要另起一行。“LMC”的信息必须与载重表的内容相符,到达站前后都要加一点,说明装载种类和集装板位置/加或减/重量。

(2) 载重电报的格式：

① 收报单位。

② 发报单位。

③ 航班号/日期、机号、飞机基本重量、机组、空机重心位置。

④ 到达站、旅客人数/行李重量/货物重量/邮件重量、行李件数/货物件数/邮件件数。

⑤ 行李、货物、邮件装载舱位。

⑥ 其他：重要旅客、紧急航空器材、动物、超大货物、冷冻货物、超重货物、孵蛋、尸体、纸型、急救用品、医疗用品、紧急货物、贵重物品、限制运输物品、危险品。

4) 载重电报范例

[例 7.7.1]

```
QU SZXTZCR SHAUOFM
.SHAUXFM 081625
LDM
FM377/8SEP B2810 58910 45.9 5/7
SZX 152.2/865/3399/68 F2 B74 C52 M7
- H1/865
- H2/1228
- H3/1800
- H4/439
TOW 74258
LDW 90258
TRIM 3.8
FUEL 16000
END OF LDM
```

[例 7.7.2]

1996 年 10 月 10 日，CA1309 航班(PEK—SHA—CAN)，飞机号 B－2508，机组 3/4，布局 F8/Y104。到达 SHA 站的业载情况为：成人 5/儿童 2/婴儿 0 人；行李 3 件/27kg/4 号舱；无邮件；货物 2 件/36kg/1 号舱。到达 CAN 站的业载情况为：成人 71 人/儿童 0 人/婴儿 1 人；行李 47 件/600kg/4 号舱；邮件 4 件/60kg/4 号舱；货物 22 件/345kg/1 号舱(其中有 1 件/3kg 的急救药品到 CAN)，根据以上情况拍发电报。

解：载重电报如下：

```
QU SHATZMU CANTZCZ CANFDCZ
.PEKTZCA 101230
LDM
CA1309/10·B - 2508·8/104·3/4
- SHA·5/2/0·T63·1/36·4/27·PAX/1/6
- CAN·71/0/1·T1005·1/345·4/600·PAX/5/64·PAD/0/2
SI CAN MED 1/3 H1
```

7.7.2 平衡图

在前面学习飞机重心计算的内容中可知,首先根据空机重量和空机重心,求出空机力矩;再求出各项装载重量的力矩,得到总力矩;由总力矩除以总重量就得到重心距离基准点的位置;再换算成平均空气动力弦百分比(%MAC),就是所需要的重心数据。

在填制平衡图时,完全遵照这一原理。平衡图(WEIGHT AND BALANCE MANIFEST)是指数法的图表化,基准点是平衡基准点位置,指数是力矩数的缩小数,空机力矩被基本重量指数代替。各项装载重量的力矩数即各业载的指数。基本重量指数和各业载的指数和就是总力矩。查表隐含了总力矩除以总重量,和换算成%MAC的过程。因此我们在填平衡图时,实际上要完成飞机总重量的计算和总指数(总力矩)的计算,以及查表(换算成%MAC)的工作。

1. 画配载图的原则

以B737-700为例,以空机重心指数为起点,从表的指数尺上找到这一点,由此向下引一条垂直线先与第一条线装载项目横标相交,由此交点按横标上所指的箭头方向向左或向右(向左指此项装载量使飞机重心前移,向右指重心后移)画一条横线,其长度格数应与实际装载量所折算的单位数相等,到达于一点。由此点再向下引垂直线与第二条横标线相交,再由此点画横线,以此类推,一直画到重心位置图表。这条从上面画下来的直线与重心位置图表区中的相当于这次起飞到起飞全重的重量横线相交于一点,就是飞机的重心位置所在。根据这个点在平均空气动力弦群中的位置,可以看出飞机重心的平均空气动力弦的百分数。

2. 具体画法

(1) 根据载重表中的数据修正后的基本重量(DRY OPERATING WEIGHT)和实际业载(TOTAL TRAFFIC LOAD)计算飞机的实际无油重量(ZERO FUEL)、实际起飞重量(TAKE-OFF)和实际落地重量(LANDING WEIGHT)。以B737-700为例,见表7.34。

表7.34 实际重量计算栏

PASSENGER WEIGHT	+	
TOTAL TRAFFIC LOAD	=	
DRY OPERATING WEIGHT	+	
ZERO FUEL WT MAX	=	
TAKE-OFF FUEL	+	
TAKE-OFF WT MAX	=	
TRIP FUEL	–	
LANDING WEIGHT MAX	=	

(2) 根据业载的安排情况由各舱指数表中查得相应指数填入平衡指数计算栏。这是平衡图填制的难点,也是关键。有时需要反复调整才能找到最佳的装载方案。注意:不能超过每个舱位限制的最大重量配载。业载重量填入空白栏内,指数要划出,如图7.48所示。

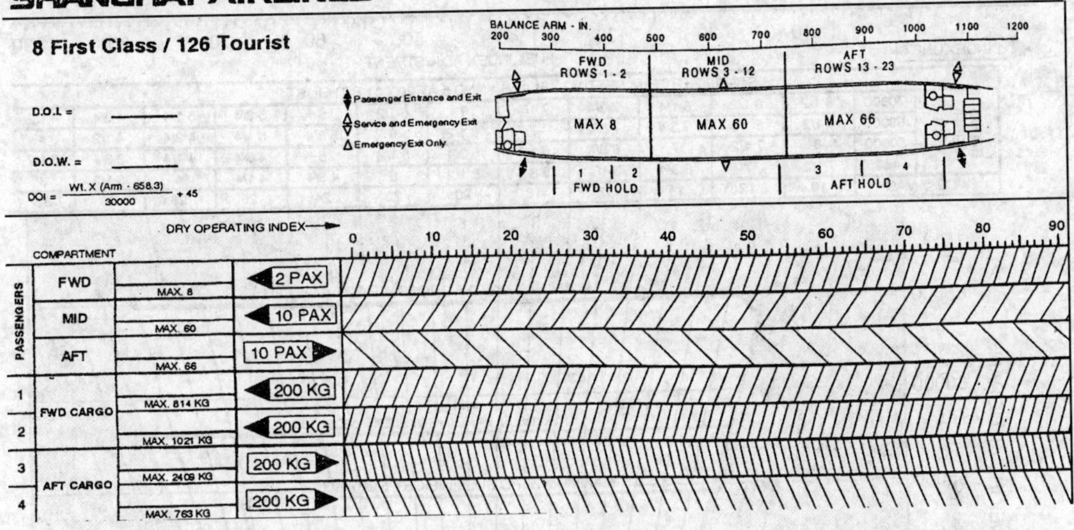

图 7.48　业载分配栏

由 DOI(或 BOI)开始,由上到下分别按各区的旅客数、各货舱的货物重量相应的按照箭头指示的方向做左右移动,把指数相加减,得到无油重量指数,从而确定无油重量重心。

(3) 起飞油量指数栏。根据本次航班的起飞油量,可查得起飞油量指数,加到无油重量指数上得到起飞重量指数及起飞时重心位置,再根据起飞时的重心位置确定升降舵调整片或水平安定面的配平调定值。见表 7.35。

表7.35　油量指数表

FUEL LOAD		
TANKS	WT(KG)	INDEX UNITS
1&2		
CENTER		
TOT AL		

FUEL INDEXTABLE			
WT (KG)	INDEX UNITS	WT (KG)	INDEX UNITS
500	0.0	11000	+5.3
1000	−0.1	11500	+4.4
1500	0.0	12000	+3.5
2000	+0.1	12500	+2.6
2500	+0.2	13000	+1.8
3000	+0.4	13500	+0.9
3500	+0.7	14000	+0.1
4000	+1.1	14500	−0.7
4500	+1.7	15000	−1.5
5000	+2.5	15500	−2.4
5500	+3.4	16000	−3.2
6000	+4.5	16500	−4.0
6500	+5.9	17000	−4.9
7000	+7.5	17500	−5.7
7500	+9.4	18000	−6.5
*7845	+10.9	18500	−7.4
8000	+10.7	19000	−8.3
8500	+9.9	19500	−9.2
9000	+9.0	20000	−10.2
9500	+8.0	20500	−11.2
10000	+7.1	**20910	−12.1
10500	+6.2	***22162	−12.9

*TANKS1+2FULL
**TANKS1+2+C/S FULL
***TANKS1+2+C/S FULL AT MAX DENSITY

(4) 总指数的计算。当查得各舱业载的指数后,再查得起飞油量的指数,在指数计算表内填入相应的数字,计算出无油指数 LIZFW 和起飞指数 LITOW。计算时注意各舱业载指数的正负值,见图 7.49。

(5) 飞机重心求算栏。根据无油重量和它的指数在平衡图表中的交点位置可以得出无油重心的平均空气动力弦数(%MAC);根据起飞重量和它的指数在平衡图表中的交点位置可以得出起飞重心的平均空气动力弦数(%MAC)。表中的横线表示重量(包括无油重量上限,落地重量上限,起飞重量上限),左边的“竖线”表示飞机重心的前极限,右边的“竖线”表示飞机重心的后极限。飞机的重心位置只能在这个范围内,如图 7.50 所示。

① 指数标尺。位于上下两端;根据图 7.50 中计算结果在上下两个指数标尺上找出无油重量指数和起飞重量指数,画出两条直线。

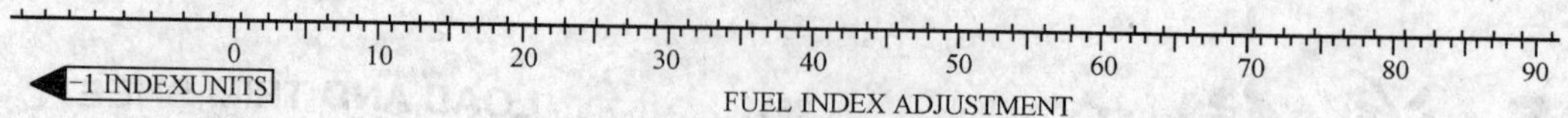

图 7.49 总指数的计算

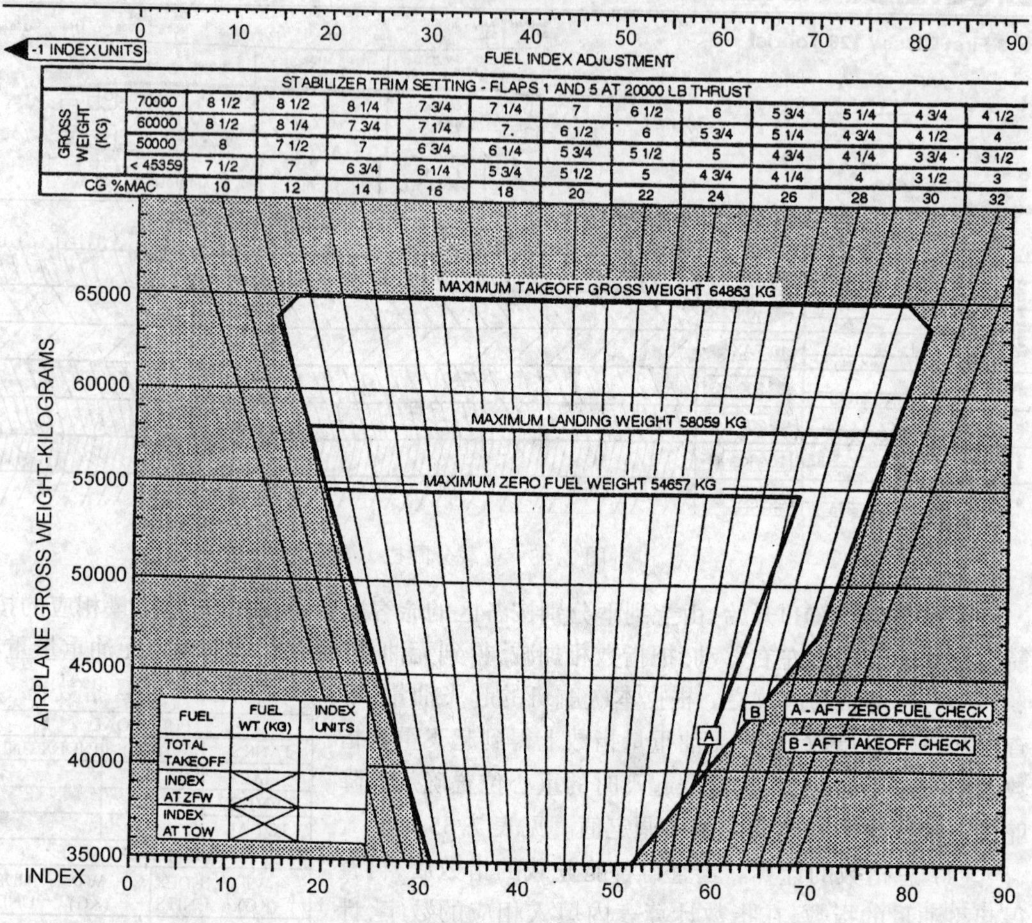

0 10 20 30 40 50 60 70 80 90
-1 INDEX UNITS
FUEL INDEX ADJUSTMENT

STABILIZER TRIM SETTING - FLAPS 1 AND 5 AT 20000 LB THRUST												
GROSS WEIGHT (KG) 70000	8 1/2	8 1/2	8 1/4	7 3/4	7 1/4	7	6 1/2	6	5 3/4	5 1/4	4 3/4	4 1/2
60000	8 1/2	8 1/4	7 3/4	7 1/4	7.	6 1/2	6	5 3/4	5 1/4	4 3/4	4 1/2	4
50000	8	7 1/2	7	6 3/4	6 1/4	5 3/4	5 1/2	5	4 3/4	4 1/4	3 3/4	3 1/2
< 45359	7 1/2	7	6 3/4	6 1/4	5 3/4	5 1/2	5	4 3/4	4 1/4	4	3 1/2	3
CG %MAC	10	12	14	16	18	20	22	24	26	28	30	32

AIRPLANE GROSS WEIGHT-KILOGRAMS

MAXIMUM TAKEOFF GROSS WEIGHT 64863 KG

MAXIMUM LANDING WEIGHT 58059 KG

MAXIMUM ZERO FUEL WEIGHT 54657 KG

A - AFT ZERO FUEL CHECK

B - AFT TAKEOFF CHECK

FUEL	FUEL WT (KG)	INDEX UNITS
TOTAL TAKEOFF		
INDEX AT ZFW	X	
INDEX AT TOW	X	

INDEX 0 10 20 30 40 50 60 70 80 90

图 7.50 飞机重心求算栏

② 重量标尺。位于左右两端,单位为吨。根据图 7.50 中计算出的实际无油重量和实际起飞重量,在左右两端的重量标尺上找到相应位置,画出两条水平直线。

代表无油重量指数的垂线和代表无油重量的水平线的交叉点即表示飞机的无油重心位置;同样,代表起飞指数的垂线和代表起飞重量的水平线的交叉点即表示飞机的起飞重心位置。无油重心应位于 MZFW 水平线以下及左右框线之间;起飞重心应位于 MTOW 水平线以下及左右框线之间。

③ %MAC。用平均动力弦的百分比表示的飞机重心位置。图 7.50 中有很多斜线,每条斜线代表一个百分比值。当找出无油重心和起飞重心交叉点时,根据交叉点位于哪两条斜线之间,便可估计出无油重心和起飞重心用平均空气动力弦百分比表示的位置。

ZFW%MAC 为飞机在无油时的平均空气动力弦值;TOW%MAC 为飞机在起飞时的平均空气动力弦值。

(6) STABILIZER TRIM ADJUSTMENT 为飞机起飞时水平尾翼所需的配平值,见表 7.36。

表 7.36　配平值表

STABILIZER TRIM ADJUSTMENT		
FLAP SETTING	TAKEOFF ENGINE THRUST	
	18000 LB	20000 LB
1 and 5	+1/2	0
10. 15 and 25	−1/4	−1/4
ZFW %MAC		
TOW %MAC		
STAB TRIM FOR T.O.		
Prepared By:		
Approved By:		

FLAP SETTING 1 and 5 为飞机的襟翼角度为 1°和 5°;

FLAP SETTING 10.15 and 25:飞机的襟翼角度为 10.15°和 25°。

根据本飞机起飞时采用的襟翼角度以及起飞重心的交叉点位置,便可读出飞机起飞时水平尾翼所需的配平值。所谓配平即水平平衡器,位于飞机的尾部,可以上下移动来改变气流并可升降机尾。当确定了飞机的起飞重心位置后,飞行员根据配平值决定调整配平的度数,使飞机飞行时处于最理想的平衡状态下。有的机型平衡图在背面显示具体的配平值的变化情况图。

Prepared By:填表人签名。

Aproved By:签收人(机长)签名。

(7) 其他。有的机型的平衡图的背面有指数修正表(ADDITIONS and DEDUCTIONS INDEX TABLE),从表中可以查到所需修正项目的指数;旅客人数(FINAL PAX),填写旅客的总人数;无油重心(ZFW),填写无油重心%MAC值;起飞重心(TOW),填写起飞重心%MAC值;配平格(STAB SET),填写配平格数字;备注栏 Remarks,通常填写一些提示或供参考的事项。Prepared By 由填制人签名,Approved By 由机长签字。

7.7.3　随机业务文件及其交接

每一个航班的载重平衡表填制好以后,平衡室工作人员应将载重表以及有关业务文件送交乘务长,并签字交接。

1. 随机业务文件的构成、编制及要求

1) 随机业务文件的构成

国内航班的业务文件主要包括送交目的站的载重表和平衡图、货运单、货邮舱单以及快递邮件分路单等。

国际航班业务文件主要包括送交目的站的载重表和平衡图、货运单、货邮舱单以及 AVT 和 AVTS 路单,收发航空邮件总包路单等。

2) 随机业务文件的编制

货邮舱单由配载商务人员编制。载重平衡图由值机商务人员编制。旅客舱单由值机商务人员根据办理实际值机的旅客进行编制。在使用中国民航离港系统中，每次航班结束后，由该航班的值机人员将离港系统中保存的旅客名单打印一份，交平衡室保存；使用手工办理值机时，由该航班值机人员根据旅客乘机联，抄录一份旅客名单，交平衡室保存。总申报单由平衡人员根据公司运控中心通知的名单来编制。

3）随机业务文件的编制要求

填制舱单要认真仔细，要求正确、完整、清楚、计算必须准确，切实防止错误和遗漏。填好后要自行复核，相互复核。涂改的地方要清楚易认，如涂改过多，应重新填写。

打印旅客名单时，要求完整、清晰、不漏一页。抄录旅客名单时要求字迹工整、清晰，抄录后仔细核对，保证不遗漏一名旅客和一件托运行李。

载重平衡图一式三份，平衡商务人员绘制后由复核人员复核、签字。

2. 随机业务文件的交接

(1) 平衡人员在接受配载人员交接的装机通知单和货邮舱单时，需要检查装机通知单上重量、件数是否与货邮舱单相符。平衡人员将经复核人员复核签字的载重平衡图表交机长，请机长核对平衡图表，准确无误后签字。一式三份平衡图表一份交与机长留存，一份与携带的业务文件按规定进行分理后装入随机业务袋后交机组，一份留客运处平衡室备查。

(2) 飞机上如载有重要旅客、患病旅客、紧急货件，或有其他需要空勤组照料的事项，应向空勤组说明。

(3) 在办完与空勤组的交接手续后，遇有特殊情况，如临时增减旅客，加装特急货件等，来不及修改随机文件，应将变动情况及时告知空勤组，通知调度室，更正载重量，并在留存的业务文件上做相应的修正，还应将变动情况用电报及时通知有关前方站。

3. 随机业务文件的保存

装机通知单和载重平衡表保存3个月；旅客名单保存3天。

思考题

1. 影响飞机最大起飞重量、最大落地重量的因素有哪些？

2. 如何计算飞机携带的备用油量？

3. 什么是最少油量和最大油量？

4. 某B757－200机型FM9532航班执行飞行任务，从HAK—SHA，起飞时间21:15，到达时间23:55，飞行时间为2h40min，备降机场选在南京的禄口机场，上海至南京的的飞行时间为20min。该飞机平均每小时耗油3800kg。计算起飞油量。

5. 某架飞机执行航班任务，航段距离1000km，目的站与其备降机场的距离200km。飞机的平均飞行速度400km/h，平均小时耗油量2800kg。该飞机应带多少起飞油量？

6. 某架飞机执行航班任务，最大起飞重量99790kg，最大着陆重量89811kg，最大无油重量83460kg，基重59322kg，起飞油量20000kg，备用油量5000kg，最大业载限额24000kg。求最大业载。

7. 机型为B767－300的飞机，执行FM9377大连至上海航班飞行任务，飞机基重88468kg，起飞油量5600kg，其中航段耗油2400kg，该机起飞重量、落地全重、无油全重分别为 156489kg、136077kg、126098kg。求飞机最大业载。

8. 某航线情况如下，分配各航段业载。

A ———— B ———— C ———— D

50/4420　50/3900　50/4100

9. 某航线情况如下。B 和 C 站分别有固定配额 7/700 和 5/500。分配各航段业载。

7/700　5/500

A ———— B ———— C ———— D

46/3800　46/4000　46/4350

10. 用比较法分配各航段业载。

航线情况为：

A ———— B ———— C ———— D

47/3600　47/3700　47/3900

11. 用比较法计算思考题 8。

12. 用比较法计算思考题 9。

13. 什么是通程业载？

14. 对航班的可用吨位的利用应体现哪些原则？

15. B－2808 号飞机，SF522 自福州至上海航班，该机起飞全重、落地全重、无油全重分别为 99790kg，89811kg，83461kg，修正后基重 58520kg，起飞油量 11000kg，其中，航段耗油 4000kg。至上海的旅客为 200.00.00，行李 806kg。计算可配货物重量。若实配货物重量为 3159kg，该航班空载多少 kg？

16. B－2516 号机，MF8810 航班自福州至厦门，该机修正后基重为 29199kg，起飞全重、落地全重、无油全重分别为：56472kg，48534kg，43091kg，起飞油量 6500kg，航段耗油 1800kg。如果福州至厦门旅客数为125.02.00，行李 37 件共 650kg，计算可配货物重量。

17. 分配航段业务载量：

(1) A ———— B ———— C ———— D ———— E

48/4200　48/3900　48/4100　48/3800

(2) A ———— B ———— C ———— D ———— E

24/1900　24/2100　24/2600　24/1900

(3) A ———— B ———— C ———— D ———— E

24/1900　24/2100　24/2600　24/1900

(4)　3/300　2/200　2/200

A ———— B ———— C ———— D ———— E

24/1900　24/3100　24/2300　24/3200

另外，B、D 站各向 A 站索取 2/200 利用至 E。

(5)　2/200　2/200　2/200

A ———— B ———— C ———— D ———— E

24/1600　24/2200　24/1900　24/3000

另外，B 站向 A 站索取 2/200 至 E，C 向 B 索取 1/100 至 E。

(6)　　4/400　　3/300　　2/200

A ———— B ———— C ———— D ———— E

45/4200　　45/3900　　45/4100　　45/4800

另外B分别向A、C各索取2/200至E。

18. 某航班情况如表7.37和表7.38所列，分别进行A站的预配和结算。

表7.37　某航班A站预配时的情况

航段	可用业载	旅客/人数	行李	邮件	货物
A—B	4/0	6/432	90	35	
A—C	4/100	2/144	30	20	
A—D	4/1100	2/144	30	50	
A—E	12/900	5/360	75	150	

表7.38　某航班A站结算时的情况

航段	可用业载	旅客/人数	行李	邮件	货物
A—B	4/0	7/504	100	20	10
A—C	4/100	1/72	10	25	20
A—D	4/1100	2/144	60	30	200
A—E	12/900	8/556	120	170	400

19. 某航班的有关情况如下：

10/1000　　6/700　　4/500

A ———— B ———— C ———— D ———— E

46/4491　　46/4061　　46/3429　　46/4481

A、B、C三站的预配和结算情况分别如表7.39～表7.44所列，对A、B、C三站进行预配和结算。

表7.39　A站预配时的情况

航段	可用业载	旅客/人数	行李	邮件	货物
A—B		12/864	180	66	
A—C		5/360	75	35	
A—D		7/504	105	51	
A—E		6/432	90	118	

表7.40　A站结算时的情况

航段	可用业载	旅客/人数	行李	邮件	货物
A—B		12/864	200	75	300
A—C		5/360	95	60	802
A—D		7/504	30	55	40
A—E		6/432	130	78	390

表7.41　B站预配时的情况

航段	可用业载	旅客/人数	行李	邮件	货物
B—C		2/144	30	15	
B—D		4/288	60	9	
B—E		4/288	6	24	

表7.42　B站结算时的情况

航段	可用业载	旅客/人数	行李	邮件	货物
B—C		2/144	40	15	28
B—D		4/288	45	9	0
B—E		4/288	57	24	140

表 7.43 C 站预配时的情况

航段	可用业载	旅客/人数	行李	邮件	货物
C—D		3/216	45	10	
C—E		5/360	75	27	

表 7.44 C 站结算时的情况

航段	可用业载	旅客/人数	行李	邮件	货物
C—D		3/216	30	10	20
C—E		5/360	87	27	50

20. 某航班的有关情况如下：

```
                6/600        4/400
BJS———— DLC ———— SHE ———— HRB
48/4460     48/4480     48/4320
```

BJS 站预配和结算时的情况如表 7.45 和表 7.46 所列，进行预配和结算，并指出DLC站的实际可用业载为多少？

表 7.45 BJS 站预配时的情况

航段	可用业载	旅客	行李	邮件	货物
BJS—DLC		8/576	120	50	
BJS—SHE		6/432	90	60	
BJS—HRB		30/2160	450	90	

表 7.46 BJS 站结算时的情况

航段	可用业载	旅客	行李	邮件	货物
BJS—DLC		8/576	100	50	180
BJS—SHE		6/432	80	60	0
BJS—HRB		32/2304	300	90	600

21. 飞机重心练习题。

(1) 什么叫飞机的重力和重心？

(2) MAC 表示什么？其作用是什么？

(3) 副翼、升降舵和方向舵分别控制飞机绕哪个轴的运动？如何控制？

(4) 现代民航飞机的水平安定面有何特点？飞机起飞前水平安定面应调节到什么位置？

(5) 什么叫飞机的平衡？

(6) 飞机保持水平匀速直线飞行的条件是什么？

(7) 什么叫飞机的俯仰平衡？影响飞机俯仰平衡的主要因此是什么？

(8) 如何理解飞机重心位置的变化对飞机俯仰平衡的影响。

(9) 什么叫做飞机的稳定性？

(10) 解释飞机的纵向稳定性？影响飞机纵向稳定性的主要因素是什么？

(11) 什么叫飞机的方向稳定性？影响飞机方向稳定性的主要因素是什么？

(12) 保证飞机侧向稳定性的主要因素是什么？

(13) 什么是飞机的横向操纵性？

(14) 说明使飞机下俯的操纵过程。

(15) 分析使飞机向左滚转的操纵过程。

(16) 飞机操纵性和稳定性的关系是什么？

(17) 代数计算法是如何计算飞机重心位置的？

(18) 平衡基准点法计算飞机重心位置比原始的代数计算法有哪些进步?

22. 载重平衡练习题

(1) B737－700。2000 年 8 月 11 日,由 B－2997 号飞机(B737－700)执行 FM531 航班(SHA—HAK)飞行任务。该飞机基重为 39062,指数为 42.5。最大起飞重量为 64863kg,最大落地重量为 58059kg,最大无油重量为 54657kg。航班上有旅客 120 个成人,2 个儿童,1 个婴儿(F 舱 2 人,Y 舱 121 人),分布情况 FWD2 人,MID56 人,AFT64 人;行李 154kg/14 件,装在 2 舱;货物 21 件,重量为 1196kg。分布情况:1 舱 626kg,2 舱 570kg;邮件 30kg/5 件,装在 3 舱。B737－700 标准机组为 4/5,由于临时需要增加 1 人(每人体重按 80kg 计算),加油 10900kg,耗油 6700kg。根据以上情况,为本次航班填写载重表和平衡图(载重表和平衡图见附录 7.2,下同)。

(2) B737－800。2001 年 9 月 25 日,由 B－2153 号飞机(B737－800)执行 FM651 航班(PVG—HRB)飞行任务。该飞机基重为 43320kg,指数为 44.0。最大起飞重量为 70533kg,最大落地重量为 65317kg,最大无油重量为 61688kg。航班上有旅客 127 个成人,2 个儿童,F 舱 4 人,Y 舱 125 人,分布情况:FWD4 人,MID60 人,AFT65 人;行李 1875kg/185 件,装在 2 舱;货物 260 件,重量为 2000kg,装在 3 舱;邮件 125kg/15 件,装在 1 舱。B737－800 标准机组为 4/6,加油 13200kg,耗油 7500kg。根据以上情况,为本次航班填写载重表和平衡图。

(3) B757－200。2000 年 8 月 12 日,由 B－2834 号飞机(B757－200)执行 FM301 航班(SHA—CAN)飞行任务。该飞机基重为 58991kg,指数为 44.7。最大起飞重量为 99790kg,最大落地重量为 89811kg,最大无油重量 83461kg。航班上有旅客 102 个成人,5 个儿童;F 舱 2 人,Y 舱 105 人,分布情况:FWD2 人,MID17 人,AFT88 人;行李 360kg/27 件,装在 4 舱;货物 340 件,重量为 8279kg。分布情况:1 舱 1220kg,2 舱 3400kg,3 舱 3100kg,4 舱 559kg;邮件 295kg/20 件,装在 4 舱;加油 15000kg,耗油 6800kg。根据以上情况,为本次航班填写载重表和平衡图。

(4) B767－300。2000 年 8 月 12 日,由 B－2570 号飞机(B767－300)执行 FM101 航班(SHA—PEK)飞行任务。该飞机基重为 87015kg,指数为 54.7。最大起飞重量为 156489kg,最大落地重量为 136077kg,最大无油重量为 126098kg。航班上有旅客 134 个成人,6 个儿童,1 个婴儿(F 舱 4 人,Y 舱 137 人),分布情况:OA 区 4 人,OB 区 19 人,OC 区 117 人;行李 417kg/30 件,装在 5 舱;货物 863 件,重量为 14930kg。分布情况 1 舱 2466kg,2 舱 5796kg,3 舱 4360kg,4 舱 2308kg;邮件 517kg/142 件,装在 3 舱。加油 18000kg,耗油 8800kg。根据以上情况,为本次航班填写载重表和平衡图。

(5) CRJ—200LR。2001 年 1 月 10 日,由 B－3018 号飞机(CRJ－200LR)执行 FM857 航班(SHA—WUS)飞行任务。该飞机基重为 14227kg,指数 45.9。最大起飞重量为 24040kg,最大落地重量 21319kg,最大无油重量 19958kg。航班上有成人旅客 47 人,分布情况:OA 区 14 人,OB 区 12 人,OC 区 12 人,OD 区 9 人;行李 400kg/30 件,货物 100kg/10 件,行李和货物全部装在货舱。CRJ－200LR 标准机组 3/2,本次航班额外增加 2 名机组(座位安排在 1A、1C)及一名随机机务(座位安排在 13A),随机机组和机务按 80kg/人计;携带压舱沙袋 300kg。加油 2940kg,耗油 1320kg。根据以上情况,为本次航班填写载重表和平衡图。

附录 7.1　常用的部门二字代码

部门全称	二字代码	国际值机，驻外办事处机场办公室	AP
国际值机，驻外办事处机场办公室	AP	机场国内配载	KN
公司驻外办事处	DD	国内乘机手续及机场中转售票	KP
机场国际货运部门	FI	机场国内行李查询	LN
机场国内货运部门	FD	机场国际行李查询	LL
市区国内货运部门	FT	行李查询中心	LZ
市区国际货运部门	FS	国际航班订座控制	RC
货运部门，驻外办事处货运负责人	FF	国内航班订座控制	RD
配餐部门	HH	团体订座	RG
机场国内旅客服务部门	KD	自动化订座中心	RM
机场国际旅客服务部门	KI	国内值机	TZ
公司办事处负责人	KK	客舱服务部门，机上供应品处	US
机场国际配载	KL	要客服务部门	VP
离港自动控制中心	KM		

附录 7.2　各种机型载重表和平衡表

见书末插页。

参 考 文 献

[1] 马铁生.民航收入会计[M].北京:中国民航出版社,2000.
[2] 人事部人事考试中心.运输经济(民航)专业知识与实务:初级[M].北京:中国人事出版社,2000.
[3] 韩明亮,赵桂红.民航运输生产组织[M].天津:天津科学技术出版社,2001.
[4] 人事部人事考试中心.运输经济(民航)专业知识与实务:中级[M].北京:中国人事出版社,1996.
[5] 江楠.民航国际旅客运输(试用本)[M].民航学校运输专业教材编写组,1996.
[6] 张辉.民航旅客行李运输(试用本)[M].民航学校运输专业教材编写组,1996.
[7] 曾晓燕.飞机的载重与平衡(试用本)[M].民航学校运输专业教材编写组,1996.
[8] 中国航空信息集团.计算机离港系统培训教材.
[9] 国际民航运输协会 IATA 运价资料规则卷,2003(1).
[10] 上海航空股份有限公司商务部、培训中心.航空订座业务操作手册.商务初级培训教材.
[11] 行李查询业务培训手册.中国东方航空公司客运部业务培训部.
[12] 南方航空公司客运销售手册.
[13] 万青.航空运输地理[M].北京:中国民航出版社,2006.
[14] 谭惠卓.航空运输地理教程[M].北京:中国民航出版社,2007.
[15] 中国民用航空旅客、行李国内运输规则.
[16] 各航空公司客运操作手册(国内、国际).

附录　中国民用航空旅客、行李国内运输规则

（1985年1月1日制定，1996年2月28日修订）

第一章　总则

第一条　为了加强对旅客、行李国内航空运输的管理，保护承运人和旅客的合法权益，维护正常的航空运输秩序，根据《中华人民共和国民用航空法》制定本规则。

第二条　本规则适用于以民用航空器运送旅客、行李而收取报酬的国内航空运输及经承运人同意而办理的免费国内航空运输。本规则所称“国内航空运输”，是根据旅客运输合同，其出发地、约定经停地和目的地均在中华人民共和国境内的航空运输。

第三条　本规则中下列用语，除具体条款中有其他要求或另有明确规定外，含义如下：

（一）“承运人”指包括填开客票的航空承运人和承运或约定承运该客票所列旅客及其行李的所有航空承运人。

（二）“销售代理人”指从事民用航空运输销售代理业务的企业。

（三）“地面服务代理人”指从事民用航空运输地面服务代理业务的企业。

（四）“旅客”指经承运人同意在民用航空器上载运除机组成员以外的任何人。

（五）“团体旅客”指统一组织的人数在10人以上（含10人），航程、乘机日期和航班相同的旅客。

（六）“儿童”指年龄满两周岁但不满十二周岁的人。

（七）“婴儿”指年龄不满两周岁的人。

（八）“定座”指对旅客预定的座位、舱位等级或对行李的重量、体积的预留。

（九）“合同单位”指与承运人签订定座、购票合同的单位。

（十）“航班”指飞机按规定的航线、日期、时刻的定期飞行。

（十一）“旅客定座单”指旅客购票前必须填写的供承运人或其销售代理人据以办理定座和填开客票的业务 单据。

（十二）“有效身份证件”指旅客购票和乘机时必须出示的由政府主管部门规定的证明其身份的证件。如：居民身份证、按规定可使用的有效护照、军官证、警官证、士兵证、文职干部或离退休干部证明，16周岁以下未成年人的学生证、户口簿等证件。

（十三）“客票”指由承运人或代表承运人所填开的被称为“客票”及行李的凭证，包括运输合同条件、声明、通知以及乘联和旅客联等内容。

（十四）“联程客票”指列明有两个（含）以上航班的客票。

（十五）“来回程客票”指从出发地至目的地按原航程返回原出发地的客票。

（十六）“定期客票”指列明航班、乘机日期和定妥座位的客票。

（十七）“不定期客票”指未列明航班、乘机日期和未定妥座位的客票。

（十八）“乘机联”指客票中标明“适用于运输”的部分，表示该乘机联适用于指定的两个地点之间的运输。

（十九）旅客联"指客票中标明"旅客联"的部分，始终由旅客持有。

（二十）"误机"指旅客未按规定时间办妥乘机手续或因旅行证件不符合规定而未能乘机。

（二十一）"漏乘"指旅客在航班始发站办理乘机手续后或在经停站过站时未搭乘上指定的航班。

（二十二）"错乘"指旅客乘坐了不是客票上列明的航班。

（二十三）"行李"指旅客在旅行中为了穿着、使用、舒适或方便的需要而携带的物品和其他个人财物。除另有规定者外，包括旅客的托运行李和自理行李。

（二十四）"托运行李"指旅客交由承运人负责照管和运输并填开行李票的行李。

（二十五）"自理行李"指经承运人同意由旅客自行负责照管的行李。

（二十六）"随身携带物品"指经承运人同意由旅客自行携带的零星小件物品。

（二十七）"行李牌"指识别行李的标志和旅客领取托运行李的凭证。

（二十八）"离站时间"指航班旅客登机后，关机门的时间。

第四条　承运人的航班班期时刻应在实施前对外公布。承运人的航班班期时刻不得任意变更。但承运人为保证飞行安全、急救等特殊需要，可依照规定的程序进行调整。

第二章　定座

第五条　旅客在定妥座位后，凭该定妥座位的客票乘机。承运人可规定航班开始和截至接收定座的时限，必要时可暂停接受某一航班的定座。不定期客票应在向承运人定妥座位后才能使用。合同单位应按合同的约定定座。

第六条　已经定妥的座位，旅客应在承运人规定或预先约定的时限内购买客票，承运人对所定座位在规定或预先约定的时限内予以保留。承运人应按旅客已经定妥的航班和舱位等级提供座位。

第七条　旅客持有定妥座位的联程或来回程客票，如在该联程或回程地点停留 72 小时以上，须在联程或回程航班离站前两天中午 12 点以前，办理座位再证实手续，否则原定座位不予保留。如旅客到达联程或回程时间离航班离站时间不超过 72 小时，则不需办理座位再证实手续。

第三章　客票

第八条　客票为记名式，只限客票上所列姓名的旅客本人使用，不得转让和涂改，否则客票无效，票款不 退。客票应当至少包括下列包容：

（一）承运人名称；

（二）出票人名称、时间和地点；

（三）旅客姓名；

（四）航班始发地点、经停地点和目的地点；

（五）航班号、舱位等级、日期和离站时间；

（六）票价和付款方式；

（七）票号；

（八）运输说明事项。

第九条　旅客应在客票有效期内，完成客票上列明的全部航程。旅客使用客票时，应交验有效客票，包括乘机航段的乘机联和全部未使用并保留在客票上的其他乘机联和旅客联,缺少上述任何一联,客票即为无效。国际和国内联程客票,其国内联程段的乘机联可在国内联程航段使用,不需换开成国内客票;旅客在我国境外购买的用国际客票填开的国内航空运输客票,应换开成我国国内客票后才能使用。承运人及其销售代理人不得在我国境外使用国内航空运输客票进行销售。定期客票只适用于客票上列明的乘机日期和航班。

第十条　客票的有效期为:

(一) 客票自旅行开始之日起,一年内运输有效。如果客票全部未使用,则从填开客票之日起,一年内运输有效。

(二) 有效期的计算,从旅行开始或填开客票之日的次日零时起至有效期满之日的次日零时为止。

第十一条　承运人及其代理人售票时应该认真负责。由于承运人的原因,造成旅客未能在客票有效期内旅行,其客票有效期将延长到承运人能够安排旅客乘机为止。

第四章　票价

第十二条　客票价指旅客由出发地机场至目的地机场的航空运输价格,不包括机场与市区之间的地面运输费用。客票价为旅客开始乘机之日适用的票价。客票出售后,如票价调整,票款不作变动。运价表中公布的票价,适用于直达航班运输。如旅客要求经停或转乘其他航班时,应按实际航段相加计算票价。

第十三条　旅客应按国家规定的货币和和付款方式交付票款,除承运人与旅客另有协议外,票款一律现付。

第五章　购票

第十四条　旅客应在承运人或其销售代理人的售票处购票。旅客购票凭本人有效身份证件或公安机关出具的其他身份证件,并填写《旅客定座单》。购买儿童票,婴儿票,应提供儿童、婴儿出生年月的有效证明。重病旅客购票,应持有医疗单位出具适于乘机的证明,经承运人同意后方可购票。每一旅客均应单独填开一本客票。

第十五条　革命残废军人凭《革命残废军人抚恤证》,按适用票价的80%购票。儿童按适用成人票价的50%购买儿童票,提供座位。婴儿按适用成人票价的10%购买婴儿票,不提供座位;如需要单独占用座位时,应购买儿童票。每一成人旅客携带婴儿超过一名时,超过的人数应购儿童票。

第十六条　承运人或其销售代理人应根据旅客的要求出售联程、来回程客票。

第十七条　售票场所应设置班期时刻表、航线图、航空运价表和旅客须知等必备资料。

第六章　客票变更

第十八条　旅客购票后,如要求改变航班、日期、舱位等级,承运人及其销售代理人应根据实际可能积极办理。

第十九条　航班取消、提前、延误、航程改变或不能提供原定座位时,承运人应优先安排旅客乘坐后续航班或签转其他承运人的航班。因承运人的原因,旅客的舱位等级变更时,票款的差额多退少不补。

第二十条　旅客要求改变承运人,应征得原承运人或出票人的同意,并在新的承运人航班座位允许的条件下予以签转。本规则第十九条第一款所列情况要求旅客变更承运人时。应征得旅客及被签转承运人的同意后，方可签转。

第七章 退票

第二十一条 由于承运人或旅客原因，旅客不在客票有效期内完成部分或全部航程，可以在客票有效期内要求退票。旅客要求退票，应凭客票或客票未使用部分的“乘机联”和“旅客联”办理。退票只限在出票地、航班始发地、终止旅行地的承运人或其销售代理人售票处办理。票款只能退给客票上列明的旅客本人或客票的付款人。

第二十二条 旅客自愿退票，除凭有效旅客票外，还应提供旅客本人的有效身份证件，分别按下列条款办理。

（一）旅客在航班规定离站时间24小时以内、两小时以前要求退票，收取客票价10%的退票费；在航班规定离站时间前两小时以内要求退票，收取客票价2%的退票费。在航班规定离站时间后要求退票、按误机处理。

（二）持联程、来回程客票的旅客要求退票，按本条第一款规定办理。

（三）革命残废军人要求退票，免收退票费。

（四）持婴儿客票的旅客退票，免收退票费。

（五）持不定期客票的旅客要求退票，应在客票的有效期内到原购票地点办理退票手续。

（六）旅客在航班的经停地自动终止旅行，该航班未使用航段的票款不退。

第二十三条 航班取消、提前、延误、航程改变或承运人不能提供原定座位时，旅客要求退票，始发站应退还全部票款，经停地应退还未使用航段的全部票款，均不收取退票费。

第二十四条 旅客因病要求退票，需提供医疗单位的证明，始发地应退还全部票款，经停地应退还未使用航段的全部票款，均不收取退票费。患病旅客的陪伴人员要求退票，按本条第一款规定办理。

第八章 客票遗失

第二十五条 旅客遗失客票，应以书面形式向承运人或其销售代理人申请挂失。在旅客申请挂失前，客票如已被冒用或冒退，承运人不承担责任。

第二十六条 定期客票遗失，旅客应在所乘航班规定离站时间1小时前向承运人提供证明后，承运人可以补发原定航班的新客票。补开的客票不能办理退票。

第二十七条 不定期客票遗失，旅客应及时向原购票的售票地点提供证明后申请挂失，该售票点应及时通告各有关承运人。经查证客票未被冒用、冒退、待客票有效期满后的30天内，办理退款手续。

第九章 团体旅客

第二十八条 团体旅客定妥座位后，应在规定或预先约定的时限内购票，否则，所定座位不予保留。

第二十九条 团体旅客购票后自愿退票，按下列规定收取退票费：

（一）团体旅客在航班规定离站时间72小时以前要求退票，收取客票价10%的退票费。

（二）团体旅客在航班规定离站时间72小时以内至规定离站前一天中午12点前要求退票、收取客票价30%的退票费。

（三）团体旅客在航班规定离站时间前一天中午12点以后至航班离站前要求退票，

收取客票价 50%的退票费。

(四) 持联程、来回程客票的团体旅客要求退票,分别按本条第(一)、(二)、(三)项的规定办理。

(五) 团体旅客误机,客票作废,票款不退。

第三十条　团体旅客中部分成员要求退票,按照本规则第二十九条的规定收取该部分成员的退票费。

第三十一条　团体旅客非自愿或团体旅客中部分成员因病要求变更或退票、分别按照本规则第十九条、第二十三条或第二十四条的规定办理。

第十章　乘机

第三十二条　旅客应当在承运人规定的时限内到达机场,凭客票及其本人有效身份证件按时办理客票查验、托运行李、领取登机牌等乘机手续。承运人规定的停止办理乘机手续的时间,应以适当方式告知旅客。承运人应按时开放值机柜台,按规定接受旅客出具的客票,快速准确地办理值机手续。

第三十三条　乘机前,旅客及其行李必须经过安全检查。

第三十四条　无成人陪伴儿童、病残旅客、孕妇、盲人、聋人或犯人等特殊旅客,只有在符合承运人规定的条件下经承运人预先同意并在必要时做出安排后方予载运。传染病患者、精神病患者或健康情况可危及自身或影响其他旅客安全的旅客,承运人不予承运。根据国家有关规定不能乘机的旅客,承运人有权拒绝其乘机,已购客票按自愿退票处理。

第三十五条　旅客误机按下列规定处理:

(一) 旅客发生误机,应到乘机机场或原购票地点办理改乘航班、退票手续。

(二) 旅客误机后,如要求改乘后续航班,在后续航班有空余座位的情况下,承运人应积极予以安排。不收误机费。

(三) 旅客误机,如要求退票,承运人可以收取适当的误机费。

旅客漏乘按下列规定处理:

(一) 由于旅客原因发生漏乘,旅客要求退票,按本条第一款的有关规定办理。

(二) 由于承运人原因旅客漏乘,承运人应尽早安排旅客乘坐后续航班成行。如旅客要求退票按本规则第二十三条规定办理。

旅客错乘按下列规定处理:

(一) 旅客错乘飞机,承运人应安排错乘旅客搭乘最早的航班飞往旅客客票上的目的地,票款不补不退。

(二) 由于承运人原因旅客错乘,承运人应尽早安排旅客乘坐后续航班成行。如旅客要求退票,按本规则第二十三条规定办理。

第十一章　行李运输

第三十六条　承运人承运的行李,只限于符合本规则第三条第二十三项定义范围内的物品。承运人承运的行李,按照运输责任分为托运行李、自理行李和随身携带物品。重要文件和资料、外交信袋、证券、货币、汇票、贵重物品、易碎易腐物品,以及其他需要专人照管的物品,不得夹入行李内托运。承运人对托运行李内夹带上述物品的遗失或损坏按一般托运行李承担赔偿责任。国家规定的禁运物品、限制运输物品、危险物品,以及具有异味或容易污损飞机的其他物品,不能作为行李或夹入行李内托运。承运人在收运行李前或在运输过程中,发现行李中装有不得作为行李或夹入行李内运输的任何物品,可以拒绝收或随时终止运输。旅客不得携带管制刀具乘机。管制刀具以外的利器或钝器应随托运行李托运,不能随身携带。

第三十七条　托运行李必须包装完善、锁扣完好、捆扎牢固,能承受一定的压力,能够在正常的操作条件下安全装卸和运输,并应符合下列条件,否则,承运人可以拒绝收运:

(一) 旅行箱、旅行袋和手提包等必须加锁;

(二) 两件以上的包件,不能捆为一件;

(三) 行李上不能附插其他物品;

(四) 竹篮、网兜、草绳、草袋等不能作为行李的外包装物;

(五) 行李上应写明旅客的姓名、详细地址、电话号码。托运行李的重量每件不能超过 50 公斤,体积不能超过 40 厘米×60 厘米×100 厘米,超过上述规定的行李,须事先征得承运人的同意才能托运。自理行李的重量不能超过 10 公斤,体积每件不超过 20 厘米×40 厘米×55 厘米。随身携带物品的重量,每位旅客以 5 公斤为限。持头等舱客票的旅客,每人可随身携带两件物品。每件随身携带物品的体积均不得超过 20 厘米×40 厘米×55 厘米。超过上述重量、件数或体积限制的随身携带物品,应作为托运行李托运。

第三十八条　每位旅客的免费行李额(包括托运和自理行李):持成人或儿童票的头等舱旅客为 40 公斤,公务舱旅客为 30 公斤,经济舱旅客为 20 公斤。持婴儿票的旅客无免费行李额。搭乘同一航班前往同一目的地的两个以上的同行旅客如在同一时间、同一地点办理行李托运手续,其免费行李额可以按照各自的客票价等级标准合并计算。构成国际运输的国内航段,每位旅客的免费行李额按适用的国际航线免费行李额计算。

第三十九条　旅客必须凭有效客票托运行李。承运人应在客票及行李票上注明托运行李的件数和重量。承运人一般应在航班离站当日办理乘机手续时收运行李;如团体旅客的行李过多,或因其他原因需要提前托运时,可与旅客约定时间、地点收运。承运人对旅客托运的每件行李应栓挂行李牌,并将其中的识别联交给旅客。经承运人同意的自理行李应与托运行李合并计重后,交由旅客带入客舱自行照管,并在行李上栓挂自理行李牌。不属于行李的物品应按货物托运,不能作为行李托运。

第四十条　旅客的逾重行李在其所乘飞机载量允许的情况下,应与旅客同机运送。旅客应对逾重行李付逾重行李费,逾重行李费率以每公斤按经济舱票价的 1.5%计算,金额以元为单位。

第四十一条　承运人为了运输安全,可以会同旅客对其行李进行检查;必要时,可会同有关部门进行检查。如果旅客拒绝接受检查,承运人对该行李有权拒绝运输。

第四十二条　旅客的托运行李,应与旅客同机运送,特殊情况下不能同机运送时,承运人应向旅客说明,并优先安排在后续的航班上运送。

第四十三条　旅客的托运行李,每公斤价值超过人民币 50 元时,可办理行李的声明价值。承运人应按旅客声明的价值中超过本条第一款规定限额部分的价值的 5%收取声明价值附加费。金额以元为单位。托运行李的声明价值不能超过行李本身的实际价值。每一旅客的行李声明价值最高限额为人民币 8000 元。如承运人对声明价值有异议而旅客又拒绝接受检查时,承运人有权拒绝收运。

第四十四条　小动物是指家庭饲养的猫、狗或其他小动物。小动物运输,应按下列规定办理：

旅客必须在定座或购票时提出，并提供动物检疫证明，经承运人同意后方可托运。旅客应在乘机的当日，按承运人指定的时间，将小动物自行运到机场办理托运手续。装运小动物的容器应符合下列要求：

(一) 能防止小动物破坏、逃逸和伸出容器以外损伤旅客、行李或货物。

(二) 保证空气流通，不致使小动物窒息。

(三) 能防止粪便渗溢，以免污染飞机、机上设备及其他物品。旅客携带的小动物，除经承运人特许外，一律不能放在客舱内运输。小动物及其容器的重量应按逾重行李费的标准单独收费。

第四十五条　外交信袋应当由外交信使随身携带，自行照管。根据外交信使的要求，承运人也以按照托运行李办理，但承运人只承担一般托运行李的责任。外交信使携带的外交信袋和行李，可以合并计重或计件，超过免费行李额部分，按照逾重行李的规定办理。外交信袋运输需要占用座位时，必须在定座时提出，并经承运人同意。外交信袋占用每座位的重量限额不得超过 75 公斤，每件体积和重量的限制与行李相同。占用座位的外交信袋没有免费行李额，运费按下列两种办法计算，取其高者：

(一) 根据占用座位的外交信袋实际重量，按照逾重行李费率计算运费；

(二) 根据占用座位的外交信袋占用的座位数。按照运输起讫地点之间，与该外交信使所持客票票价级别相同的票价计算运费。

第四十六条　旅客的托运行李，自理行李和随身携带物品中，凡夹带国家规定的禁运物品、限制携带物品或危险物品等，其整件行李称为违章行李。对违章行李的处理规定如下：

(一) 在始发地发现违章行李，应拒绝收运；如已承运，应取消运输，或将违章夹带物品取出后运输，已收逾重行李费不退。

(二) 在经停地发现违章行李，应立即停运，已收逾重行李费不退。

(三) 对违章行李中夹带的国家规定的禁运物品、限制携带物品或危险品，交有关部门处理。

第四十七条　由于承运人的原因，需要安排旅客改乘其他航班，行李运输应随旅客作相应的变更，已收逾重行李费多退少不补；已交付的声明价值附加费不退。行李的退运按如下规定办理：

(一) 旅客在始发地要求退运行李，必须在行李装机前提出。如旅客退票，已托运的行李也必须同时退运。以上退运，均应退还已收逾重行李费。

(二) 旅客在经停地退运行李，该航班未使用航段的已收逾重行李费不退。

(三) 办理声明价值的行李退运时，在始发地退还已交付的声明价值附加费，在经停地不退已交付的声明附加价值费。

第四十八条　旅客应在航班到达后立即在机场凭行李牌的识别联领取行李。必要时，应交验客票。承运人凭行李牌的识别联交付行李，对于领取行李的人是否确系旅客本人，以及由此造成的损失及费用，不承担责任。旅客行李延误到达后，承运人应立即通知旅客领取，也可直接送达旅客 旅客在领取行李时，如果没有提出异议，即为托运行李已经完好交付。旅客遗失行李牌的识别联，应立即向承运人挂失。旅客如果要求领取行李，应向承运人提供足够的证明,并在领取行李时出具收据。如在声明挂失前行李已被冒领,承运人不承担责任。

第四十九条　无法交付的行李,自行李到达的次日起,超过90天仍无人领取,承运人可按照无法交付行李的有关规定处理。

第五十条　行李运输发生延误、丢失或损坏,该航班经停地或目的地的承运人或其代理人应会同旅客填写《行李运输事故记录》,尽快查明情况和原因,并将调查结果答复旅客和有关单位。如发生行李赔偿,在经停地或目的地办理。因承运人原因使旅客的托运行李未能与旅客同机到达,造成旅客旅途生活的不便,在经停地或目的地应给予旅客适当的临时生活用品补偿费。

第五十一条　旅客的托运行李全部或部分损坏、丢失,赔偿金额每公斤不超过人民币50元。如行李的价值每公斤低于50元时,按实际价值赔偿。已收逾重行李费退还。旅客丢失行李的重量按实际托运行李的重量计算。无法确定重量时,每位旅客的丢失行李最多只能按该旅客享受的免费行李额赔偿。旅客的丢失行李如已办理行李声明价值,应按声明的价值赔偿,声明价值附加费不退。行李的声明价值高于实际价值时,应按实际价值赔偿。行李损坏时,按照行李降低的价值赔偿或负担修理费用。由于发生在上、下航空器期间或航空器上的事件造成旅客的自理行李和随身携带物品灭失,承运人负担的最高赔偿金额每位旅客不超过人民币2000元。构成国际运输的国内航段,行李赔偿按适用的国际运输行李赔偿规定办理。已赔偿的旅客丢失行李找到后,承运人应迅速通知旅客领取,旅客应将自己的行李领回,退回全部赔款。临时生活用品补偿费不退。发现旅客有明显的欺诈行为,承运人有权追回全部赔款。

第五十二条　旅客的托运行李丢失或损坏,应按法定时限向承运人或代理人提出赔偿要求,并随附客票(或影印件)、行李牌的识别联、《行李运输事故记录》、证明行李内容和价格的凭证以及其他有关的证明。

第十二章　旅客服务

第一节　一般服务

第五十三条　承运人应当以保证飞行安全和航班正常,提供良好服务为准则,以文明礼貌、热情周到的服务态度,认真做好空中和地面的旅客运输的各项服务工作。

第五十四条　从事航空运输旅客服务的人员应当经过相应的培训,取得上岗合格证书。未取得上岗合格证书的人员不得从事航空运输旅客服务工作。

第五十五条　在航空运输过程中,旅客发生疾病时,承运人应积极采取措施,尽力救护。

第五十六条　空中飞行过程中,承运人应根据飞行时间向旅客提供饮料或餐食。

第二节　不正常航班的服务

第五十七条　由于机务维护、航班调配、商务、机组等原因,造成航班在始发地延误或取消,承运人应当向旅客提供餐食或 住宿等服务。

第五十八条　由于天气、突发事件、空中交通管制、安检以及旅客等非承运人原因,造成航班在始发地延误或取消,承运人应协助旅客安排餐食和住宿,费用可由旅客自理。

第五十九条　航班在经停地延误或取消,无论何种原因,承运人均应负责向经停旅客提供膳宿服务。

第六十条　航班延误或取消时，承运人应迅速及时将航班延误或取消等信息通知旅客，做好解释工作。

第六十一条　承运人和其他各保障部门应相互配合，各司其职，认真负责，共同保障航班正常，避免不必要的航班延误。

第六十二条　航班延误或取消时，承运人应根据旅客的要求，按本规则第十九条、第二十三条的规定认真做好后续航班安排或退票工作。

第十三章　附则

第六十三条　本规则 自 1996 年 3 月 1 日起施行。中国民用航空局 1985 年 1 月 1 日制定施行的《旅客、行李国内运输规则》同时废止。